Kohlhammer

Nachbarwissenschaften der Heil- und Sonderpädagogik

Herausgegeben von

Erwin Breitenbach
Markus Dederich
Stephan Ellinger

Band 1

Erwin Breitenbach

Psychologie in der Heil- und Sonderpädagogik

unter Mitarbeit von Annett Kuschel

Verlag W. Kohlhammer

Dieses Werk einschließlich aller seiner Teile ist urheberrechtlich geschützt. Jede Verwendung außerhalb der engen Grenzen des Urheberrechts ist ohne Zustimmung des Verlages unzulässig und strafbar. Das gilt insbesondere für Vervielfältigung, Übersetzungen, Mikroverfilmungen und für die Einspeicherung in elektronische Systeme.

Alle Rechte vorbehalten
© 2014 W. Kohlhammer GmbH Stuttgart
Umschlag: Gestaltungskonzept Peter Horlacher
Gesamtherstellung:
W. Kohlhammer Druckerei GmbH + Co KG, Stuttgart
Printed in Germany

ISBN 978-3-17-023045-3

Vorwort der Herausgeber

Die vorliegende ›Psychologie in der Heil- und Sonderpädagogik‹ stellt den ersten Band der Reihe ›Nachbarwissenschaften der Heil- und Sonderpädagogik‹ dar. Die Grundidee der Reihe wurzelt in der Erkenntnis, dass Vertreterinnen und Vertreter der Heil- und Sonderpädagogik aufgrund der Vielschichtigkeit des Phänomens bei der Beforschung und Bearbeitung verschiedener Fragestellungen im Themenfeld der Behinderung und Benachteiligung schon immer stark auf Nachbarwissenschaften zurückgegriffen haben. Tatsächlich lassen sich die vielfältigen pädagogischen Fragen, die sich im Kontext von Behinderung und Benachteiligung stellen und im Zentrum der Heil- und Sonderpädagogik stehen, ihrer Komplexität und Vielschichtigkeit angemessen nur in einer inter- und transdisziplinären Perspektive bearbeiten. Hierzu gehören neben den ›traditionellen‹ Nachbarwissenschaften Erziehungswissenschaft, Medizin, Psychologie und Soziologie auch die Philosophie, die Rechtswissenschaften und die Technikwissenschaften.

Die einzelnen Bände dieser Reihe sollen schwerpunktmäßig den Stand der jeweiligen Nachbarwissenschaft, sofern er für die Heil- und Sonderpädagogik relevant ist, aufarbeiten. Strukturgebend für die einzelnen Werke sind Fragestellungen, die aus der Heil- und Sonderpädagogik resultieren. Das bedeutet: Es wird grundsätzlich aus sonderpädagogischer Perspektive geprüft, welche Inhalte der jeweiligen Nachbarwissenschaft für sonderpädagogische Handlungsfelder sowie die Forschung und Theoriebildung bedeutsam sind und wie diese verständlich und fruchtbringend dargestellt werden können.

Einzelbände der Reihe sind:
Band 1: Psychologie in der Heil- und Sonderpädagogik
Band 2: Philosophie in der Heil- und Sonderpädagogik
Band 3: Soziologie in der Heil- und Sonderpädagogik
Band 4: Erziehungswissenschaft in der Heil- und Sonderpädagogik
Band 5: Medizin in der Heil- und Sonderpädagogik
Band 6: Recht in der Heil- und Sonderpädagogik
Band 7: Technik in der Heil- und Sonderpädagogik

Wir wünschen den Leserinnen und Lesern eine gewinnbringende Lektüre.

Köln, Berlin und Würzburg, im Sommer 2013
Markus Dederich, Erwin Breitenbach und Stephan Ellinger

Inhalt

Einführung 15
von Erwin Breitenbach

Teil I: Sonderpädagogische Diagnostik 19
von Erwin Breitenbach

1	**Vom Nutzen und der Notwendigkeit**	**21**
1.1	Diagnostische Kompetenz von Lehrkräften	21
1.2	Diagnostische Aufgaben und geforderte Kompetenzen	26
2	**Psychologische Diagnostik**	**29**
2.1	Begriffsklärung	29
2.2	Diagnostische Strategien	31
2.3	Diagnostischer Prozess	32
2.4	Normgerechte Beurteilung	34
2.5	Diagnostische Methoden	35
2.6	Ethische und rechtliche Bestimmungen	35
2.7	Bewertungs- und Beurteilungsfehler	36
2.8	Zusammenfassung	38
3	**Sonderpädagogische Diagnostik**	**40**
3.1	Begriffsbestimmungen	40
	3.1.1 Pädagogische Diagnostik	40
	3.1.2 Sonderpädagogische Diagnostik	42
3.2	Diagnostische Zielsetzungen	45
	3.2.1 Spezifische Zielsetzungen und Strategien	45
	3.2.2 Sonderpädagogische Diagnostik ist Förderdiagnostik	49
	3.2.3 Unterscheidung: Platzierungs- und Förderungsdiagnostik	51
3.3	Diagnostischer Prozess	56
3.4	Zusammenfassung	58
4	**Förderdiagnostik**	**59**
4.1	Förderbedarf und Förderplan	59
4.2	Bestimmungsstücke der Förderdiagnostik	61

	4.2.1		Lernprozesse analysieren	63
	4.2.2		Die Situation, den Kontext einbeziehen	65
	4.2.3		Diagnose und Förderung konsequent verknüpfen	69
	4.2.4		Vorgeordnete Theorien und Wertvorstellungen mitdenken	74
	4.2.5		Sich an Kompetenzen orientieren	75
4.3	Zusammenfassung			77

5	**Selektions- oder Platzierungsdiagnostik**	**79**
5.1	Inhalte und Aufgaben	79
5.2	Diagnose vor der Diagnostik	80
5.3	Probleme und Grenzen	81
5.4	Zusammenfassung	83

6	**Methoden der sonderpädagogischen Diagnostik**			**84**
6.1	Diagnostisches Gespräch			84
	6.1.1		Anamnese und Exploration	84
	6.1.2		Interview	87
	6.1.3		Konsulentenarbeit	88
	6.1.4		Schulisches Standortgespräch	89
	6.1.5		Fehlerquellen und Aussagekraft von Gesprächsdaten	90
6.2	Verhaltensbeobachtung und Schätzskalen			91
	6.2.1		Grundlegende Probleme	91
	6.2.2		Beobachtungsarten	93
	6.2.3		Stichprobenplan und Zeichensysteme	95
	6.2.4		Kategoriensysteme	95
	6.2.5		Rating- und Einschätzverfahren	96
	6.2.6		Gütekriterien	97
	6.2.7		Zusammenfassung	98
6.3	Screeningverfahren			98
6.4	Soziometrie			99
6.5	Curriculumbasiertes Messen (CBM) oder Lernverlaufsdiagnostik			102
	6.5.1		Generieren von Aufgabenstichproben	102
	6.5.2		Dokumentation des Lernfortschritts	104
	6.5.3		Effekte auf die Lernfortschritte der Schüler und Gütekriterien	106
	6.5.4		Das Schüler-Entwicklungs-System	107
	6.5.5		Responsiveness-to-Intervention-Ansatz (RTI)	109
	6.5.6		Offene Probleme	110
6.6	Informelle Verfahren			112
	6.6.1		Kompetenzinventare	113
	6.6.2		Didaktische Analysen	116
	6.6.3		Fehleranalysen	121
	6.6.4		Systematische Aufgabenvariation	123

6.7	Psychometrische Verfahren	127
	6.7.1 Definition und Klassifikation	128
	6.7.2 Grundlegende Theorien	129
	6.7.3 Testkonstruktion nach der klassischen Testtheorie	131
	6.7.4 Probleme bei der Anwendung	136
7	**ICF in der sonderpädagogischen Diagnostik**	**138**
7.1	Das bio-psycho-soziale Modell	138
7.2	Aufbau und Struktur	140
7.3	Anpassungen für das Kindes- und Jugendalter (ICF-CY)	141
7.4	Bedeutung für die sonderpädagogische Diagnostik	142
8	**Das sonderpädagogische Gutachten**	**145**
8.1	Grundlegende Prinzipien und Strategien	145
8.2	Struktur und Aufbau	147
8.3	Häufige Fehler	149
8.4	Förderplan und Fördergutachten	149
9	**Zusammenfassung**	**151**
Literatur		**153**

Teil II:	**Neuropsychologie des Lernens**	**163**
	von Erwin Breitenbach	
1	**Neuropsychologie**	**165**
1.1	Geschichte der Hirnforschung und Neuropsychologie	166
	1.1.1 Gehirn- und Herzhypothese	167
	1.1.2 Leib-Seele-Problem	167
	1.1.3 Lokalisation und Antilokalisation	168
	1.1.4 Neuronenthese und moderne Biotechnik	169
	1.1.5 Neuroimplantate, Tiefenhirnstimulation und Neuroenhancement	170
1.2	Hirnforschung als Leitdisziplin	171
	1.2.1 Probleme – Befürchtungen – Nutzen	172
	1.2.2 Das Modell der Supervenienz	175
1.3	Grundhypothese der Neuropsychologie	178
	1.3.1 Hirnorganik beeinflusst Erleben und Verhalten	178
	1.3.2 Erleben und Verhalten beeinflussen Hirnorganik	178
	1.3.3 Spiegelneurone	179
	1.3.4 Zusammenfassung und Konsequenzen	181
2	**Theorie von Alexander R. Lurija**	**183**
2.1	Grundbegriffe	184
	2.1.1 Funktion und funktionelle Systeme	184

	2.1.2	Dynamische Lokalisation	186
	2.1.3	Symptom und Syndrom	187
2.2	Drei grundlegende Funktionseinheiten		188
	2.2.1	Regulation von Tonus, Aktivierung, Wachheit des Bewusstseins	189
	2.2.2	Aufnahme, Verarbeitung und Speicherung von Informationen	190
	2.2.3	Programmierung, Steuerung und Kontrolle von Tätigkeiten	191
	2.2.4	Erweiterung um eine vierte Einheit	191
2.3	Folgen und Weiterentwicklung		192
	2.3.1	Teilleistungsstörungen	192
	2.3.2	Corticale Landkarten	195
	2.3.3	Funktionelle Systeme in der modernen Neuropsychologie	197
2.4	Zusammenfassung		199

3 Handlungsplanung oder Praxie ... 201
3.1	Dyspraxie		202
3.2	Funktionelles System zur Handlungsplanung		203
	3.2.1	Motivation	204
	3.2.2	Aufmerksamkeitssteuerung und Impulskontrolle	204
	3.2.3	Körperwahrnehmung und räumliche Orientierung	204
	3.2.4	Sprache	205
	3.2.5	Gedächtnis	206
	3.2.6	Sequenzbildung und Automatisierung	206
3.3	Diagnostische und pädagogisch-therapeutische Implikationen		207

4 Aufmerksamkeitssteuerung ... 209
4.1	Neuropsychologische Aufmerksamkeitskonzepte		209
4.2	Aufmerksamkeit und Konzentration		211
4.3	Aufmerksamkeitsdefizite		212
4.4	Verhaltensoberprogramme		213
	4.4.1	Aktivierungsniveau	214
	4.4.2	Orientierungsreaktion	215
	4.4.3	Formatio reticularis	216
	4.4.4	Pädagogisch-therapeutische Implikationen	217
4.5	Zusammenfassung		217

5 Gedächtnis ... 219
5.1	Kurzzeitgedächtnis		220
	5.1.1	Ultrakurzzeitgedächtnis	220
	5.1.2	Arbeitsgedächtnis	221
5.2	Langzeitgedächtnis		222
	5.2.1	Deklaratives und prozedurales Gedächtnis	223
	5.2.2	Semantisches und episodisches Gedächtnis	223

	5.2.3 Ereignisbestimmtes und merkmalsbestimmtes Gedächtnis	224
	5.2.4 Willkürlich-absichtsvolles und nicht absichtsvolles Gedächtnis	224
	5.2.5 Prospektives Gedächtnis	225
5.3	Einspeicherung, Konsolidierung und Abruf	225
	5.3.1 Wiedererkennensgedächtnis	226
	5.3.2 Intermediäres Gedächtnis	227
5.4	Gedächtnis und Gehirn	228
	5.4.1 Deklaratives Gedächtnis und Zwischenhirn	229
	5.4.2 Prozedurales Gedächtnis und Striatum	230
	5.4.3 Neocortex und Arbeitsgedächtnis	231
5.5	Gedächtnisstörungen	232
5.6	Pädagogisch-didaktische Implikationen	232
6	**Motivation**	**235**
6.1	Emotion und Kognition	235
	6.1.1 Emotion und Gedächtnis	236
	6.1.2 Emotion und Informationsverarbeitungsstile	237
	6.1.3 Emotion und Entscheidungsverhalten	237
6.2	Hirnorganische Korrelate	238
	6.2.1 Limbisches System	238
	6.2.2 Belohnungssystem	239
6.3	Motivationale Rahmenbedingungen von Lernen	241
	6.3.1 Eigenaktivität	242
	6.3.2 Sinnvolle Reizverarbeitung	243
	6.3.3 Motivation der Lehrenden	246
	6.3.4 Allgemeine Lernbereitschaft	246
	6.3.5 Stress	246
	6.3.6 Zusammenfassung	247
7	**Abschließende Anmerkungen**	**248**
Literatur		**251**
Teil III:	**Entwicklungspsychologische Grundlagen** .... *von Annett Kuschel*	**257**
1	**Einleitung**	**259**
1.1	Reifung	261
1.2	Prägung/sensible Phasen	262
1.3	Stabilität und Kontinuität	262
1.4	Entwicklungsaufgaben	263
2	**Aufgaben der Entwicklungspsychologie**	**266**
2.1	Beiträge für die Praxis	267
2.2	Leitfragen der Entwicklung	268

3	**Ausgewählte Theorien der Entwicklungspsychologie**	**274**
3.1	Exogenistische Modelle	274
3.2	Endogenistische Modelle	274
3.3	Aktionale und konstruktivistische Modelle	275
3.4	Interaktionistische Modelle	275
3.5	Der psychoanalytische Ansatz	276
3.6	Lerntheoretische Konzeptionen	279
	3.6.1 Klassisches Konditionieren	280
	3.6.2 Operantes Konditionieren	280
	3.6.3 Beobachtungslernen	281
3.7	Ökologische Systemtheorie	282
3.8	Soziokulturelle Entwicklungstheorie	284
3.9	Informationsverarbeitungsansätze	285
4	**Forschungsmethoden in der Entwicklungspsychologie**	**287**
4.1	Querschnittstudien	288
4.2	Längsschnittstudien	288
4.3	Sequenzstudien	289
5	**Frühe Eltern-Kind-Interaktion und Bindung**	**291**
5.1	Frühe Eltern-Kind-Interaktion	291
5.2	Bindung	293
	5.2.1 Messung der Bindungssicherheit	295
	5.2.2 Bedeutung früher Bindungserfahrungen	297
6	**Entwicklung des Denkens**	**299**
6.1	Piaget	299
	6.1.1 Sensumotorisches Stadium	301
	6.1.2 Präoperationales Stadium	303
	6.1.3 Konkret-operationales Stadium	305
	6.1.4 Formal-operationales Stadium	306
	6.1.5 Pädagogische Anwendungen von Piagets Theorie	307
	6.1.6 Kritik an Piagets Theorie	307
6.2	Wygotski	308
	6.2.1 Zone der proximalen Entwicklung	309
	6.2.2 Kulturwerkzeuge	310
	6.2.3 Gelenkte Partizipation	310
6.3	Domänenspezifisches Wissen	311
	6.3.1 Intuitive Physik	311
	6.3.2 Intuitive Psychologie (Theory of Mind)	312
	6.3.3 Intuitive Biologie	313
7	**Emotionale Entwicklung**	**314**
7.1	Theorien über Wesen und Entstehung von Emotionen	314
7.2	Emotionen im Entwicklungsverlauf	315
	7.2.1 Positive Emotionen	315

	7.2.2	Negative Emotionen	316
	7.2.3	Selbstbewusste Emotionen	317
7.3		Entwicklung der Emotionsregulierung	318
7.4		Individuelle Unterschiede bei Emotionen und Emotionsregulierung	319
8		**Soziale Entwicklung**	**323**
8.1		Grundlegende Konzeptionen	324
	8.1.1	Psychoanalytische Sicht	324
	8.1.2	Lerntheoretische Sicht	325
	8.1.3	Kognitionspsychologische Sicht	325
	8.1.4	Systemorientierte Sicht	325
8.2		Familiäre Beziehungen in der Kindheit	326
	8.2.1	Eltern-Kind-Beziehung	326
	8.2.2	Geschwisterbeziehungen	327
8.3		Gleichaltrige und Freundschaften	328
8.4		Soziale Beziehungen im Jugendalter	330
9		**Sprachentwicklung**	**331**
9.1		Merkmale und Komponenten der Sprache	331
9.2		Erklärungstheorien für den Spracherwerb	332
	9.2.1	Rolle der Biologie	333
	9.2.2	Rolle des soziokulturellen Umfeldes	334
	9.2.3	Rolle des Lernens und Denkens	334
9.3		»Meilensteine« der Sprachentwicklung	335
	9.3.1	Sprachproduktion im 1. Lebensjahr	336
	9.3.2	Semantik	336
	9.3.3	Grammatik	337
	9.3.4	Pragmatik	338
10		**Schlussbetrachtung und Ausblick**	**339**
Literatur			**341**

Einführung

von Erwin Breitenbach

Theorien, Modelle und Konzepte aus der Psychologie werden in der Sonder- und Heilpädagogik mit einer großen Selbstverständlichkeit und mit langer Tradition zur Kenntnis genommen und für die eigene Theoriebildung ebenso genutzt wie für die Gestaltung der Praxis. Watzlawicks Theorie zur Kommunikation, Piagets Stufenmodell zur Denkentwicklung, Wygotskis Zone der proximalen Entwicklung, Lerntheorien, Ergebnisse der Einstellungsforschung, Bindungstheorie und Beobachtungen über die frühe Eltern-Kind-Interaktion, Beratungsmodelle, Intelligenzkonzepte, Erkenntnisse aus der Sprachentwicklungsforschung usw. haben in Theorie und Praxis der Heil- und Sonderpädagogik Einzug gehalten. Vor allem aber das weite Feld der Diagnostik mit den unterschiedlichsten Instrumenten und Methoden wie Verhaltensbeobachtung, Anamnese, Screeningverfahren und zu guter Letzt natürlich auch den zahlreichen je nach pädagogischer »Philosophie« oder »Ideologie« überschätzten oder verabscheuten psychologischen Tests wird von Heil- und Sonderpädagogen gar als wesentlicher Kompetenzbereich ihrer Profession betrachtet.

Paul Moor (1960) verfasste eine zweibändige »Heilpädagogische Psychologie«, in deren ersten Band er »psychologische Tatsachen« oder die verschiedenen psychologischen Hauptrichtungen aus pädagogischer Sicht auf ihre Brauchbarkeit für die heilpädagogische Praxis hin prüft und zur Entwicklung seiner Theorie vom inneren und äußeren Halt fruchtbar macht.

Viele Jahre später erscheinen Hand- und Lehrbücher zur heilpädagogischen oder sonderpädagogischen Psychologie, in denen eine solch kritische Prüfung psychologischen Wissens und vor allem seine Integration in pädagogisches Denken nicht mehr geleistet werden. Vielmehr werden in ihnen psychologische Erkenntnisse und Befunde zusammengestellt, die, nach Meinung der Autoren, ein hilfreiches Wissen für Heil- und Sonderpädagogen darstellen könnten.

Borchert (2000) stellt neben grundlegende psychologische Theorien und Perspektiven vor allem Wissen aus der pädagogischen Psychologie zu Diagnostik, Prävention und Intervention in sonderpädagogischen Handlungsfeldern zur Verfügung. Bundschuh (2008) wählt für seine »Heilpädagogische Psycho- gie« entwicklungspsychologische, allgemeinpsychologische, sozialpsychologische und diagnostische Erkenntnisse aus, von denen er annimmt, dass sie bei der Beantwortung heil- und sonderpädagogischer Fragestellungen hilfreich sind, zur Bewältigung der Aufgaben im heil- oder sonderpädagogischen Arbeitsfeld einen brauchbaren Beitrag leisten oder in den Rahmen einer heilpädagogischen Psychologie passen.

Davon abweichend konzentrieren sich die Herausgeber des »Handbuchs der heilpädagogischen Psychologie« Fengler und Jansen (1987) auf psychologische Besonderheiten im Zusammenhang mit unterschiedlichen Arten der Behinderung und greifen des Weiteren spezielle Problembereiche der heilpädagogischen Psychologie wie Diagnostik, Intervention, Supervision oder Burnout auf. Die behinderungsspezifischen psychologischen Aspekte sind jedoch meist eher vereinzelte Befunde aus entwicklungs- oder sozialpsychologischer oder diagnostischer Perspektive, aber sie stellen zumindest den ernsthaften Versuch dar, eine Art spezifisch heilpädagogische Psychologie zu etablieren.

Die Begriffe »heilpädagogische Psychologie« oder »sonderpädagogische Psychologie« legen nahe, dass es entsprechend der pädagogischen Psychologie eine eigenständige anwendungsorientierte psychologische Disziplin im sonderpädagogischen Handlungsfeld gäbe. In keinem in die Psychologie einführenden Werk tritt jedoch neben den traditionellen Teildisziplinen wie etwa Entwicklungs-, Sozial-, differentieller oder pädagogischer Psychologie die heil- oder sonderpädagogische Psychologie in Erscheinung. Während Paul Moors »Heilpädagogische Psychologie« vielleicht eher als psychologische Heilpädagogik zu bezeichnen wäre, werden von allen anderen Autoren unter der Überschrift »heilpädagogische oder sonderpädagogische Psychologie« vielmehr all diejenigen Erkenntnisse aus den Teildisziplinen der Psychologie zusammengetragen, die bereits Einzug in den breiten Wissenskanon der Heil- oder Sonderpädagogen gehalten haben oder es künftig tun sollten, weil sie eben als in heil- und sonderpädagogischen Handlungs- und Begründungszusammenhängen bedeutsam erachtet werden.

Die sonderpädagogische Diagnostik kann noch am ehesten als ein spezifisch heilpädagogisch-psychologisches Themenfeld betrachtet werden. Selbstverständlich ist auch sie aus der psychologischen Diagnostik heraus entstanden, beruft sich in weiten Teilen auf deren theoretische Grundlagen und erhält ständig neue Impulse von ihr. Mit dem Begriff und Konzept der Förderdiagnostik haben jedoch zahlreiche Sonderpädagogen und Psychologen immer wieder versucht, trotz heftigster Kritik, eine sonderpädagogisch-eigenständige diagnostische Theorie zu formulieren. Darüber hinaus wurden innerhalb der sonderpädagogischen Diagnostik Instrumente und Verfahren wie z. B. Fehleranalyse, schulisches Standortgespräch, Konsulentenarbeit oder das curriculumbasierte Messen mit seinen informellen Aufgabensammlungen und Kompetenzinventaren entwickelt, die speziell auf die Besonderheiten im heil- und sonderpädagogischen Arbeitsfeld ausgerichtet sind und die im Rahmen der psychologischen Diagnostik keine Anwendung finden. Die besondere Bedeutung der Diagnostik innerhalb der Heil- und Sonderpädagogik wird auch deutlich, wenn diagnostische Kompetenzen von Moser (2005) zu den zentralen Professionsmerkmalen von Sonderpädagogen gezählt werden, oder sie zeigt sich auch in den Ergebnissen einer Analyse gängiger sonderpädagogischer Fachzeitschriften von Buchner und Koenig (2008): Nach dem Themenbereich Schule nimmt Diagnostik und Therapie den zweiten Platz bei der Häufigkeit der in den analysierten Fachzeitschriften aufgegriffenen und bearbeiteten Fragestellungen ein.

Um den oben beschriebenen Missverständnissen auszuweichen, wurde für das hier vorliegende Buch der Titel »Psychologie in der Heil- und Sonderpädagogik« gewählt. Inhaltlich steht an prominenter erster Stelle die sonderpädagogische Diagnostik mit ihren Ursprüngen in der psychologischen Diagnostik und den charakteristischen Besonderheiten der Förderdiagnostik sowie den vielfältigen unterschiedlichen diagnostischen Instrumenten und Methoden. Daran schließen sich neuropsychologische Erkenntnisse zu Gedächtnis, Handlungsplanung, Aufmerksamkeitssteuerung und Motivation an, die als bedeutsam und grundlegend für das Verstehen von Lernprozessen zu sehen sind. Das Feststellen von Entwicklungsverzögerungen oder das Verringern und Aufholen derselben durch entwicklungsorientierte Förderung und Therapie erfordern zwangsläufig ein Wissen über Entwicklung und entsprechende Entwicklungsverläufe. Teil 3 bringt dem geneigten Leser dieses Wissen näher. Bei der Zusammenstellung der neuropsychologischen und entwicklungspsychologischen Wissensbestände wurden zwar die wenigen aktuellen behinderungsspezifischen Befunde aufgenommen, aber grundsätzlich lag der Fokus auf der Vermittlung eines für alle sonderpädagogischen Fachrichtungen relevanten Wissens.

Literatur

Borchert, J. (Hrsg.) (2000): Handbuch der sonderpädagogischen Psychologie. Göttingen: Hogrefe.
Bundschuh, K. (2008): Heilpädagogische Psychologie. München: Reinhardt.
Buchner, T. & Koenig, O. (2008): Methoden und eingenommene Blickwinkel in der sonder- und heilpädagogischen Forschung von 1996–2006 – eine Zeitschriftenanalyse. In: Heilpädagogische Forschung 34, 15–34.
Fengler, J. & Jansen, G. (Hrsg.) (1987): Handbuch der heilpädagogischen Psychologie. Stuttgart: Kohlhammer.
Moor, P. (1960): Heilpädagogische Psychologie. Bd. 1 und 2. Bern: Huber.
Moser, V. (2005): Diagnostische Kompetenz als sonderpädagogisches Professionsmerkmal. In: V. Moser & E. von Stechow (Hrsg.): Lernstands- und Entwicklungsdiagnosen. Diagnostik und Förderkonzeption in sonderpädagogischen Handlungsfeldern. Festschrift für Christiane Hofmann zum 60. Geburtstag. Bad Heilbrunn: Julius Klinkhardt, 29–41.

Teil I: Sonderpädagogische Diagnostik

von Erwin Breitenbach

1 Vom Nutzen und der Notwendigkeit

Nicht immer waren und sind Fachleute im sonderpädagogischen Handlungsfeld vom Nutzen und der Notwendigkeit der Diagnostik überzeugt. Trotz geradezu überwältigender empirischer Belege für ihre Nützlichkeit, in jüngster Zeit vor allem durch die Bildungsforschung vehement vorgetragen, melden sich von Zeit zu Zeit Skeptiker mit immer gleicher grundsätzlicher Kritik an der Diagnostik zu Wort.

Diese mittlerweile müßige und meist von geringem Fachwissen getragene Diagnostikkritik erstarkt momentan erneut angesichts der Forderung nach einem inklusiven Erziehungs- und Bildungssystem. Die einen betonen die zunehmende Bedeutung diagnostischer Kompetenzen im Rahmen inklusiven Unterrichtens; für andere wird das Diagnostizieren durch Inklusion nun endgültig überflüssig, weil kontraproduktiv.

1.1 Diagnostische Kompetenz von Lehrkräften

Probst (1999) erhob in einer kleinen Studie das Image der Diagnostik bei Studierenden am Beginn ihrer Diagnostikausbildung mit der Methode des semantischen Differentials. Dazu forderte er 152 Studierende auf, die beiden Begriffe »Diagnostik« und »Förderung« entlang einer Liste von 21 polar angeordneten Eigenschaftspaaren einzustufen. Die Diagnostik wurde von den so Befragten eher mit Eigenschaften wie ernst, hart, streng, klärend, technisch, unsympathisch, mathematisch, nützlich, kühl, stark, repressiv, intellektuell in Verbindung gebracht, während die Förderung eher Eigenschaftsassoziationen wie weich, humanistisch, sympathisch, aktiv, engagiert, offen, optimistisch, flexibel, befreiend, warm, gefühlvoll, nützlich und musisch auslöste. Nach Probst (1999) illustriert dieser kleine empirische Einblick die bange Achtung der Studienanfänger oder Laien vor der Diagnostik als einer ungeliebten Notwendigkeit.

Paradies, Linser und Greving (2007) bedauern und kritisieren, dass sowohl an der Universität als auch im Referendariat Lehrer, mit Ausnahme der Sonderpädagogen, kaum mit dem Prozess des Diagnostizierens konfrontiert werden, wie wohl sie während des Unterrichtens permanent diagnostizieren, allerdings häufig, ohne sich dessen überhaupt bewusst zu sein. Kontrastierend stellen sie dieser bedauernswerten Tatsache die Standards der Kultusministerkonferenz (KMK) zur Lehrerausbildung im Kompetenzbereich »Beurteilen« gegenüber. Hier ist zu lesen, dass Lehrer die Lernvoraussetzungen und Lernprozesse von Schülern diagnostizieren, um diese gezielt in ihrem Lernen zu fördern und zu beraten und dass Lehrkräfte die Leistungen von Schülern auf der Grundlage transparenter Beurteilungsmaßstäbe erfassen. Dieses deutliche Auseinanderklaffen von Anspruch und Wirklichkeit versuchen Hesse und Latzko (2009) mit einer ständig wiederkehrenden Diagnostikfeindlichkeit der Pädagogen zu erklären. Die Schwankungen in der Wertschätzung und Anwendung pädagogischer Diagnostik sei im deutschen Bildungswesen unübersehbar und alle vorgetragenen Vorurteile gegenüber einer wissenschaftlichen Diagnostik mit effektiven und standardisierten Verfahren bestünden auch nach der mit PISA markierten Wende weiter.

Wie stellen sich nun die diagnostischen Kompetenzen tatsächlich im Spiegel empirischer Forschung dar?

Grassmann et al. (2002) untersuchten, inwieweit Lehrkräfte die Kenntnisse ihrer Schüler speziell im Anfangsunterricht Mathematik einschätzen können und stellen am Ende ihrer Studie, in die 830 Schüler einbezogen wurden, fest, dass die Einschätzung der Lehrkräfte signifikant von den in der Studie gemessenen Leistungen ihrer Schüler abwichen. Ähnliches berichten Hesse und Latzko (2009) von der Schulstudie SALVE (Systematische Analyse des Lernverhaltens und des Verständnisses in Mathematik: Entwicklungstrends und Fördermöglichkeiten) an der 654 Schüler aus 30 fünften Klassen aus Hauptschule, Realschule, Gymnasium und Gesamtschule teilnahmen.

In verschiedenen internationalen Schulleistungstests werden die nicht zufriedenstellenden Leistungen deutscher Schüler auch immer wieder mit mangelhaften diagnostischen Kompetenzen der Lehrkräfte in Verbindung gebracht. Die zuständigen Schulkoordinatoren an Hauptschulen hatten z. B. im Rahmen der ersten PISA-Untersuchung die Aufgabe, sich bei den Lehrkräften danach zu erkundigen, welche Schüler aus der PISA-Stichprobe nach ihrer Einschätzung schwache Leser seien. 90 Prozent der Schüler, deren PISA-Testergebnis noch unterhalb der Kompetenzstufe 1 lag, wurden von ihren Lehrern nicht als schwache Leser, sondern als unauffällig eingestuft (Deutsches PISA-Konsortium 2001; 2002).

In einer aktuellen Studie von Schmidt und Schabmann (2010) wurde die Genauigkeit und prognostische Validität von Lehrerbeurteilungen zu den Lese- und Rechtschreibleistungen von Grundschülern geprüft. 32 Klassenlehrer wurden gebeten, zu Beginn und Ende der ersten Klasse sowie zu Beginn und Ende der zweiten Klasse die Lese- und Rechtschreibleistungen ihrer Schüler einzuschätzen. Parallel zu diesen Messzeitpunkten wurden die Fähigkeiten der 282 Schüler mit standardisierten Verfahren erhoben. Die Ergebnisse zeigen, dass es in der untersuchten Population größere Gruppen von Kindern gibt, deren Probleme von den Lehrkräften deutlich unterschätzt werden, vor allem, wenn sie Schwierigkeiten im Lesen haben. Anfängliche Schwierigkeiten werden immer wieder fälschlicherweise als vorübergehend beurteilt. Die Autoren fordern deshalb abschließend vor allem eine Stärkung der diagnostischen Kompetenzen von Grundschullehrkräften. Eine ähnliche Überschätzung der basalen Lesefähigkeit von Sechstklässlern durch ihre Deutschlehrer fanden Rjosk et al. (2011).

Hofmann (2003) eruierte die diagnostischen Kompetenzen an hessischen Förderzentren und prüfte, inwieweit der für die hessischen Beratungs- und Förderzentren formulierte Anspruch an die Diagnostik in die Tat umgesetzt werde. Sie befragte dazu 159 Lehrkräfte und erkundigte sich vor allem nach den verwendeten diagnostischen Verfahren und den theoretischen Konzepten, auf deren Grundlage diagnostiziert werde. 77 bis 90 Prozent der Befragten praktizieren das seit Jahren übliche Standardvorgehen, das sich aus der Überprüfung der Intelligenz und der schulischen Leistungen zusammensetzt. Bei der Frage nach der theoretischen Perspektive melden 87 Prozent zurück, dass sie sich an der Entwicklung des ganzen Kindes orientieren. Demzufolge rangieren eher theoretisch analytische, weniger ganzheitlich orientierte Konzepte auf den unteren Plätzen: lerntheoretisch orientierte mit 54 Prozent, systemisch orientierte mit 32, interaktionstheoretisch orientierte mit 29, medizinisch orientierte mit 25 und tiefenpsychologisch orientierte mit 13 Prozent. Resümierend stellt Hofmann (2003) fest, dass nicht eine theoriegeleitete, selbstreflexive Diagnostik vorherrscht, sondern die Pragmatik der Alltagsdiagnostik, die allen konzeptionellen und programmatischen Einflüssen zu widerstehen scheint.

Schuck et al. (2006) analysierten 720 sonderpädagogische Gutachten der Förderschwerpunkte Lernen, Sprache und Sehen aus den Bundesländern Hamburg, Bremen, Niedersachen und Schleswig-Holstein mithilfe eines aus 2000 Kategorien bestehenden Rasters. Die Beurteilung nach den Hauptkategorien Anlass der Untersuchung, diagnostischer Gegenstand, Fördervorschläge und verwendete diagnostische Verfahren führte zu folgenden Ergebnissen:

1. Das sonderpädagogische Gutachten wird eher als Teil eines Verwaltungsaktes aufgefasst, denn als Dokument fachlicher Auseinandersetzung. Entsprechend finden sich 1,3 Äußerungen pro Gutachten zu verwaltungstechnischen Vorgaben und nur 0,35 Äußerungen zu Schulleistungen.
2. Das medizinische Modell ist keineswegs zugunsten einer lernprozessorientierten Förderdiagnostik überwunden. Vielmehr dominiert immer noch die klassische Vorstellung, dass bei der Feststellung des sonderpädagogischen Förderbedarfs die im Kinde liegenden verursachenden Variablen bedeutsam sind und keineswegs die schulischen Leistungen in ihrem Kontext und mögliche Fördervorschläge zur Verbesserung derselben. Zu Persönlichkeitsvariablen wie Intelligenz, Motorik, Konzentration und Teilleistungsstörungen finden sich 12,55 Äußerungen pro Gutachten und nur 5,22 Äußerungen zu schulischen Leistungen und gar nur 0,5 Äußerungen zu den Rahmenbedingungen in der Klasse, 0,71 Äußerungen zum schulischen Rahmen sowie nur 1,61 Äußerungen zum familiären Kontext.
3. Entscheidend für das Gutachten ist offensichtlich die Lernortbestimmung als zentraler, nicht weiter zu spezifizierender Fördervorschlag. Nur 0,59 Äußerungen pro Gutachten benennen zu fördernde individuelle Lernvoraussetzungen und 0,35 Äußerungen setzen sich mit schulischen Leistungen und schulischen Rahmenbedingungen auseinander.

4. Bei den eingesetzten diagnostischen Verfahren dominieren die Intelligenztests mit 0,83 pro Gutachten. Mit deutlichem Abstand folgen die Schulleistungs- (0,28 pro Gutachten) und Entwicklungstests (0,25 pro Gutachten).
5. Die allgemeine Qualitätsprüfung ergab, dass
   - die Standards der klassischen Testtheorie kaum eingehalten werden,
   - der diagnostische Prozess über die Dokumentation entsprechender Belege kaum nachvollziehbar und damit nachprüfbar dargestellt wird,
   - der Zusammenhang zwischen Diagnostik und Förderung, in dem Sinne, dass Fördervorschläge plausibel aus den diagnostischen Daten abgeleitet werden, selten zu erkennen ist und
   - die Fragestellung meist unkritisch übernommen und nur in Ausnahmefällen systematisch entwickelt wird.

Die Autoren sehen in diesen Daten ein regelrecht niederschmetterndes Ergebnis.

Kottmann (2006) bestätigt diese Ergebnisse und Einschätzung aufgrund einer Vollerhebung aller Überweisungsgutachten eines Schuljahres eines nordrhein-westfälischen Schulamtsbezirkes. Die aus 167 Gutachten gewonnenen quantitativen und qualitativen Daten wurden mittels Inhalts- und Clusteranalyse ausgewertet. Auch hier dominiert in den Gutachten die individuumzentrierte Sichtweise mit der Intelligenzmessung als zentralem Aspekt des Überweisungsverfahrens. Der angebliche und häufig bemühte grundsätzliche Wandel der Diagnostik hin zur Förderdiagnostik muss auf dieser Datenbasis zumindest angezweifelt werden, denn ein Schwerpunkt der Gutachten liegt immer noch in einer institutionsorientierten Zuweisungsdiagnostik.

Zusätzlich zur Analyse von 173 Gutachten aus Schulen zur Erziehungshilfe und Schulen für Lernbehinderte im Freistaat Sachsen, die ähnliche Mängel aufdeckt, wie die bereits erwähnten Studien, bat Schulze (2004) die Lehrkräfte, die die Gutachten verfasst hatten, die eigenen diagnostischen Kompetenzen einzustufen. 19 Prozent der Befragten sehen keine Notwendigkeit, ihre diagnostischen Kompetenzen zu verbessern, 27 Prozent melden diesbezüglich einen mittelmäßigen, 35 Prozent einen hohen Verbesserungsbedarf an und 19 Prozent machen hierzu keine Angaben. Zumindest 62 Prozent der Befragten haben den Eindruck, dass die eigenen diagnostischen Fähigkeiten und Kompetenzen durchaus verbesserungswürdig wären.

In den Berichten internationaler Vergleichsstudien und bei einer Reihe von Autoren ist immer wieder zu lesen, dass hohe diagnostische Kompetenzen sich vor allem dann positiv auf Schülerleistungen auswirken, wenn auf die differenzierte Diagnostik aufbauend individuell gefördert wird (Baumert & Kunter 2006; Deutsches PISA-Konsortium 2001; 2002; Helmke 2007; Hesse & Latzko 2009; Paradies, Linser & Greving 2007). Runow und Borchert (2003) prüften das Wissen von Lehrkräften über die Effektivität von Interventionen im sonderpädagogischen Arbeitsfeld. Dazu befragten sie schriftlich 375 Lehrkräfte von Förderschulen, Sprachheilschulen, Schulen für Geistigbehinderte und Grundschulen aus Norddeutschland bezüglich der Einschätzung der Effektivität von 20 gut evaluierten Interventionsprogrammen und -methoden. Nur vier dieser 20 Interventionsformen wurden adäquat eingeschätzt, die meisten wurden in ihrer Wirksamkeit deutlich überschätzt. Dieses Ergebnis legt nahe, dass ein Großteil der befragten Lehrkräfte eher wenig bis unwirksame Lehr- und Lernmethoden im Unterricht einsetzt. Die Sonderpädagogen unterschieden sich in ihren Bewertungen übrigens nicht signifikant von den Grundschullehrkräften. Eine vergleichbare Untersuchung führten Hintz und Grünke (2009) an der Universität Oldenburg mit 100 Studierenden der Sonderpädagogik und 101 Studierenden des kombinierten Grund-, Haupt- und Realschullehramtes aus höheren Semestern durch. Die Studierenden wurden gefragt, für wie effektiv sie sieben vorgegebene gut evaluierte Methoden zur Förderung lese-rechtschreibschwacher Kinder einschätzen und welche sie in der Praxis einsetzen würden. Ähnlich wie bei den Lehrkräften gab es bei der Einschätzung der Effektivität keine signifikanten Unterschiede zwischen den Studierenden der Sonderpädagogik und denen der Lehrämter für allgemeine Schulen. In beiden Gruppen besteht gleichermaßen die Tendenz, wirksame Konzepte zu unter- und unwirksame zu überschätzen, allerdings sind Studierende der Sonderpädagogik eher bereit, ineffektive Wahrnehmungs- und Motoriktrainings in der Förderung einzusetzen. Auch Schweizer schulische Heilpädagoginnen offenbaren in einer Online-Umfrage von Sodoge (2010) einen eklatanten Kompetenzmangel bei der Beurteilung von Konzepten, Materialien und Strategien zur Förderung lese-rechtschreibschwacher Kinder. Alle bekannten und zur Diskussion gestellten Fördermethoden halten sie für gleich wirkungsvoll und der Fokus ihrer Fördermaßnahmen zielt in erster Linie auf die ganzheitliche Stabilisierung der Persönlichkeit. Die große Bedeutung einer sprachspezifischen Förderung bei Lese-Rechtschreibschwierigkeiten und die mittlerweile gut evaluierten Fördermethoden und Förderstrategien sind ihnen offensichtlich nicht hinreichend bekannt.

In einer empirisch-qualitativen Studie von Luder et al. (2006) sollte die förderdiagnostische Praxis durch eine mündliche Befragung von 39 Schweizer Lehrerinnen und Lehrern an Klein- und Sonderklassen oder in Modellen der integrativen schulischen Förderungen untersucht werden. Dabei interessierten vor allem folgende Fragen: Welche förderdiagnostischen Konzepte verfolgen Lehrkräfte in der Praxis? Wie gehen sie bei der Erfassung des Lernstandes vor? Wie werden Förderziele bestimmt und Fördermaßnahmen geplant und wie erfolgt eine Evaluation und Anpassung der Fördermaßnahmen? Die Befragungsergebnisse zusammenfassend, halten Luder, Niedermann und Buholzer (2006) fest, dass vorhandene Materialien, Tests und förderdiagnostische Hilfsmittel zur Lernstandserfassung nur selten eingesetzt werden und dass sich die Lehrkräfte bei der Planung der Fördermaßnahmen sehr stark von der Situation beeinflussen lassen. Theoriegeleitete Konzepte zur förderdiagnostischen Arbeit stehen eher nicht zur Verfügung und sind somit auch nicht handlungsrelevant. Die Evaluation der Fördermaßnahmen erfolgt eher während der Förderung des Kindes; eine explizite und geplante Evaluation scheint dagegen in der Praxis nicht stattzufinden. Die Reflexion des förderdiagnostischen Prozesses als zentraler Aspekt der alltäglichen heilpädagogischen Tätigkeit ist relativ selten zu finden, stattdessen eher ein unprofessionelles, teilweise willkürlich anmutendes Vorgehen.

1.2 Diagnostische Aufgaben und geforderte Kompetenzen

Diese häufig beklagten Defizite bei den diagnostischen Kompetenzen von Lehrkräften sind umso schmerzhafter, als eine Reihe wichtiger diagnostischer Aufgaben im pädagogischen Bereich zu bewältigen sind und da nachgewiesenermaßen andere Kompetenzen davon mit betroffen werden.

So fanden Klug et al. (2012) einen signifikanten Zusammenhang zwischen der diagnostischen Kompetenz und der Beratungskompetenz bei Lehrkräften. Obwohl korrelative Zusammenhänge nicht ohne Weiteres kausal interpretiert werden können, vermuten die Autoren, dass eine gründliche Diagnostik wohl einem guten Beratungsgespräch zeitlich vorausgeht und es ermöglicht. Internationale Vergleichsstudien zeigen unmissverständlich, dass Schulsysteme, in denen differenziert diagnostiziert und darauf aufbauend individuell gefördert wird, in vielen Beziehungen unserem deutschen Schulsystem überlegen sind (Deutsches PISA-Konsortium 2001; 2002). Auch Ingenkamp (1989) verweist auf zahlreiche Untersuchungen zur Bedeutung individueller Lernbedingungen von Schülern, in denen offensichtlich wird, dass der Lernerfolg der Schüler in erheblichem Maße von den diagnostischen Kompetenzen der Lehrkräfte abhängt und Paradies, Linser und Greving (2007) konstatieren, dass für das schwache Abschneiden Lernender die zu gering ausgeprägte Diagnosekompetenz von Lehrern verantwortlich sei, denn wer Lernrückstände nicht erkennt, kann diese auch nicht abbauen. Darüber hinaus seien diagnostische Kompetenzen zur Anpassung des Unterrichts an die Lernausgangslage erforderlich und ermöglichen rechtzeitige Präventionsmaßnahmen bei lern- und entwicklungsgefährdeten Kindern.

Die Aufgaben der Lehrer, bei denen diagnostische Kompetenzen erforderlich sind, werden von Langfeldt (2006) auf drei unterschiedlichen Ebenen beschrieben: der individuellen Ebene, der Klassenebene und der institutionellen Ebene. Auf der individuellen Ebene muss die Lehrkraft vor allem in der Lage sein, die individuellen Lernvoraussetzungen einzelner Schüler zu beurteilen, um diese angemessen fördern und fordern zu können. Auf der Klassenebene gilt es, die individuellen Unterschiede der Schüler zu erkennen, um z.B. effizientes, kooperatives Lernen in Gruppen zu organisieren oder die Lehrmethoden dem Niveau der Klasse anzupassen. Auf der institutionellen Ebene ist die Fähigkeit gefordert, faire und möglichst objektive Zeugnisse und Leistungsberichte zu erstellen und möglichst fehlerfreie Bildungsempfehlungen zu erteilen. Hesse und Latzko (2009) stellen folgenden Katalog zu expliziten diagnostischen Anlässen für Lehrkräfte zusammen:

- Planen von Unterricht
- Feststellen von Lernvoraussetzungen der Schüler
- Leistungsüberprüfung vor der Einführung neuer Themen
- Analyse des eigenen Unterrichts
- Konstruktion und Bewertung von Klassenarbeiten und Tests

- Bestimmung des Ausgangsniveaus: bei jeder Fördermaßnahme, vor jeder Nachhilfe oder Nachhilfeempfehlung, bei Lernschwierigkeiten einzelner Schüler, bei wichtigen Schullaufbahnentscheidungen, bei Übertritt in die 5. Klasse, Überprüfung der eigenen Bewertung und Zensurengebung.

Als Aufgabenbereiche einer sonderpädagogischen Diagnostik nennt Trost (2008):

- Die Beantwortung institutioneller Fragestellungen, womit Fragen nach der Schullaufbahn, nach Ein- und Umschulung, nach Zuweisung auch im vor- und nachschulischen Bereich gemeint sind.
- Die Beurteilung der Entwicklung und des Verhaltens von Menschen mit Behinderung, um gegebene Problemlagen zu verstehen und entsprechende förderliche Perspektiven zu entwickeln.
- Erziehungs- und unterrichtsbegleitende Lernprozessdiagnostik, um die Auswirkungen des eigenen pädagogischen Handelns einschätzen zu können und
- die Förderplanung, wobei nicht das Erstellen von Plänen, sondern der Prozess des Planens im Vordergrund stehen sollte.

Kany und Schöler (2009) sehen ebenfalls vielfältige Fragestellungen und damit verbundene diagnostische Aufgaben für Grund- und Sonderschullehrkräfte: Ermittlung der Schulfähigkeit, Feststellung des (sonder-)pädagogischen Förderbedarfs, Empfehlungen am Ende der Grundschule für die Schulform in Sekundarstufe I und letztendlich die Ermittlung der Leistungen und Leistungsfortschritte für die Planung der nächsten methodisch-didaktischen Schritte im Unterricht und der weiteren individuellen Förderung von Kindern mit Auffälligkeiten im Lernen und Verhalten.

Diese Aufzählungen machen hinlänglich deutlich, dass die Diagnosekompetenz als zentrale oder auch Kernkompetenz für erfolgreiches Unterrichten und pädagogisches Handeln zu betrachten ist. Nimmt man die derzeitige Debatte zur sonderpädagogischen Professionalität zur Kenntnis, so gehören laut Moser (2005) die diagnostischen Kompetenzen zu den zentralen Professionsmerkmalen. Im Zentrum steht in nahezu allen Kompetenzprofilen, so Moser (2005) weiter, die Diagnostik als Kern sonderpädagogischer Intervention, und dies gelte mittlerweile sowohl für schulische als auch für außerschulische Arbeitsfelder. Aufgrund der zunehmenden Heterogenität in der Grundschule durch Formen der flexiblen Eingangsstufe oder der Möglichkeiten der gemeinsamen Beschulung von Kindern mit und ohne Behinderung stellt Seitz (2007) für die Grundschullehrkräfte eine Erweiterung diagnostischer Aufgaben und Kompetenzen fest, die bisher nur im Bereich von Sonderschulen bedeutsam zu sein scheinen. In diesem Sinne ist auch Kretschmann (2004) zu verstehen, wenn er für die Umsetzung von Integrationsmodellen fordert, dass Sonder- und Regelschullehrkräfte, sollen sie bei der Betreuung von Kindern mit erhöhtem oder sonderpädagogischem Förderbedarf nachhaltig kooperieren, über eine Schnittmenge von Diagnose- und Förderkompetenzen verfügen müssen.

Resümiert man die vielfältigen diagnostischen Anlässe und Aufgaben, überrascht es nicht, wenn Autoren wie z. B. Bundschuh (2010) fordern, Diagnostiker sollten über fachliche, diagnostische, didaktische und therapeutische Kompetenzen verfügen. Gleichzeitig drängt sich förmlich die Frage auf, wer diese vielen unterschiedliche Kompetenzen in sich vereinigen kann (siehe ▶ Kap. 3 und ▶ Kap. 4.2.4).

2 Psychologische Diagnostik

Die sonderpädagogische Diagnostik ist nach Bundschuh (2010) hinsichtlich ihrer Aufgaben, Handlungsfelder und Ziele eigenständig, hat jedoch viele Impulse gerade im Bereich der Methoden aus der psychologischen Diagnostik erhalten. Hesse und Latzko (2009) sind der Meinung, dass sich die pädagogische Diagnostik von der psychologischen nicht notwendig durch eigene Verfahren, Methoden und Theorien unterscheide, sondern nur durch den Bezug auf die pädagogische Fragestellung und Entscheidung und stellen auf diese Weise eine große Nähe zur psychologischen Diagnostik her. Insofern scheint es lohnenswert, sich zunächst der Grundlagen psychologischer Diagnostik zu versichern, um das Verhältnis der psychologischen zur pädagogischen und sonderpädagogischen Diagnostik zu klären und letztendlich auch auf diesem Wege das Besondere und Eigenständige an der sonderpädagogischen Diagnostik herauszuarbeiten.

2.1 Begriffsklärung

Die meisten Definitionen weisen darauf hin, dass die psychologische Diagnostik

- bei einer Fragestellung ihren Ausgang nimmt,
- theoriegeleitet gezielt Informationen sammelt und verarbeitet, die im Zusammenhang mit der Fragestellung für das Verständnis menschlichen Verhaltens und Erlebens bedeutsam sind,
- um dann auf dieser Grundlage Entscheidungen zu treffen oder Prognosen über zukünftige mögliche Entwicklungen aufzustellen und
- um diese angestrebten und bewirkten Veränderungen letztendlich auch kontrollieren und evaluieren zu können (Jäger & Petermann 1999; Amelang & Schmidt-Atzert 2006; Petermann & Eid 2006; Hesse & Latzko 2009; Kubinger 2009; Pospeschill & Spinath 2009; Rentzsch & Schütz 2009).

Für Schuck (2004a) stellt die pädagogisch-sonderpädagogische Diagnostik – und man achte auf die Ähnlichkeiten – im Kern einen Versuch dar, über die Reduktion der menschlichen Komplexität in der diagnostischen Situation zu Erklärungen, zu Prognosen und zu handlungsrelevanten Entscheidungen zu gelangen.

Psychologische Diagnostik ist nach der Definition von Amelang und Schmidt-Atzert (2006) eine Methodenlehre im Dienste der Angewandten Psychologie. Ihre Aufgabe besteht darin, »interindividuelle Unterschiede in Verhalten und Erleben sowie intraindividuelle Merkmale und Veränderungen einschließlich ihrer jeweils relevanten Bedingungen so zu erfassen, dass hinlänglich präzise Vorhersagen künftigen Verhaltens und Erlebens sowie deren evtl. Veränderungen in definierten Situationen möglich werden« (Amelang & Schmidt-Atzert 2006, 3).

Die Aufgaben und Fragestellungen werden, so Amelang und Schmidt-Atzert (2006), von ihren Anwendungsgebieten her bestimmt und so geht es im Rahmen der pädagogischen Psychologie z. B. um die Feststellung der Schulfähigkeit, die Eignung für weiterführende Schulen, das Feststellen eines sonderpädagogischen Förderbedarfs, die Eignung für bestimmte Berufsausbildungen oder um Erziehungsprobleme in Schule und Familie. Die psychologische Diagnostik konstruiert und verwendet weiterhin zur Bewältigung dieser vielfältigen Aufgaben spezifische Verfahren und Methoden wie Exploration, Interview, Befragung, psychometrische Tests und Verhaltensbeobachtung. Die theoretische Begründung und Fundierung erfolgt durch einen Rekurs auf die wissenschaftlichen Erkenntnisse der durch ihre Teildisziplinen repräsentierten Gesamtpsychologie. Methoden, Anwendungen und Grundlagen konstruieren somit drei Seiten einer Art Spannungsfeld, in dem psychologische Diagnostik entsteht und fruchtbar wird (siehe ▸ Abb. 1).

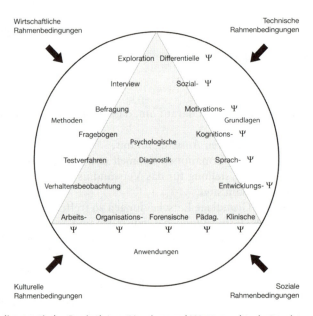

Abb. 1: Das diagnostische Dreieck von Hossiep und Wottawa (nach Amelang & Schmidt-Atzert 2006, 4)

2.2 Diagnostische Strategien

Viele zu untersuchende Eigenschaften oder Persönlichkeitsmerkmale sind nicht unmittelbar beobachtbar und deshalb nicht direkt erfassbar. Sie werden als hypothetische Konstrukte bezeichnet und müssen aus sichtbaren Verhaltensweisen, aus repräsentativen Verhaltensstichproben erschlossen werden. Diesen Prozess nennt man in der psychologischen Diagnostik nach Rentzsch und Schütz (2009) Operationalisierung oder die Übertragung theoretischer Konstrukte in messbare Variablen des Verhaltens. Solche psychologischen Konstrukte können sich auf relativ kurzfristige und veränderbare Erlebens- und Verhaltensmuster, sogenannte States (Zustände), beziehen oder auf längerfristige und eher stabile Erlebens- und Verhaltensmerkmale, sogenannte Traits.

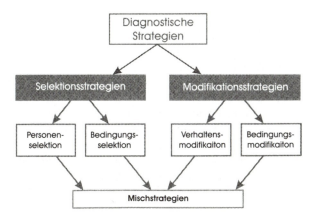

Abb. 2: Diagnostische Strategien (Rentzsch & Schütz 2009, 42)

Bei den diagnostischen Strategien, die den diagnostischen Prozess steuern, werden in der einschlägigen Literatur (Amelang & Schmidt-Atzert 2006; Krohne & Hock 2007; Pospeschill & Spinath 2009) Selektions- und Modifikationsstrategien unterschieden.

Als Personenselektion werden im Rahmen der Selektionsstrategie geeignete Personen für bestimmte Anforderungen ermittelt (z. B. Konkurrenzauslese bei Studienfach oder Schulart) und als Bedingungsselektion wird versucht, geeignete Bedingungen zu bestimmen, unter denen eine Person mit bestimmten Eigenschaftsmerkmalen erfolgreich sein kann (z. B. Berufsempfehlung nach Eignungsdiagnostik). Die Selektionsstrategien basieren in der Regel auf der Annahme zeitlich stabiler Eigenschaften (Traits) und werden dem Bereich der sich auf das einmalige Erfassen eines Ist-Zustandes beschränkenden Statusdiagnostik zugeschrieben.

Innerhalb der Modifikationsstrategie soll die Verhaltensmodifikation, um ein Problemverhalten abzubauen, spezifische zu verändernde Verhaltensweisen einer Person ermitteln (z. B. die Modifikation aggressiver Verhaltensweisen). Die Bedingungsmodifikation sucht dagegen nach externen Bedingungen, deren Veränderung ein Problemverhalten reduziert (z. B. Änderungen im Familiensystem bei Verhaltensauffälligkeiten eines Kindes). Hierbei steht eher die Veränderbarkeit von Erlebens- und Verhaltensmustern (States) im Mittelpunkt der Betrachtung, die überwiegend einer Prozessdiagnostik folgt und versucht, diese Veränderungen in wiederholten Messungen zu erfassen.

2.3 Diagnostischer Prozess

Die einschlägige Fachliteratur beschreibt den diagnostischen Prozess übereinstimmend als eine Aufeinanderfolge verschiedener Denk- und Handlungsschritte, wobei lediglich die Anzahl dieser explizit formulierten Schritte variiert (Jäger 2006; Paradies, Linser & Greving 2007; Kubinger 2009; Pospeschill & Spinath 2009; Rentzsch & Schütz 2009).

Als Ausgangspunkt für den diagnostischen Prozess dient eine Fragestellung oder Zielbestimmung. Der Diagnostiker wird mit einem Problem, einer Frage konfrontiert, aus der er zunächst eine differenzierte psychologische Fragestellung oder eine fachliche Zielbestimmung ableiten muss, indem er den in der Frage angesprochenen Sachverhalt präzisiert und operationalisiert. Ungenauigkeiten oder gar Fehler bei der Formulierung der Fragestellung oder Zielbestimmung wirken sich zwangsläufig ungünstig auf die Validität der Aussagen am Ende des diagnostischen Prozesses aus.

Nach der Präzisierung ist die Fragestellung in eine oder mehrere Hypothesen zu übersetzen, d. h., in psychologisch begründete und theoretisch fundierte Annahmen über das Zustandekommen des Problems, zur Erklärung oder Prognose eines Phänomens und damit auch darüber, welche Zustände oder Merkmale erfasst werden sollen. Diese Hypothesen werden dann im Lauf des diagnostischen Prozesses durch die Untersuchungsergebnisse bestätigt oder entkräftet.

Sind die Hypothesen formuliert, gilt es konkrete diagnostische Daten zu gewinnen. Hilfreich für das Bestimmen der Vorgehensweise und für die Auswahl adäquater Verfahren und Methoden ist eine gut operationalisierte und präzisierte Fragestellung. An die Planung des diagnostischen Vorgehens (wer, wann, wo, bei wem welche Daten erhebt) schließt sich dann die Durchführung der Untersuchung mit der Auswertung der Daten an. Die fach- und sachgerechte Deutung der Daten macht aus ihnen diagnostische Ergebnisse und führt zur Prüfung der bisher generierten Hypothesen. Eine nicht zufriedenstellende Hypothesenabsicherung ist in der Regel der Ausgangspunkt für das Entwickeln neuer Fragestellungen und das Aufstellen weiterer, zusätzlicher Hypothesen.

2 Psychologische Diagnostik

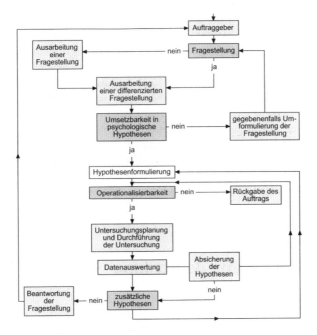

Abb. 3: Ablaufmodell des diagnostischen Prozesses (Amelang & Schmidt-Atzert 2006, 381)

In das diagnostische Urteil werden alle vorliegenden diagnostischen Informationen bezugnehmend auf die Ausgangsfrage integriert und diese Datenintegration mündet ein in eine Diagnose oder Prognose, die als geprüfte Hypothese anzusehen ist. Wird der diagnostische Prozess nicht durch eine Intervention fortgeführt, findet er in der Regel durch ein psychologisches Gutachten sein Ende. Andernfalls stehen Entscheidungen über Indikation sowie Interventionsplanung an und die Beratung, Förderung oder Therapie wird diagnostisch im Sinne einer Verlaufs- und Erfolgskontrolle weiter begleitet.

Als Randbedingungen des diagnostischen Prozesses diskutiert Jäger (2006) allgemein-ethische oder berufsethische, rechtliche, gesellschaftliche und methodische Fragen, die vom jeweiligen Diagnostiker mitbedacht und beantwortet werden müssen:

- Genügt der Diagnostiker in seinem Vorgehen wissenschaftlichen Kriterien? Wo wurde eine Fragestellung angegangen, die mit den derzeitigen diagnostischen Möglichkeiten nicht gelöst werden kann?
- Darf der Diagnostiker unter den gegebenen rechtlichen Bedingungen die notwendige und gewünschte Diagnostik vornehmen und besitzt er vor allem die Kompetenzen, um den diagnostischen Prozess regelgerecht durchzuführen?
- Inwieweit betrifft die individuelle Diagnose andere Personen, Personengruppen oder Institutionen und wer zieht welchen Nutzen aus ihr?

- Wie wirkt sich die Auswahl und vor allem die Qualität des eingesetzten Instrumentariums auf die Qualität der Hypothesenprüfung aus?

Da die Psychodiagnostik als methodische Disziplin im Dienste der Anwendung betrachtet wird und damit häufig der Vorbereitung und Fundierung praxisbezogener Entscheidungen dient, folgt die Diagnostik, so Pospeschill und Spinath (2009), weniger einem kausalen als vielmehr einem finalen Denkmodell. Geht es vor allem um die Veränderung von Personen, Situationen oder unerwünschten Zuständen, werden die im Zuge des diagnostischen Prozesses erhobenen Informationen nicht als Ursachen, sondern als Indikatoren für die Auswahl aus Alternativen verwendet. Es wird somit eben nicht nur festgestellt, was gegenwärtig ist, sondern vor allem auch, was in der Zukunft geschehen soll.

2.4 Normgerechte Beurteilung

Diagnostizieren heißt immer kategorisieren, klassifizieren und vergleichen und somit liegen jeglicher Diagnostik Vergleichsmaßstäbe oder Normen zugrunde. Das Ergebnis einer testpsychologischen Untersuchung ausgedrückt in Rohwerten oder in der Anzahl gelöster Aufgaben ist beispielsweise aus sich heraus nicht interpretierbar, sondern wird erst durch die Einordnung in ein Bezugssystem aussagekräftig. Als Bezugssysteme stehen grundsätzlich drei Möglichkeiten zur Verfügung:

1. Statistische, soziale oder interindividuelle Norm
   Die erbrachte Leistung wird hier verglichen mit einer Norm- oder Referenzpopulation, die z. B. aus einer Gruppe von Gleichaltrigen oder aus Schülern der gleichen Klassenstufe besteht.
2. Intraindividuelle oder Individualnorm
   Der Bezugspunkt für die zu beurteilende Leistung einer Person ist deren frühere Leistung oder eine Leistung in anderen Bereichen. Wird z. B. der momentane Entwicklungs- oder Leistungsstand zu einem früheren in Beziehung gesetzt, kann der individuelle Lernzuwachs eines Schülers bestimmt werden, oder über den Vergleich zweier Leistungen ein und derselben Person in zwei unterschiedlichen Lern- und Entwicklungsbereichen treten vorhandene individuelle Stärken und Schwächen dieser Person zutage.
3. Kriteriumsorientierte oder Sachnorm
   Als Kriterium fungieren oft Lernziele, Bildungsstandards, Erwartungsprofile oder regelrechte Entwicklungsverläufe. Über den Vergleich der Leistung eines Schülers mit den Anforderungen, die in einem Lernziel formuliert sind, wird z. B. festgestellt, inwieweit dieses Lernziel vom Schüler bereits erreicht ist (vgl. Kany & Schöler 2009; Paradies, Linser & Greving 2007; Rentzsch & Schütz 2009).

2.5 Diagnostische Methoden

Komplexe Fragestellungen, wie z. B. die nach dem Vorhandensein einer Dyslexie oder die nach der angemessenen Schullaufbahn, lassen sich nicht mit einem Verfahren, einer Methode beantworten. Die Auswahl der notwendigen Verfahren und Methoden richtet sich wiederum nach der spezifischen Fragestellung, die Anlass und Ausgangspunkt für das diagnostische Handeln war.

Amelang und Schmidt-Atzert (2006) unterteilen die diagnostischen Methoden in Leistungstests (Aufmerksamkeits- und Konzentrationstests, Intelligenztests, spezielle Fähigkeitstests, Entwicklungstests und Schultests), Persönlichkeitsfragebogen, nicht sprachliche und objektive Persönlichkeitstests, projektive Verfahren, Verhaltensbeobachtung, diagnostisches Interview und Gruppendiagnostik (Paardiagnostik, Familien- und Teamdiagnostik). Kubinger (2009) nennt zusätzlich noch

- Anamneseerhebung, in der die Vorgeschichte der untersuchten Person erfragt wird,
- Exploration, als das Erkunden bestimmter Sachverhalte und Stimmungen mittels Gesprächsführung,
- biografisches Inventar, das nach überprüfbaren Informationen aus der Lebensgeschichte fragt, die einen Einblick in die künftige in erster Linie leistungsbezogene Zukunft versprechen,
- Assessmentcenter, das die Qualität der Bewältigungsversuche einer Person bei berufsrelevanten Anforderungen erfasst und die
- Arbeitsplatzanalyse, mit deren Hilfe diejenigen psychologischen Bedingungen und Voraussetzungen untersucht werden, die eine bestimmte Berufstätigkeit an den Menschen stellt.

2.6 Ethische und rechtliche Bestimmungen

Es existiert kein spezifisches Gesetz zu den Pflichten und Rechten des Diagnostikers und die Anwendung von Testverfahren ist nicht explizit gesetzlich geregelt. Nur ansatzweise findet sich gelegentlich eine entsprechende Regelung in einem Landesschulrecht, aber dessen ungeachtet sind eine Reihe rechtlicher oder gesetzlicher Bestimmungen im Zusammenhang mit dem Diagnostizieren relevant.

Der Umgang mit diagnostischen Daten und Informationen unterliegt, so Rentzsch und Schütz (2009), beispielsweise der Verschwiegenheitspflicht und den Bestimmungen des Bundesdatenschutzgesetzes, wonach die Daten vor dem Zugriff Dritter zu schützen sind, Daten nur mit der Einwilligung der Betroffenen oder ihrer gesetzlichen Vertreter weitergegeben werden dürfen und die Betroffenen selbstverständlich das Recht auf Einsichtnahme in die diagnostischen Daten besitzen.

Ebenso unterliegt jeder Diagnostiker der Sorgfaltspflicht, was bedeutet, dass nur derjenige diagnostisch tätig werden darf, der eine qualifizierte Ausbildung durchlaufen hat und deshalb über die erforderlichen fachlichen Kompetenzen verfügt. Gegen die Sorgfaltspflicht verstößt auch ein Arbeitgeber oder Vorgesetzter, wenn er psychologische Diagnostik an Unqualifizierte delegiert und eine solche Delegation an Unqualifizierte kann, nach Friedrichs (2006), durchaus als fahrlässig oder grobfahrlässig eingestuft werden. Die meisten einschlägigen Verlage haben aus diesem Grund eine freiwillige Vertriebsbeschränkung für psychologische Tests eingeführt, die den Zugang für Unbefugte erschweren oder gar verhindern soll. Die Anbieter legen in diesem Zusammenhang vertraglich fest, dass psychologische Tests nur von fachlich qualifiziertem Personal, insbesondere Diplom-Psychologen, erworben und angewendet werden sollen.

Schließlich stellt, so Friedrichs (2006), die psychologische Diagnostik häufig einen Eingriff in das Persönlichkeitsrecht eines anderen Menschen dar, der nur durch eine entsprechende Einwilligung gerechtfertigt ist. Eine solche Einwilligung des Betroffenen setzt implizit eine Qualifikation des Diagnostizierenden für seine Tätigkeit voraus. Denkbar wäre, dass ein Betroffener, hätte er um die mangelhafte Ausbildung des Untersuchers gewusst, seine Einwilligung nicht erteilt hätte. Für Friedrichs (2006) sind in diesem Zusammenhang auch mögliche Haftungsansprüche zu bedenken. Mitteilungen von Diagnosen und Untersuchungsergebnissen können z. B. bei manchen Menschen ein Trauma auslösen, das mit einem erheblichen finanziellen Schaden einhergeht. Stellen sich dann die mitgeteilten Testergebnisse und Diagnosen auch noch als falsch heraus, kann die Haftung empfindlich bis existenziell werden.

Jäger (2006) verweist auf allgemein- und berufsethische Bedingungen, unter denen ein diagnostischer Prozess ablaufen sollte, die in folgenden Anfragen an Diagnostiker zum Ausdruck kommen: Genügt das diagnostische Vorgehen wissenschaftlichen Kriterien? Wo wird eine Fragestellung angegangen, die mit den derzeitigen Methoden der psychologischen Diagnostik nicht zu beantworten ist? Wo kollidiert das konkrete Handeln mit den Ansprüchen und Erfordernissen der eigenen Berufsethik?

Letztendlich wird in den KMK-Standards zur Lehrerausbildung im Kompetenzbereich »Beurteilen« festgelegt, dass Lehrkräfte ihre Beurteilungsaufgaben gerecht und verantwortungsbewusst ausüben, indem sie z. B. Leistungen von Schülerinnen und Schülern auf der Grundlage transparenter Beurteilungsmaßstäbe erfassen und bewerten (Paradies, Linser & Greving 2007).

2.7 Bewertungs- und Beurteilungsfehler

Breitenbach (2003) weist darauf hin, dass jedem Beobachter und Beurteiler aufgrund aktiv interpretierender und damit verändernder Wahrnehmungs-, Speicher- und Abrufprozesse eine Reihe von Beobachtungs- und Beurteilungsfehler unterlaufen können:

1. Güte- und Mildefehler
   Diese häufig auch als Fehler der Großzügigkeit beschriebene Beobachtungs- und Beurteilungsverzerrung entsteht durch die Tendenz, eine bestimmte Person grundsätzlich zu vorteilhaft zu beurteilen. Für den sonderpädagogischen Bereich ist zu beobachten, dass gerade Berufsanfänger kranken oder behinderten Kindern gegenüber besonders milde gestimmt sind. Bei ihnen ist unter Umständen das Motiv des »Helfen-Wollens« besonders stark ausgeprägt und sie sind deshalb nicht imstande, zwischen der diagnostischen und der pädagogischen Perspektive zu unterscheiden.
2. Fehler der zentralen Tendenz
   Beurteiler neigen dazu, extreme Positionen bei der Bewertung zu vermeiden, und bevorzugen mittlere Ausprägungen. Sie verspüren offensichtlich eine gewisse Scheu, ein Merkmal als stark ausgeprägt einzustufen und scheinen sich bei einer Beurteilung wie »ein wenig« oder »mittelmäßig« wohler zu fühlen, vor allem wenn ihnen für die Beurteilung keine klar definierten Beurteilungsmaßstäbe oder -kriterien zur Verfügung stehen.
3. Logischer Fehler
   Der logische Fehler besteht in der Tendenz des Beurteilers, Merkmale, die ihm logisch oder psychologisch als zusammengehörig erscheinen, auch ähnlich zu bewerten. Er entsteht oft auf der Grundlage impliziter und mehr oder weniger naiver Persönlichkeitstheorien oder auch im Zusammenhang mit einem Denken in Syndromen.
4. Halo- oder Hof-Effekt
   Gemeint ist damit die Neigung eines Beurteilers, sich in der Beurteilung oder Beobachtung einer einzelnen Persönlichkeitseigenschaft vom Gesamteindruck oder von einer hervorstechenden Eigenschaft beeinflussen zu lassen. Die vorgefasste Meinung über ein Kind beeinflusst die Erzieherin bei der Einschätzung einzelner Merkmale dieses Kindes. Der Halo-Effekt hat eine gewisse Ähnlichkeit mit dem logischen Fehler. In beiden Fällen wird die Beobachtung und Beurteilung eines Merkmals durch bereits vorhandene Kenntnisse oder Meinungen verzerrt. Eine Abgrenzung ist jedoch dahingehend möglich, dass es beim Halo-Effekt um die Zusammengehörigkeit von Eigenschaften eines Individuums geht, während sich der logische Fehler auf die Affinität verschiedener Merkmale losgelöst von einem einzelnen, konkreten Individuum bezieht. Der logische Fehler ist vergleichsweise abstrakt. Er bedarf nicht des Bezugs zu einer realen Person, sondern zu einer mehr oder weniger naiven Persönlichkeitstheorie.
5. Kontrastfehler
   Ein Kontrastfehler liegt vor, wenn die zu beurteilende Person im Kontrast zur Person des Beurteilers erlebt wird. Er umschreibt die Tendenz, eine Person hinsichtlich eines bestimmten Merkmals gegenteilig zu sich selbst zu beurteilen. So mag ein Beobachter, der sich selbst für einen ordentlichen, korrekten und

systematisch arbeitenden Menschen hält, die beobachtete Person leicht als unordentlich und schlampig einschätzen.
6. Fehler der räumlichen/zeitlichen Nähe
Vom Beurteiler wird das als ähnlich bewertet, was räumlich oder zeitlich nahe beieinander beobachtet wird. Es kann sogar der Fall eintreten, dass in raum-zeitlicher Nähe Liegendes als sinnvoll oder gar als kausal zusammengehörig betrachtet wird. Die momentanen Verhaltensauffälligkeiten eines Kindes werden z. B. vorschnell mit der kürzlich erfolgten Scheidung der Eltern erklärt.
7. Gutachten, Befund oder Beobachtungsbericht als Fehlerquelle
Muss ein Bericht oder ein Gutachten angefertigt werden, so können bei der Übersetzung der diagnostischen Daten in den schriftlichen Bericht Verzerrungen auftreten. Die schriftliche Fixierung von Beobachtungen und Untersuchungsergebnissen führt häufig zu einer Verkürzung, da manches als nebensächlich oder unwichtig erachtet wird. Beurteiler sind meist bemüht, einen in sich stimmigen Bericht abzugeben. Dazu können Details, die nicht passen, unterdrückt oder an Stellen, wo Einzelheiten zur Herstellung eines Zusammenhangs notwendig wären, neue nicht diagnostizierte hinzugefügt werden.

Bewertungs- und Beurteilungsfehler können für Paradies, Linser und Greving (2007) durch folgende Maßnahmen abgemildert werden:

- Abgleich persönlicher Beurteilungen mit Kollegenurteilen,
- Vergleich mit einer großen Zahl von Gleichaltrigen z. B. über Vergleichsarbeiten,
- systematische, regelmäßige Vergleiche über einen längeren Zeitraum,
- transparente Leistungsbeschreibung bei jeglicher Beurteilung,
- systematische Datenermittlung nach eindeutigen Regeln und eine
- ausreichende Datenmenge für Diagnosen und Gesamturteile.

2.8 Zusammenfassung

Psychologische Diagnostik versteht sich als angewandte Wissenschaft und lässt sich definieren und inhaltlich fassen als Beantwortung von aus den Anwendungsfeldern stammenden Fragen und Problemstellungen, wobei auf Theorien und Erkenntnisse der verschiedenen psychologischen Disziplinen und auf vielfältige Methoden zurückgegriffen wird. Ein Prozessmodell beschreibt den Weg von der Erarbeitung einer psychologischen Fragestellung bis hin zu deren Beantwortung, wobei mit der Selektions- und Modifikationsstrategie zwei grundsätzlich verschiedene diagnostische Vorgehensweisen unterschieden werden.

Jede Diagnostik bedarf bestimmter Normen als Vergleichsmaßstäbe, um die gewonnenen Daten interpretieren und in ihrer Aussagekraft bewerten zu können, jeder diagnostische Akt unterliegt ethischen und rechtlichen Vorgaben und Bestimmungen und jeder Diagnostiker sollte sich bewusst sein, dass ihm eine Reihe von Bewertungs- und Beurteilungsfehlern unterlaufen kann.

3 Sonderpädagogische Diagnostik

Kretschmann (2003; 2004) zeichnet eine fachlich-historisch begründete Linie von der medizinischen über die psychologische zur pädagogischen Diagnostik, wobei er davon ausgeht, dass gerade zwischen der pädagogischen und der psychologischen Diagnostik keine scharfe Trennungslinie gezogen werden kann, sondern dass sich hier die Übergänge eher fließend gestalten, was auch in der Verwendung des Begriffs »psychologisch-pädagogische Diagnostik« durch manche Autoren zum Ausdruck kommt (Langfeldt & Tent 1999; Ricken 2005; Schuck 2000). Diese Linie ließe sich weiterführen hin zur sonderpädagogischen Diagnostik als eine bestimmte oder besondere Form pädagogischer Diagnostik und ein kurzes Verweilen auf dem Weg hin zu dieser sonderpädagogischen Diagnostik bei den Bestimmungsstücken und Problemlagen der pädagogischen Diagnostik erscheint angemessen und hilfreich.

3.1 Begriffsbestimmungen

3.1.1 Pädagogische Diagnostik

Die Diskussion zur Problematik der pädagogischen Diagnostik lässt sich treffend durch die beiden Extrempositionen kennzeichnen, die nach Bundschuh (2004) innerhalb der Pädagogik vertreten werden. Auf der einen Seite steht die Forderung nach der Abschaffung jeglicher Diagnostik, da sich durch die Diagnostik kein Gewinn für die Betroffenen ergebe und Diagnostizieren aus pädagogischer Perspektive an sich schon schädlich sei. Andererseits wird Diagnostik als ein notwendiger und integraler Bestandteil pädagogischen und didaktischen Handelns betrachtet. Ricken (2005) macht in einem geschichtlichen Rückblick eine enge Verbindung aus zwischen Veränderungsprozessen schulischer Strukturen und einem zeitweise verstärkten Interesse an der Diagnostik. Auch für Hesse und Latzko (2009) sind die Schwankungen in der Wertschätzung und Anwendung pädagogischer Diagnostik im deutschen Bildungswesen unübersehbar. So finden sich im Anschluss an die Analyse des Deutschen Bildungsrates (1970), die das Fehlen einer ausreichenden Schulung zur Erhöhung der Objektivität und Rationalität bei der Leistungsbeurteilung in der Lehrerbildung als einen wesentlichen Mangel im deutschen Bildungswesen erkennt, systematische Bemühungen zur

Verbesserung der diagnostischen Kompetenzen von Lehrkräften. Bereits gegen Ende der 70er-Jahre tritt die »Anti-Test-Bewegung« auf den Plan, die Versuche zur Objektivierung der Schülerbeurteilung ideologisch verteufelt und wieder zu einer Reduktion der Diagnostikausbildung in Lehramtsstudiengängen beiträgt. Dem vergleichbar scheint die »Nach-PISA-Zeit« der pädagogischen Diagnostik eine deutliche Renaissance und Wiederbelebung zu bescheren, was aber nicht verhindert, dass die Skeptiker und Kritiker mit den alten Argumenten erneut in den Diskurs eintreten. Im Angesicht einer Fülle von anerkannten theoretischen und empirischen Forschungsarbeiten zur pädagogischen Diagnostik erscheinen Hesse und Latzko (2009) diese immer wieder vorgetragenen gleichen Gegenargumente eher als Vorurteile, da diese Kritik an einem wissenschaftlichen Gegenstand stattfindet, »ohne diesen Gegenstand wirklich umfassend zu kennen oder differenziert zur Kenntnis zu nehmen« (Hesse & Latzko 2009, 17).

Wendet man sich den Bestimmungsstücken der pädagogischen Diagnostik zu, stößt man auf eine übereinstimmende Begriffsdefinition, wonach pädagogische Diagnostik alle diagnostischen Tätigkeiten umfasst, »durch die bei Individuen (und den in einer Gruppe Lernenden) Voraussetzungen und Bedingungen planmäßiger Lehr- und Lernprozesse ermittelt, Lernprozesse analysiert und Lernergebnisse festgestellt werden, um individuelles Lernen zu optimieren. Zur pädagogischen Diagnostik gehören ferner die diagnostischen Tätigkeiten, die die Zuweisung zu Lerngruppen oder zu individuellen Förderprogrammen ermöglichen sowie den Besuch weiterer Bildungswege oder die vom Bildungswesen zu erteilenden Berechtigungen für Berufsausbildung zum Ziel haben« (Ingenkamp 1991, 760). Entsprechend zur psychologischen Diagnostik werden hier auch für die pädagogische Diagnostik die prozessorientierte Veränderungsdiagnostik und die statusorientierte Zuweisungs- oder Selektionsdiagnostik als grundlegende diagnostische Strategien benannt. Gerade die Selektionsstrategie gibt jedoch seit Jahren immer wieder Anlass zu dem Vorwurf, die pädagogische Diagnostik werde nur zum Zwecke der Selektion benutzt und führe lediglich zur Etikettierung von Schülern. Hesse und Lassko (2009) geben in diesem Zusammenhang zu bedenken, dass Lehrkräfte auch ohne wissenschaftliche diagnostische Verfahren und Kompetenzen Schüler gleichermaßen etikettieren können oder müssen, denn nicht die Diagnostik ist für die Selektion verantwortlich, sondern das Schulsystem, das auf Selektion ausgerichtet ist.

Im Unterschied zur psychologischen Diagnostik erstreckt sich die pädagogische Diagnostik gemäß Definition auf Lehr-, Lern- und Bildungsprozesse und wird damit auf ein bestimmtes Handlungsfeld bezogen. Kretschmann (2004) sieht hierin eine gewisse Engführung, die alle emotionalen und sozialen Probleme im Kontext schulischen Lernens ausspart. Alles offen hält dagegen die Definition von Kleber (1992), wonach sich die pädagogische Diagnostik als Diagnostik in pädagogischen Handlungsfeldern versteht.

Von Bundschuh (2004) wird eine stärkere Werteorientierung als typisch für die pädagogische Diagnostik herausgestellt und auch Mutzeck und Melzer (2007) betrachten Werte, Ziele und Konzeptionen (Menschenbild, Handlungs- und Störungskonzepte, Konzeptionen von Schule, Unterricht, Familie, Freizeit, Gesellschaft) als der (sonder-)pädagogischen Diagnostik vor- und übergeordnet, die das diagnostische Handeln wesentlich mitbestimmen und deshalb bei jeder diagnostischen Tätigkeit mitzudenken sind.

Was die Diagnoseinstrumente und Diagnoseverfahren angeht, so sind diese nach Kretschmann (2004) vorwiegend psychologischer Natur und Herkunft und solche, die im Zusammenhang mit pädagogischer Prävention und Förderung einzusetzen wären, müssten im Grunde erst noch entwickelt werden. Benötigt werden in diesem Zusammenhang

- domainbezogene und curriculumvalide Verfahren, die Lernfortschritte nicht nur punktuell, sondern auch kontinuierlich messen,
- entwicklungsbezogene Verfahren, die abbilden, auf welchen Entwicklungsstufen sich ein Kind bezüglich unterschiedlicher Entwicklungsbereiche befindet,
- prozessorientierte Verfahren, die feststellen, wie weit Kinder oder Jugendliche bestimmte Erwerbsprozesse, wie z. B. Lesen, Rechnen und Schreiben bewältigt haben,
- Verfahren, die lernbereichsspezifische Motivation erfassen,
- umfeldbezogene Verfahren, mit deren Hilfe schädigende und schützende Bedingungen des Umfeldes eines Kindes entdeckt werden können sowie
- Verfahren, die neben Störungen auch Stärken und besondere Begabungen eines Lernenden erkennen (Kretschmann 2004; 2006a).

3.1.2 Sonderpädagogische Diagnostik

Gemäß der Definition von Sonderpädagogik als einer Pädagogik unter erschwerten Bedingungen formuliert Schuck (2000), sonderpädagogische Diagnostik sei nichts anderes als eine pädagogische Diagnostik zur professionellen Begleitung und Gestaltung von Prozessen der Bildung, Erziehung und Förderung unter eben erschwerten Bedingungen. Unter Rückgriff auf die Anthropologie des Lernens von Loch (1982), der Lernen als widerständig beschreibt, als ein ständiges Bemühen, Lernhemmungen zu überwinden, die entstehen, weil die Lernfähigkeiten oder Kompetenzen eines Kindes nicht den Lernaufgaben, die eine Lebenssituation stellt, entsprechen, führt Breitenbach (2003) aus, dass sonderpädagogische Diagnostik immer dann gefragt ist, wenn diese zum Lernen gehörenden Lernhemmungen so gravierend sind, dass sie mit den im Umfeld vorhandenen erzieherischen Möglichkeiten nicht mehr zu bewältigen sind. Auf die sonderpädagogische Diagnostik aufbauend, erfolgt in der Regel eine entsprechende sonderpädagogische Förderung, die sich nach Kretschmann (2006a) ebenfalls durch eine Bereitstellung und Durchführung besonderer Hilfsangebote, die über das pädagogische Standardangebot deutlich hinausgehen, auszeichnet.

Die sonderpädagogische Diagnostik ist für Nußbeck (2001) keine besondere Diagnostik, die über eigene von der psychologischen Diagnostik unterscheidbare Theorien, Instrumentarien oder Kriterien verfügt. Ihre Spezifizierung bezieht sich einerseits auf ihre Klientel, nämlich auf Personen, denen eine besondere Förderung zukommen soll, und andererseits auf den Personenkreis, der diagnostiziert, folglich die Sonderpädagogen.

Bundschuh (2010) betrachtet die sonderpädagogische Diagnostik zwar als ein Teilgebiet der Sonder- und Heilpädagogik, definiert diese jedoch dann fast wortgleich zur Ingenkamp'schen Definition der pädagogischen Diagnostik.

Stellt die Abgrenzung zwischen der pädagogischen und psychologischen Diagnostik schon ein schwieriges Unterfangen dar, so erscheint die begrifflich-inhaltliche Trennung der sonderpädagogischen von der pädagogischen Diagnostik schier unmöglich und letztendlich bleibt immer nur der Bezug auf die spezifischen sonderpädagogischen Situationen, Problem- und Fragestellungen.

Petermann und Petermann (2006) erkennen bei ihrem Blick auf die sonderpädagogische Diagnostik aus psychologischer Perspektive als Besonderheit ein multimodales und multimethodales Vorgehen, das ähnlich wie die psychologische Diagnostik ein Problemlöse- und Entscheidungsprozess ist, der einerseits der Abklärung eines Status quo und andererseits aber auch der Verlaufskontrolle dient. Dabei werden nicht nur psychische Störungen, sondern auch subklinische Phänomene und Probleme, kognitive Störungen und verschiedene umschriebene Entwicklungsstörungen, Risiko- und Schutzfaktoren aufseiten des Kindes, seiner Familie und seines Lebensumfeldes sowie der sonderpädagogische Förderbedarf im Hinblick auf Unterricht, Erziehung, Therapie und spezifisches Training mit optimalem Förderort erfasst. Diese Definition führt vor Augen, dass auch in der sonderpädagogischen Diagnostik die Status- und Prozessorientierung als zentrale diagnostische Strategien zu betrachten sind und um welch breites und umfassendes Handlungsfeld es sich beim sonderpädagogischen handelt, wie vielfältig sich die Anwendungsbereiche, die Methoden und Verfahren und damit auch die Grundlagen in den Referenzwissenschaften darstellen.

Um dieses große Aufgabengebiet zu bewältigen, bedarf die heilpädagogische Diagnostik nach Bundschuh (2010) einer engen Verbindung insbesondere zur Entwicklungspsychologie, der pädagogischen Psychologie, der klinischen, der medizinischen und der Sozialpsychologie. Ähnliche inhaltliche Zusammenhänge und Bedingungen umreißt Kretschmann (2004) in einem Modul »Pädagogische Diagnostik« in der Ausbildung von Lehrkräften. Neben den Grundlagen der psychologischen und pädagogischen Diagnostik im engeren Sinne sollten sonderpädagogische Diagnostiker neben didaktisch-methodischen Kompetenzen auch über ein Metawissen zu Entwicklungsverläufen und Störungsbildern sowie zu Präventions- und Interventionskonzepten verfügen.

Entsprechend der psychologischen Diagnostik lässt sich auch die sonderpädagogische in einem diagnostischen Dreieck, und somit in einem Spannungsfeld von Anwendungen, Methoden und Grundlagen beschreiben und charakterisieren (siehe ▶ Abb. 4).

Die Grundlagen der sonderpädagogischen Diagnostik entstammen der Allgemeinen Heil- und Sonderpädagogik und den einzelnen sonderpädagogischen Fachrichtungen (Geistigbehindertenpädagogik, Lernbehindertenpädagogik, Sprachbehindertenpädagogik, Verhaltensgestörtenpädagogik, Körperbehindertenpädagogik, Blinden- und Sehbehindertenpädagogik, Gehörlosen- und Schwerhörigenpädagogik) ebenso wie den sogenannten Hilfs- oder Referenzwissenschaften (Allgemeine Didaktik, psychologische Diagnostik, pädagogische Psychologie, Entwicklungspsychologie, Soziologie, Psychiatrie/Neurologie, Augen-

I Sonderpädagogische Diagnostik

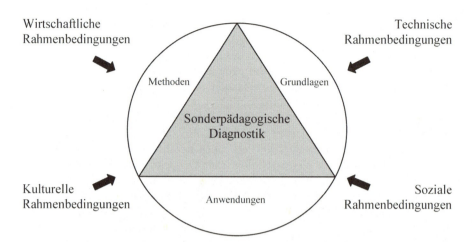

Abb. 4: Das Dreieck der sonderpädagogischen Diagnostik in Anlehnung an das diagnostische Dreieck nach Hossiep und Wottawa (siehe ▶ Abb. 1)

heilkunde, Orthopädie, Hals-Nasen-Ohren-Heilkunde). Anwendung findet sie in den Handlungsfeldern Frühförderung, Vorschule, Schule, Berufsausbildung, Arbeit, Wohnen, Freizeit und als Methoden sind neben den herkömmlichen psychologischen Methoden wie Anamnese, Verhaltensbeobachtung und psychologische Tests sonderpädagogisch spezifische wie Screeningverfahren, Fehleranalyse, curriculumbasiertes Messen, Kompetenzinventare oder Aufgabensammlungen, Rehistorisierung, Konsulentenarbeit oder das schulische Standortgespräch zu nennen.

Vor diesem Hintergrund ist es kaum vorstellbar, dass eine Lehrkraft in einer inklusiven Schule diese Fülle von fachspezifischen und diagnostischen Kompetenzen in sich vereint, um somit alle Schüler mit ihren extrem unterschiedlichen Beeinträchtigungen und Behinderungen verstehen und entsprechende individuell ausgerichtete Fördermaßnahmen entwickeln und durchführen zu können. Nur ein Team bestehend aus verschiedenen spezialisierten Fachleuten wird auch weiterhin diesen komplexen diagnostischen Aufgaben in der Sonderpädagogik gewachsen sein.

Nach Mutzeck (2004) verfügt die sonderpädagogische Diagnostik über ein weiteres, immer wieder hervorgehobenes charakteristisches Merkmal: Sie ist verstehende Diagnostik, die Außen- und Innenperspektive in den diagnostischen Prozess einbezieht. Kauter (1998a; 1998b) geht davon aus, dass menschliches Handeln zwei Seiten hat, nämlich eine Außenseite, die von anderen Menschen beobachtet werden kann, und eine Innenseite, die nur dem handelnden Subjekt selbst zugänglich ist. Will man das Handeln eines Menschen verstehen, um aus diesem Verständnis z. B. Förderhilfen abzuleiten, muss ein Zugang zur inneren Realität gefunden werden. Der Diagnostiker muss verstehen lernen, was einem Menschen bei seinem Verhalten durch den Kopf geht, welche Gefühle ihn bewegen und welche Ziele er mit seinem Handeln verfolgt. Dazu ist es notwendig, sich in die psychische Situation einzufühlen, die Perspektive zu wechseln, die Dinge mit den Augen des betroffenen Menschen zu sehen, die Sinnstrukturen des individuellen Handelns, die Welt- und Selbstsicht des Subjekts, seine Psycho-Logik zu erkennen. Ein in dieser Beziehung hilfreiches Konstrukt ist das Konzept des Lebensraums von Kurt Lewin (1969), das im Zusammenhang mit der Förderdiagnostik als Situationsdiagnostik ausführlich beschrieben wird (siehe ▶ Kap. 4.2.2).

Vor allem im Umgang mit Menschen mit komplexer Behinderung stehen Diagnostiker immer in der Gefahr, durch ihr Tun den anderen zu depersonalisieren. Der Mensch verschwindet hinter seiner Diagnose und tritt mit seinen spezifischen Vorlieben, Begabungen, biografischen Erfahrungen gar nicht mehr in Erscheinung. Eine verstehende heilpädagogische Diagnostik, die aufzeigt, wie sich die Behinderung im Lebenskontext des betroffenen Menschen zeigt und die weiß, dass sich Lehr-, Lern- und Unterstützungsbedarfe eines Menschen nur aus seinen responsiven Verhältnissen heraus bestimmen lassen, wie es z. B. in der Konsulentenarbeit geschieht, entgeht der Gefahr der Depersonalisierung (Fornefeld 2008).

3.2 Diagnostische Zielsetzungen

In einem ersten Schritt werden in diesem Kapitel diejenigen Ansätze und Vorstellungen gesammelt, die verschiedene Zielsetzungen und Strategien innerhalb der sonderpädagogischen Diagnostik differenzieren. Anschließend kommen die Autoren zu Wort, die diese Unterschiedlichkeit leugnen und konsequenterweise sonderpädagogische Diagnostik mit Förderdiagnostik gleichsetzen. Diese Analyse führt dann, in Entsprechung zur psychologischen Diagnostik, zur Unterscheidung zweier grundsätzlich verschiedener Strategien: der Förderdiagnostik als Modifizierungsstrategie und der Platzierungsdiagnostik als Selektionsstrategie.

3.2.1 Spezifische Zielsetzungen und Strategien

Diagnosen können nach Kretschmann (2006a) in der Pädagogik zu unterschiedlichen Zwecken eingesetzt werden: zur Optimierung pädagogischer Angebote, zur Schullaufbahnlenkung und zur Schulentwicklung.

Im pädagogischen Handlungsfeld kommt der Optimierung pädagogischer Angebote eine besondere Bedeutung zu und in diesem Zusammenhang können Diagnosen eingesetzt werden

- um eine bestmögliche Anpassung der Lehrangebote an die Lernausgangslage der Lernenden zu erreichen,
- um rechtzeitig präventive Maßnahmen für lern- und entwicklungsgefährdete Kinder und Jugendliche bereitzustellen,

- um bei bereits manifesten Krisen und Störungen angemessen und effektiv zu intervenieren und
- um Leistungen zu bewerten (Kretschmann 2006a).

Paradies, Linser und Greving (2007) nennen vergleichbare Ziele schulischer Diagnosen: Leistungsbewertung, Verbesserung der Unterrichtsgestaltung, Erkennen von Lernschwierigkeiten und Störungen sowie Erkennen von Lernbegabungen. Im Mittelpunkt der pädagogisch-psychologischen Diagnostik stehen für Ricken (2005) die Selektionsdiagnostik, mit deren Hilfe frühzeitig Kinder mit erhöhten Entwicklungsrisiken identifiziert werden können, sowie die Lernprozessdiagnostik, die Entwicklungsverläufe und Lernprozesse dokumentiert und bewertet.

Speziell für den sonderpädagogischen Bereich differenziert Trost (2008) zwischen Zuweisungs-, Förderungs- und Lernprozessdiagnostik. Mit Arnold und Kretschmann (2002) und Kretschmann (2003) kann man vier unterschiedlich akzentuierte Fragestellungen unterscheiden, die jeweils in bestimmten Phasen des Förderprozesses auftreten:

- Eingangsdiagnosen mit der Fragestellung, ob und in welchem Umfang sonderpädagogischer Förderbedarf vorliegt.
- Förderdiagnosen im engeren Sinne, die bestimmen, welche Förderziele in welchen Förderbereichen mit welchen Fördermethoden in welcher Reihenfolge realisiert werden.
- Prozessbegleitende Diagnosen, die die im Förderprozess auftretenden spezifischen Lernfortschritte und Lernschwierigkeiten erfassen.
- Evaluations- und Fortschreibungsdiagnosen, die eruieren, wie die geplante Förderung verlaufen ist und welche Spezifizierungen bzw. Änderungen des Förderplans vorgenommen werden müssen.

Arnold (2007) analysiert die Diagnose- und Entscheidungsabläufe in Förderzentren und stellt dabei fest, dass es zunächst um die Diagnose des Förderbedarfs geht mit dem Feststellen des sonderpädagogischen Förderbedarfs und der Entscheidung über den Förderort – beides eindeutig Selektionsentscheidungen. In einem zweiten Schritt schließt sich die Präzisierung des Förderbedarfs mit dem Entwurf eines Förderplanes, dem Bericht über den Förderverlauf und der Bewertung des Fördererfolges an. Wendeler (2000) beschreibt vier Gruppen von Fragestellungen, denen die sonderpädagogische Diagnostik nachgehen kann:

- Ausleseprobleme, die in einem vertikal strukturierten Schulsystem entstehen, das eingeteilt ist in Schularten oder Klassen mit unterschiedlichem Anforderungs- oder Qualifikationsniveau,
- Platzierungsprobleme, die sich innerhalb eines Schulsystems stellen, wenn nebeneinander mehrere organisatorische Einheiten mit gleichem Anforderungs- oder Qualifikationsniveau bestehen,
- Leistungsprobleme, wenn es um Schwächen in ausgewählten Schulfächern geht und

- Verhaltensprobleme, worunter Verhaltens- und Erziehungsschwierigkeiten aller Art zu verstehen sind.

Wendeler (2000) verzichtet auf den Begriff Förderdiagnostik, da seiner Meinung nach klare Festlegungen fehlen, was eine Diagnostik zu einer Förderdiagnostik mache und vertritt daher die Auffassung, dass die Förderdiagnostik in der Lernzieldiagnostik aufgehe, die sich mit spezifischen Leistungs- und Verhaltensproblemen auseinandersetze. Unterschiedliche diagnostische Zielsetzungen und Fragestellungen beschreibt auch Breitenbach (2003), der sich dabei auf Kobi (1990) bezieht:

- Deskriptive Diagnostik: Das Ziel der beschreibenden Diagnostik ist die möglichst umfassende und genaue Darstellung eines Problems. Dabei gelangt man in der Regel zu Definitionen, die als Grundlage für ein gegenseitiges Verständnis dienen können. Mit solchen Übereinkünften, die durchaus konventionellen Charakter haben, soll einerseits sichergestellt werden, dass unterschiedliche Beobachter und Diagnostiker von ähnlichen oder gleichen Erscheinungsbildern sprechen, und wird andererseits die Zuteilung meist knapper Ressourcen gesellschaftlich geregelt. Solche konventionellen Absprachen finden sich z. B. bei den Kriterien, die das Vorliegen eines Aufmerksamkeitsdefizitsyndroms oder einer Legasthenie begründen oder einem Menschen eine bestimmte Behinderung zuschreiben. Dabei hängt die Güte der Diagnostik sehr stark von der Klarheit und Eindeutigkeit der verwendeten Kategorien ab. Eine exakte und valide Diagnostik ist nur schwer möglich, wenn bereits die benutzte Definition eher vage ist und keine klaren Konturen zeigt.

  Besonders bedeutsam sind deskriptive Diagnosen, weil mit ihrer Hilfe die Zuweisung zusätzlicher von der Solidargemeinschaft zugesagter und finanzierter Hilfen aufgrund einer bestehenden besonderen Hilfs- und Unterstützungsbedürftigkeit nachvollziehbar geregelt wird. Wocken (1996) fasst diesbezüglich seine Erfahrungen aus Modellversuchen zur integrativen Förderung zusammen, wenn er schreibt: »Wer immer Lehrerstunden haben will, muss als Vorleistung behinderte Kinder namentlich benennen. [...] Die Vergabe zusätzlicher Mittel scheint nur dann gerechtfertigt, wenn die Empfänger auch nachweislich und anerkanntermaßen bedürftig sind. Damit zusätzliche Lehrerstunden für eine Klasse ohne Neid und Groll von anderen akzeptiert werden können, müssen einsichtige und nachvollziehbare Gründe angeführt werden« (Wocken 1996, 34 f.).
- Selektions- bzw. Platzierungsdiagnostik: Das Ziel der Selektions- bzw. Platzierungsdiagnostik besteht im Einordnen eines Kindes in ein vorgegebenes Funktionsraster. Es existiert ein bestimmtes Anforderungsprofil, und die diagnostische Aufgabe besteht darin, Kinder dahingehend zu untersuchen, ob ihre Eigenschaften und Kompetenzen diesem Anforderungsprofil entsprechen. Solche vorgegebenen Anforderungsbereiche können z. B. Schultypen, Berufe oder Sondereinrichtungen sein.
- Bildbarkeits- bzw. Förder(ungs)-Diagnostik: Mit der Förderdiagnostik wird nach Kobi (1990) ausgesprochen heil- oder sonderpädagogisches Terrain be-

treten. Als deren Aufgabe nennt er, sich Klarheit über die Bildungsmöglichkeiten eines Kindes und die damit zusammenhängenden erzieherischen und unterrichtlichen Notwendigkeiten und Zielsetzungen zu verschaffen. Diese Diagnostik ist ausgesprochen subjektorientiert, auf ein bestimmtes Kind in einer spezifischen Lebens- und Lernsituation ausgerichtet. Es gilt, die veränderungsnotwendigen und veränderbaren Entwicklungs- und Lernbereiche eines behinderten Kindes zu finden.

- Normalisierungs- und Integrations-Diagnostik: Im Rahmen der Normalisierungs- und Integrations-Diagnostik geht es nicht mehr darum, ein Problemverhalten, eine Lernsituation zu analysieren, mit dem Ziel Förderstrategien und Entwicklungsmöglichkeiten zu finden, sondern um die Gestaltung dessen, »was als Schicksal bleibt, wenn alle für uns lösbaren Probleme gelöst, das Heilbare geheilt, das Förderbare gefördert, kurz: das Veränderbare verändert worden ist« (Kobi 1990, 55). Es geht deshalb um die Fragen,
  - inwieweit ein Mensch mit einer bestehenden, nicht veränderbaren Behinderung am gesellschaftlichen Leben in größtmöglichem Umfang teilhaben kann,
  - inwieweit sich das abnorm Bleibende in die, aus Sicht der Nicht-Behinderten, normalen Lebensverhältnisse integrieren lässt,
  - inwieweit Nicht-Behinderte und Behinderte jenseits aller Veränderung ein gemeinsames Schicksal gestalten können.

Auch Trost (2008) differenziert zwischen unterschiedlichen Aufgabenbereichen für die sonderpädagogische Diagnostik und beschreibt damit ebenfalls entsprechende diagnostische Zielsetzungen (siehe ▶ Kap. 1.3).

Obwohl Bundschuh (2000; 2004; 2010) immer auf die Überwindung der traditionellen Selektions-, Merkmals- und Eignungsdiagnostik durch die alternative Förderdiagnostik hinweist, beschreibt er gleichzeitig aber auch unterschiedliche Aufgabenbereiche der sonder- und heilpädagogischen Diagnostik. Aufgezählt werden neben dem Erfassen des Förderbedarfs weitere Aufgaben im Rahmen institutioneller und organisatorischer Handlungsfelder:

- Diagnosen des Erscheinungsbildes von Beeinträchtigungen (Störung, Behinderung, Defizite),
- Entscheidungen darüber, ob eine Aufnahme in die Förderschule angezeigt ist oder eine ambulante Förderung als ausreichend erscheint,
- Entscheidung über den optimalen Förderort beim Vorliegen von speziellem Förderbedarf im Sinne der Einweisung in unterschiedliche Schulen oder Einrichtungen,
- Prognosen über zukünftige Entwicklungen, womit auch die Frage nach der Eignung für ein bestimmtes Berufsfeld verbunden sein kann.

Auch die von Bundschuh (2000; 2004) differenzierten Formen der Begutachtung (Beratungsgutachten, Förderungsgutachten, Entscheidungsgutachten) lassen auf eine Unterscheidung spezifischer diagnostischer Strategien schließen, die zum einen auf die Beschreibung des Förderbedarfs und zum anderen auf die Notwendigkeit der Zuweisung zu einem Förderort zielen. Grissemann (1998) überschreibt seine Gedanken zu einer förderimmanenten Prozessdiagnostik in der Sonderpädagogik mit »Diagnostik nach der Diagnose« und meint damit eine zyklische förderungsbegleitende Diagnostik nach sogenannten Erstdiagnosen, die z. B. zu einer Einweisung in eine bestimmte Einrichtung geführt haben. Nachdem eine Platzierung mittels entsprechender Diagnose vorgenommen wurde, setzt die Förderdiagnostik unter Einbeziehung der neuen Lernbedingungen ein. Unter Berücksichtigung der Orientierung und Perspektive, unter der diagnostiziert wird, ergeben sich für Schuck (2000) ebenfalls zwei grundlegend unterschiedliche Aufgabenstellungen innerhalb der sonderpädagogischen Diagnostik. Eine institutionelle Orientierung führt zur prospektiven Diagnostik, die Schüler für Schulen auswählt und unter personaler Orientierung stellt sich die Aufgabe einer evaluativen Diagnostik, die schulformunabhängig optimale Förderung konzeptionalisiert.

Von der Erarbeitung europaweit gültiger Leitlinien für eine Diagnostik in inklusiven Schulen durch die »Europäische Agentur zur Entwicklung der Sonderpädagogik« berichtet v. Knebel (2010). Neben der förderdiagnostischen Zielsetzung, die Input für die Lernprozesse zu liefern und diese zu fördern hat und individuelle Lernfortschritte fokussiert, lässt sich unter der Überschrift »von der punktuellen Statusdiagnostik zur kontinuierlichen Prozessdiagnostik« überraschenderweise auch die klassifizierende und damit selektierende Strategie entdecken, wenn es da heißt: »Es wird ausdrücklich anerkannt, dass sonderpädagogische Diagnostik von sonderpädagogischen Fachkräften durchgeführt wird und Ressourcenzuweisung begründet« (v. Knebel 2010, 243). Diese Ressourcenzuweisung kann nur so gelingen wie das bisher auch schon in integrativen Settings immer der Fall war, nämlich über die Zuschreibung entsprechender Kategorien wie Förderbedarf, Behinderung, Störung oder mittels neuer inklusiv weich gewaschener Wortakrobatik.

3.2.2 Sonderpädagogische Diagnostik ist Förderdiagnostik

Autoren, die das Vorhandensein unterschiedlicher Fragestellungen zugunsten der Förderdiagnostik leugnen, betrachten die Einweisungsdiagnostik als die herkömmliche Diagnostik, der die Förderdiagnostik als ein alternatives neues Konzept gegenübergestellt wird. Sie sehen im Trend von der Selektions- zur Förderdiagnostik eine Weiterentwicklung der sonderpädagogischen Diagnostik, wodurch der Eindruck entsteht, als gebe es eine »gute« und eine »schlechte« sonderpädagogische Diagnostik, eine sonderpädagogische Diagnostik, die grundsätzlich minderwertig und eine andere, die dieser in jedem Fall überlegen ist (Bundschuh 1991; 2004; Heimlich 1998; Wendeler 2000).

Die Diskussion gerät an dieser Stelle in eine gewisse Schieflage, weil zu wenig beachtet wird, dass unterschiedliche diagnostische Fragestellungen von außen an die sonderpädagogische Diagnostik herangetragen werden. Es sind vor allem gesellschaftliche Bedingungen und Gegebenheiten, die zu den unterschiedlichen diagnostischen Fragestellungen führen. Die sonderpädagogische Diagnostik kann für diese vorhandenen Fragen nicht verantwortlich gemacht werden und sie wäre überfordert, sollte sie strukturelle Probleme, wie z. B. die hierarchische Struktur unseres Schulsystems und die damit verbundene Überbetonung des Auslese- und Leistungsprinzips, lösen. Schröder (1986) verweist mit Recht darauf, dass an die Diagnostik keine falschen Ansprüche gestellt werden dürfen und man ihr nicht anlasten könne, dass sie für Zwecke benutzt wird, die pädagogisch, psychologisch und sozial für negativ erachtet werden. Übertriebene oder zu frühe Selektion sollte man nicht auf dem ›Nebenkriegsschauplatz‹ der Diagnostik bekämpfen, sondern vor dem Hintergrund der Ergebnisse aus der Bildungsforschung und im Zusammenhang mit bildungs- und schulpolitischen Diskussionen und Entscheidungen.

Trost (2008) bedauert, dass viele Befürworter der Förderdiagnostik die Selektions-, Platzierungs-, Auslese- und Einweisungsdiagnostik als eine rückständige und anstößige Form der sonderpädagogischen Diagnostik betrachten. Dies ist für ihn ein denkbar unglücklicher Standpunkt, »denn im sonderpädagogischen Handlungsfeld sind de facto institutionelle Fragestellungen zu beantworten und es zählt zu den selbstverständlichen Aufgaben sonderpädagogischer Diagnostik, sich mit aller Sorgfalt und Parteilichkeit für die betroffenen Menschen mit Behinderung an der bestmöglichen Absicherung institutionsbezogener Entscheidungen zu beteiligen« (Trost 2008, 170). Einen vergleichbaren Standpunkt nimmt Breitenbach (2003) ein.

Schuck et al. (2006) stoßen bei der Analyse sonderpädagogischer Gutachten auf das Dilemma zwischen dem Anspruch einer förderungsorientierten Diagnostik und einer im Grunde immer noch selektionsorientierten Schulwirklichkeit. Sonderpädagogen sind im Rahmen der Förderdiagnostik aufgefordert, Lernprozesse zu initiieren und zu begleiten, wissen aber andererseits, dass sie in ihrem Gutachten vor allem zu einer Lernortentscheidung kommen müssen. Dieses ungünstige Zusammendenken der Platzierungs- mit Förderdiagnostik als ein diagnostischer Akt zeigt sich deshalb auch in besonderer Weise in schulrechtlichen Bestimmungen und verwaltungstechnischen Vorgaben. In den »Empfehlungen zur sonderpädagogischen Förderung in den Schulen in der Bundesrepublik Deutschland« unternimmt die Kultusministerkonferenz (1994) den Versuch, einheitliche, bundesländerübergreifende Orientierungshilfen zur schulischen Förderung von behinderten und von Behinderung bedrohten Kindern zu erstellen. Die Feststellung des sonderpädagogischen Förderbedarfs beinhaltet neben der Ermittlung des Förderbedarfs auch die Entscheidung über den Bildungsgang und den Förderort. Bei der Ermittlung des sonderpädagogischen Förderbedarfs sollen qualitative und quantitative Aussagen zu den erforderlichen Fördermaßnahmen getroffen werden und auf dieser Basis soll unter Einbeziehung der Erziehungsberechtigten und der vorhandenen Rahmenbedingungen eine Entscheidung über den Bildungsgang und den Förderort getroffen werden.

Arnold (2007) sieht in der begründeten Entscheidung über den Förderbedarf bereits eine Selektionsentscheidung, da der untersuchte Schüler der Gruppe der »besonders förderbedürftigen Schüler« zugeordnet wird, die dann in die formale Selektionsentscheidung über den Förderort übergeht.

Hofmann (1998) macht in diesem Zusammenhang darauf aufmerksam, dass ein Begriff von Förderdiagnostik, der unreflektiert Platzierung mit einschließt, über das Vorhandensein von Platzierung in einem hierarchischen Gesellschafts- und Bildungssystem und damit auch über das Verteilen von Bildungschancen, hinwegtäuscht. Förderdiagnostik in diesem Sinne suggeriert, dass es »eine moralisch unbedenkliche – gewissermaßen bereinigte Diagnostik geben könnte« und verleugnet zu leicht und zu schnell den existierenden, globalen gesellschaftlichen Rahmen sowie einen sich daraus ergebenden »heimlichen und unheimlichen diagnostischen Auftrag« (Hofmann 1998, 8).

Die Diskussion zeigt, dass das Negieren unterschiedlicher Ziel- und Fragestellungen in der sonderpädagogischen Diagnostik sowie das damit verbundene unheilvolle Vermischen schulpolitischer mit theoretisch-wissenschaftlichen Überlegungen unlösbare theoretische und praktische Probleme mit sich bringt und einer präzisen begrifflichen Fassung von sonderpädagogischer Diagnostik eher zuwiderläuft.

3.2.3 Unterscheidung: Platzierungs- und Förderungsdiagnostik

Die Analyse der diagnostischen Zielsetzungen in der Sonderpädagogik oder Pädagogik zeigt, dass die große Mehrzahl der Autoren übereinstimmend zwei diagnostische Fragestellungen benennt: die Selektions- und Platzierungsdiagnostik sowie die Förderdiagnostik (siehe ▶ Tab. 1).

Unübersehbar ist hierbei die Parallele zu den beiden grundlegenden diagnostischen Strategien in der psychologischen Diagnostik, wobei die Selektions- und Platzierungsdiagnostik ihre Entsprechung in der Selektionsstrategie oder Statusdiagnostik und die Förderungsdiagnostik oder Lernprozessdiagnostik ihre in der Modifikationsstrategie oder Prozessdiagnostik findet. Auch die weiteren Ausdifferenzierungen wie deskriptive Diagnostik oder Diagnostik zur Beurteilung von Entwicklung und zum Erkennen von Lernstörungen oder Lernbegabungen können recht gut der Statusdiagnostik zugerechnet werden und Normalisierungsdiagnostik und die Diagnostik zur Schulentwicklung zielen auf eine Bedingungsmodifikation, die neben der Verhaltensmodifikation die Modifikationsstrategie ausmacht und entsprechende Veränderungsprozesse bewirken will.

Ein klares Bild von den Aufgaben und Zielen der sonderpädagogischen Diagnostik entsteht somit nur, wenn die Förderdiagnostik von der Platzierungs- und Selektionsdiagnostik qualitativ unterschieden und abgegrenzt wird. Diese beiden grundsätzlich verschiedenen Zielsetzungen und Strategien erfordern ein unterschiedliches methodisches Vorgehen und es ergeben sich daraus zwangsläufig diagnostische Informationen mit unterschiedlicher Qualität (siehe ▶ Tab. 2).

Zuweisung oder Platzierung fordert eine Entweder-oder-Entscheidung zu einem bestimmten Zeitpunkt. Die diagnostische Fragestellung lautet hier: Entsprechen die momentanen Fähigkeiten und Fertigkeiten eines Kindes oder Jugendlichen den nicht zur Disposition stehenden Anforderungen einer Einrichtung,

I Sonderpädagogische Diagnostik

Tab. 1: Diagnostische Zielsetzungen unterschiedlicher Autoren im Vergleich

Autor		
Arnold (2007)	sonderpädagogischer Förderbedarf, Förderort	Förderplan, Förderverlauf, Fördererfolg
Bundschuh (2004)	Entscheidungsgutachten	Beratungs- oder Förderungsgutachten
Bundschuh (2010)	Entscheidung: Regel- oder Förderschule, Eignung für Berufsfeld	spezifischer Förderbedarf
Breitenbach (2003) nach Kobi (1990)	Deskriptive Diagnostik	Selektions- und Platzierungsdiagnostik	Förderdiagnostik	Normalisierungs- und Integrationsdiagnostik
Grissemann (1998)	Erstdiagnose	Förderdiagnostik
Kretschmann (2003)	Eingangsdiagnosen	Förderdiagnose im engeren Sinne, prozessbegleitende Diagnose, Evaluations- und Fortschreibungsdiagnose
Kretschmann (2006a)	Diagnostik zur Schullaufbahnlenkung	Diagnostik zur Optimierung pädagogischer Angebote		Diagnostik zur Schulentwicklung
Paradies et al. (2007)	Diagnostik zur Erkennung von Lernstörungen und Lernbegabungen	Diagnostik zur Leistungsbewertung	Diagnostik zur Verbesserung der Unterrichtsgestaltung
Ricken (2005)	Selektionsdiagnostik	Lernprozessdiagnostik
Schuck (2000)	prospektive Diagnostik, Auswahl von Schülern für Schulen	evaluative Diagnostik, Suche nach optimalen Förderkonzepten
Strasser (2004)	Selektionsdiagnostik, Zuweisungsdiagnostik, Statusdiagnostik	heilpädagogische Förderdiagnostik
Trost (2008)	Diagnostik zur Beurteilung der Entwicklung	Diagnostik zur Schullaufbahnbestimmung, Umschulung und Zuweisung	Lernprozessdiagnostik und Förderplanung
Wendeler (2000)	Diagnostik zur Auslese und Platzierung	Diagnostik von Leistungs- und Verhaltensproblemen

3 Sonderpädagogische Diagnostik

Tab. 2: Unterscheidung von Förder- und Platzierungsdiagnostik nach Breitenbach (2003)

Förderdiagnostik	Platzierungsdiagnostik
Prozess	Entweder-oder-Entscheidung
Analyse	Bewertung
Entscheidungssicherheit durch Förderung	Entscheidungssicherheit durch statistische Normen
kurze Zeitperspektive – Förderung	lange Zeitperspektive – Schullaufbahn
systematische und unsystematische Verhaltensbeobachtung	systematische Verhaltensbeobachtung
Analyse schulischer Leistungen	Bewertung schulischer Leistungen
qualitative Auswertung psychometrischer Verfahren	quantitative Auswertung psychometrischer Verfahren

Schulform oder eines Ausbildungsganges? Diese Passung von Anforderungsprofil und Entwicklungsstand ist zum Zeitpunkt der Diagnostik entweder gegeben oder eben nicht. Die Förderdiagnostik dagegen sieht sich der Aufgabe gegenüber, Fähigkeiten eines Kindes oder Jugendlichen in seiner spezifischen Lernsituation zu analysieren und zu beschreiben, mit dem Ziel, vorhandene Lernhemmungen durch geeignete Hilfestellungen zu überwinden, um auf diese Weise ein gesetztes Lernziel zu erreichen. Hier steht eher der Prozess ausgehend von einer Lernausgangslage hin zu einem Lernziel im Mittelpunkt der diagnostischen Bemühungen.

Platzierungsdiagnostik ist gezwungen, die Leistungsfähigkeit eines Kindes oder Jugendlichen zu bewerten. Kriterien für diese Bewertung liefert das Anforderungsprofil der zur Auswahl stehenden Einrichtung, Schule oder Berufsausbildung. Förderdiagnostik dagegen analysiert und beschreibt einen Lern- und Entwicklungsprozess. Eine solche Analyse und Beschreibung bezieht sich ausschließlich auf das Lernen eines Kindes oder Jugendlichen in einer Lernsituation und berücksichtigt bei der Gestaltung des neuen Lehrangebotes die Veränderungsmöglichkeiten im Zusammenhang mit dieser Lernsituation. Die Bewertung der bei dieser Gelegenheit analysierten Leistungen des Schülers, inwieweit sie altersgemäß sind oder anderen Anforderungen entsprechen, wird nicht vorgenommen, da sie für die Gestaltung eines neuen Lehrangebotes wenig hilfreich ist.

Sicherheit über die Richtigkeit der im förderdiagnostischen Prozess gefällten Entscheidung oder aufgestellten Hypothesen ergibt sich ausschließlich aus dem Erfolg oder Misserfolg der Fördermaßnahmen oder des neuen Lehrangebotes. Gewissheit darüber, ob eine Platzierungsentscheidung richtig oder falsch ist, erhält der Diagnostiker während des diagnostischen Aktes nur über den Vergleich des Leistungs- und Entwicklungsstandes des Untersuchten mit den zur Verfügung stehenden Normen oder Bewertungskriterien. Solche Normen ergeben sich aus dem Anforderungsprofil der zur Auswahl stehenden Einrichtungen oder durch den Rückgriff auf statistische Normen, wie sie in psychometrischen Verfahren zur Verfügung stehen.

Förder- und Platzierungsdiagnostik unterscheiden sich qualitativ auch durch die zeitliche Perspektive des Diagnostikers. Bei der Beantwortung der Platzierungsfrage blickt der Diagnostiker z. B. auf die künftige Schullaufbahn und damit weiter in die Zukunft als bei der Förderdiagnostik, wo er nur den nächsten Lern- und Entwicklungsschritt im Auge hat. Damit ergeben sich grundsätzlich unterschiedliche Vorgehensweisen für die Durchführung einer Platzierungs- oder einer Förderdiagnostik. Im Zentrum der Platzierungsdiagnostik muss die quantitative Auswertung psychometrischer Verfahren stehen, sowie eine möglichst nachvollziehbare Bewertung der erbrachten Leistungen mit Aussagen über das Ausmaß, in dem eine Person die für ihre Altersstufe zu erwartenden Entwicklungsziele erreicht hat. Greift der Diagnostiker auf Beobachtungsdaten zurück, so wird er auch darauf achten, dass es sich hierbei nicht um rein subjektive Einschätzungen handelt, die von verschiedensten Faktoren unkontrolliert beeinflusst werden, sondern, dass er sich bei der Beantwortung der Platzierungsfrage ausschließlich auf nachvollziehbare, systematisch erhobene Beobachtungen bezieht. Im Rahmen einer Förderdiagnostik können psychometrische Verfahren qualitativ ausgewertet werden und schulische Leistungen mithilfe von Fehler- und Prozessanalysen untersucht werden. Neben einer systematischen Beobachtung lassen sich auch reflektierte, unsystematisch gesammelte Beobachtungsdaten verwenden.

Dies bedeutet jedoch nicht, dass die Abgrenzung zwischen Selektions- und Förderdiagnostik grundsätzlich an der Methode festgemacht werden kann; nach dem Motto: psychologische Tests für die Statusdiagnostik und informelle Verfahren für die Förderdiagnostik. Entscheidend ist der strategieorientierte Einsatz der verschiedenen Methoden, der fragt: Im Rahmen welcher diagnostischen Strategie wird welches Verfahren, welche Methode wie eingesetzt? Ansonsten entstünde der Trugschluss, so Hofmann (2003), dass allein aufgrund einer methodischen Umorientierung z. B. hin zu informellen und nicht standardisierten Verfahren bereits eine förderorientierte und damit vielleicht auch moralisch unbedenkliche Diagnostik möglich würde.

Ein weiterer aufschlussreicher Vergleich der zentralen Merkmale von Selektions- und heilpädagogischer Förderdiagnostik findet sich bei Strasser (2004). Der Vergleich wird vorgenommen bezüglich der Kategorien theoretisches Bezugssystem, Persönlichkeits- und Menschenbild, Ziele, Mittel, Bezugssystem zur Interpretation der Daten, Merkmale der Untersuchungssituation, Diagnostiker, zeitliche Situierung, Beurteilungsprozess und Beurteilungsform, Maßnahmen und Entscheidungen, Vorteile und Nachteile (siehe ▶ Tab. 3).

Tab. 3: Vergleich zwischen Selektions- und Förderdiagnostik (Strasser 2004, 21)

Zuweisungsdiagnostik Selektionsdiagnostik Statusdiagnostik	heilpädagogische Förderdiagnostik
Theoretisches Bezugssystem	
Persönlichkeitspsychologie, Testpsychologie, Medizin, empirische Wissenschaften	Testpsychologie, Sozialpsychologie, Lerntheorie, Verhaltenstheorie, Ökologie, Tiefenpsychologie, Geisteswissenschaften
Persönlichkeitsbild, Menschenbild	
statisches Begabungs- und Persönlichkeitsbild	dynamisches Begabungs- und dialogisches Menschenbild

Tab. 3: Vergleich zwischen Selektions- und Förderdiagnostik (Strasser 2004, 21) – Fortsetzung

Zuweisungsdiagnostik Selektionsdiagnostik Statusdiagnostik	heilpädagogische Förderdiagnostik
Ziele	
objektive Erfassung des Entwicklungsstandes, der Begabungs- und Persönlichkeitsstruktur, Typologisierung, Zuordnung zu einem Persönlichkeits-Typus oder Krankheitsbild, Zuweisung zu einem Programm, einer Behandlung oder Schultypus, prognostische Aussagen	intersubjektiv überprüfbare Erfassung der Begabungs- und Persönlichkeitsstruktur, aller möglichen Ursachen und Auswirkungen einer Behinderung, Lern- und Entwicklungsbedingungen, bewusstere Diagnose, Prognose, Zuweisung, Wahrnehmung der offenen Möglichkeiten, Optimierung der Entwicklungsbedingungen
Mittel	
standardisierte, oft metrische Messinstrumente	standardisierte Messinstrumente und qualitative Verfahren (Beobachtungen, Interviews, kreative Verfahren) informelle Tests, Lernversuche
Bezugssystem	
Eichpopulation, Normalverteilung, homogene Vergleichs-Gruppierungen individuelle Unterschiede	best. Kriterien, Lernprogramm, Curriculum, subjektive Bezüge (z. B. Übertragung)
Situative Merkmale	
standardisierte Situation, »Labor«, kein Eingriff seitens des Untersuchers, Sprechzimmer-Diagnostik	Interaktion, Interventionen, Lernsituationen, alltägliche Situationen, life space-Diagnostik
Personen	
unabhängiger Spezialist (Psychologe)	Lehrer, Erzieher, Eltern etc.
Zeitliche Situierung	
vor Zuweisungsentscheidungen, oft in kritischen Übergangssituationen (z. B. Schuleintritt) einmaliger Akt, ev. spätere Kontrolle	täglich, wöchentlich, monatlich Prozess
Beurteilungsprozess und Beurteilungsform	
Urteil eines Spezialisten (ev. intransparent) auf quantifizierten Werten beruhend Diagnose, Zuweisungsvorschläge	Aushandlungsprozess unter Beteiligten qualitativ, subjektiv, holistisch (ganzheitlich) Massnahmen- und Zielvorschläge
Maßnahmen	
institutionell orientiert, hauptsächlich Zuweisung zu best. Programmen • als Reduktion im Anforderungsniveau (z. B. Sonderschule)	Zielorientiert, massnahmenorientiert Modifikation der Lernbedingungen und des Verhaltens der Beteiligten didaktische Massnahmen

Tab. 3: Vergleich zwischen Selektions- und Förderdiagnostik (Strasser 2004, 21) – Fortsetzung

Zuweisungsdiagnostik Selektionsdiagnostik Statusdiagnostik	heilpädagogische Förderdiagnostik
• zur Kompensation oder Korrektion von Defiziten (z. B. Therapie)	
Vorteile	
Objektivität, theoretische Gültigkeit	subjektive Gültigkeit, prozesshaft
Nachteile	
fördert Etikettierung und Selektion Kind als Objekt	Verfälschung durch Projektion, Wahrnehmungsmechanismen, Alltagstheorien

3.3 Diagnostischer Prozess

Am Anfang des diagnostischen Prozesses steht für van der Kooij (2004) eine Erkundungsphase, die der Sammlung vielfältiger Informationen zur Fragestellung dient. In einem nächsten Schritt zieht sich der Diagnostiker sozusagen in seine eigene Gedankenwelt zurück und versucht, die erhaltenen Informationen zu ordnen und sie im Sinne der Fragestellung zu verstehen, um dann daraus möglichst zahlreiche und alle Aspekte abdeckende Hypothesen zu entwickeln. Daran schließt sich die Durchführung der Untersuchung mit der Analyse der gewonnenen Daten und der Überprüfung jeder einzelnen Hypothese an, was weiterführt zur Integration der Ergebnisse, einer Art Theoriebildung über den Einzelfall und wodurch beim Untersucher ein gedankliches Abbild der problematischen Erziehungssituation entsteht. Den Abschluss des Prozesses bilden Gutachten oder Beratung sowie das Erstellen von Förderplänen mit der Auswahl günstiger Interventionen und der Planung der Förderung in einer konkreten Fördersituation.

Für Paradies, Linser und Greving (2007) wird die pädagogische Diagnose vor allem im unterrichtlichen Kontext in drei Schritten durchgeführt:

1. Schritt: fachliche und fachdidaktische Zielbestimmung
2. Schritt: Datenerhebung und -aufbereitung, bestehend aus den Bausteinen Bestandsaufnahme, Zweck- und Zielbestimmung, Hypothesenbildung, Förderplanung und Evaluation
3. Schritt: Datenaufbereitung und -interpretation.

Mutzeck (2004) und Arnold (2007) orientieren sich bei ihren Prozessmodellen an den Diagnose- und Entscheidungsabläufen im Förderzentrum und schlagen deshalb folgende Schritte im diagnostischen Prozess vor:

1. Diagnose des Förderbedarfs oder Feststellung des sonderpädagogischen Förderbedarfs mit Entscheidung über den Förderort und
2. Entwurf eines Förderplans, in dem notwendige Förderung und Beratung beschrieben werden, der Förderverlauf erfasst und der Fördererfolg evaluiert wird.

Die in allen Modellen und Konzepten beschriebenen zentralen Bestandteile des diagnostischen Prozesses im pädagogischen Handlungsfeld finden sich letztendlich bei Hesse und Latzko (2009) wieder, für die das diagnostische Vorgehen mit der Präzisierung einer Fragestellung beginnt und über die Hypothesenbildung und Hypothesenprüfung zu einem diagnostischen Urteil gelangt, das dann die Ausgangsfrage nach Selektion oder Förderung beantwortet (siehe ▶ Abb. 5).

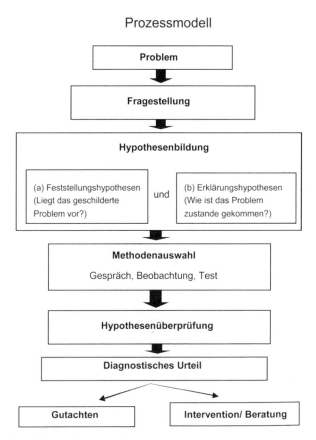

Abb. 5: Ablaufmodell des diagnostischen Prozesses (Hesse & Latzko 2009, 63)

Auffallend ist auch hier wieder die große inhaltliche Nähe dieser Prozessmodelle zu denen aus der psychologischen Diagnostik (siehe ▶ Kap. 2.3).

3.4 Zusammenfassung

Psychologische und sonderpädagogische Diagnostik lassen sich nur schwer voneinander abgrenzen, es können sogar große Übereinstimmungen und Parallelen festgestellt werden, die in den jeweiligen diagnostischen Dreiecken sehr deutlich zum Ausdruck kommen. Die sonderpädagogische Diagnostik beschränkt sich auf das sonderpädagogische Handlungsfeld, verfügt neben den psychologischen Methoden über einige wenige eigene spezifische diagnostische Instrumente, die in erster Linie den Besonderheiten des zu untersuchenden Klientels geschuldet sind, und muss wie die psychologische Diagnostik auf ein breites Feld inhaltlicher Grundlagen zurückgreifen. Psychologische und sonderpädagogische Diagnostiker verfolgen beim Diagnostizieren im Wesentlichen zwei Strategien: die Selektions- und die Modifikationsstrategie oder die Platzierungs- und Förderdiagnostik, wie die entsprechenden Bezeichnungen in der sonderpädagogischen Fachliteratur lauten, und beschreiben ihr Vorgehen in vergleichbaren Prozessmodellen. Beiden können die gleichen Beurteilungs- und Bewertungsfehler unterlaufen und für beide gelten die gleichen grundlegenden gesetzlichen Bestimmungen und ethischen Anforderungen.

Wenn man nach Unterschieden sucht, so findet man sie noch am ehesten in bestimmten Akzentuierungen, wie z.B. in einer stärkeren Werteorientierung der sonderpädagogischen Diagnostik oder in ihrem besonderen Bemühen um das Verstehen subjektiver Realitäten im jeweiligen Lebenskontext.

4 Förderdiagnostik

Der Begriff der Förderdiagnostik oder Förderungsdiagnostik taucht etwa ab Mitte der 70er-Jahre in der Fachliteratur auf und mit seiner Gegenüberstellung von Einweisungs- und Förderdiagnostik eröffnete Kobi (1977) die Auseinandersetzung um diesen Begriff. Anfang und Mitte der 80er-Jahre wurde eine kontroverse Debatte zur Konzeptualisierung der Förderdiagnostik geführt und die Diskussion kreiste um die Fragen, wie die Ergebnisse der Förderdiagnostik für Planung und Durchführung sonderpädagogischer Förderung genutzt werden können und wie sich die Förderdiagnostik von einer individuumzentrierten, stark am medizinischen Modell orientierten Diagnostik abgrenzen kann (siehe dazu Kornmann, Meister & Schlee 1983). Die meisten Konzepte stellen als Charakteristikum der Förderdiagnostik die enge Verknüpfung von diagnostischem und pädagogischem Handeln heraus und versuchen, die Diagnostik systematisch mit der Förderung zu koppeln. Genau dies ist für Schlee (1983; 1985a; 2008) jedoch eine grundlegende und entscheidende Ungereimtheit, die auf dem logischen Fehlschluss beruht, man könne aus Ist-Werten oder Beschreibungen Soll-Werte oder Vorschriften und Anweisungen ableiten. Den diagnostischen Daten lassen sich keine Handlungsempfehlungen entnehmen, sondern diese ergeben sich nur aus Soll-Werten, die außerhalb diagnostischer Ergebnisse zu finden sind. Diese theoretischen Einwände konnten in der Folge nie entschärft werden, wiewohl einige Autoren immer wieder versuchten, durch eine kontrastierende Gegenüberstellung von Förderdiagnostik und Selektionsdiagnostik das Spezifische der Förderdiagnostik herauszuarbeiten und die grundlegenden theoretischen Mängel des Förderdiagnostikkonzeptes zu beheben (Breitenbach 2003; Bundschuh 1994; Strasser 2004). Trotz dieser immerwährenden Kritik an der Förderdiagnostik und trotz eines nie verschwindenden Unbehagens an der sonderpädagogischen Diagnostik oder vielleicht eher an der geübten Praxis hat der Begriff oder das Konzept »Förderdiagnostik« eine weite Verbreitung gefunden.

4.1 Förderbedarf und Förderplan

Eng mit dem Begriff der Förderdiagnostik verbunden ist der des sonderpädagogischen Förderbedarfs, der für Schuck et al. (2006) einen zyklischen, hypothesenbildenden und -prüfenden diagnostischen Prozess meint, mit der Aufgabe »begründbare und geprüfte Hypothesen über ein aktuelles Schulproblem und den damit verknüpften individuell entwickelten Möglichkeiten des Kindes sowie den institutionell gegebenen Bedingungen zu entwickeln« (Schuck et al. 2006, 44). Unter der Berücksichtigung der Bildungsbedürfnisse des Kindes ist ein Förderkonzept zu erstellen, das sowohl Ziele und Inhalte als auch Methoden für die nächsten Förderschritte enthält. Auf dieser Grundlage erfolgt dann auch noch eine Empfehlung für den Förderort, an dem die notwendigen Bedingungen zur Umsetzung des Förderkonzeptes möglichst optimal realisierbar sind (siehe dazu auch Schuck 2004b). Mit dem Konzept des sonderpädagogischen Förderbedarfs wurde in den Empfehlungen der Kultusministerkonferenz aus dem Jahr 1994 das aus der KMK-Empfehlung von 1972 stammende Konzept der Sonderschulbedürftigkeit ersetzt, was vor allem dem Bemühen entsprang, auf Etikettierungen zu verzichten. Man bezog sich dabei auf Entwicklungen in England und den USA, in denen nicht mehr von Behinderungen gesprochen wurde, sondern von »special educational needs«.

Vom sonderpädagogischen Förderbedarf klar abzugrenzen ist für Kretschmann (2006b) der erhöhte Förderbedarf, der bei jeglicher Form des Zurückbleibens hinter schulischen Lernzielen gegeben ist, selbst wenn nur ein einzelnes Fach davon betroffen ist. Von einem solchen Lernrückstand kann man dann ausgehen, wenn z. B. in einem standardisierten Schulleistungstest ein Prozentrang von 15 und weniger erzielt wird. Strengere Maßstäbe sind für die Zuerkennung eines sonderpädagogischen Förderbedarfs anzulegen. Welche Bedingungen gegeben sein müssen, um vom Vorliegen eines sonderpädagogischen Förderbedarfs zu sprechen, ist vorab nicht ohne Weiteres zu sagen. Das Risiko dafür wächst jedoch, je mehr Risiken und Belastungen und je weniger Schutzfaktoren gegeben sind.

Solche Klärungsversuche können allerdings nicht über die begriffstheoretische Schwäche der Kategorie »Förderbedarf« hinwegtäuschen. Wie bereits die »Sonderschulbedürftigkeit« bleibt auch der Begriff des Förderbedarfs eher vage und konturlos, was eine valide und exakte Diagnostik unmöglich macht. In diesem Zusammenhang sind sicher auch die eingangs beklagten Unzulänglichkeiten bei der Erstellung sonderpädagogischer Fördergutachten zu sehen und zu relativieren.

Mittlerweile folgt dem festgestellten sonderpädagogischen Förderbedarf ebenfalls in Anlehnung an den aus anderen europäischen Ländern bekannten »Individual Education Plan« (IEP) zwangsläufig ein Förder- oder individueller Entwicklungsplan, der die Ausgangslage oder den Ist-Zustand mit intrapersonalen und externen Ressourcen beschreibt sowie Förder- und Entwicklungsziele, also den Soll-Zustand, festlegt und die entsprechenden pädagogischen Maßnahmen und Methoden so operationalisiert, dass diese in bestimmten Abständen evaluiert werden können (Kretschmann & Arnold 1999; Bundschuh, Scholz & Reiter 2007; Melzer 2010).

Für Kretschmann (2003) verhindern Förderpläne eher kurzfristige und reaktive Fördermaßnahmen und unterstützen das Verfolgen langfristiger Entwicklungsziele. Sie schaffen mehr Klarheit und Transparenz für das pädagogische Handeln und sie sind unverzichtbar im Falle multiprofessioneller und institutioneller Kooperation. Wenn unterschiedliche Professionen wie z. B. Sonderpädagogen, Sozialarbeiter, Schulpsychologen oder Physiotherapeuten an der Förderung eines Kindes beteiligt sind, dann gelingt es mithilfe von Förderplänen eher, so Kretschmann (2003), die unterschiedlichen Handlungskonzepte zu harmonisieren, Zuständigkeiten zu regeln und die eingeleiteten Schritte zu evaluieren.

Mit Blick auf die aktuelle Praxis äußert sich Schuck (2003) kritisch zu den Förderplänen und befürchtet, dass diese zu einem neuen Lehr-Lern-Kurzschluss und der irrigen Überzeugung führen, dass die zu Fördernden die wünschenswerten und geplanten Veränderungen dann vollziehen, »wenn nur die Lernziele fein genug operationalisiert sind, ihnen eine zeitliche Perspektive mitgegeben wird, Angaben zu notwendigen pädagogischen Aktivitäten gemacht werden, Vereinbarungen zu Strategien der Evaluation getroffen sind usw.« (Schuck 2003, 63). Der Begriff der Förderung könnte auf diese Weise sehr schnell zu einem technokratischen Beheben diagnostizierter Leistungs- und Verhaltensprobleme reduziert werden, und der Förderplan gibt dann lediglich darüber Auskunft, mit welcher Technologie und in welchem Zeitraum welche Verhaltensänderungen oder Lernleistungen bewirkt werden oder bewirkt werden sollen.

4.2   Bestimmungsstücke der Förderdiagnostik

Wie bereits schon erwähnt, ist eine scharfe Trennung von psychologischer Diagnostik und sonderpädagogischer Diagnostik nicht möglich und eine weitere Charakterisierung der Förderdiagnostik, die über eine Spezifizierung als diagnostische Strategie und Zielsetzung hinausgeht, offensichtlich nur schwer möglich. Das Vorhandensein spezifischer förderdiagnostischer Methoden wird angezweifelt (Hofmann 2003), der Anspruch, von einem Ist-Zustand nächste Förderschritte ableiten zu können, als naturalistischer Fehlschluss betrachtet (Schlee 1985a) und das Fehlen klarer, empirisch validierter Konzepte wird beklagt (Moser & v. Stechow 2005).

Dennoch scheint es notwendig und möglich, einzelne Bestimmungsstücke der Förderdiagnostik herauszuarbeiten und zu benennen ohne den Anspruch zu erheben, diese Aspekte seien förderdiagnostisch spezifisch, sondern es handelt sich hierbei um Merkmale, die im Zusammenhang mit der förderdiagnostischen Strategie von besonderer Bedeutsamkeit sind und die die Praxis der förderdiagnostischen Arbeit treffend beschreiben.

Die Analyse der einschlägigen Fachliteratur (siehe ▶ Tab. 4) legt folgende Bestimmungsstücke nahe:

- Lernprozesse analysieren,
- die Situation, den Kontext einbeziehen,
- Diagnose und Förderung konsequent miteinander verknüpfen,
- vorgeordnete Theorien und Wertvorstellungen mitdenken und
- sich an den Kompetenzen orientieren.

I Sonderpädagogische Diagnostik

Tab. 4: Bestimmungsstücke der Förderdiagnostik in der Fachliteratur

Lernprozesse analysieren	Situation, Kontext einbeziehen	Diagnose und Förderung verknüpfen	vorgeordnete Theorien und Werte mitdenken	an Kompetenzen orientieren
Barkey (1975)		Barkey (1975)		
Breitenbach (2003)	Breitenbach (2003)	Breitenbach (2003)	Breitenbach (2003)	Breitenbach (2003)
Bundschuh (2000; 2004; 2010)	Bundschuh (2000; 2004; 2010)	Bundschuh (2000; 2004; 2010)	Bundschuh (2000; 2004; 2010)	
		Graf & Moser-Opitz (2007)	Graf & Moser-Opitz (2007)	
		Hofmann (2003)	Hofmann (2003)	
Kornmann (1999; 2003)	Kornmann (1999; 2003)	Kornmann (1999; 2003)		
Kretschmann (2004; 2006a)	Kretschmann (2004; 2006a)	Kretschmann (2004; 2006a)	Kretschmann (2004; 2006a)	
	Mutzeck (2004) Mutzeck & Melzer (2007)	Mutzeck (2004) Mutzeck & Melzer (2007)	Mutzeck (2004) Mutzeck & Melzer (2007)	
	Petermann & Petermann (2006)	Petermann & Petermann (2006)		
Ricken (2005)	Ricken (2005)	Ricken (2005)		Ricken (2005)
Rittmeyer (2005)	Rittmeyer (2005)	Rittmeyer (2005)		Rittmeyer (2005)
Schlee (1985a)			Schlee (1985a)	Schlee (1985a)
Schuck (2003; 2004a)	Schuck (2003; 2004a)	Schuck (2003; 2004a)	Schuck (2003; 2004a)	
Strasser (2004)	Strasser (2004)	Strasser (2004)	Strasser (2004)	
Trost (2008)	Trost (2008)	Trost (2008)		Trost (2008)
v. Knebel (2010)	v. Knebel (2010)	v. Knebel (2010)		

In der Definition von Mutzeck und Melzer (2007) sind die zentralen und von fast allen Autoren geteilten Bestimmungsstücke der Förderdiagnostik zusammengefasst:

- Zusammenschau von Unterricht, Förderung bzw. Therapie und Diagnostik
- unter Einbeziehung ideeller Faktoren (Werte, Ziele, Konzeptionen) und
- unter Einbeziehung realer Bedingungen (Person-Umfeld-Diagnostik).

4.2.1 Lernprozesse analysieren

Um Unterschiede im Lernen, in den Lernprozessen nicht nur zu erfassen, sondern um sie vor allem auch zu erklären und zu bewerten, bedient sich die Diagnostik traditionell dreier unterschiedlicher Bezugssysteme. Im normorientierten Bezugssystem wird das individuelle Verhalten, die individuelle Leistung in Beziehung gesetzt zum Verhalten und zur Leistung einer Bezugsgruppe wie z. B. zur Gruppe der Gleichaltrigen. Die lernzielorientierte Norm fragt danach, ob ein Lernziel erreicht ist oder nicht und die strukturorientierte bzw. entwicklungsorientierte Diagnostik untersucht, wie weit ein Subjekt bereits im Erwerbsprozess vorangeschritten ist, welche Lernschritte bereits vollzogen und welche noch zu bewältigen sind.

Um den Entwicklungs- oder Lernstand im Sinne einer eher bewertenden Statusdiagnostik zu erheben und mit diesen Erkenntnissen Platzierungsfragen zu beantworten, bedient sich der Diagnostiker des normorientierten und lernzielorientierten Bezugssystems, während eine Analyse des Lernprozesses, des Lernens eher unter Verwendung des struktur- bzw. entwicklungsorientierten Bezugssystems gelingt. Eine normorientierte Diagnostik informiert z. B. lediglich darüber, ob ein Schüler ein leistungsschwacher, ein durchschnittlicher oder ein ausgezeichneter Rechner, Leser oder Rechtschreiber ist. Bei der struktur- oder entwicklungsorientierten Diagnostik greift der Diagnostiker auf Erwerbsprozessmodelle zurück und stellt mit ihrer Hilfe fest, wie weit der Schüler bereits in den Lernstoff eingedrungen ist und kann sich gleichzeitig aus diesen Modellen ableiten, welche nächsten Schritte in der Förderung zu gehen sind.

Die Förderdiagnostik zielt ausschließlich auf die Analyse des Lernens, auf die Analyse der Lern-, Entwicklungs- und Erwerbsprozesse unter Zuhilfenahme von struktur- bzw. entwicklungsorientierten Bezugssystemen, um die subjektiven Lernvoraussetzungen von Lernenden mit den objektiven Lernanforderungen des Zieles abzustimmen und so Über- oder Unterforderung möglichst zu vermeiden. Nur durch eine genaue Diagnose des aktuellen Lernstandes und der aktuellen Lernbedingungen sind gezielte Hilfen für eine Förderung möglich. Solche Lernprozessdiagnostik bedient sich vorwiegend entsprechender Aufgabensammlungen oder Kompetenzinventare, die jeweils der entsprechenden Entwicklungslogik folgen und das jeweilige Erwerbsprozessmodell abbilden. Wenn Diagnostiker den Fehler schätzen, weil er auf das Fehlende verweist, so können qualitative Fehleranalysen in Verbindung mit dem entsprechenden Erwerbsprozessmodell ebenfalls Auskunft geben über erfolgte und noch ausstehende Lernschritte. Ausführlichere Erläuterungen und Informationen dazu finden sich z. B. bei Grissemann (1998), Kornmann (1998), Kretschmann (2006a) und im Kapitel zu den diagnostischen Methoden.

Breitenbach (2003) weist darauf hin, dass Förderdiagnostik als Lernprozessdiagnostik nicht bei der Bestimmung des Lernstandes und der nächsten Lernschritte stehen bleiben darf, sondern darüber hinaus auch aufdecken muss, auf welche Art und Weise ein Kind lernt oder anders formuliert, welche Hilfen dieses Kind braucht, um die nächsten Lern- und Entwicklungsschritte gehen zu können. Auf der Basis der entwicklungspsychologischen Theorie von Wygotski (2002) lässt sich dieser Aspekt der Lernprozessanalyse recht gut beschreiben. Im Zentrum der Theorie steht die Zone proximaler Entwicklung. Sie wird einerseits begrenzt durch den aktuellen Entwicklungsstand, der gekennzeichnet ist durch Leistungen, die ein Kind ohne jegliche Hilfe erbringt. Am anderen Ende der Zone proximaler Entwicklung befindet sich der potenzielle Entwicklungsstand. Kennzeichnend für ihn sind Leistungen, die einem Kind mithilfe einer kompetenteren Person möglich werden (siehe ▶ Abb. 6).

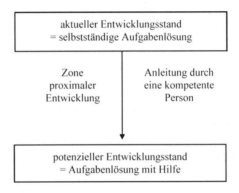

Abb. 6: Darstellung der Zone proximaler Entwicklung nach Wygotski (Breitenbach 2003, 52)

Mit seinem Bericht über die Untersuchung eines geistig behinderten Zwillingspaares verdeutlicht Wygotski (2002) das hier Gemeinte und zeigt die Bedeutung der Lernprozessdiagnostik. Beiden Kindern legte er die gleichen Aufgaben vor und beide lösten selbstständig dieselbe Anzahl von Aufgaben. Hätte er die Diagnostik an diesem Punkt beendet, wäre er zu der Aussage gelangt, beide Kinder seien gleich entwickelt, verfügten über die gleichen Fähigkeiten und Lernvoraussetzungen. Im weiteren Untersuchungsverlauf gab er beiden jedoch spezifische Hilfen zum Bewältigen der ungelösten schwierigeren Aufgaben. Daraufhin löste das eine Kind zwei weitere Aufgaben und das andere vier. Er zog daraus den Schluss, dass diese beiden Kinder eben nicht gleich entwickelt waren, sondern sich deutlich in ihrer Lernfähigkeit voneinander unterschieden. Diese Unterschiedlichkeit bezieht sich auf das, was sie mit bestimmten Hilfen als nächstes lernen können, auf ihre Lernmöglichkeiten unter bestimmten Lernbedingungen.

Förderdiagnostik bleibt nicht beim Erfassen des aktuellen Entwicklungsstandes stehen, sondern sucht den potenziellen, indem auch Aufgaben vorgelegt werden, die das Kind nicht alleine, sondern nur mit individuellen Lernhilfen bewältigen kann, die wiederum mit der Methode der systematischen Aufgabenvariation zu finden sind (siehe ▶ Kap. 6.6.4). Damit wird der Prozess des Lernens sichtbar und analysierbar und die auf diese Art gefundenen individuellen Lernhilfen stellen die immer wieder geforderte enge Verknüpfung von Diagnostik und Förderung perfekt her. Es ist Förderdiagnostik im wahrsten Sinne des Wortes, da das Untersuchungsergebnis über das Erfassen des potenziellen Entwicklungsstandes die nächsten oder potenziellen Lernschritte beschreibt und gleichzeitig wichtige Hinweise gibt, mit welchen Hilfen, mit welcher Unterstützung diese von einem Kind erreicht werden können.

Förderdiagnostische Lernprozessdiagnostik muss nach Schuck (2004a) aus psychodynamischer Sicht einen weiteren Aspekt berücksichtigen. Lernende müssen ihr Lernen als Mittel zur Erweiterung ihrer Handlungsfähigkeit auffassen oder wie Kornmann (2010) es formuliert: Sie müssen eine Sinnhaftigkeit in ihrer Lerntätigkeit erkennen und die Einsicht in die Bedeutung des Lerngegenstandes gewinnen, um einen Zugang zu den entwicklungsförderlichen Lernangeboten zu finden. Lernmotivation und die emotionale Einstellung zum Lerngegenstand sind auch für Kretschmann (2006a) wichtige, das Lernen mitbestimmende Faktoren und sollten deshalb in einer Lernprozessanalyse einen festen Platz besitzen.

Zum Abschluss sei noch mit Kornmann (2010) darauf hingewiesen, dass der Lernprozessdiagnostik im Rahmen einer inklusiv orientierten pädagogischen Praxis eine besondere Bedeutung zukommt. Es müssen hier zwar keine Kinder mehr unter der Fragestellung untersucht werden, ob sie in eine Lerngruppe passen oder nicht, aber aufgrund der großen Heterogenität der Kinder sind sowohl Kenntnisse über deren Lernvoraussetzungen als auch Informationen über deren Lernfortschritte z. B. für die Gestaltung eines inklusiven Unterrichts unerlässlich.

4.2.2 Die Situation, den Kontext einbeziehen

Seit vielen Jahren gehen alle, die sich mit Förderdiagnostik auseinandersetzen, selbstverständlich davon aus, dass diese als eine Kind-Umfeld-Diagnostik zu verstehen ist und deshalb wird Verhalten und Lernen immer im sozialen und situativen Kontext gesehen. Vor allen Dingen Sander (1998) kritisierte eine einseitig kindzentrierte Förderdiagnostik und forderte einen wesentlich breiteren diagnostischen Ansatz, der in der Kind-Umfeld-Analyse zu finden sei. Diese Kind-Umfeld-Analyse hat inzwischen in die schulrechtlichen Vorschriften aller deutschen Bundesländer zur sonderpädagogischen Förderung Einzug gehalten und auch die Kultusministerkonferenz spricht sich in ihren »Empfehlungen zur sonderpädagogischen Förderung in den Schulen in der Bundesrepublik Deutschland« von 1994 für eine solche Kind-Umfeld-Analyse aus.

Nach Sander (1998) erfasst die Kind-Umfeld-Analyse möglichst alle relevanten personellen und materiellen Gegebenheiten im Umfeld eines Kindes. Sie stellt nicht das Kind isoliert in den Mittelpunkt der diagnostischen Bemühungen, sondern erweitert vielmehr den Blick auf das Zusammenspiel von Person und materialen Bedingungen, die durch das System, in dem ein Kind lebt, gegeben sind. Kretschmann (2006b) differenziert den Kontext in schulisches und häusliches Umfeld sowie in Gleichaltrige und andere Lebensbereiche. Zum schulischen Umfeld zählen aktuelle schulische Bedingungen, die die Entwicklung des Kindes behindern oder gefährden oder für die Entwicklung des Kindes besonders förderlich sind sowie die schulische Lerngeschichte und Entwicklung. Analog besteht das häusliche Umfeld aus aktuellen häuslichen Bedingungen, die die Entwicklung des Kindes behindern oder gefährden oder für die Entwicklung des Kindes besonders förderlich sind sowie die Entwicklung der Familienverhältnisse und der häuslichen Lebensumstände. Gleiches gilt auch für die weiteren Bedingungen und Lebensumstände.

Zur näheren und spezifischen Beschreibung dessen, was unter Situation und Umfeld zu verstehen ist, finden sich jedoch keine befriedigenden und praxisrelevanten Hinweise. Meist sammeln Diagnostiker vor allem im Rahmen der Anamnese, einem mehr oder weniger standardisierten Fragebogenschema folgend, Informationen über das engere und weitere Umfeld eines Kindes, ohne für die erhobenen Fakten einen sachlichen Zusammenhang zum Problemverhalten oder der Fragestellung angeben zu können. Die zwangsläufige Folge davon ist, dass diese Informationen auch nicht zum Verstehen der vorliegenden Lern- und Entwicklungsproblematik genutzt werden können.

Zur Bestimmung der Lernsituation und damit zum Finden bedeutsamer Informationen aus der Lebensumwelt eines Kindes kann das Konzept des Lebensraums von Lewin (1969) herangezogen werden. Der Lebensraum besteht aus der psychologischen Person und der psychologischen Umwelt (siehe ▶ Abb. 7).

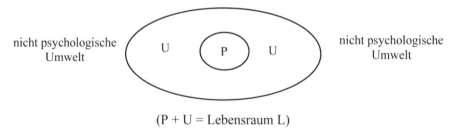

(P + U = Lebensraum L)

Abb. 7: Darstellung des Lebensraumes: P = psychologische Person, U = psychologische Umwelt (Breitenbach 2003, 44)

Die psychologische Umwelt eines Individuums enthält nur Gegebenheiten, die für das Individuum gegenwärtig von Bedeutung sind. Physikalische, soziale oder begriffliche Fakten zählen zum Lebensraum nur insofern, als sie sich für eine individuelle Person in ihrem momentanen Zustand als wirksam erweisen. Sie existieren nicht als objektive Fakten, sondern stellen sich so dar, wie sie vom Individuum verstanden und erlebt werden. Der Lebensraum ist nicht räumlich-zeitlich zu verstehen, sondern ist im Wesentlichen von psychologischer Natur.

Des Weiteren ist der Lebensraum der Inbegriff des Möglichen. Nicht die unterschiedlichen Fakten als solche sind im Erleben eines Individuums bedeutsam, sondern eher deren funktionelle Möglichkeiten. Im Lebensraum eines Kindes existieren so z. B. Erwachsene, die freundlich sind oder streng, Räume, die das Zusammensein mit Menschen ermöglichen und andere, an denen man vor dem

Zugriff Erwachsener sicher ist. Manche Dinge reizen zum Essen, andere zum Klettern. Ein Stuhl existiert im Lebensraum nicht als Stuhl, sondern als etwas, worauf man sich setzen kann, wenn man müde ist, oder als etwas worauf man sich knien kann, wenn man als kleines Kind aus dem Fenster schauen möchte. Ein physikalisches, soziales oder begriffliches Faktum kann sogar für ein und dasselbe Kind in verschiedenen Bedürfnislagen und Situationen eine unterschiedliche psychologische Bedeutung besitzen. Ob etwas zum Essen reizt oder nicht, hängt auch davon ab, ob das Kind hungrig oder satt ist. Ein Kind hält sich an eine Regel oder nicht, je nachdem, ob die Erzieherin anwesend ist oder nicht. Lewin (1969) bezeichnet die Fakten des Lebensraums deshalb auch als quasi-physikalisch, quasi-sozial und quasi-begrifflich.

Er unterscheidet bei der Analyse und Vorhersage von Verhalten zwischen der Lebens- und der Momentsituation. Ein Kind sitzt so z. B. in der Schule und soll Rechenaufgaben lösen. Einige Mitschüler, darunter auch der Banknachbar, sind mit ihren Rechenaufgaben längst fertig und dürfen malen. Das Kind schaut immer wieder zu den malenden Mitschülern und lässt sich von seinen Rechenaufgaben ablenken. Der Lehrer wird immer ungeduldiger und fordert das Kind wiederholt auf, zügiger zu arbeiten. Das Kind ärgert sich. Dies wären einige Daten über die Momentsituation dieses Schülers. Über seine Lebenssituation ließe sich vielleicht sagen, dass er noch einen zwei Jahre älteren Bruder hat. Die Mutter ist alleinerziehend, arbeitet und hat wenig Zeit für die beiden Buben. Momentan ist sie besonders angespannt und schimpft bei jeder Kleinigkeit. Am Morgen hat sie sogar damit gedroht, die beiden Buben ins Am zu geben. Dass Lebens- und Momentsituation eng miteinander verknüpft sind, ist für Lewin (1969) offensichtlich. In obigem Beispiel kann die Lebenssituation einen nicht sehr gegenwärtigen Hintergrund für die Momentsituation bilden. Es könnte aber auch sein, dass der Junge während des Rechnens immer wieder besorgt an die Drohung der Mutter denkt, ihn in ein Heim zu geben. Die Lebenssituation würde so zu einem Teil der Momentsituation. Obwohl die Lebenssituation in irgendeiner Weise alles Verhalten mitbestimmt, ist nach Lewin (1969) das Ausmaß dessen, was explizit zum Lebensraum zählt, in verschiedenen Fällen recht unterschiedlich. Je nachdem, welche Entscheidung zu treffen ist, welches Problem zu lösen ist, tritt manchmal die Lebenssituation und manchmal die Momentsituation in den Vordergrund.

Vergangenheit und Zukunft oder das Unwirkliche und die Beziehung zum gegenwärtigen Lebensraum ist für Lewin (1969) ebenfalls eine zu klärende Frage. Möchte ein Kind beim Ausmalen von unterschiedlichen Formen besonders exakt arbeiten und mit den Farbstiften möglichst nicht über die vorgegebenen Begrenzungslinien hinausfahren, um von seiner Erzieherin gelobt zu werden, so ist dieses Ziel als psychologisches Faktum für Lewin (1969) zweifellos ein gegenwärtiges, das einen wesentlichen Bestandteil des momentanen Lebensraumes ausmacht. Dagegen ist der Inhalt des Zieles, nämlich das exakte Ausmalen als solches und das sich daran anschließende Lob, ein zukünftiges Ereignis und somit außerhalb des gegenwärtigen Lebensraumes. Eine ähnliche Differenz der Zeitbestimmung für das psychische Faktum und seinen Inhalt besteht auch im Zusammenhang mit Vergangenem, also z. B. der Erinnerung an die Scham über zurückliegende Ereignisse. Die gesamte Lebenssituation sowie Vergangenes und

Zukünftiges sind daher wesentliche Bestandteile des Lebensraumes. Sowohl Aspekte aus der bisherigen Lern- und Lebensgeschichte als auch Ziele und Wünsche, die in die Zukunft weisen, bestimmen den Lebensraum. Durch die förderdiagnostische Fragestellung wird die zu untersuchende Lernsituation und damit der spezifische Lebensraum ausgewählt und bestimmt. Je nach gewählter Momentsituation muss die gesamte Lebenssituation, müssen Ereignisse aus der Vergangenheit oder Vorstellungen über die Zukunft mehr oder weniger stark bei der Beschreibung des Lebensraumes berücksichtigt werden.

Eine weitere mit der Zeitbestimmung in gewisser Weise verwandte Frage ist für Lewin (1969) die Frage nach der Bestimmtheit oder Klarheit von psychologischen Fakten. Das Berufsziel eines 14-jährigen Jungen kann noch völlig vage und unklar sein. Erwartungen an eine andere Person oder Situation können sehr bestimmt und klar formuliert werden. Die zunehmende Orientierung in einer neuen Umgebung bringt eine Abnahme im Grad der Unklarheit. Bestimmtheit oder Unbestimmtheit spielen eine große Rolle für Entscheidungen oder auch für die Klarheit und Festigkeit eines bestimmten Verhaltens. Es handelt sich hierbei für Lewin (1969) um eine wesentliche Eigentümlichkeit jeder Situation, und damit auch des Lebensraumes.

Zusammenfassend lässt sich sagen, dass man den Lebensraum eines Kindes nur erfassen kann, wenn man sich in ein Kind hineinversetzt, die kindliche Perspektive einnimmt und versucht, die Lebens- und Momentsituation eines Kindes mit dessen Augen zu betrachten. Das Konzept des Lebensraumes macht deutlich, dass nur diejenigen Gegebenheiten zur psychologischen Person und zur psychologischen Umwelt zählen, die für die aktuelle zu analysierende Situation aus der Perspektive des Kindes bedeutsam sind. Nicht jedes Lern- und Verhaltensproblem in der Schule erfordert automatisch eine weitgehende Anamnese und umfangreiche Recherche über das schulische und häusliche Umfeld. Informationen und Fakten über eine Person und ihr Umfeld werden erst zu förderdiagnostischen Informationen, wenn der Diagnostiker die Bedeutung kennt, die diese Person ihnen aus ihrer aktuellen Situation und Perspektive heraus beimisst.

In der Praxis erweist sich die Suche nach bedeutsamen Informationen als durchaus schwierig. So offenbaren manche Daten erst im Nachhinein ihre Bedeutsamkeit und damit ihre Zugehörigkeit zum Lebensraum. Hofmann (1998) schlägt deshalb in Anlehnung an Bronfenbrenner (1981) ein Vorgehen in konzentrischen Kreisen vor, die sich um die spezifische Situation gruppieren lassen. Auf diese Weise wird es möglich, von einem Problem ausgehend zunächst die Momentsituation und im weiteren Verlauf der Diagnostik auch die Lebenssituation eines Kindes mehr und mehr auszuleuchten. Zum Beispiel könnte der erste Kreis bei einem Schulleistungsversagen nach Hofmann (1998) bestehen aus:

- dem Lernstand des Kindes in der Schulsituation,
- der Unterrichts-, Lehrer- und Klassensituation bezüglich der Art und Weise des Unterrichtsgesprächs (Melden, Nicht-Melden, Aufgerufenwerden, Nicht-Aufgerufenwerden, Zwischenrufe, Klassenklima),
- der Unterrichtsorganisation, der Sitzordnung, Verteilen von Verantwortung und »Ämtern«, Verhältnis Jungen – Mädchen,

- der Stellung in der Klasse (Außenseiterrolle, Wertschätzung, Akzeptanz)
- dem Stundenplan (Abfolge der Lehrer- und Stundenwechsel, Pausengestaltung, Wege im Schulhaus).

Ein zweiter Kreis könnte gebildet werden durch das Einbeziehen des Schulweges, beispielsweise bestehend aus der Situation im Schulbus, Länge des Heimweges oder Auffälligkeiten in der ersten oder letzten Stunde. Erst in einem dritten Kreis käme die häusliche Lernsituation in den Blick. Fragen in diesem Zusammenhang wären: Wo, wann und mit wem macht das Kind seine Hausaufgaben oder macht es diese überhaupt? Wer kann helfen und wie sieht diese Hilfe aus?

Weitergehend könnte sich dann das diagnostische Interesse auf mögliche Beziehungsprobleme innerhalb der Familie oder auf die soziale Situation der Familie richten. Vorstellbar wäre auch noch ein weiterer »diagnostischer Kreis«, der das Bildungs- und Schulsystem mit seinen unterschiedlichen Schularten als Lernsituation in den Blick nimmt.

4.2.3 Diagnose und Förderung konsequent verknüpfen

Der Begriff Förderdiagnostik sollte von Anfang an das Bezogensein der Diagnose auf Förderung und nicht auf Selektion oder andere Ziele klar zum Ausdruck bringen. Allerdings suggerierte er ebenfalls von Anfang an, dass sich aus diagnostischem Handeln direkt das pädagogische ableiten lasse. Diese Art der Verknüpfung von Diagnose und Förderung ist äußerst problematisch und wurde von Schlee (1985a; 2008) als eine grundlegende Ungereimtheit der Förderdiagnostik, als ein logischer und naturalistischer Fehlschluss bezeichnet. Aus Ist-Werten lassen sich keine Soll-Werte ableiten und die Ergebnisse diagnostischer Untersuchungen enthalten keine Hinweise auf Ziele oder Teilziele zur Bestimmung des sich anschließenden didaktisch-pädagogischen Prozesses. Diese Kritik konnte bis heute nicht entschärft werden und wird im Grunde von allen Autoren geteilt, was aber gleichzeitig nicht bedeutet, dass nun Diagnostik oder Förderdiagnostik obsolet und für die Gestaltung von Erziehung, Unterricht, Förderung und Therapie überflüssig geworden wäre. Mit vorgeordneten Theorien über Lernen und Entwicklung als Bezugssysteme ist es dennoch unbedingt erforderlich herauszufinden, welche Kompetenzen ein Kind bereits erworben hat, in welcher Entwicklungsphase es sich gerade befindet, welche Bedingungen des Umfeldes behindernd oder förderlich wirken könnten, auf welchem Niveau eine Förderung anzusetzen hat oder wo bei einem Kind die Schwierigkeiten festzumachen sind und demzufolge ein Handlungsbedarf besteht (Graf & Moser-Opitz 2007; Klauer 2003; Kornmann 2010; Kretschmann 2003; 2006a; Schuck 2004a; v. Knebel 2010).

Für Schuck (2004a) ist Bezug nehmend auf Kaminski (1970) klar, »dass Diagnostik im handlungstheoretischen Sinne ein zyklischer Prozess sein muss, der mindestens aus einer diagnostischen und einer ›praktischen‹ Phase besteht. In dieser Vorstellung werden in der diagnostischen Phase Handlungsorientierungen entwickelt, die sich in der praktischen Phase zu bewähren haben. Die Bewährung ist durch eine die praktische Phase begleitende Diagnostik sicherzustellen. Gelingt die Bewährungsprobe nicht, sind im Rahmen einer neuerlichen diagnostischen Phase die Handlungsorientierungen für die praktische Phase zu überprüfen und zu modifizieren« (Schuck 2004a, 356).

In diesem Sinne ist auch das Ablaufmodell des förderdiagnostischen Prozesses von Strasser (2004) zu verstehen, das vier Schritte kreisförmig miteinander verbindet, wobei die ersten beiden Schritte (Wahrnehmen, Erfassen, Auswerten und Interpretieren, Verstehen, Erklären, Vergleichen) eher der diagnostischen Phase und die letzten beiden (Ziele formulieren, Handlungen planen und Handlungen umsetzen) eher der praktischen Phase zuzuschreiben wären (siehe ▶ Abb. 8).

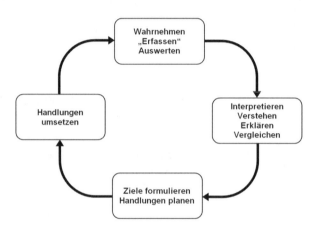

Abb. 8: Ablaufmodell des förderdiagnostischen Prozesses (Strasser 2004, 32)

Schuck (2004a) schlägt vor, im diagnostisch-pädagogischen oder förderdiagnostischen Prozess drei Stufen zu unterscheiden: die Bestandsaufnahme mit der Entwicklung eines Förderkonzeptes, den Förderplan und die Lernprozessbegleitung. Ausgangspunkt ist die Feststellung des Ist-Zustandes als Grundlage zur Entwicklung eines Förderkonzeptes. Die im Förderkonzept getroffenen Aussagen über den Ist-Zustand, den Soll-Zustand und über die Änderungsnotwendigkeiten sind als Hypothesen im kritisch-rationalen Sinne zu verstehen, die sich in der Praxis bewähren müssen und in der praktischen Phase des förderdiagnostischen Prozesses gewissermaßen experimentell geprüft werden. Im sich anschließenden Förderplan erfolgt eine Transformation des Förderkonzeptes auf dem Hintergrund verfügbarer Ressourcen in realisierbare pädagogische Maßnahmen. Dem Förderplan folgt die praktische Phase mit der Umsetzung der geplanten Förderung in konkreten Unterricht, Förderung oder Therapie. In dieser Phase geht es um die Lernprozessbegleitung, die Evaluation der bewirkten Veränderungen beim Individuum und im System, den Vergleich der erreichten mit den erwarteten Entwicklungen und wenn erforderlich um entsprechende Veränderungen des

Förderkonzeptes und des Förderplans. Diese dritte Phase dient somit der Prüfung der in der ersten Phase generierten Hypothesen (siehe ▶ Abb. 9):

Abb. 9: Ein zyklisches Modell der Diagnostik (Schuck 2004a, 356)

Ein solches hypothesenbildendes und hypothesenprüfendes Vorgehen zur Verknüpfung von Diagnose und Förderung schlägt auch Breitenbach (2003) vor (siehe ▶ Abb. 10). Allerdings zeigt sein Prozessmodell, dass der förderdiagnostische Prozess eine zweifache Hypothesenbildung und -prüfung beinhaltet:

- Lehrangebot und Lernziel
  Aus seinem didaktischen Wissen heraus macht ein Lehrender einem Kind oder Jugendlichen ein Lehrangebot, um ein bestimmtes Lernziel zu erreichen. Ein Grundschullehrer weiß z. B., wie Kinder normalerweise das Schreiben, Lesen oder Rechnen lernen und gestaltet entsprechend sein Lehren. Trifft ein solches Lehrangebot beim Lernenden auf Lernbereitschaft und entsprechende Lernfähigkeit, so wird der Lernende sich auf dieses Lehrangebot einlassen und auf das Neue aktiv zugreifen.
- Lernhemmungen
  An verschiedenen Stellen des Lehr-Lern-Prozesses können jedoch beim Lernenden aus den unterschiedlichsten Gründen Lernschwierigkeiten, Lernhemmungen auftreten, die er nicht allein und nicht mit den bisherigen Hilfen überwinden kann. Der Lehrende ist nun gezwungen, den Lehr-Lern-Prozess an dieser Stelle zu analysieren, um zu verstehen und um aus diesem Verstehen heraus dem Lernenden weitere Hilfen zur Überwindung seiner Lernhemmungen anbieten zu können. Es entsteht für den Lehrenden damit eine spezifische diagnostische Fragestellung.
- Erste Hypothesenbildung
  Der Lehrende besitzt einerseits ein allgemeines Wissen über Lehren und Lernen, über den Verlauf einzelner Erwerbsprozesse und über Lernhindernisse sowie andererseits auch bereits ein bestimmtes Wissen über den Lernenden und dessen individuelle Lernbedingungen. Auf dieser Wissensbasis entwickelt

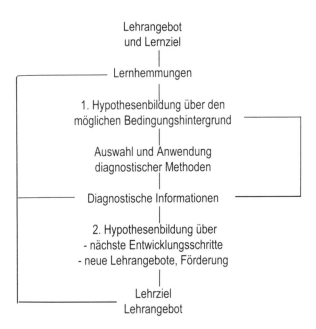

Abb. 10: Schematische Darstellung des förderdiagnostischen Prozesses (Breitenbach 2003, 67)

der Lehrende erste Hypothesen über mögliche Gründe und Bedingungen für das Entstehen der Lernhemmung beim Lernenden. So kann z. B. ein Lehrer, dessen Schüler übermäßig viele Rechtschreibfehler im Diktat machen, die Vermutung haben, diese große Fehlerzahl hänge mit einer mangelnden Kenntnis der Rechtschreibregeln, mit einer zu gering entwickelten auditiven Gliederungsfähigkeit oder auch mit einer zu geringen Merkfähigkeit für sprachliches Material zusammen.

- Auswahl und Anwendung diagnostischer Methoden
  Im nächsten Schritt wird der Lehrende versuchen, seine Hypothesen zu überprüfen, indem er geeignete diagnostische Verfahren auswählt und sie anwendet. So könnte der Lehrer in obigem Fall die Rechtschreibfehler seines Schülers systematisch nach einzelnen Kategorien ordnen und auf diese Weise sehen, ob dieser Schüler im Laufe eines Diktates gehäuft gegen einzelne Rechtschreibregeln verstößt oder in welchem Ausmaß ihm typische Fehler unterlaufen, die auf mangelhafte auditive Verarbeitung hinweisen.
- Diagnostische Informationen
  Bestätigen die diagnostischen Informationen die Vermutungen des Lehrenden nicht, findet der Lehrer in unserem Beispiel keine Hinweise auf eine mangelnde Regelkenntnis oder die angenommenen Schwächen in der auditiven Informationsverarbeitung, muss er neue Hypothesen über den möglichen Bedingungshintergrund für die vielen Fehler im Diktat suchen und diese dann wiederum überprüfen. Besagter Lehrer wird vielleicht nun Vermutungen darüber anstellen, ob die Lernsituation in seiner Klasse für den betreffenden Schüler ungün-

stig ist. Schenkt er ihm genügend Aufmerksamkeit und Zuwendung? Traut er ihm unter Umständen zu wenig zu und gibt vorschnell Unterstützung, sodass der Schüler zu selten Lernerfolge erlebt, die er sich selbst und seinem Können zuschreiben kann? Mithilfe einer gezielten Unterrichtsbeobachtung durch einen Kollegen oder eine Kollegin könnte der Lehrer versuchen, diese Hypothesen zu prüfen, um so zu einem veränderten Lehrangebot zu kommen.

- Zweite Hypothesenbildung
 Erhärtet sich jedoch der ursprüngliche Verdacht über den Bedingungshintergrund der Lernhemmung, wird der Lehrende auf der Basis seines pädagogisch-didaktischen Fachwissens Hypothesen über nächste Entwicklungsschritte und entsprechende Fördermaßnahmen entwerfen. Er wird sich überlegen, in welchen weiteren Lernschritten und mit welchem neuen Lehrangebot er seinem Schüler beim Überwinden der gefundenen Lernhemmung helfen kann.
- Lehrziel und Lehrangebot
 Setzt der Lehrende sein Lehrangebot in die Tat um, kann er beobachten, inwieweit der Lernende auf dieses Angebot zugreift, mit dem veränderten Lehrangebot seine Lernhemmungen überwindet und z. B. im Prozess des Schreibenlernens fortschreitet. Der Lehrende erfährt auf diese Weise, ob seine Hypothesen, das neue Lehrangebot betreffend, hilfreich und damit richtig sind. Gleichzeitig beinhaltet diese Erfahrung eine Reihe neuer diagnostischer Informationen über den Lernenden und seine Art zu lernen, die er bei der weiteren Gestaltung seines Lehrangebotes, beim Festlegen nächster Entwicklungs- und Lernschritte sowie bei der Auswahl neuer Hilfen berücksichtigen sollte.

Werden die gesteckten Lern- oder Entwicklungsziele mit den gewählten Hilfen jedoch nicht erreicht, müssen die diagnostischen Informationen noch einmal dahingehend analysiert werden, ob sich nicht aus ihnen heraus weitere Förderangebote entwickeln lassen. Unter Umständen wird es vielleicht sogar erforderlich, die Lernhemmung in der spezifischen Lernsituation erneut zu betrachten, um zu neuen ersten Hypothesen zu gelangen und auf dieser Basis den gesamten Prozess erneut zu durchlaufen.

Zu einem vergleichbaren Prozessmodell gelangen Arnold und Kretschmann (2002), in dem sie sich an der geübten Praxis in Förderzentren orientieren. In der Eingangsdiagnose wird der Ist-Zustand mit dem Lernstand, den Kompetenzen, den Emotionen, dem Verhalten, den Risikofaktoren und Ressourcen des Kindes erhoben ebenso wie die Entwicklungsbedingungen, die durch das Umfeld gegeben sind. All diese Informationen fließen in ein sonderpädagogisches Gutachten ein, in dem die Befunde gewichtet und interpretiert werden, in dem Richt- und Grobziele der Förderung skizziert werden und das Kind nach dem Vergleich alternativer pädagogischer Settings dem geeignetsten zugewiesen wird. Im nächsten Schritt erfolgt nun die Förderdiagnose im engeren Sinne, wo ein detaillierter Förderplan mit Feinzielen und Fördermethoden sowie einem bestimmten zeitlichen Ablauf, mit Klärung der pädagogisch-therapeutischen Zuständigkeiten und gegebenenfalls auch mit dem Einholen von Unterstützung durch andere Dienste und Institutionen erstellt wird. Die dritte Phase der Prozessdiagnosen beantwortet im Sinne einer formativen Diagnostik die Frage, welche spezifischen Lernfortschritte und Lernschwierigkeiten im Förderprozess auftreten. Evaluierungs- und Fortschreibungsdiagnosen bilden die vierte und letzte Phase im Verlaufsmodell von Arnold und Kretschmann (2002), die der bewertenden Überprüfung von Förderverlauf und Fördererfolg durch den Vergleich der geplanten Maßnahmen und erwarteten Veränderungen mit dem tatsächlichen Verlauf und den tatsächlich bewirkten Fördereffekten dienen, um den Förderplan fortschreiben oder aktualisieren zu können.

Uhlemann (2011) stellt mit der Förderverlaufsdokumentation (FVD) ein Instrument zur kontinuierlichen Planung und Erfassung der Wirksamkeit pädagogisch-therapeutischer Maßnahmen vor, das inhaltlich an der Internationalen Klassifikation der Funktionsfähigkeit, Behinderung und Gesundheit (ICF) ausgerichtet ist (siehe ▶ Kap. 7), sich sehr stark an der Vorstellung einer Förderdiagnostik, die als hypothesengeleiteter Prozess Diagnose und Förderung konsequent miteinander verbindet, orientiert und als Grundlage für das schulische Standortgespräch dient (siehe ▶ Kap. 6.1.4).

4.2.4 Vorgeordnete Theorien und Wertvorstellungen mitdenken

Die Notwendigkeit und Bedeutung vorgeordneter Theorien kam bereits im vorangegangenen Kapitel zur Sprache, soll hier jedoch noch einmal explizit aufgegriffen und thematisiert werden. Die Beschreibung der Förderdiagnostik als hypothesengeleiteter Prozess macht deutlich, dass sie notwendigerweise eingebettet sein muss in pädagogische, didaktische oder psychologische Theorien. Nur auf der Grundlage eines derartigen Fachwissens lassen sich an den entsprechenden Stellen des förderdiagnostischen Prozesses die erforderlichen Hypothesen gewinnen. Darüber hinaus ist Diagnostik allgemein ein interpretierendes Vorgehen, das an verschiedenen Stellen auf vorgeordnete Theorien zurückgreifen muss.

Bereits beim Erkennen und Aufnehmen von Daten muss bedacht werden, dass diese Daten dem menschlichen Verhalten nicht als solche anhaften. Der Diagnostiker findet die Daten nicht einfach als gegeben vor, um sie dann nur noch einsammeln zu müssen. Bereits die Datenaufnahme ist, wie Schlee (1985a) richtig feststellt, ein aktives Gestalten und Konstruieren. Diagnostische Daten treten als solche erst unter bestimmten Fragestellungen und Perspektiven in Erscheinung. Je nach Fragerichtung, Sicht- und Herangehensweise ergeben sich unterschiedliche Daten. Die lapidare Aussage, dass Intelligenz das ist, was durch den Intelligenztest gemessen wird, ist so betrachtet durchaus richtig und nachvollziehbar. Da Intelligenz ein hypothetisches Konstrukt ist, liegt der Konstruktion eines jeden Intelligenztests eine spezifische Vorstellung, ein Modell von Intelligenz zugrunde und dieses Intelligenzmodell bestimmt, welche Verhaltensstichproben als repräsentativ betrachtet und durch den Test erhoben werden.

In den abgenommenen Daten an sich steckt noch keine bedeutsame Aussage. Die Bedeutung ist den Daten nicht inhärent, sondern sie bedürfen der Interpretation, die ihrerseits ebenfalls theoretisch fundiert sein muss, will man Beliebigkeit vermeiden. Die Minimalinterpretation, dass ein Intelligenztestwert altersgemäß, über- oder unterdurchschnittlich ist, lässt sich nur unter Rückgriff auf die klassische Testtheorie und die mit ihrer Hilfe berechneten Vergleichsnormen vornehmen.

Schließlich lassen sich aus den interpretierten Daten nur dann sinnvolle Konsequenzen ziehen, wenn theoretische Konzepte vorliegen, die über entsprechende Zusammenhänge und Regelhaftigkeiten Auskunft geben. Ein unterdurchschnittliches Testergebnis könnte z. B. nur dann zu Veränderungen im Lernangebot führen, wenn mittels einer Theorie entsprechende Zusammenhänge zwischen Testergebnissen und Förderangeboten beschrieben und begründet vorlägen.

Diagnostizieren ist mit Schlees Worten immer eine »in vielerlei Hinsicht theoriegetränkte Tätigkeit« (Schlee 1985a, 258). Datenerhebung, Interpretation der Daten und die aus ihnen abgeleiteten Maßnahmen bedürfen notwendigerweise einer Fundierung durch vorliegende Theorien. Die Qualität einer diagnostischen Tätigkeit und ihre Ergebnisse können nicht besser sein, als die Qualität der zugrunde liegenden Theorien es zulässt.

Mutzeck und Melzer (2007) betonen in ihrem Modell zur Förderplanung, dass erstens mithilfe der Diagnostik nur Ist-Zustands-Beschreibungen vorgenommen werden können und dass eine Förderdiagnostik und Förderplanung zweitens nur sinnvoll ist, wenn sie unterrichtlichen, erzieherischen, therapeutischen und ethischen Sollwerten und Zielen nachgeordnet und von der Bedeutung her untergeordnet ist. »Förderplanung muss unbedingt in der Zusammenschau von Unterricht, Förderung bzw. Therapie und Diagnostik gesehen und durchgeführt werden unter Einbeziehung ideeller Faktoren (Werte, Ziele, Konzeptionen) und realer Bedingungen (Person-Umfeld-Faktoren)« (Mutzeck & Melzer 2007, 208).

Um diagnostische Daten zu interpretieren und um auf Diagnoseergebnisse mit pädagogischen Interventionen kompetent antworten zu können, bedarf es laut Kretschmann (2004) eines umfangreichen Metawissens über Entwicklungsverläufe und Störungsbilder sowie über Präventions- und Interventionskonzepte.

4.2.5 Sich an Kompetenzen orientieren

Eggert (1997) weist darauf hin, dass der Paradigmenwechsel in der sonderpädagogischen Theorie und damit das, was als Behinderung beschrieben wird, auch einen diagnostischen Blickwechsel fordert, der weniger die Schwächen oder Momente des Nicht-Könnens, sondern vielmehr die Stärken eines Kindes sucht und bei der Gestaltung von Lehr- und Förderangeboten an eben diesen Stärken und damit am Können ansetzt. Deshalb schlägt er vor, negative Aussagen über ein Kind zu vermeiden. Vorgefundene Probleme, Störungen und Schwächen können so umgedeutet werden, dass die Stärken des Kindes in den Mittelpunkt rücken und auf diese Weise auch zum Ansatzpunkt für Hilfe und Förderung gemacht werden. Auch für Eberwein und Knauer (1998) ist in der Sonderpädagogik eine grundlegende Revision diagnostischen Denkens und Handelns notwendig. Angemahnt wird ein radikales Umdenken gegenüber der traditionellen defizitorientierten sonderpädagogischen Diagnostik mit ihren Zuschreibungen und Platzierungen. Die Aufmerksamkeit solle nicht wie bisher auf die Defizite eines Kindes gerichtet sein, sondern auf seine individuellen Stärken und die im Umfeld liegenden Ressourcen. »Vom Defizitkatalog zum Kompetenzinventar« überschreibt Goll (1994) einen Artikel, in dem er ebenfalls entsprechende Veränderungen im diagnostischen Denken erläutert.

Die Diskussion darüber, ob in der Sonderpädagogik tatsächlich ein solcher Paradigmenwechsel vorliegt oder nicht, soll an dieser Stelle nicht geführt werden, da sie für den weiteren Gedankengang bedeutungslos ist. Der Verweis auf Hillenbrand (1999) soll ausreichen, der nach gründlicher Diskussion berechtigte Zweifel an der Existenz eines Paradigmenwechsels in der Sonderpädagogik hegt.

Zunächst ist festzustellen, dass Stärken und Schwächen genauso wie Kompetenzen und Defizite relationale Begriffe sind, die nicht ohne einen Bezugspunkt, eine Norm zu denken sind. Um diagnostische Informationen als Defizit oder Kompetenz interpretieren zu können, müssen sie in ein Bezugssystem eingeordnet werden. Stärken und Schwächen ergeben sich im Rahmen der Förderdiagnostik, indem kindliches Verhalten in Beziehung gesetzt wird zu intraindividuellen und lehrzielorientierten Normen. Neben dem Bezug zu einer Norm brauchen die Begriffe Stärke und Schwäche auch sich selbst als Bezugspunkt, denn Stärke lässt sich nur im Zusammenhang mit Schwäche denken und Schwächen werden nur sichtbar, wenn Stärken vorhanden sind. Deshalb sind diagnostisch relevante Fragen immer Zwillingsfragen, die gleichzeitig nach dem fragen, was eine Person weiß und was sie nicht weiß, was sie richtig macht und was falsch. Der diagnostische Blick fällt zwangsläufig gleichzeitig sowohl auf Stärken als auch auf Schwächen und deckt das Können und Nicht-Können gleichermaßen auf.

Neuropsychologische Erkenntnisse legen nahe, dass das Empfinden von Lust und Unlust nur möglich ist, wenn unser relational-dynamisches Lust-Unlust-System im Gehirn ausbalanciert ist, wenn sich das Erleben von Stress, mühevoller Anstrengung und Misserfolg regelmäßig abwechselt mit Erfolgserlebnissen, die Freude, Stolz und Entspannung mit sich bringen. Dysregulationen in diesem ausbalancierten System können entstehen, wenn durch anhaltende Misserfolge der Unlust-Schenkel des »Waagebalkensystems« ein zu lange andauerndes Übergewicht erhält oder auch wenn Erfolgserlebnisse als Dauerzustand mangels vorhandener Herausforderungen nicht mehr mit Lust und Freude verbunden werden. Wo Aufgaben und Anstrengungen fehlen, gibt es keine echten Erfolgserlebnisse mehr und die notwendige Dynamik in der Lust-Unlust-Regulation kann sich nicht entwickeln: Es entsteht Langeweile (vgl. Graichen 1993).

Rauschenberger (1967), der der didaktisch bedeutsamen Frage nachgeht, wie denn Interesse oder Lernmotivation entsteht, kommt zu dem Schluss, dass der Lehrer, um beim Schüler einen Lernprozess in Gang setzen zu können, diesem zeigen muss, was er innerhalb seines Wissens und Könnens eben noch nicht weiß und noch nicht kann. »Denn nicht das Nicht-Wissen schafft das Interesse, sondern dies, dass im Geflecht des Wissens eine Stelle als Nicht-Wissen bekannt gemacht wird« (Rauschenberger 1967, 68f.). Der erste didaktische Schritt beim Lehren und Fördern besteht somit im gleichzeitigen Aufdecken von Können und Nicht-Können.

Persönlichkeitstheorien vor allem aus dem Bereich der humanistischen Psychologie verweisen darauf, dass psychische Gesundheit oder psychische Anpassung im Gegensatz zur psychischen Fehlanpassung dadurch gekennzeichnet ist, dass als Stärken und als Schwächen bewertete Persönlichkeitsanteile in gleicher Weise wahrgenommen und ins Selbstkonzept integriert werden können (Rogers 2000; Adler 1927).

Der Aufruf, von den Stärken auszugehen, kann aus verschiedenen Perspektiven betrachtet auf keinen Fall als Hinweis verstanden werden, förderdiagnostisch nur oder vor allem nach den Stärken der Kinder zu suchen und ihre Schwächen zu ignorieren oder gar ihre Schwächen in Stärken umzudeuten. Ein zentrales didaktisches Element, das Schaffen von Lernmotivation, fehlte beim Lehren, das Empfinden von Freude und Lust nach einem durch Anstrengung erzielten Erfolg käme nicht zustande und ein einseitiges ständiges Loben würde den Kindern ein unrealistisches Bild von sich selbst vermitteln und damit ihre Persönlichkeitsentwicklung beeinträchtigen. Nur unter gleichzeitiger Berücksichtigung von Stärken und Schwächen, Können und Nicht-Können ist eine hilfreiche und dem Leistungs- und Lernvermögen angemessene Förderung und Erziehung möglich.

Mit dem Hinweis, an den Stärken anzusetzen, könnte jedoch durchaus eine bedeutsame Förderstrategie ins Blickfeld rücken, die mit dem Begriff der Kompensation umschrieben wird. Schwächen werden ausgeglichen, indem man vorhandene Stärken berücksichtigt oder benutzt. Für die Förderdiagnostik bedeutet dies, dass der Diagnostiker im Fall des Nicht-lösen-Könnens einer Aufgabe mit der entsprechenden Person nach Bedingungen sucht, unter denen die gestellte Aufgabe trotz der offensichtlich vorliegenden Schwäche bewältigt werden kann. Diese förderdiagnostisch hilfreiche Suche nach ausgleichenden Hilfestellungen wurde bereits im Kapitel zur Lernprozessdiagnostik als Methode zum Auffinden des potenziellen Entwicklungsstandes beschrieben. Auf solche Weise gefundene Kompensationsmöglichkeiten können meist effektiv bei der individuellen Gestaltung von Fördermaßnahmen oder neuen Lehrangeboten helfen. In der Förderdiagnostik kann es nicht darum gehen, grundsätzlich aufzuzeigen, dass ein Mensch über Kompetenzen verfügt, was selbstverständlich immer der Fall ist. Entscheidend ist, ob diejenigen Kompetenzen vorhanden sind, die zur Bewältigung der momentanen Lern- und Lebenssituation erforderlich sind.

4.3 Zusammenfassung

Trotz grundlegender theoretischer Mängel und fehlender empirischer Validität fand das Konzept der Förderdiagnostik in der Sonderpädagogik eine weite Verbreitung. Immer wieder wurde versucht, das Charakteristische und Typische der Förderdiagnostik herauszuarbeiten, ohne dass eine zufriedenstellende Abgrenzung jedoch bisher gelungen wäre. Dennoch lassen sich in der einschlägigen Fachliteratur Bestimmungsstücke ausmachen, die von vielen Autoren mit dem Konzept der Förderdiagnostik in Verbindung gebracht werden und die offensichtlich für das sonderpädagogische Denken und Handeln zentrale Aspekte zum Ausdruck bringen:

- Förderdiagnostik analysiert Lernprozesse und stellt unter Zuhilfenahme von struktur- und entwicklungsorientierten Bezugstheorien fest, wie weit ein Lernender bereits in das zu Lernende eingedrungen ist und welche nächsten Lernschritte mit welchen Hilfestellungen zu gehen sind. Eine solide theoretische Grundlegung für dieses Durchschreiten der Zone der proximalen Entwicklung findet sich in der entwicklungspsychologischen Theorie von Wygotski (2002).
- Förderdiagnostik geht davon aus, dass jegliches Verhalten kontextabhängig ist und bezieht deshalb das gesamte Umfeld in die Analyse mit ein. Als problematisch vor allem in der Praxis erweist sich jedoch das Bestimmen relevanter spezifischer Umweltbedingungen im Zusammenhang mit bestimmten Verhaltens- und Erlebensweisen. Kurt Lewin (1969) beschreibt in seinem Konzept des Lebensraumes, der ein psychologisch-funktionaler ist, wie eine nähere Beschreibung dessen, was im konkreten Fall unter Situation und Umfeld zu verstehen ist, durch die Übernahme der Perspektive der Lernenden gelingen kann.
- Die konsequente Verknüpfung von Diagnose und Förderung ist nicht zu verstehen als direktes Ableiten der Förderziele aus vorliegenden diagnostischen Daten, sondern als das Erfassen der Lernausgangslage, die zusammen mit Theorien über Lernen, über Entwicklungsverläufe und Störungsbilder sowie über entsprechende Präventions- und Interventionskonzepte den Förderdiagnostiker in die Lage versetzt, Hypothesen zur Beschreibung förderlicher und hemmender Entwicklungs- und Lernbedingungen aufzustellen, nächste Förderziele und mögliche Maßnahmen zum Erreichen dieser Ziele zu benennen. Förderdiagnostik ist ein zyklischer hypothesengenerierender und hypothesenprüfender Prozess, der seinen Ausgang in einer Bestandsaufnahme nimmt, um ein Förderkonzept und einen Förderplan zu entwickeln sowie dessen Umsetzung zu begleiten und zu evaluieren.
- Förderdiagnostik muss somit immer pädagogischen, didaktischen und psychologischen Theorien nachgeordnet gedacht werden. Nur mit Bezugnahme auf solche vorgeordneten Theorien ist es möglich, im Verlauf des förderdiagnostischen Prozesses vorliegende Lernprobleme zu verstehen und weiterführende Fördermöglichkeiten zu finden.
- Förderdiagnostik erfasst und berücksichtigt gleichermaßen Stärken und Schwächen, da sich beide gegenseitig bedingen und gemeinsam die Individualität einer Person ausmachen. Förderdiagnostisch aussagekräftige Informationen ergeben sich an dem Punkt, wo Können in Nicht-Können übergeht. Stärken erhalten dann eine besondere Bedeutung, wenn sie als Kompensationsmöglichkeiten zur Bewältigung spezifischer Situationen eingesetzt werden können.

Die Förderdiagnostik ist als Modifikationsstrategie in Abhebung zur Selektions- oder Platzierungsdiagnostik zu verstehen.

5 Selektions- oder Platzierungsdiagnostik

5.1 Inhalte und Aufgaben

Fragen der Selektion und Platzierung, die der Logik einer normorientierten, klassifizierenden und taxonomischen Statusdiagnostik folgen, sollen nach Kany und Schöler (2009) zu Informationen darüber führen,

- ob ein Kind altersgemäß entwickelt ist,
- ob die Entwicklung synchron verläuft, d. h., ob Leistungs-, Persönlichkeits- sowie sozialemotionale Entwicklung im Einklang verlaufen,
- ob ein Verdacht auf eine Störung in einem der Entwicklungsbereiche vorliegt und
- wie die Aussichten für die weitere Entwicklung sind.

Erfasst wird der aktuelle Status einer Person in verschiedenen Leistungs- und Persönlichkeitsbereichen, indem man sich, so Trost (2008), methodisch vor allem auf psychologisches Tests oder andere standardisierte psychometrische Verfahren stützt, die dann auch die gewünschten inter- und intraindividuellen Vergleiche zulassen.

Die Leistungsdiagnostik ist nach wie vor durch die Intelligenztests geprägt, obwohl mittlerweile auch spezielle Leistungstest z. B. zur Messung der Aufmerksamkeit und Konzentration oder unterschiedlicher Gedächtnisfunktionen existieren.

Ebenfalls zur Leistungsdiagnostik zählen nach Kubinger (2009) die Entwicklungs- und Eignungsdiagnostik mit entsprechenden psychometrischen Verfahren. Entwicklungstests bilden eine Untergruppe der Leistungstests, die sich auf das Säuglings-, Kleinkind- oder Vorschulalter beziehen und entwicklungsrelevante Bereiche wie Lernen und Gedächtnis, visuelle Wahrnehmung, Sprache, Motorik usw. erfassen. Eignungstests bestimmen die Fähigkeiten und die Motivation einer Person, bestimmten beruflichen oder ausbildungsbezogenen Anforderungen und Erwartungen zu genügen. Für Kubinger (2009) geht es auch darum, ob der zur Diskussion stehende Ausbildungsweg bzw. Beruf den Bedürfnissen und der Lebensorientierung der Person entspricht.

Im Unterschied zur Leistungsdiagnostik, wo der Proband ein Zielmerkmal realisieren soll und seine Antwort richtig oder falsch sein kann, wird in der Persönlichkeitsdiagnostik das Zielmerkmal beschrieben und festgestellt, ob es vorhanden ist oder nicht oder in welcher Qualität oder in welchem Ausmaß es vorhanden ist. Wenngleich auch Intelligenz und andere Leistungsbereiche Teile der Persönlichkeit sind, zählen sie nicht zu den Kategorien der Persönlichkeitsdiagnostik. Persönlichkeitstests erfassen überdauernde Persönlichkeitseigenschaften oder -merkmale, in denen sich Menschen unterscheiden. Dabei bezieht man sich heutzutage nach Meinung von Kubinger (2009) auf das Persönlichkeitsmodell der »Big-Five«, in dem angenommen wird, dass sich Menschen wesentlich hinsichtlich der Faktoren Neurotizismus oder emotionale Stabilität, Extraversion, Offenheit für Erfahrungen, Verträglichkeit und Gewissenhaftigkeit unterscheiden.

5.2 Diagnose vor der Diagnostik

Gerade in der sonderpädagogischen Praxis begegnet uns immer wieder eine quasi zweistufige diagnostische Fragestellung: zunächst die institutionelle Fragestellung nach Ein- und Umschulung, Zuweisung oder nach dem sonderpädagogischen Förderbedarf und anschließend nach erfolgter Platzierung die förderdiagnostische, erziehungs- und unterrichtsbegleitende Fragestellung, die auf verursachende und aufrechterhaltende Bedingungen für Lern- und Entwicklungsprobleme und auf diesbezügliche Fördermöglichkeiten abhebt (Arnold 2007; Kany & Schöler 2009; Trost 2008). Die Diagnose vor der Diagnostik geht der Frage nach, inwieweit ein sonderpädagogischer Handlungsbedarf gegeben ist, ob eine besondere sonderpädagogische Intervention, Förderung, Therapie oder gar eine Einweisung in eine bestimmte Institution angezeigt sind. Sie ist vor allem für administrative Entscheidungen und für die Kostenübernahme z. B. therapeutischer Hilfen und Interventionen notwendig.

Eine Diagnostik, die Fragen der Selektion und Platzierung aufgreift und beantwortet, wird, so Trost (2008), von vielen Befürwortern der Förderdiagnostik als eine rückständige und anstößige Form der sonderpädagogischen Diagnostik angesehen, da sie ein segregierendes Schul- und Ausbildungssystem stabilisiere und integrative Modelle verhindere. Dies ist für Trost (2008) jedoch ein denkbar unglücklicher Standpunkt, »denn im sonderpädagogischen Handlungsfeld sind de facto institutionelle Fragestellungen zu beantworten und es zählt zu den selbstverständlichen Aufgaben sonderpädagogischer Diagnostik, sich mit aller Sorgfalt und Parteilichkeit für die betroffenen Menschen mit Behinderung an der bestmöglichen Absicherung institutionsbezogener Entscheidungen zu beteiligen« (Trost 2008, 170).

Schuck (2004a) berichtet über die mangelhafte Qualität von Noten zur Bewertung von Lernprozessen und zur Begründung von Übergangsempfehlungen und konstatiert aufgrund der vorliegenden empirischen Befunde, dass die Schulnoten, denen im gegliederten Schulsystem die systemnotwendige Selektionsfunktion zukommt, aufgrund der empirischen Datenlage, eigentlich längst hätten abgeschafft werden müssen. Ergebnisse aus der IGLU-Studie offenbaren anhand der geringen Korrelation zwischen Lesenote und erreichter Lesekompetenzstufe, wie mäßig die Lesenote als Kennzeichnung eines Lernprozessergebnisses taugt.

Ähnlich kritisch äußert sich Schuck (2004a) zur Brauchbarkeit von Schulnoten beim Aussprechen von Übergangsempfehlungen in die Sekundarstufe und damit zur Gestaltung des weiteren schulischen Werdegangs, indem er auf Untersuchungen rekurriert, die wiederum die Leseleistung von Kindern am Ende der vierten Klasse mit deren Empfehlungen zum Übergang an die Haupt-, Realschule bzw. ans Gymnasium in Beziehung setzen. Dabei zeigt sich eine Überlappung der Leseleistungen der Hauptschul- und Gymnasiumsempfohlenen in einem Bereich von zwei Kompetenzstufen oder von 200 Punkten bei einer Skalenlänge von 450 Punkten. »Wer ist in diesem Überlappungsbereich eigentlich Gymnasiast oder Hauptschüler? Schreit ein solches Ergebnis nicht nach mehr Gerechtigkeit, nach mehr Präzision der Diagnostik und besser qualifizierten Diagnostikerinnen und Diagnostikern« (Schuck 2004a, 352)?

Die Reihe entsprechender Befunde, die über die Untauglichkeit bisheriger Selektions- und Platzierungsdiagnostik vor allem im schulischen Bereich berichten, ließe sich fast beliebig fortsetzen und verweist nur auf die dringende Forderung nach qualitativ besseren Instrumenten und Verfahrensweisen.

5.3 Probleme und Grenzen

Gerade wegen ihrer Bedeutsamkeit für weitreichende Entscheidungen im Leben von Menschen mit und ohne Behinderungen muss auch auf die vorhandenen Probleme und Begrenzungen im Zusammenhang mit der Selektions- und Platzierungsdiagnostik aufmerksam gemacht werden.

Die Qualität einer Selektions- und Platzierungsdiagnostik und die auf ihr beruhenden Entscheidungen hängen zu großen Teilen von der Klarheit, der Genauigkeit und Vollständigkeit der zugrunde gelegten Anforderungsprofile und Kategorien ab. Ungeklärt bleiben dort meist Fragen, ob die Anforderungen im Profil gleichwertig nebeneinander stehen oder hierarchisch zu werten sind oder ob jede einzelne Anforderung unabdingbar ist oder ob nicht bestimmte Anforderungen wechselseitig kompensierbar sind oder einfach, in welchem Ausmaß die einzelnen Anforderungen gegeben sein müssen.

Mit der Unklarheit in den Anforderungsprofilen geht oft auch eine Unklarheit bei den verwendeten Begriffen und Kategorien einher. Beredtes Beispiel für dieses Problem sind die steigenden Gesamtquoten für Menschen mit Behinderungen und die höchst unterschiedlichen Anteile der einzelnen Förderschwerpunkte zwischen den Bundesländern, aber auch innerhalb der Bundesländer. Der Anteil aller Schülerinnen und Schüler in Deutschland ist seit 1950 von 1,3 Prozent auf 6,2 Prozent im Jahr 2010 gestiegen (Preuss-Lausitz 2010; Klemm & Preuss-Lausitz

2011) und die Differenzen in den Förderschwerpunkten zwischen den Bundesländern schwanken zwischen dem Doppelten und dem Siebenfachen (Klemm & Preuss-Lausitz 2008; 2011). Wer also zu einem Kind mit sonderpädagogischem Förderbedarf wird, ist selbst bei den vermeintlich eindeutig gefassten Behinderungsschwerpunkten höchst strittig und es fehlen noch immer trotz KMK-Empfehlungen und Prüfung der entsprechenden Gutachten durch die Schulaufsicht klare und einheitliche Standards.

Der bevorzugte Einsatz psychometrischer Verfahren im Rahmen der Selektions und Platzierungsdiagnostik speziell in sonderpädagogischen Arbeitsfeldern ist für Trost (2008) mit einigen beachtenswerten Problemen behaftet. So ist die Interaktion zwischen Diagnostiker und Proband durch die Standardisierung erheblich eingeschränkt, was in sonderpädagogischen Zusammenhängen oft nachteilig wirkt, weil hier immer wieder über die Standardisierung hinausgehende zusätzliche Hinweise, Verdeutlichungen, Erläuterungen, Ermutigungen oder Unterbrechungen erforderlich sind, will man ein aussagekräftiges Untersuchungsergebnis erhalten. Des Weiteren wird durch die individuumzentrierte Perspektive die Verantwortlichkeit für ein Testergebnis, eine Testleistung allein ins Kind verlagert. Kontextvariablen, die ebenfalls ein Ergebnis mitbestimmen, bleiben aufgrund des Objektivierungsgebotes mithilfe der Standardisierung weitgehend unberücksichtigt. Ursachen werden kaum aufgedeckt, da psychologische Tests in erster Linie Aussagen über das Vorhandensein und nicht über das Zustandekommen machen. Auch ist ein Zahlenwert als Ergebnis eine dürre und recht ungeeignete Beschreibung einer Lebens- und Lernsituation. Darüber hinaus stellt die Logik der Defizit- und Problemorientierung ein weiteres Problem dar, indem sie Verhaltensauffälligkeiten ausschließlich als Normabweichung und als problematisches Verhalten interpretiert. Was aber als Pathologie oder Störung erscheint, kann ein subjektiv sinnvolles und in einer bestimmten Lebenssituation gut angepasstes Verhalten sein, was als eigenaktiver Beitrag zur Problembewältigung bei Förderung und Intervention zu berücksichtigen wäre.

Als Ergebnis eigener Untersuchungen berichtet Schuck (2004a) über die immer noch vorhandene Dominanz der Intelligenztestverfahren in den sonderpädagogischen Gutachten, mit deren Hilfe vor allem die Frage nach der Platzierung beantwortet und begründet wird. Die mutmaßlichen Ursachen für Schulversagen werden also vorwiegend im kognitiven Leistungsvermögen gesucht, worin für Schuck (2004a) eine entwicklungspsychologisch überholte Vorstellung zum Ausdruck kommt, dass Menschen der inneren Bedingung Intelligenz gewissermaßen ausgeliefert sind. Dieser Glaube an die determinierende Kraft kognitiver Leistungen ist mit vorliegenden empirischen Daten nicht vereinbar, wonach z. B. zwischen Intelligenz und Rechtschreib- bzw. Leseleistung äußerst geringe Korrelationen bestehen. So konnten in der IGLU-Studie 55,5 Prozent der Kinder mit einem Intelligenzquotienten von weniger als 85 die Kompetenzstufen von zwei bis vier erreichen und 11,5 Prozent dieser Kinder sogar noch die höchste Kompetenzstufe. »Diese empirischen Ergebnisse deklassieren eine pädagogische Strategie, die ein niedriges Intelligenztestergebnis zum Kriterium für die Auswahl von schulischen Anforderungsniveaus macht, auf dieser Grundlage Schulentscheidungen trifft und damit Lebenschancen verteilt« (Schuck 2004a, 351 f.).

5.4 Zusammenfassung

Die Platzierungs- und Selektionsdiagnostik folgt der Logik einer norm- und kriteriumsorientierten Statusdiagnostik und bedient sich methodisch in erster Linie psychometrischer Verfahren, um den Status einer Person in unterschiedlichen Leistungs- und Persönlichkeitsbereichen zu erfassen. Sie umfasst Inhalte und Aufgaben der Leistungs-, Entwicklungs-, Eignungs- und Persönlichkeitsdiagnostik.

Sie kann im sonderpädagogischen Handlungsfeld als eine Diagnose vor der Diagnostik bezeichnet werden, die zunächst sonderpädagogischen Handlungsbedarf feststellt und damit Zuweisungen und Platzierung veranlasst und begründet, um dann im zweiten Schritt notwendigerweise von einer den Förderbedarf und die Fördermaßnahme näher bestimmenden Förderdiagnose ergänzt zu werden.

Gerade wegen der großen Bedeutung dieser Erstdiagnosen für die Zuweisung von Ressourcen und die Verteilung von Lebenschancen, was im schulischen Bereich mithilfe von Noten, Gutachten und Empfehlungen durch Lehrkräfte nur äußerst mangelhaft gelingt, müssen dem Diagnostiker wichtige Probleme und Begrenzungen der Situations- und Platzierungsdiagnostik bewusst sein, um die mit ihr verbundenen weitreichenden Entscheidungen verantwortungsbewusst und professionell vorzubereiten.

6 Methoden der sonderpädagogischen Diagnostik

Das Methodenrepertoire der sonderpädagogischen Diagnostik unterscheidet sich im Wesentlichen nicht von dem der psychologischen Diagnostik, allerdings sind an der einen oder anderen Stelle einzelne spezifisch sonderpädagogische Verfahren zu ergänzen, die den Besonderheiten des sonderpädagogischen Handlungsfeldes und der zu untersuchenden Klientel geschuldet sind. Das diagnostische Instrumentarium lässt sich, folgt man Hesse und Latzko (2009), in drei Grobkategorien aufgliedern: Gesprächsmethoden, Verhaltensbeobachtung und standardisierte Testverfahren. Gerade im Bereich der Förderdiagnostik sind jedoch auch eine Reihe halbstandardisierter oder nicht standardisierter Verfahren, wie z. B. Kompetenzinventare und Aufgabensammlungen oder Fehleranalysen, bedeutsam und finden häufig Verwendung.

6.1 Diagnostisches Gespräch

Dem Diagnostiker stehen zur Informationsgewinnung unterschiedliche Gesprächsformen oder Gesprächsmethoden zur Verfügung, die sich hinsichtlich ihres Strukturierungsgrades unterscheiden lassen: Anamnese, Exploration und Interview. Des Weiteren haben sich in jüngster Zeit unter dem Einfluss neuer Klassifikationsschemata wie ICF (Internationale Klassifikation der Funktionsfähigkeit, Behinderung und Gesundheit) sowie der Notwendigkeit, Bildungssysteme inklusiv zu gestalten, neue Formen des diagnostischen Gesprächs und der Beratung in interdisziplinären Teams entwickelt.

6.1.1 Anamnese und Exploration

Die Anamnese ist eine aus der Medizin stammende Methode und meint das Erheben der Vorgeschichte einer Erkrankung. So fragen Ärzte beispielsweise nach dem ersten Auftreten der Symptome, nach der Abfolge vorhergegangener Erkrankungen und nach verursachenden Bedingungen. Wichtig ist dabei die Unterscheidung von Selbst- und Fremdanamnese, was bedeutet, dass die anamnestischen Informationen einmal von der betroffenen Person selbst oder im anderen

Fall von einer dritten Auskunftsperson erhoben werden, z.B. von nahen Verwandten, Eltern oder anderen Bezugspersonen.

Inhaltlich umfasst ein Anamnesegespräch auch in der Sonderpädagogik Fragen zur Biografie, zum Entwicklungsverlauf oder zur Vorgeschichte des Problems. Auch schriftlich vorliegende Informationen in Form von medizinischen Befunden, Entwicklungsberichten oder Therapieverlaufsdokumenten können dabei einbezogen werden (Daseking & Petermann 2006).

Für die sonderpädagogische Förderdiagnostik bedeutsame Fragen sind im Rahmen der Anamnese solche, die sich auf das behinderte Kind und seine bisherige Entwicklung beziehen. Die Beschreibung des Entwicklungsverlaufes mit seinen Verzögerungen, Abweichungen und Besonderheiten birgt die Möglichkeit in sich, gegenwärtige Veränderungs- und Entwicklungsmöglichkeiten abzuschätzen. Ein entsprechendes entwicklungspsychologisches Wissen ist in diesem Zusammenhang von Vorteil, da es dem Förderdiagnostiker zweierlei bietet: einerseits einen Vergleichsmaßstab zur Beurteilung des Entwicklungsstandes eines behinderten Kindes sowie andererseits einen Ausblick auf die nächste Stufe der Erreichbarkeit in der Förderarbeit.

Ebenfalls von besonderer Bedeutung für förderdiagnostische Fragestellungen sind die Veränderungen in den Lebensumständen und die damit in Verbindung stehenden Reaktionsweisen des behinderten Kindes. Solche Veränderungen im psychosozialen Kontext wären z.B. die Geburt eines Geschwisters, Wohnortwechsel, Verlust einer nahen Bezugsperson, Besuch des Kindergartens oder Schuleintritt. Die Art und Weise, wie ein behindertes Kind im Rahmen seines Familiensystems mit solchen Kontextveränderungen umgeht, lässt durchaus Rückschlüsse zu auf seine Flexibilität oder Anpassungsfähigkeit, auf seine Selbststeuerung und Selbstkontrolle, seine Handlungs- und Bewältigungsstrategien.

Lukesch (1998) macht darauf aufmerksam, dass anamnestische Daten alleine nur beschränkt aussagekräftig sind. Sie besitzen seiner Meinung nach nur eine Bedeutung in Rahmen eines Erstgesprächs und dienen zur Klärung der Fragestellung, zur Beschreibung des vorliegenden Problems und zum Erstellen erster Hypothesen. Sie müssen unbedingt mit anderen Daten und mit entsprechenden Theorien in Beziehung gesetzt werden, um eine diagnostische oder prognostische Aussage zu erlauben. Das Erheben anamnestischer Daten sollte dementsprechend theoriegeleitet erfolgen. Das bedeutet, dass nur solche Daten als relevante Daten erhoben werden, die für den Diagnostiker in einem wissenschaftlich begründeten Zusammenhang zur Fragestellung stehen. Zwischen dem erfragten Faktum in der Anamnese und dem gegenwärtigen Problemverhalten muss ein Zusammenhang hergestellt werden können, der auf eine Theorie oder andere wissenschaftliche Erkenntnisse zurückgeführt werden kann. Nur wenn eine solche Verbindung für den Diagnostiker existiert, ist die anamnestische Information auch für ihn interpretierbar und im förderdiagnostischen Prozess verwertbar. Weiß ein Diagnostiker um die empirisch nachgewiesenen Zusammenhänge zwischen geringer Aufmerksamkeit und Hyperaktivität im Schul- und Vorschulalter, der geringen Aufmerksamkeitsregulation und hohen Irritierbarkeit im Kleinkindalter und mütterlichem Stress und Ängsten während der Schwangerschaft, macht es Sinn, bei einem Jugendlichen mit ADHS (Aufmerksamkeitsdefizit-Hyperaktivitätsstörung) nach eben diesen Auffälligkeiten im Entwicklungsverlauf zu fragen (Petermann, Petermann & Damm 2008).

Gleichzeitig weist Lukesch (1998) darauf hin, dass es sich bei anamnestischen Daten nicht um das Ergebnis einer objektiven Wiedergabe von Ereignissen handelt, sondern dass diese einem subjektiven Erinnerungsprozess entspringen und deshalb auch einer subjektiven Verarbeitung unterliegen mit entsprechenden Verzerrungen, Verschiebungen und Lücken. Die Anamnese ist somit kein Kontrollinstrument zur Prüfung z. B. elterlicher Angaben und im strengen Sinne auch keine wissenschaftliche Informationsgewinnung, sondern, wie Naggl und Höck (2009) es ausdrücken, »erkenntnistheoretisch betrachtet ein sinnverstehender und sinnstiftender Prozess zwischen mindestens zwei Subjekten, die beide sinnmächtig sind und das Gespräch und seine Bedeutung erzeugen« (Naggl & Höck 2009, 27).

Häufig gerät vor allem im Zusammenhang mit Behinderungen ein Anamnesegespräch zur Suche nach den Ursachen und dem Verursacher. Breitenbach (2003) warnt davor, sich als Diagnostiker darauf einzulassen, da man auf diese Weise sehr leicht in eine Diskussion hineingerät mit dem Ziel, die Schuldfrage für die Behinderung des Kindes zu klären, und solange Eltern und Diagnostiker mit dieser Ursachenforschung und der Vergangenheitsbewältigung beschäftigt sind, ist meist deren Blick für die Gegenwart, für die aktuellen Probleme und Handlungsmöglichkeiten verstellt. Dies gilt umso mehr, als nur in seltenen Fällen die tatsächlichen Ursachen für eine Behinderung zu finden sind.

Im Gegensatz zur Anamnese, die stärker auf die Sammlung von biografischen Informationen fokussiert, wird in der Exploration die aktuelle Situation oder Problematik sowie deren subjektive Wahrnehmung und Einschätzung erfragt. Es handelt sich bei der Exploration um ein nicht standardisiertes Erkundungsgespräch, das über die Entstehungsgeschichte hinaus zu einem umfassenden Bild von der betroffenen Person und ihrem Kontext führen soll.

In der Praxis gehen diese beiden diagnostischen Gesprächsformen meist ineinander über, indem sich die Exploration übergangslos an die Anamnese anschließt. Beide dienen als erste Informationsquellen dem Sammeln relevanter Kontextvariablen, dem Eingrenzen des Problems und dem Ableiten einer diagnostischen Fragestellung sowie dem Generieren erster Hypothesen.

Auch im Anamnesebogen der Arbeitsstelle Frühförderung Bayern, der auf langjähriger Erfahrung in der Frühförderung von Kindern mit Behinderungen beruht, sind sowohl anamnestische Fragen zur Entwicklungsgeschichte als auch explorierende zur momentanen Lebenssituation zusammengestellt. Inhalte dieses Fragebogens sind laut Naggl und Höck (2009):

- Erwartungen und Einstellungen der Eltern
- Vorgeschichte: Schwangerschaft und Geburt, Neugeborenenzeit, Säuglings- und Babyzeit, Gesundheit und Krankheiten, Bindungsgeschichte
- Allgemeine Entwicklung: Motorik, Sensomotorik, Sprache, Kognition, soziale und emotionale Entwicklung, Selbstständigkeit
- Entwicklungsbedingungen: Pflege und Versorgung, Erziehung, Familie, Krippe oder Kindergarten, soziale Situation.

Der dem Anamnesebogen beigefügte Fragenkatalog (siehe ▶ Abb. 11) ist eine Art Werkzeug, das auf wichtige zu erfragende Inhalte aufmerksam macht und das Anamnesegespräch grob strukturiert. Ein bloßes Abfragen von Fakten entlang dieses Fragenkatalogs entspricht jedoch nicht seinem Sinn und Zweck.

Fragen zu Pflege und Versorgung
Wer versorgte bzw. versorgt das Kind? Wer versorgt(e) noch mit? Wickeln, Waschen, Baden, An- und Ausziehen, Hände waschen, Nase putzen, Zähne putzen?
Haut (grau, blass, pastös, wund)? Haare, Zähne, Windeln?
Passende saubere Kleidung? Unkindliches Styling? Medikamentengabe, medizinische Diät? Ist das Kind sichtbar schlecht gepflegt?
Schutz vor Krankheiten und Gefahren?
Geregelter Tagesablauf? Haushaltsführung?

Erziehung zur Erziehung
Wer verbringt am meisten Zeit mit dem Kind? Mit wem ist das Kind gerne/nicht gerne zusammen? Wer ist noch an der Erziehung beteiligt? Familienregeln? Konventionen im Kindergarten? Kind führt Regie? Eingehen auf das Kind? Erlaubnisse, Verbote? Pflichten?

Fragen zur sozialen Situation
Sozioökonomischer Status: Ausbildung und Berufstätigkeit von Mutter/Vater?
Finanzielle Situation: Geringverdiener? Hartz IV? Sonstige Sozialleistungen? Finanzielle Notlage? Schulden?
Wohnen: Wohnung, Wohnlage, Notunterkunft, Wohnheim?
Migration: »Parallelwelt«? Isolation? Integration?
Haus- oder Kinderarzt: Gibt es einen Haus- oder Kinderarzt? Arztwechsel? (Stempel im Vorsorgeheft!)
Familiäres und soziales Netz: Verwandtschaft? Nachbarschaft? Isolation? Babygruppe, Spielgruppe, Mutter-Kind-Gruppe, Selbsthilfegruppe...?
Professionelle Hilfen: Kurzzeitpflege, Erziehungsberatung, familienentlastender Dienst, Sozialberatung, Krippe, Kindergarten, »Netzwerk Geburt und Familie«, PEKip u.a. Kurse

---

Abb. 11: Auszug aus dem Fragenkatalog zum Anamnesebogen der Arbeitsstelle Frühförderung Bayern (Naggl & Höck 2009, 31 f.)

6.1.2 Interview

Das Interview ist für Hesse und Latzko (2009) das eigentliche diagnostische Gespräch, mit dem im weiteren diagnostischen Prozess systematisch und gezielt Erkenntnisse zur Überprüfung der Hypothesen gewonnen werden. Hoch strukturiert und sorgfältig geplant unterscheidet es sich deutlich von Alltagsgesprächen und besteht aus folgenden drei Phasen:

- Vorbereitungsphase
  In dieser Phase geht es um die konkrete Zielbestimmung, das Festlegen der Themenbereiche, die angesprochen, und die Informationen, die eingeholt werden sollen, und um das Erarbeiten eines Gesprächsleitfadens mit den zentralen Fragen.
- Durchführungsphase
  Der Gesprächsverlauf ist zu strukturieren und zu kontrollieren und das Gespräch ist entsprechend der Grundlagen der Gesprächsführung zu gestalten. Wichtig ist die vorher festzulegende zeitliche Limitierung und die entsprechende Beendigung des Gespräches. Vermeiden sollte man so genannte Tür- und-Angel-Gespräche.
- Auswertungsphase
  Möglichst sofort im Anschluss an das Gespräch sollte ein Gedächtnisprotokoll angefertigt werden, das dann allen Gesprächsteilnehmern zu Verfügung gestellt wird (Hesse & Latzko 2009).

Die Durchführung eines solchen Gespräches erscheint vielleicht auf den ersten Blick als unproblematisch und die Durchführungshinweise als überflüssig. Dennoch ist oft die Einhaltung dieser methodischen Regeln in der pädagogischen Praxis nicht einfach und alleine die Abwehr von Tür-und-Angel-Gesprächen kostet schon große Anstrengungen oder gelingt nicht.

6.1.3 Konsulentenarbeit

Fornefeld (2008) sieht in der Konsulentenarbeit eine Antwort auf die komplexer werdende Alltagswirklichkeit in Einrichtungen für Menschen mit Behinderungen und eine Möglichkeit, der Entpersonalisierung im diagnostischen Prozess bei Menschen mit komplexen Behinderungen vorzubeugen.

Die Konsulentenarbeit entstand in den 90er-Jahren in den Niederlanden und ist im Grunde eine Beratungsarbeit auf der Grundlage einer mehrperspektivischen Analyse der aktuellen Situation eines Menschen mit Behinderung, wobei dessen eigene Interessen und Bedürfnisse im Vordergrund stehen. Dazu wird der Betroffene beobachtet und so weit es geht selbst befragt. Die umfängliche Problemanalyse versucht zudem, seine Lebensgeschichte zu rekonstruieren und seinen Gesundheitszustand abzuklären. Da es in der Konsulentenarbeit um einen Ausgleich der Interessen zwischen dem Menschen mit Behinderung und seinen Betreuern und Bezugspersonen geht, spielen die strukturellen Bedingungen der betreffenden Einrichtung und die responsiven Verhältnisse in der Einrichtung eine zentrale Rolle und die Lösungsstrategien werden konsequenterweise mit allen Beteiligten entwickelt. Ziel ist, so Fornefeld (2008), die Verbesserung der Lebensqualität des Menschen mit Behinderung und die Vermeidung von Exklusion. Die

Beratung wird vor Ort von einem Konsulententeam durchgeführt, das aus Diplompsychologen, Heilpädagogen und bei Bedarf aus weiteren Experten besteht.

6.1.4 Schulisches Standortgespräch

Im Auftrag der Bildungsdirektion des Kantons Zürich wurde das Verfahren »Schulisches Standortgespräch« entwickelt, um den Schulen des Regelschulbereiches ein Instrument zur interdisziplinären und kooperativen Förderplanung an die Hand zu geben. Im Rahmen dieses Verfahrens wird ein strukturiertes Vorgehen zur individuellen Standortbestimmung und zur Vereinbarung von Förderzielen beschrieben. Ziel ist eine ressourcenorientierte Klärung der Frage, welche Maßnahmen für einen Schüler oder eine Schülerin in der aktuellen schulischen Situation angemessen erscheinen.

Grundlage und Orientierung bilden, so Hollenweger und Lienhard (2007), folgende ausgewählte Aktivitätsbereiche der Internationalen Klassifikation der Funktionsfähigkeit, Behinderung und Gesundheit (ICF): Lernen und Wissensanwendung; allgemeine Aufgaben und Anforderungen; Kommunikation; Mobilität; Selbstversorgung; häusliches Leben; gemeinschaftliches, soziales und staatsbürgerliches Leben (siehe ▶ Kap. 7). Daraus abgeleitet werden grob umschriebene Fähigkeiten, die bei allen Kindern beobachtet und eingeschätzt werden können und mit deren Hilfe von allen Gesprächsteilnehmern keine Diagnose erstellt werden soll, sondern eine Beschreibung der jeweiligen Situation des Kindes vorgenommen, eine gemeinsame Analyse entwickelt und eine Vereinbarung über Förderziele und Maßnahmen getroffen werden soll.

Beteiligt am in drei Phasen ablaufenden schulischen Standortgespräch sind laut Hollenweger und Luder (2010) immer die Regellehrperson und die Eltern, meist auch der schulische Heilpädagoge und die Schulpsychologin und, wenn es sinnvoll erscheint, auch das betroffene Kind oder der betroffene Jugendliche. Als Vorbereitung füllen alle Beteiligten ein Formular aus, indem sie entlang der ausgewählten Aktivitäts- und Lebensbereiche der ICF: »Allgemeines Lernen, Lesen und Schreiben, Mathematisches Lernen, Kommunikation, Für sich selbst sorgen, Umgang mit anderen Menschen sowie Freizeit, Erholung und Gemeinschaft« die Stärken und Probleme des Schülers anhand einer fünfstufigen Skala mit den beiden Polen »Stärke« und »Problem« einschätzen.

In der ersten Phase werden die mit Kreuzen markierten unterschiedlichen oder gleichen Einschätzungen aller Beteiligten zur Kenntnis genommen, um daraus ein gemeinsames Problemverständnis zu erarbeiten und gemeinsam zu entscheiden, welche der Bereiche als besonders wichtig erachtet werden und deshalb für das weitere Gespräch bestimmend sein sollen. Deshalb werden die ausgewählten Schwerpunktthemen auch in einem Protokollformular notiert.

In der nächsten Phase soll eine gemeinsame Vorstellung darüber entwickelt werden, inwieweit die ausgewählten zentralen Aktivitätsaspekte mit Fähigkeiten oder körperlichen Voraussetzungen des Kindes zusammenhängen und inwieweit sich Umweltbedingungen förderlich oder behindernd auswirken. Auf diese Weise wird ausgelotet, ob und wo das Kind zu unterstützen und zu fördern ist oder wo hilfreiche Veränderungen im Umfeld angezeigt erscheinen.

Hat die Auseinandersetzung im Gespräch zu einem von allen geteilten Problemverständnis geführt, werden in der dritten Phase gemeinsame Ziele formuliert, Maßnahmen vorgeschlagen und Verantwortlichkeiten geklärt, was wiederum auf dem Protokollformular im Sinne eines gemeinsamen Beschlusses festgehalten wird. Die Umsetzung und vor allem die Auswirkungen der beschlossenen Interventionen und Veränderungen werden nach einem halben Jahr geprüft und, falls erforderlich, angepasst.

Hollenweger und Luder (2010) berichten über erste Rückmeldungen und Erfahrungen aus der Praxis, die zeigen, dass das Verfahren durchweg positiv aufgenommen werde. Die Einführung der schulischen Standortgespräche führe zu einer Professionalisierung und zu einer verbesserten Förderplanung. Die klare Strukturierung und einheitliche Vorgehensweise bringe eine höhere Effizienz und das Einbeziehen der Eltern, die sich als gleichwertige Partner ernst genommen fühlten, gelinge besser. Durch seine Konzeption mit einem starken Bezug zur ICF sei das Verfahren auch anschlussfähig an verschiedene andere aktuelle Entwicklungen z. B. im sozialpolitischen Bereich.

Kornmann (2010) schlägt ebenfalls zur Planung inklusiven Unterrichts speziell bei Kindern, denen sich Lerninhalte nicht auf dem üblichen Wege erschließen, ein diagnostisches Gespräch vor. Gesprächsteilnehmer sind die Lehrperson des Kindes und alle Personen, die das Kind gut kennen: Eltern, Erzieherinnen aus dem Kindergarten, Sozialarbeiter, Therapeuten und Ärzte. Die Lehrkraft stellt zu Beginn des diagnostischen Gesprächs ihr geplantes Unterrichtskonzept in möglichst konkreter Form den anderen Gesprächsteilnehmern vor und bittet diese dann um Informationen, bei welchen Anforderungen oder Situationen sie eine Über- oder Unterforderung des Kindes erwarten und welche Hinweise sie zur Modifizierung des Unterrichts geben könnten. Zusätzliche Informationen über Vorlieben und Interessen, aber auch zu Abneigungen und Ängsten des Kindes sind ebenfalls als wertvolle Hinweise zur Unterrichtsplanung gewünscht. Erfahrungen über die Praktikabilität und die Effizienz solcher diagnostischen Gespräche werden von Kornmann (2010) nicht mitgeteilt.

6.1.5 Fehlerquellen und Aussagekraft von Gesprächsdaten

Die in einem Gespräch oder einer Befragung gewonnenen Daten sind das Ergebnis eines komplexen mindestens doppelten Informationsverarbeitungsprozesses und können deshalb, so Daseking und Petermann (2006), auf allen Stufen des Verarbeitungsprozesses (Wahrnehmung, Speicherung, Abruf der Erinnerung, Protokollierung) subjektiv verändert werden. Dies kann nicht nur zu Missverständnissen, Verzerrungen und Fehleinschätzungen führen, sondern auch dazu, dass Informationen selektiv wahrgenommen und entsprechend selektiv weiterverarbeitet werden. Körper- und verbalsprachliche Äußerungen eines Interviewers können zudem auch als Belohnung oder Bestrafung aufseiten des Antwortenden verstanden werden und sein Antwortverhalten folglich in eine bestimmte Richtung lenken.

Nach Einschätzung von Daseking und Petermann (2006) erfüllen Gesprächsdaten aus Anamnese, Exploration und Interview kaum die üblichen aus der klassischen Testtheorie bekannten Gütekriterien. Eine ständige Reflexion der impliziten Vorannahmen über den Prozess des Datenflusses sowie ein möglichst hoher Grad an Standardisierung und Strukturierung machen den Prozess der Datengewinnung nachvollziehbarer und transparenter und erhöhen damit auch Objektivität, Reliabilität und Validität.

6.2 Verhaltensbeobachtung und Schätzskalen

Kany und Schöler (2009) betrachten die Verhaltensbeobachtung als die schwierigste, weil voraussetzungsstärkste und störanfälligste diagnostische Methode, die aber gleichzeitig sehr häufig Anwendung findet. Gerade im schulischen Bereich wird den Lehrkräften immer wieder vor allem beim Auftreten von Verhaltensauffälligkeiten die Beobachtung als Methode der Wahl empfohlen. Autoren wie Niedermann, Schweizer und Steppacher (2007) sehen in der Verhaltensbeobachtung die wichtigste förderdiagnostische Methode überhaupt. Immer wenn gefragt wird, wie lange oder in welcher Intensität z. B. Schüler oder Lehrer bestimmte Verhaltensweisen zeigen, wird gerne auf die Methode der Verhaltensbeobachtung verwiesen. Standardisierte, geschweige denn normierte Beobachtungsverfahren liegen jedoch nur wenige vor.

Im Rahmen einer diagnostischen Untersuchung wird im Grunde ständig beobachtet, d. h., der Diagnostiker nimmt für einen bestimmten Zeitraum gezielt Ereignisse wahr und verfolgt ihren Ablauf. Viele Beobachtungen werden deshalb quasi nebenbei gemacht und besitzen einen informellen Charakter und andere Beobachtungen werden gezielt geplant und strukturiert durchgeführt. Beide Formen liefern diagnostisch aufschlussreiche Informationen, dennoch werden wir uns in diesem Kapitel nur mit Formen der Beobachtung auseinandersetzen, die zweckgerichtet und gezielt durchgeführt werden und deshalb einer aufwendigen vorherigen Planung bedürfen. Hesse und Latzko (2009) verweisen auf drei zentrale Fragen, die im Rahmen der Planung einer Verhaltensbeobachtung zu beantworten sind: Welche Art der Beobachtung wird durchgeführt? Wer oder was soll beobachtet werden? Wie soll das beobachtete Verhalten kodiert werden?

6.2.1 Grundlegende Probleme

Die Wahrnehmungspsychologie führt uns vor Augen, dass Wahrnehmen nicht als objektives Abbilden der Wirklichkeit zu verstehen ist, sondern als aktiver, die aufgenommenen Informationen interpretierender und damit auch verändernder Prozess. Bekannte Beispiele hierfür sind geometrisch-optische Täuschungen, wie sie in ▶ Abb. 12 zu sehen sind.

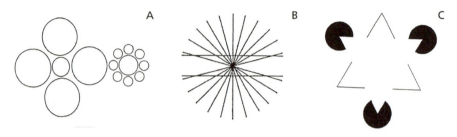

Abb. 12: Beispiele für optisch-geometrische Täuschungen

Im Beispiel A wirkt der von kleinen Kreisen umgebene Kreis größer als der ihm objektiv gleiche, aber von größeren Kreisen umgebene. Die beiden waagrechten Linien in Beispiel B werden als gebogen wahrgenommen, sind tatsächlich aber gerade und parallel und in Beispiel C nehmen wir sogar etwas wahr, was nicht vorhanden ist. Jeder sieht sofort ein weißes Dreieck, zu sehen sind aber lediglich drei Winkel und drei Kreise mit jeweils einem fehlenden Kreissegment. Selbst wenn wir ganz genau wissen, worin die Täuschung besteht, können wir sie nicht vermeiden. Beobachtungen liefern uns kein Abbild der Realität, sondern Konstruktionen oder Rekonstruktionen dessen, was wir beobachtet haben.

▶ Abb. 13 zeigt bedeutsame Faktoren, die unsere Wahrnehmung zu einem subjektiven Verarbeitungsprozess werden lassen. Jeder Beobachter bringt eine Reihe von Vorerfahrungen mit, verfügt über explizite und implizite Persönlichkeitstheorien, besitzt Bedürfnisse, Einstellungen und Vorurteile, die in ihm Erwartungen gegenüber dem Beobachteten entstehen lassen und die sich mit dem Beobachteten vermengen.

Somit verfügen wir im Rahmen der Verhaltensbeobachtung nicht über objektive, unbewertete Informationen, sondern jeder Beobachter neigt zu einer sofortigen mehr oder weniger bewussten Bewertung und Interpretation des Beobachteten. Fragt man jemanden, der in der Verhaltensbeobachtung wenig geschult ist, z. B. nach dem Verhalten eines hyperaktiven Kindes, erhält man in der Regel sofort Verhaltensinterpretationen und keine Beschreibungen konkreten Verhaltens. Hyperaktive Kinder werden als motorisch unruhig, als zappelig, als unkonzentriert oder leicht ablenkbar bezeichnet. Solche Verhaltensinterpretationen sind nur schwer als diagnostische Beobachtungsdaten verwendbar, da es unklar bleibt, was der Beobachter unter »zappelig« oder »leicht ablenkbar« versteht. Diagnostisch bedeutsame Informationen erhält man in diesem Fall nur, wenn konkret und ohne vorschnelle Interpretation beschrieben wird, was ein Kind in welcher Situation tatsächlich tut, sodass der Beobachter von ihm den Eindruck gewinnt, es sei zappelig oder leicht ablenkbar.

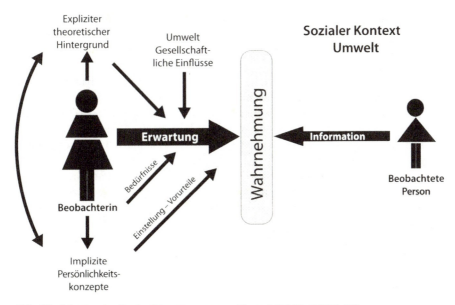

Abb. 13: Schema des Beobachtungsprozesses (Kany & Schöler 2009, 81)

Dieses Gebundensein an teilweise unbewusste Interpretations- und Verarbeitungsprozesse findet seinen Niederschlag auch in den zahlreichen Beobachtungs- und Beurteilungsfehlern, die bereits ausführlich in ▶ Kap. 2.7 erläutert wurden.

Bleibt dieses Problem bei der Entwicklung und Gestaltung von Beobachtungsbögen unreflektiert, so entstehen für die Hand des Praktikers Beobachtungsinstrumente, die keine sind und ein diagnostisches Wissen vorgaukeln, das keines ist. In diesen Pseudobeobachtungsbögen finden sich als Items sehr allgemein gehaltene Verhaltensinterpretationen wie »muss zur Beteiligung angehalten werden« oder »gibt bei Schwierigkeiten schnell auf« mit globalen und unspezifischen Antwortmöglichkeiten wie »trifft zu – trifft nicht zu« oder »häufig – selten«. Hierbei bleiben viele diagnostisch wichtige Informationen vage und bedeutsame Details gehen verloren.

6.2.2 Beobachtungsarten

Die praktisch bedeutsamste Unterscheidung ist die in unsystematische und systematische Verhaltensbeobachtung und beide Beobachtungsarten liefern hilfreiche diagnostische Informationen, jedoch in unterschiedlicher Qualität.

Die unsystematische oder freie Beobachtung gleicht der Alltagsbeobachtung und lässt sich beschreiben als ein naiv-anekdotisches und unstrukturiertes Vorgehen ohne Verwendung vorher festgelegter Beobachtungskategorien und ohne besondere Schulung des Beobachters. Die Wahl des Beobachtungsobjektes und des Beobachtungszeitpunktes wird von eigenen Motiven, Einstellungen, Emotionen, Vorurteilen gesteuert und erfolgt eher zufällig. Die auf diese Weise gesammelten

Beobachtungen werden nicht kritisch reflektiert oder überprüft, sodass viele unkontrollierte Bedingungen einfließen können. Allerdings liefert die freie Verhaltensbeobachtung in der Regel breite und vielfältige Informationen über den Beobachtungsgegenstand.

Nach Heuer, Rösler und Tack (2007) wird die freie Beobachtung häufig zur ersten Erkundung noch wenig oder unbekannter Handlungsfelder eingesetzt, woraus dann erste Hypothesen und eine erste Strukturierung des Beobachtungsgegenstandes gewonnen werden. Meistens wird die unsystematische Verhaltensbeobachtung zur Vorbereitung anderer systematischerer Formen der Datenerhebung eingesetzt.

Im Gegensatz zur unsystematischen zeichnet sich die systematische oder wissenschaftliche Verhaltensbeobachtung durch ein strukturiertes Vorgehen aus, wobei ausgehend von spezifischen Hypothesen ausgewählte Verhaltenskategorien kategorien oder Kategoriensysteme verwendet werden. Die Beobachter werden durch ein gezieltes Training auf ihre Beobachtungsaufgaben vorbereitet und ein erprobtes Registrierschema kommt zum Einsatz. Die Auswahl der Beobachtungsobjekte, der Beobachtungssituationen und Beobachtungszeiten werden vom Beobachtungszweck her möglichst eindeutig bestimmt und festgelegt. Da nur sehr wenige erprobte Kategoriensysteme vorliegen, ist es meist erforderlich, sich eigene auf den konkreten Beobachtungszweck abgestimmte Beobachtungskategorien zu schaffen. Die systematische Verhaltensbeobachtung führt zu exakten Informationen über sehr spezifische Verhaltensweisen in ganz bestimmten Situationen und verfügt somit nicht über die Breite einer freien Beobachtung.

Die systematische Verhaltensbeobachtung kann nach Mees (1977) einmal im natürlichen Umfeld oder unter Laborbedingungen durchgeführt werden. Der Beobachter kann aktiv die Beobachtungssituation mitgestaltend oder nur passiv registrierend anwesend sein oder aber über eine Einwegscheibe oder Videoaufzeichnungsanlagen nicht teilnehmend beobachten. Letztere Beobachtungsart hat den Vorteil, dass der Beobachter unsichtbar bleibt und im Gegensatz zur teilneh-

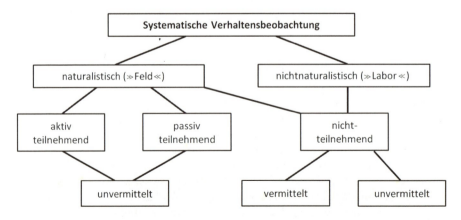

Abb. 14: Formen der systematischen Verhaltensbeobachtung nach Mees (1977)

menden Beobachtung die Situation nicht beeinflusst. Die teilnehmende Beobachtung erfolgt immer direkt und zeitgleich mit der Verhaltensausführung und damit unvermittelt, während die nicht teilnehmende Beobachtung einmal durch eine Einwegscheibe unvermittelt und ein andermal über eine Videoaufzeichnung vermittelt stattfinden kann (siehe ▶ Abb. 14).

6.2.3 Stichprobenplan und Zeichensysteme

Mithilfe der systematischen Beobachtung können Informationen über Art, Häufigkeit und zeitliche Erstreckung von Verhaltensweisen sowie Muster von Verhaltensabfolgen erhoben werden. Dazu müssen entsprechende Rahmenbedingungen wie z. B. ein Stichprobenplan, der regelt, wann Verhaltensstichproben gezogen werden, festgelegt werden. Die meisten Autoren unterscheiden zwischen Zeitstichproben oder Time-Sampling und Ereignisstichproben oder Event-Sampling (Bodenmann 2006; Heuer, Rösler & Tack 2007).

Ein Zeitstichprobenplan legt fest, zu welchen Zeitpunkten das jeweilige Verhalten zu registrieren ist, also in welchem festen Zeittakt das Verhalten beobachtet wird. In einer Hausaufgabensituation wird z. B. alle fünf Minuten 30 Sekunden lang die Mutter-Kind-Interaktion kodiert.

In einem Ereignisstichprobenplan sind die Beobachtungszeitpunkte variabel und hängen ab vom Auftreten des kritischen Ereignisses, das vorher definiert wurde. So wird z. B. vom Beobachter in einer Unterrichtsstunde registriert, wie oft sich ein Kind meldet oder wie lange die Arbeitsphasen mit einem bestimmten Material sind. Bei Ereignisstichproben lassen sich noch einmal Ereignisse (Events) und Zustände (States) unterscheiden, d. h., im ersten Fall wird die Anzahl registriert, also wie oft ein bestimmtes Verhalten im Beobachtungszeitraum auftritt, und im zweiten Fall seine Dauer, wie lange es zu beobachten ist.

Die traditionelle Form der Protokollierung von Ereignissen ist die Strichliste, in der jedes Auftreten des interessierenden Verhaltens mit einem Strich markiert wird. Diese Methode ist einfach zu handhaben und braucht keine aufwendigen technischen Hilfsmittel. Allerdings gehen die Informationen über die zeitliche Dauer und Abfolge verloren. Sollen auch Zeitinformationen bewahrt werden, ist es notwendig, ein Zeitraster über den Verhaltensstrom zu legen und in einem bestimmten Zeittakt Beginn und Ende des Zielverhaltens zu markieren. Eine solch aufwendige Registriermethode gelingt meist, wenn Videoaufzeichnungen vorliegen, die computergestützt analysiert werden können.

6.2.4 Kategoriensysteme

Mees (1977) unterscheidet zwischen isomorpher Deskription, die versucht, das beobachtete Verhalten möglichst vollständig zu erfassen und wiederzugeben, und reduktiver Deskription, bei der die Registrierung auf bestimmte Aspekte des Verhaltens beschränkt wird. Der Beobachter ist bei der isomorphen Beschreibung aufgefordert, alles das, was er im Beobachtungszeitraum an einer Person beobachtet, zu notieren, wohingegen bei der reduktiven Beschreibung die Fülle des zu beobachtenden Verhaltens mithilfe eines Kategorienschemas verringert wird und er nur die im Kategoriensystem angeführten Verhaltensaspekte registriert.

Kategoriensysteme unterteilen, so Heuer, Rösler und Tack (2007), den ausgewählten Verhaltensbereich erschöpfend in einander ausschließende, sich deshalb nicht überlappende Verhaltensklassen oder Kategorien. Die Definition der Kategorien erfolgt unter Berücksichtigung theoretischer Konstrukte und Konzepte zum Untersuchungsbereich. So werden z.B. zur Beobachtung des Sozialverhaltens eines Schülers unter Rückgriff auf entsprechende sozialpsychologische Modelle Kategorien wie Kontakt zu anderen, Toleranz gegenüber Besonderheiten anderer, eigene Wünsche und Bedürfnisse ausdrücken, Umgang mit Kritik, Kooperation mit anderen, Umgang mit Gruppenregeln usw. bestimmt. In einem zweiten Schritt müssen die ausgewählten Kategorien operationalisiert, d.h., in konkrete Verhaltensweisen transformiert werden. Es ist zu überlegen, was ein Kind z.B. in der Untersuchungssituation alles tun kann, um Kontakt zu einem anderen aufzunehmen oder welche Möglichkeiten der Kooperation in der speziellen Situation gegeben sind. Abschließend ist das Kategoriensystem auf seine Güte hin zu untersuchen, indem geprüft wird, ob alle möglichen interessierenden Verhaltensäußerungen mit dem Kategoriensystem abgebildet werden können (»Sind die Verhaltensklassen erschöpfend?«) und ob jede Verhaltensweise nur einer Kategorie zugewiesen werden kann (»Sind die Verhaltensklassen disjunkt oder ausschließlich?«).

In seltenen Fällen kann der Untersucher auch auf bereits vorhandene oder gar universell einsetzbare Kategorienschemata wie z.B. jenes zur Interaktionsanalyse in kleinen Gruppen nach Bales (1950) zurückgreifen. Häufig wird jedoch die Eigenkonstruktion, wie sie oben beschrieben wurde, zur Beobachtung einer spezifischen Situation erforderlich sein.

Ausführliche Zusammenstellungen über unterschiedliche Kategoriensysteme und Registriermethoden finden sich bei Faßnacht (1995), Langfeldt und Tent (1999) oder Lukesch (1998).

6.2.5 Rating- und Einschätzverfahren

Nach Amelang und Schmidt-Atzert (2006) erfolgt in Ratingverfahren, bei denen das interessierende Verhalten in seiner Häufigkeit oder Intensität erst nachträglich eingeschätzt wird, das höchste Maß an Datenreduktion. Der Beobachter hat hier die Aufgabe, seine Verhaltenseinschätzung gemäß den ausgewählten Verhaltenskategorien auf einer meist mehrstufigen Skala zu markieren (siehe ▶ Abb. 15). Eingesetzt werden solche Verfahren dort, wo eine direkte Protokollierung nicht möglich ist oder wo das Verhalten dermaßen komplex ist, dass es nicht mehr in Teilkomponenten zu zerlegen ist. Der große Nachteil besteht darin, dass das Verhalten, das den Schätzurteilen zugrunde liegt, aus den Ratingergebnissen nicht mehr rekonstruierbar ist.

Besonders bedeutsam sind Schätzskalen bei der Untersuchung von Menschen mit Behinderungen, die aufgrund ihrer sprachlichen, motorischen und geistigen

Nimmt Blickkontakt auf							
( )	immer	( )	häufig	( )	selten	( )	nie

Versteht einfache Anweisungen							
( )	immer	( )	häufig	( )	selten	( )	nie

Versteht einige gesprochene Worte und reagiert darauf							
( )	immer	( )	häufig	( )	selten	( )	nie

Äußert unverständliche Laute oder murmelt							
( )	immer	( )	häufig	( )	selten	( )	nie

Abb. 15: Auszug aus dem Fragebogen zur Erfassung der Kommunikationsfähigkeit bei schwerstbehinderten Kindern durch Fremdeinschätzung (Stumpf 2006, 191)

Einschränkungen nicht in der Lage sind, Auskunft über sich selbst zu geben. Mithilfe entsprechender Fragebögen werden in solchen Fällen Bezugspersonen um eine Fremdeinschätzung gebeten, was neben der Verhaltensbeobachtung oft der einzige Weg ist, um zu diagnostischen Informationen zu gelangen. Ausführlichere Informationen dazu finden sich unter dem Stichwort der funktionellen Entwicklungsdiagnostik bei Strasser (2004).

6.2.6 Gütekriterien

Als Hauptkritikpunkt wird immer die geringe Objektivität von Beobachtungsverfahren angeführt, d. h., die mangelhafte Unabhängigkeit der Beobachtungsergebnisse vom Beobachter.

Die Qualität einer Verhaltensbeobachtung hängt ab von der Qualität des Kategoriensystems und der Qualität des Beobachters und wird in der Regel über die Beobachterübereinstimmung ermittelt, zu deren Berechnung der prozentuale Anteil der Übereinstimmung zwischen verschiedenen Beobachtern in Relation gesetzt wird zur Übereinstimmung, die sich rein zufällig ergeben hätte. In diesem Zusammenhang wird meist der Übereinstimmungsquotient Cohens Kappa bestimmt. Die Unterschreitung eines festgelegten Grenzwertes macht eine erneute Beobachterschulung notwendig.

Die Messpräzision oder Reliabilität wird bei Beobachtungsverfahren auf die gleiche Weise wie die Objektivität, nämlich ebenfalls über die Beobachterübereinstimmung, ermittelt. Aus diesem Grund wird oft bei Verhaltensbeobachtungen gar nicht mehr zwischen Objektivität und Reliabilität unterschieden.

Die Frage nach der Validität oder danach, inwieweit die Kategorien eines Beobachtungssystems tatsächlich alle relevanten Verhaltensweisen abbilden, wird laut Kany und Schöler (2009) abgeschätzt, indem das Beobachtungsergebnis mit einem Außenkriterium, also mit Daten aus einer anderen Quelle (Selbstberichte, physiologische Messungen), in Beziehung gesetzt wird.

Am problematischsten ist nach Amelang und Schmidt-Atzert (2006) die Objektivität bzw. Reliabilität von Ratingverfahren, da hier sowohl die kategoriale Zuordnung als auch die Häufigkeitseinschätzung vom Beurteiler zu leisten ist.

6.2.7 Zusammenfassung

Da die menschliche Wahrnehmung einen aktiven und interpretierenden Informationsverarbeitungsprozess darstellt, wird die Verhaltensbeobachtung zu einem schwierigen und störanfälligen diagnostischen Verfahren, das dennoch gerade im pädagogischen Bereich häufig zum Einsatz kommt. Von der Wahrnehmung der Daten, die auf unterschiedlichste Art und Weise erfolgen kann, ist die Registrierung dieser Daten klar zu trennen. Wichtigste Beobachtungsarten sind die systematische und unsystematische Beobachtung. Die Zeichen- oder Kodiersysteme, die Kategoriensysteme und die Rating- und Einschätzverfahren sind bedeutsame Arten der Datenregistrierung. Einschätzverfahren werden oft, aufgrund fehlender Alternativen, in der Diagnostik von Menschen mit schweren Behinderungen eingesetzt. Die Qualität oder Güte einer Verhaltensbeobachtung wird in der Regel über die Beobachterübereinstimmung ermittelt.

6.3 Screeningverfahren

Screeningverfahren sind, so Quaiser-Pohl (2010), entwicklungspsychologische Kurzverfahren, durch die man relativ schnell eine erste Einschätzung zum Entwicklungsstand einer Person erhält oder die über eine Risikoabschätzung die Früherkennung einer Entwicklungsstörung ermöglichen. Screeningverfahren sollen daher in erster Linie helfen, aus einer Gruppe von Menschen diejenigen herauszufinden, die Gefahr laufen, eine Entwicklungsstörung auszubilden und insofern mit einem Entwicklungsrisiko behaftet sind. Diese Verfahren werden präventiv im Rahmen von Vorsorgeuntersuchungen oder zum Zeitpunkt der Einschulung eingesetzt, um mit ihrer Hilfe den weiteren Entwicklungsverlauf eines Kindes zu prognostizieren. Ihre Durchführung und Auswertung ist wie bei den Testverfahren standardisiert. Die Bewertung der erbrachten Leistung erfolgt jedoch im Gegensatz zu den Testverfahren nicht durch einen Vergleich mit statistischen Altersnormen, sondern über kritische Leistungswerte, die eine Grenze zwischen Risiko und Nicht-Risiko markieren. Im Untersuchungsergebnis wird keine Aussage darüber getroffen, inwieweit die Leistung als altersgemäß zu bewerten ist, sondern nur darüber, ob ein Risiko besteht oder nicht.

Screeningverfahren sind demzufolge vor allem im vorschulischen Bereich im Säuglings- und Kleinkindalter von Bedeutung und liegen zur Bestimmung von Entwicklungsrisiken im Bereich der Sprache und zur Risikobewertung beim Schriftspracherwerb in ausreichender Qualität vor. Sie können wiederum als

Diagnose vor der Diagnostik angesehen werden, da nach dem Entdecken eines Risikos mithilfe eines Screeningverfahrens eine genaue und weitergehende diagnostische Abklärung erfolgen muss.

Screeningverfahren lassen sich nur dann konstruieren, wenn im jeweiligen Entwicklungsbereich Entwicklungsmarker bekannt sind, die verlässlich Auskunft über den Entwicklungsstand geben. Ein solcher Marker ist z. B. der Wortschatz für die Sprachentwicklung oder die phonologische Bewusstheit für die Risikoabschätzung beim Schriftspracherwerb (Breitenbach 2012; Breitenbach & Weiland 2010).

Die Qualität eines Screeningverfahrens besteht in der Güte seiner Vorhersage, die in der Sensitivität, der Spezifität und dem RATZ-Index zum Ausdruck kommt. Eine Vorhersage auf der Grundlage eines vorhandenen oder nicht vorhandenen Risikos über das Eintreten eines künftigen Ereignisses (Entwicklungs- oder Lernstörung) kann zu folgenden vier Ergebnissen führen:

1. Das Risiko wird festgestellt und die prognostizierte Entwicklungs- oder Lernstörung tritt ein. Die Prognose war richtig positiv.
2. Das Risiko wird festgestellt und die prognostizierte Entwicklungs- und Lernstörung tritt nicht ein. Die Prognose war falsch positiv.
3. Das Risiko wird nicht erkannt, aber die Entwicklungs- und Lernstörung tritt ein. Diese Prognose war falsch negativ.
4. Es wird kein Risiko festgestellt und es tritt auch keine Entwicklungs- und Lernstörung ein. Die Prognose war in diesem Fall richtig negativ.

Die Sensitivität eines Verfahrens gibt nun den Anteil der Personen mit einer Entwicklungs- und Lernstörung an, deren Risiko erkannt wurde und bei denen die Vorhersage dementsprechend richtig positiv war. Die Spezifität dagegen beziffert den Anteil der Personen, die keine Entwicklungs- und Lernstörung entwickelten und bei denen auch kein Risiko erkannt wurde und deren Prognose deshalb ebenfalls richtig, aber eben negativ war. Der RATZ-Index stellt nach Marx (1992) das Maß für den relativen Anstieg der Trefferquote gegenüber der Zufallsquote dar. Bei einem RATZ-Index größer als 66 geht man von einer sehr guten Vorhersagekraft des Verfahrens aus, Werte zwischen 34 und 66 kennzeichnen das entsprechende Screeningverfahren als gut und Werte unter 34 weisen auf eine unzureichende prognostische Qualität hin.

6.4 Soziometrie

Die Soziometrie bietet die Möglichkeit, soziale und kommunikative Gruppenstrukturen zu erfassen und abzubilden (Moreno 1954). Zu diesem Zweck werden Kinder oder Jugendliche einer sozialen Gruppe z. B. gefragt, wen sie aus der

Gruppe zu ihrem Geburtstag einladen würden oder neben wem sie am liebsten sitzen möchten. Zusätzlich zu solchen positiven Wahlen kann man die Gruppenteilnehmer auch um negative Nennungen bitten. Bei sehr kleinen Kindern oder bei Menschen mit Behinderungen lassen sich diese soziometrischen Daten auch über Bilder einholen.

Das Soziogramm, in dem die positiven und/oder negativen Beziehungen durch unterschiedliche Pfeile zwischen den einzelnen Gruppenangehörigen gekennzeichnet sind, veranschaulicht grafisch die abgefragte Gruppenstruktur, vor allem in kleineren Gruppen. Auf diese Weise ergeben sich Informationen über den Status und die soziale Position einzelner Kinder oder Jugendlicher in der jeweiligen sozialen Gruppe. Einzelne Gruppenrollen wie z. B. die des Außenseiters oder des Stars werden ebenso sichtbar wie das möglicherweise aus Untergruppen bestehende soziale Gefüge der Gruppe. Das Soziogramm in ▶ Abb. 16 deckt auf, dass die Schüler Hilal, Onur, Karoline und Hatice sich fast alle gegenseitig wählen und somit eine Untergruppe in der Gesamtgruppe bilden.

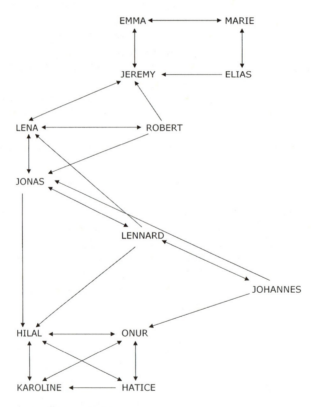

Abb. 16: Soziogramm einer Schulklasse

Um bei größeren Gruppen einen Überblick über die sozialen und kommunikativen Beziehungen zu erhalten, bieten sich als Darstellungsformen Tabellen oder

Matrizen an. In der Soziomatrix von ▶ Abb. 17 sind die Kinder mit den Ziffern 1 bis 11 die Mädchen und 12 bis 30 die Jungen in der Klasse.

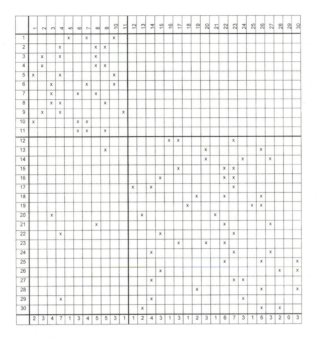

Abb. 17: Soziomatrix einer Schulklasse

Aufgrund der abgegebenen positiven Wahlen kann man aus der Matrix sofort erkennen, dass die Mädchen und Jungen zwei große Untergruppen bilden und offensichtlich zwischen diesen beiden Gruppen nur wenige Beziehungen existieren. Demzufolge überrascht es auch nicht, dass es sowohl in der Mädchen- als auch in der Jungengruppe einen »Star« gibt mit jeweils den meisten positiven Wahlen. Der Junge, dem in der Matrix die Nummer 29 zugeordnet ist, scheint ein Außenseiter in der Klasse zu sein, da er keinerlei positive Wahlen erhält. Darüber hinaus besteht noch die Möglichkeit mit dem Kohäsionsmaß einen Zahlenwert zu berechnen, der den Gesamtzusammenhalt einer Gruppe ausdrückt und beziffert.

Eine standardmäßig durchgeführte soziometrische Untersuchung gliedert sich nach Dollase (2006) in die drei Schritte: Erhebung, Darstellung und Auswertung oder Interpretation. Die Reliabilität des soziometrischen Status ist nach Dollase (2006) nachgewiesenermaßen sehr hoch und sogar bei Kindern im Vorschulalter stabil. Die Validität soziometrischer Wahlen wird meist wie bei der Reliabilität nur für den soziometrischen Status angegeben. Es gilt als erwiesen, dass die Ablehnung einer Person durch ihre Bezugsgruppe vom Kindergarten an zu erheblichen Beeinträchtigungen seiner Entwicklung führt.

6.5 Curriculumbasiertes Messen (CBM) oder Lernverlaufsdiagnostik

Unter den Begriffen curriculumbasiertes Messen, Lernfortschrittsmessung, Lernverlaufsdiagnostik, lernprozessbegleitende Diagnostik, Dynamic Testing oder Response-to-Intervention werden nach Wilbert und Linnemann (2011) zwar im Detail unterschiedliche Konzepte diskutiert, die jedoch eng miteinander verbunden sind und denen das Sichtbarmachen individuell verlaufender Lernprozesse gemein ist.

Curriculumbasiertes Messen erfasst, so Klauer (2006), auf zügige Weise den Lehr-Lern-Erfolg und zwar im förderdiagnostischen Sinne. Das bedeutet, die Lernfortschrittsmessung dient nicht der Klassifikation oder dem Einteilen in Leistungsniveaugruppen oder gar der Selektion und Platzierung, sondern es geht alleine um die Feststellung und Dokumentation des Lernfortschrittes in der Zeit. Eine summative Evaluation würde den Lernerfolg am Ende eines Lernprozesses ermitteln und so den Lernstand erheben, wohingegen das curriculumbasierte Messen den Lernfortschritt laufend dokumentiert, also formativ evaluiert und damit den Lernverlauf abbildet.

Diese Art der Lernprozessdiagnostik erlaubt eine ständige Kurskorrektur im Lernangebot und somit ein Anpassen der Förderpläne an das individuelle Lernen der Kinder und gleichzeitig ist eine Früherkennung leistungsschwacher Kinder möglich, sodass sofort Maßnahmen zu ihrer Förderung ergriffen werden können.

CBM ist für Walter (2009a) eine alternative Vorgehensweise zu den Schulleistungstests, die in den USA seit Beginn der 70er-Jahre im sonderpädagogischen Kontext entwickelt wurde und die eine objektive, reliable, valide und änderungssensible Messung im Sinne der klassischen Testtheorie erlaubt. Verfahren dieser Art beschränkten sich zunächst auf das Erfassen von Leistungen im Lesen, Schreiben und Rechnen und sind deshalb in diesen Bereichen momentan auch am besten erforscht. Inzwischen werden sie jedoch auch in anderen Fächern mit Erfolg eingesetzt. Gegenüber den herkömmlichen psychologischen Tests weisen CBM-Proben einige wesentliche Vorteile auf:

- Sie sind schnell durchführ- und ökonomisch auswertbar.
- Mit ihnen ist eine große Anzahl von Messwiederholungen möglich.
- Aufgrund der vorliegenden Befunde haben sich die CBM-Proben auch über kürzere Zeiträume hinweg als veränderungssensibel erwiesen.

6.5.1 Generieren von Aufgabenstichproben

Im Zentrum der Lernfortschrittsmessung steht die Entwicklung von Aufgaben, da in festgelegten Zeitabständen immer wieder Verhaltensstichproben zu jeweils derselben Leistung gezogen werden. Die Stichproben von Aufgaben müssen deshalb zwar immer neu sein, aber immer auch die gleiche Leistung erfassen und den gleichen Schwierigkeitsgrad aufweisen. Klauer (2006) schlägt dazu, Bezug nehmend auf Fuchs (2004) sowie Fuchs und Fuchs (1993), zwei Wege vor.

Für den ersten Weg benötigt man Aufgaben, die für die geforderte Gesamtleistung repräsentativ sind. Das laute Lesen ist z. B. ein solch robuster Indikator, der als Gesamtmaß für das Lesen gelten kann, weil die Anzahl der richtig gelesenen Wörter pro Minute sehr gut mit den Ergebnissen in Lesetests korrelieren. Es wird deshalb den Lehrkräften vorgeschlagen, einen längeren Text, z. B. ein Buch, auszuwählen, das sprachlich dem Leistungsniveau der Kinder entspricht, jedes Kind daraus eine Minute laut vorlesen zu lassen und jeweils die Anzahl der in dieser Zeit richtig und falsch gelesenen Wörter zu registrieren. Im deutschsprachigen Raum liegt diesbezüglich mit der Lernfortschrittsdiagnostik Lesen (LDL) ein auf seine Güte hin geprüftes entsprechendes Messverfahren vor (Walter 2010a; 2010b). Neben dem lauten Lesen wird die Maze-Technik als weitere Möglichkeit zur schnellen Überprüfung der Lesekompetenz empfohlen, bei der man das leise Lesen über eine Dauer von einer bis vier Minuten als Indikator wählt. In den zu lesenden Textabschnitten befindet sich etwa an der Stelle jedes siebten Wortes eine Klammer mit drei Wörtern zur Auswahl (das passende Wort und zwei Distraktoren). Das Maß für die Lesekompetenz ist die Anzahl der korrekt unterstrichenen Wörter. Diese Vorgehensweise besitzt den Vorteil, dass sie auch als Gruppenverfahren und computergestützt eingesetzt werden kann. Auch hier hat Walter (2009b; 2011) mit der Verlaufsdiagnostik sinnerfassendes Lesen (VSL) ein entsprechendes evaluiertes Messinstrument vorgelegt.

Der Fortschritt in der Rechtschreibung wird oft mittels Wortdiktat in der Form erfasst, dass die Lehrkraft 20 Wörter im Abstand von sieben Sekunden diktiert. Nach etwa zweieinhalb Minuten ist diese Überprüfung zu Ende. Die Wortlisten werden einer Art Grundwortschatz per Zufall entnommen. Weiterführende Analysen dazu finden sich bei Strathmann und Klauer (2008) und Strathmann, Klauer und Greisbach (2010).

Im Fach Mathematik konnte man bisher aufgrund der Heterogenität und Komplexität des Gegenstandes keinen allgemeinen robusten Indikator finden. Deshalb wird hier als ein zweiter Weg zur Konstruktion von Aufgabenstichproben das systematische Zusammenstellen von Aufgabengruppen empfohlen, die all diejenigen Teilfertigkeiten repräsentieren, die am Ende eines Lernprozesses oder eines Schuljahres beherrscht werden sollen. Im Mathematikunterricht der Grundschule sind nach Klauer (2006) ab der zweiten Klasse beispielsweise Aufgaben zur Addition mit und ohne Zehnerübergang, Subtraktion mit und ohne Zehnerübergang, Multiplikation, Division und zum Umgang mit Größen gefordert. In ▶ Tab. 5 sind entsprechend sieben Aufgabenklassen oder Teilmengen definiert, die jeweils in vier Aufgabentypen eine bestimmte Teilfertigkeit im Fach Mathematik erfassen und nach folgenden Vorschriften gebildet werden:

Addition 1: $a+b=?$, $a+?=c$, $a+?=Zehner$, $a+?=100$ (ohne Zehnerübergang)
Addition 2: gleiche Aufgaben wie in Addition 1, nur mit Überschreiten eines Zehners
Subtraktion 1: $c-b=a$, $c-?=a$ (ohne Unterschreiten eines Zehners)

Subtraktion 2: gleiche Aufgaben wie in Subtraktion 1, nur mit Unterschreiten eines Zehners
Multiplikation: $a*b=c$, $a*?=c$, $c=?*b$
Division: $c:b=?$

Rechnen mit Größen: Addition, Subtraktion, Multiplikation und Division kombiniert mit einer unterschiedlichen Größe
Ersetzt die Lehrkraft die Buchstaben in obigen Vorschriften durch immer andere Zahlen, erhält sie beliebig viele Paralleltests mit jeweils 28 Testaufgaben, die die gleiche Leistung fordern und im Schwierigkeitsgrad übereinstimmen.

Tab. 5: Curriculumbasierter Mathematiktest für das zweite Schuljahr (Klauer 2006, 19)

Addition 1	25+5=	41+__=78	57+3=	66+__=100
Addition 2	85+8=	58+__=82	25+18=	79+__=100
Subtraktion 1	17−6=	88−55=	34−__=31	98−__=54
Subtraktion 2	43−26=	91−12=	63−__=47	35−__=9
Multiplikation	4·6=	7·8=	5·__=35	40=__·10
Division	18:3=	42:6=	35:7=	64:8=
Größen	30€+24€=	76 cm−17 cm=	7·4 Wochen=	36 Stück:4=

6.5.2 Dokumentation des Lernfortschritts

In ▶ Abb. 18 ist die Leseleistung eines Schülers über 36 Wochen hinweg dargestellt und dokumentiert. Der Schüler las in der Regel einmal pro Woche eine Minute lang einen immer anderen Lesebuchtext und die Lehrkraft registrierte die Anzahl der richtig und falsch gelesenen Wörter.

Die abgebildeten Kurven stellen eine gängige und hilfreiche Dokumentationsform der Lernfortschrittsmessung dar, indem sie verdeutlichen, wie das Kind auf

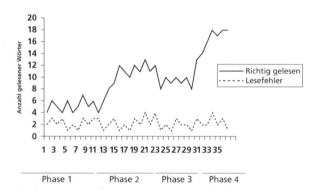

Abb. 18: Leseleistung eines Kindes über 36 Wochen (Klauer 2006, 19)

verschiedene Hilfsmaßnahmen und Interventionen seiner Lehrkraft reagiert. Auffällig mag zunächst sein, dass sich die Zahl der Lesefehler über die gesamte Zeit hinweg kaum verändert. Dies korrespondiert mit der Erkenntnis, dass sich ein guter Leser vom schlechten nicht durch die Fehlerzahl, sondern durch die Lesegeschwindigkeit unterscheidet. Durch das höhere Lesetempo liest der gute Leser wesentlich mehr Wörter. Bei gleichbleibender Fehlerzahl vermehren sich logischerweise die richtig gelesenen Wörter. Im Lernverlauf des Schülers kann man des Weiteren vier Phasen unterscheiden:

In den ersten 12 Wochen (Phase 1) genießt der Schüler den regulären Unterricht, ohne dass er dadurch Fortschritte im Lesenlernen macht. Die Lehrkraft greift dann zu unterschiedlichen individuellen Hilfs- und Fördermaßnahmen, die zunächst einen Lernzuwachs mit sich bringen, aber ab der 23. Woche muss die Lehrkraft wieder einen Leistungsabfall konstatieren. Mit einer erneuten Veränderung der Lernhilfen ist sie dann jedoch wieder erfolgreich. Durch das ständige Überwachen des Lernfortschrittes des Schülers konnte die Lehrkraft ein Stagnieren oder gar einen Rückschlag im Lernerfolg des Schülers schnell erkennen und hatte damit auch die Möglichkeit, ihr Lernangebot solange zu verändern, bis sie eine für den Schüler angemessene Art der Unterrichtung gefunden hatte.

Diese Art der Lernprozessdiagnostik erlaubt auch einen ständigen Vergleich des individuellen Lernverlaufs mit dem der Gesamtgruppe oder Klasse. Dabei kann sich z. B. sehr schnell ein deutliches Zurückbleiben eines einzelnen Schülers hinter dem Lernerfolg der anderen Kinder zeigen und damit vielleicht ein Hinweis auf eine spezifische Lernschwäche gefunden werden. Gemäß Weg zwei wird in ▶ Abb. 19 der Lernverlauf eines Kindes über ein Schuljahr hinweg in den definierten Teilmengen bzw. Teilfertigkeiten dargestellt, die den Lernerwartungen im Fach Mathematik der zweiten Jahrgangsstufe entsprechen. Je stärker ein Feld geschwärzt ist, desto mehr Aufgaben wurden in der jeweiligen Teilmenge gelöst.

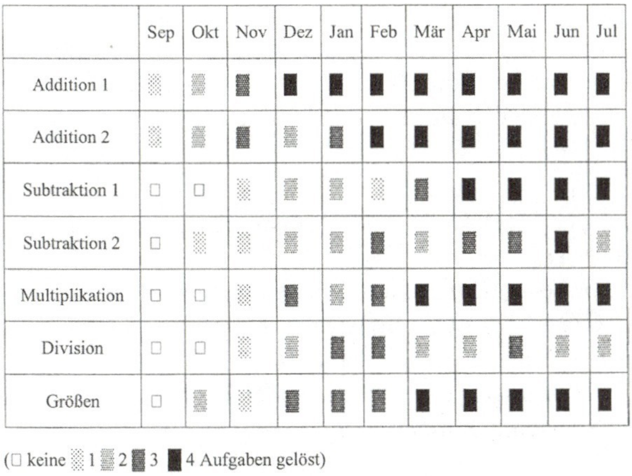

	Sep	Okt	Nov	Dez	Jan	Feb	Mär	Apr	Mai	Jun	Jul
Addition 1	▦	▦	■	■	■	■	■	■	■	■	■
Addition 2	▦	▦	■	▦	■	■	■	■	■	■	■
Subtraktion 1	□	□	▦	▦	▦	■	▦	■	■	■	■
Subtraktion 2	□	▦	▦	▦	▦	■	▦	■	■	■	▦
Multiplikation	□	□	▦	■	■	■	■	■	■	■	
Division	□	□	▦	▦	■	■	▦	■	▦	■	▦
Größen	□	▦	▦	■	■	■	■	■	■	■	■

(□ keine ▦ 1 ▦ 2 ▦ 3 ■ 4 Aufgaben gelöst)

Abb. 19: Leistungsentwicklung eines Kindes im zweiten Schuljahr in den sieben mathematischen Teilfertigkeiten (Klauer 2006, 21)

Es ist zu erkennen, dass sowohl die Addition mit und ohne Zehnerübergang als auch die Subtraktion ohne Unterschreiten des Zehners am Jahresende sicher beherrscht werden. Das Gleiche gilt auch für die Multiplikation und das Rechnen mit Größen. Deutliche Unsicherheiten bestehen offensichtlich jedoch noch bei der Division und bei der Subtraktion mit Unterschreiten des Zehners. Auch hier kann eine Lehrkraft sehr schnell feststellen, in welchen Bereichen noch weitere Förderung angezeigt ist, und auf dieser Grundlage dann gezielte Interventionen planen. Die Dokumentation von Lernprozessen im Rechtschreiben wird bei Strathmann und Klauer (2008) und Strathmann, Klauer und Greisbach (2010) erläutert und diskutiert.

6.5.3 Effekte auf die Lernfortschritte der Schüler und Gütekriterien

Alleine durch den Einsatz des curriculumbasierten Messens stellen sich natürlich keine Lernfortschritte bei den Schülern ein. Werden jedoch zusätzlich zur grafischen Aufbereitung der CBM-Messungen bei unbefriedigendem Lernerfolg zusätzliche pädagogische Maßnahmen ergriffen, führt dies, so berichtet Walter (2009a) aufgrund vorliegender Metaanalysen, zu einem signifikanten Lernzuwachs. Differenzielle Befunde weisen des Weiteren darauf hin, dass vor allem dann signifikante Leistungszuwächse im Zusammenhang mit der formativen Evaluation des Unterrichts bewirkt werden können, wenn von den Lehrkräften Techniken der Verhaltensmodifikation eingesetzt werden, die Regeln der Dateninterpretation eingehalten werden und eine grafische Darstellung der Messergebnisse verwendet wird (vgl. Walter 2009a).

In einer aktuellen Studie bestätigen Souvignier und Förster (2011) diese Befunde für die Leseleistung von Viertklässlern. Die dazu befragten Lehrkräfte betonten, dass sich die computergestützte Lernverlaufsdiagnostik gut in den Unterrichtsalltag implementieren ließ und dass die so erhaltenen Informationen zur Planung von Fördermaßnahmen genutzt wurden. Knopp (2010a) fasst die Ergebnisse einzelner Studien zum Mathematikunterricht zusammen und kommt zu dem Schluss, dass CBM-Verfahren den größten Effekt auf Lernfortschritte von Schülern zeigen, wenn

- entsprechend der Ergebnisse in den Messungen individuelle Fördervorschläge angeboten werden,
- mittels der erhobenen Daten auch Klassenprofile erstellt werden,
- parallel zur CBM-Messung umfassende Kompetenzanalysen der Schüler für die Lehrkräfte durchgeführt werden und
- wenn an die Messungen eine Beratung der Lehrkräfte zur Unterrichtsgestaltung durch Experten gekoppelt ist.

Die Tests zur Lernfortschrittsmessung lassen sich gemäß einer Beurteilung der vorliegenden US-amerikanischen Studien von Klauer (2006) mit einem hohen

Maß an Objektivität durchführen und auswerten. Bei der Auswertung müssen bei einfachen Aufgaben lediglich Entscheidungen über richtig und falsch getroffen werden, was zu einer Raterübereinstimmung von über 90 Prozent führt.

Ferner zeichnen sich die Tests, so Klauer (2006) weiter, durch eine hohe Reliabilität aus. Da CBM Daten aus vielfach wiederholten Messungen liefert, bietet sich die Berechnung von Retest-Reliabilitäten an. Dabei fanden sich bei Kindern mit und ohne Lernbeeinträchtigungen in den entsprechenden Untersuchungen Reliabilitätskoeffizienten zwischen 0,73 und 0,91.

Die Validität schätzt Klauer als besonders erfreulich und äußerst zufriedenstellend ein. Mehrfach wurden hohe Korrelationen zwischen dem einminütigen lauten Lesen und standardisierten Lesetests gefunden oder auch hohe Korrelationen mit der Lehrernote für das Lesen. Analoges gilt auch für curriculumbasiertes Messen in Fach Mathematik, wo die Korrelationen zu standardisierten Schulleistungstests zwischen 0,65 und 0,85 liegen.

Für den deutschsprachigen Raum konnte Walter (2008) zum einminütigen lauten Lesen ähnlich befriedigende Reliabilitäts- und Validitätswerte vorlegen. Darüber hinaus erwiesen sich die wiederholten Messungen als sehr veränderungssensibel.

6.5.4 Das Schüler-Entwicklungs-System

Einen Überblick über das niederländische Leerlingonderwijsvolgsysteem (LOVS), das in deutschsprachigen Publikationen als »Schüler-Folge-System«, »Schüler-Entwicklungs-System« oder »Schülerbegleitsystem« benannt wird, bieten Diehl, Hartke und Knopp (2009). Charakteristisch für LOVS ist das mehrfache Erheben des Leistungsstandes der Schüler in einem Schuljahr, sodass die Lehrkräfte objektivere Informationen über den Lernfortschritt ihrer Schüler erhalten. Im Rahmen des Schüler-Entwicklungs-Systems kommen standardisierte Messverfahren zur Erfassung der Schulleistungen zum Einsatz und es stehen entsprechende Hilfs- und Förderprogramme zur Verfügung. Der Einsatz erfolgt in der Regel zweimal pro Schuljahr und die Auswertung und Darstellung der Ergebnisse erfolgt computergestützt. Als Ziele von LOVS sind zu nennen:

- »Verbesserung der Wahrnehmung der Schüler durch Lehrkräfte;
- Hilfe zur Beschreibung des Problemumfanges;
- Anregungen von Ursachenanalysen (durch systematische Einschätzungen können Fragen nach Ursachen aufkommen und dazu anregen, ergänzende Informationen einzuholen);
- Rückmeldungen zur Überprüfung des eigenen Handlungserfolges;
- Ermittlung von Lernprogression oder -stagnation;
- Hinweise auf Teilleistungsschwächen und deshalb einzuleitende Hilfen« (Diehl, Hartke & Knopp 2009, 126).

Die Arbeit mit LOVS kann in einem dreiphasigen Modell beschrieben werden. In der Phase der Datenerhebung werden, so Diehl, Hartke und Knopp (2009), die Messverfahren eingesetzt und die dabei gewonnenen Daten interpretiert. Für die unterschiedlichen Lernbereiche liegen verschiedenste standardisierte Verfahren vor, die inhaltlich und methodisch den gängigen Schulleistungstests entsprechen und deren Ergebnisse sich computergestützt wie beim CBM grafisch übersichtlich darstellen lassen. Auf diese Weise lassen sich die Entwicklungsverläufe einzelner Schüler mit dem Klassenniveau und dem Schul- und Landesdurchschnitt vergleichen, wobei die Ergebnisse in Niveaustufen von A bis E eingeteilt werden. In ▶ Abb. 20 ist die Entwicklung der Lesefertigkeit eines Schülers im dritten und vierten Schuljahr und damit über vier Messzeitpunkte hinweg dargestellt.

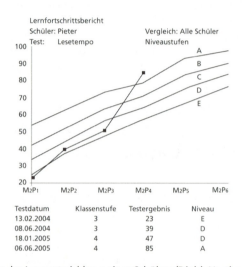

Abb. 20: Darstellung der Leseentwicklung eines Schülers (Diehl, Hartke & Knopp 2009, 128)

In der zweiten Phase analysiert ein Team die Daten und wertet sie unter Heranziehung zusätzlich gesammelter Informationen zum Schüler aus. Auf dieser Grundlage wird gemeinsam im Team ein Interventionsplan erstellt, wobei auf vorliegende entsprechende Hilfs- und Förderprogramme zurückgegriffen werden kann.

Die dritte Phase besteht dann aus der planmäßigen Durchführung der festgelegten Intervention und deren anschließender Evaluation. Diese drei Phasen laufen idealtypisch in sich wiederholenden Zyklen ab, können in der Praxis jedoch nur einmal pro Schulhalbjahr durchgeführt werden.

Ein Vergleich des LOVS mit dem CBM zeigt einen entscheidenden Vorteil des CBM in dessen kurzfristiger Überwachung des Lernerfolges, allerdings hängt dieser Lernerfolg beim Einsatz des CBM stark von den didaktisch-methodischen Kompetenzen des Anwenders ab, während im LOVS entsprechende evaluierte Hilfs- und Förderprogramme zur Verfügung stehen. Darüber hinaus bietet das

LOVS durch die Möglichkeit, die pädagogische Arbeit auch auf Klassen, Schul- und Landesebene zu evaluieren, eine zusätzlich Maßnahme der Qualitätssicherung.

6.5.5 Responsiveness-to-Intervention-Ansatz (RTI)

In dem 2002 herausgegebenen Kriterienkatalog zur Gestaltung der Förderung von Schülern wird der RTI-Ansatz von der President's Commission on Excellence in Special Education des U.S. Departments of Education als Alternative zur bis dahin praktizierten Statusdiagnostik zur Zuweisung bestimmter Fördermaßnahmen empfohlen. Laut Knopp (2010a) existieren verschiedene RTI-Modelle, denen jedoch Folgendes gemeinsam ist:

- Lernschwierigkeiten sind erwartungswidrige Reaktionen eines Kindes auf den dargebotenen Unterricht, der demzufolge entsprechend verändert werden muss. Bevor ein sonderpädagogischer Förderbedarf für einen Schüler festgestellt wird, erfolgt eine Validitätsprüfung des Unterrichts und der eingesetzten Fördermaßnahmen. Als Maßstab für diese Evaluation werden die Lernfortschrittsmessungen der Schüler genutzt, die anzeigen, inwieweit Unterricht oder Förderung zum erwünschten Lernerfolg geführt haben.
- Alle Modelle sind als Stufenmodelle mit unterschiedlicher Anzahl an Stufen konzipiert. Reagiert ein bestimmter Schüler auf eine Fördermaßnahme nicht mit dem gewünschten Lernerfolg, werden zunächst auf der gleichen Stufe alternative Fördermaßnahmen ausprobiert, die bei einem weiteren Ausbleiben des erwarteten Lernfortschrittes intensiviert und auf einer höheren Stufe fortgesetzt werden. Eine Intensivierung kann über die Erhöhung des Zeitumfangs der Fördereinheiten, über die Verlängerung der Förderdauer insgesamt, über eine stärker sonderpädagogische Ausrichtung der Förderung oder über eine Veränderung im Fördersetting (Kleingruppen- oder Einzelbetreuung) erfolgen. In diesem Modell steigt daher von Stufe zu Stufe der Intensitätsgrad der Förderung an.
- Eine gängige Methode zur Lernfortschrittsermittlung stellen die CBM-Verfahren dar. Hartmann (2008) verdeutlicht die Vorgehensweise der RTI-Methode am Beispiel der Diagnostik schriftsprachlicher Lernstörungen. Das dazu verwendete hierarchische Dreiebenenmodell besteht aus den in ▶ Abb. 21 dargestellten RTI-Ebenen. Auf jeder Ebene wird der Lernfortschritt gemessen und evaluiert, um über das weitere Fortschreiten der Intervention entscheiden zu können.

Ebene 1 bildet ein exzellenter, evidenzbasierter Regelunterricht zum Erwerb der Schriftsprache für alle Kinder. Erweist sich dieser Regelunterricht für bestimmte Kinder als nicht ausreichend, d.h., wird durch lernprozessbegleitende Diagnostik festgestellt, dass sie in ihrem schriftsprachlichen Lernen zurückbleiben, setzen die fokussierten Interventionen auf Ebene 2 ein. Sie ergänzen und unterstützen den regulären Unterricht und beinhalten evidenzbasierte Strategien und Metho-

Abb. 21: Interventionsebenen im RTI-Ansatz nach Hartmann (2008)

den, die gezielt auf die nicht beherrschten Lerninhalte abheben. Sie erfolgen intensiv und umfassen typischerweise wöchentlich mehrere Interventionseinheiten zu je 30 bis 45 Minuten und zwar über 10 bis 15 Wochen hinweg. Die speziellen Interventionen auf Ebene 3 dauern in der Regel länger als die Maßnahmen der Ebene 2, liegen in der Verantwortung von sonderpädagogischem Fachpersonal und sind ebenfalls evidenzbasiert und stark individualisiert. Sprechen die Kinder positiv auf die Förderung an und erreichen die vorgegebenen Lernziele ihrer Klassenstufe, werden sie aus der speziellen Intervention entlassen und kehren in den regulären Unterricht zurück. Werden auf Ebene 3 ebenfalls unzureichende Lernfortschritte erzielt, wird eine längerfristige sonderpädagogische Maßnahme mit Einweisung in eine sonderpädagogische Einrichtung erforderlich.

Hartmann (2008) kritisiert, dass aktuell unter den Experten noch kein Konsens darüber besteht, wie Nicht-Responsivität auf den verschiedenen RTI-Ebenen am besten definiert und operationalisiert werden kann, und dass auch nicht in ausreichendem Maße evidenzbasierte Interventionsstrategien oder Förderprogramme zur Verfügung stehen.

Mit dem Inventar zur Erfassung der Lesekompetenzen von Erstklässlern (IEL-1) bieten Diehl und Hartke (2011) ein theoriegeleitetes und curriculumbasiertes deutsches Messverfahren, das als ausreichend objektiv, valide und reliabel einzuschätzen ist, und zu drei Messzeitpunkten im Verlauf des ersten Schuljahres Aussagen über die Lesekompetenz der Schüler treffen kann. Nach Aussagen der Autoren könnte das IEL-1 als Teil eines multiplen Assessments innerhalb des RTI-Ansatzes wertvolle Informationen zur formativen Evaluation bisheriger Förderung, zur Bestimmung der Förder- oder Präventionsebene und damit auch zur Indikation evidenzbasierter Fördermaßnahmen bieten (siehe ▶Kap. 6.6.1).

6.5.6 Offene Probleme

Trotz bemerkenswerter Vorarbeiten in den USA und Erfolg versprechender Forschung zur Lernverlaufsdiagnostik in Deutschland handelt es sich um eine relativ neue Art der Diagnostik, die deshalb auch noch mit einer Reihe offener Probleme zu kämpfen hat. Klauer (2011) benennt als solche die homogenen Aufgabenschwierigkeiten, die Validität des Tests, das Testmodell und die Änderungssensibilität.

Für jede Art von Veränderungsmessung und damit auch für die Lernverlaufsdiagnostik ist die gleichbleibende Aufgabenschwierigkeit von zentraler Bedeutung und die hierzu durchgeführten Untersuchungen zum Erfassen der Rechtschreib- und Leseleistungen haben noch zu keinen befriedigenden Lösungen geführt (Strathmann & Klauer 2008; Strathmann, Klauer & Greisbach 2010; Walter 2010a; 2010b). Ein besonderes Problem entsteht in diesem Zusammenhang beim Messen der Schwierigkeit aufeinander folgender Tests, da angenommen werden kann, dass Kinder im Laufe der Zeit etwas lernen und sich also verbessern. Legt man ihnen nun Tests mit stets der gleichen Schwierigkeit vor, so werden diese Tests von Überprüfung zu Überprüfung zwangsläufig leichter. Der Schwierigkeitsgrad nimmt mit dem Lernerfolg kontinuierlich ab.

Sollen die in kurzen Zeitabständen wiederholt vorgelegten Tests ein und dieselbe Kompetenz messen, müssen sie die gleiche Validität aufweisen. Der entscheidende Vorteil des curriculumbasierten Messens besteht darin, genau das zu erfassen, was gerade in der Klasse unterrichtet wurde. Dazu zog man vom gleichen Lehrstoff mehr oder weniger zufällig Stichproben und präsentierte sie als Test (siehe ▶ Kap. 6.5.1). Lässt man die Schüler hierzu z. B. aus einem geeigneten Buch jeweils eine Minute laut vorlesen, so ist nicht gewährleistet, dass alle Textstellen die gleichen Anforderungen stellen. Ähnlich stellt man auch in Mathematik aktuell behandelte Aufgaben, um zu erfahren, wie gut das einzelne Kind diese bewältigt. Nun steigen aber die Anforderungen in Mathematik innerhalb eines Schuljahres deutlich an und die Lehrziele ändern sich entsprechend und damit auch die Validität. Für andere Fächer wie z. B. Sachunterricht oder Biologie erscheint das Konstruieren von Tests, die über längere Zeit hinweg das Gleiche messen und somit von gleicher Validität sind, kaum vorstellbar. Klauer (2011) zieht daraus die Konsequenz, dass man sich in solchen Fällen von der Forderung lösen muss, genau das zu prüfen, was gerade im Unterricht gelehrt wurde. Es kann, seiner Meinung nach, nur darum gehen, das zu messen, was am Ende eines Schuljahres gekonnt werden soll. So kann man zeigen, wie sich die Leistung der Kinder mehr oder weniger zügig dem am Schuljahresende erwarteten Kompetenzniveau annähert.

Völlig ungeklärt ist nach Klauer (2011) die Frage, auf welche Testtheorie man sich in der Lernverlaufsdiagnostik stützen und berufen kann. Die klassische Testtheorie, die bei der Testkonstruktion ein Prüfen der Itemschwierigkeit und Itemtrennschärfe vorschreibt, erscheint schon deshalb als äußerst ungeeignet, da ja immer wieder neue Items generiert werden. Das Ermitteln von Itemschwierigkeit und Itemtrennschärfe macht somit keinen Sinn. Aus genau diesem Grund lassen sich auch nicht ohne Weiteres das Latent-Trait-Modell anwenden, wogegen Klauer (2011) durchaus interessante und für die Lernverlaufsdiagnostik relevante Modelle in der Item-Response-Theorie ausmacht.

Änderungssensibilität wird für ein Testverfahren in der Regel durch einen Prä-Post-Test im Kontrollgruppendesign nachgewiesen, wobei nur die Experimentalgruppe gefördert oder behandelt wird und die Kontrollgruppe nicht. Solche experimentellen Nachweise stehen für die Lernverlaufsdiagnostik nach Klauer (2011) aber noch aus.

Die Lernverlaufsdiagnostik stellt mit ihren Möglichkeiten, gerade im Unterricht Lernprozesse auf eine ökonomische Weise abzubilden und zu kontrollieren, ohne Zweifel eine Bereicherung dar. Ungünstige und unbefriedigende Lernverläufe zu erkennen macht jedoch nur Sinn und ist nur hilfreich, wenn daran anschließend auch Fördermöglichkeiten angeboten werden. Dazu muss dann die Frage nach den Ursachen und Bedingungen, nach den Änderungsnotwendigkeiten und Änderungsmöglichkeiten geklärt werden, was von der Lernverlaufsdiagnostik nicht, aber von der Förderdiagnostik sehr wohl geleistet werden kann.

6.6 Informelle Verfahren

Informelle Verfahren sind laut Kany und Schöler (2009) in der Regel nur teilstandardisiert und verfügen über mehr oder weniger ausführliche und präzise Angaben zu ihrer Durchführung, Auswertung und Interpretation. Ihre Autoren verzichten meist auf die aufwendige Analyse der Einzelaufgaben und Prüfung der Gütekriterien und vor allem auf die Normierung, was bei der Konstruktion psychologischer Tests entsprechend der klassischen Testtheorie üblich ist.

Es handelt sich bei informellen Verfahren um Aufgabensammlungen, deren Zusammenstellung und Aufbau an unterschiedlichen theoretischen Zugängen und Perspektiven ausgerichtet ist. Eine Gruppe dieser Aufgabensammlungen orientiert sich erklärtermaßen an Entwicklungs- und Erwerbstheorien und firmiert unter der Bezeichnung Kompetenzinventare, während eine zweite Gruppe didaktischen Prinzipien folgt und dementsprechend die Struktur des Lerngegenstandes als Grundlage für die Aufgabensammlung wählt. Eine weitere informell-diagnostische Möglichkeit stellen die Fehleranalysen dar, in denen die Fehler aus den Arbeitsprodukten der Kinder in Fehlersystematiken oder Fehlerkategorien eingeordnet werden. Ebenfalls zu nennen ist hier die systematische Aufgabenvariation, bei der, sobald eine Aufgabe nicht mehr selbstständig korrekt gelöst werden kann, vom Diagnostiker systematische Hilfen angeboten werden, sodass damit dann die richtige Lösung gefunden werden kann. In diesem Fall ist eine neuropsychologische Zugangsweise gewählt, die in erster Linie Bezug nimmt auf die Theorie der Zone der proximalen Entwicklung von Wygotski (2002).

Der Einsatz informeller Verfahren ist ausschließlich bei förderdiagnostischer Zielsetzung und Fragestellung vertretbar, da die damit erzielten diagnostischen Ergebnisse aufgrund der unzureichenden Standardisierung und der nicht vorhandenen Normierung sehr stark von den Kompetenzen und der subjektiven Einschätzungen des Diagnostikers abhängen. Aufgrund der Prozesshaftigkeit der Förderdiagnostik lassen sich jedoch Fehlinterpretationen und Fehlentscheidungen an den Reaktionen der Kinder auf die ergriffenen Maßnahmen sehr schnell erkennen und korrigieren. Für die Förderdiagnostik ist das Fehlen einer Normierung kein ernsthafter Mangel, denn in diesem Zusammenhang ist es ohne Bedeutung, welchen Rangplatz ein Schüler im Vergleich mit seiner Altersgruppe einnimmt oder wie weit er hinter seiner Kohorte zurückgeblieben ist. Um ein angemessenes Förderangebot zu planen und durchzuführen, muss die Förderdiagnostik

Auskunft darüber geben, welche Lernschritte ein Kind bereits vollzogen hat und welche noch zu bewältigen sind. Solche Informationen liefern weniger sozialnormorientierte Untersuchungsergebnisse und Aussagen (siehe ▶ Abb. 22, A und B), sondern eher curriculumorientierte (siehe ▶ Abb. 22, C).

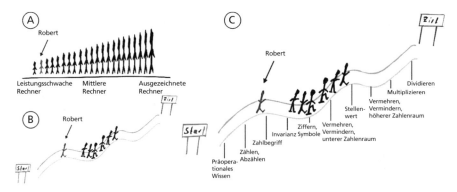

Abb. 22: Aussagen zu sozialnormorientierten (A und B) und curriculumorientierten (C) Untersuchungen (Kretschmann 2006a, 37)

Informelle Verfahren werden bevorzugt im Bereich von Schule und Unterricht eingesetzt und geben der Lehrkraft sehr schnell domänspezifische Informationen über die Lernausgangslage eines Kindes. Mit ihrer Hilfe erhalten die Lehrkräfte eine wichtige Basis für ihre Unterrichtsgestaltung, die sich durch eine möglichst optimale Passung zwischen Lernangebot und Lernstand der Kinder auszeichnen soll, und werden frühzeitig auf Lücken im Lernprozess ihrer Schüler aufmerksam, um entsprechende Fördermaßnahmen einleiten zu können.

6.6.1 Kompetenzinventare

Das Inventar »Rechenfische« von Knopp (2010b) enthält insgesamt 169 Aufgaben, die auf der Grundlage des aktuellen fachdidaktischen und entwicklungspsychologischen Forschungsstandes zum Erwerb erster arithmetischer Kenntnisse sowie unter Berücksichtigung curricularer Vorgaben zusammengestellt wurden und erlauben somit, den Erwerb arithmetischer Grundkenntnisse im ersten Schuljahr zu untersuchen. Die einzelnen Aufgaben werden so angeboten, dass sie ohne schriftliche oder mündliche Anweisungen von Erstklässlern verstanden und bearbeitet werden können. Dies ermöglicht eine Durchführung mit der gesamten Klasse, bei der nicht alle Kinder »im Gleichschritt« arbeiten müssen, sondern jeder Schüler sein individuelles Arbeitstempo wählen kann. Durch die Zweiteilung des Inventars besteht die Möglichkeit, es an zwei unterschiedlichen Tagen durchzuführen. Zur Bearbeitung der beiden Teile haben die Schüler jeweils 45 Minuten Zeit.

I Sonderpädagogische Diagnostik

- Zahl-Mengen-Zuordnung
- Addition: a + b = x, x ≤ 10
- Addition: a + b = x, 10 < x ≤ 20
- Subtraktion: a – b = x, a ≤ 10
- Subtraktion: a – b = x, 10 < a ≤ 20
- Addition: a + x = c, c ≤ 20
- Addition: x + b = c, x ≤ 20
- Subtraktion: x – b = c, x ≤ 20
- Subtraktion: a – x = c, a ≤ 20
- Addition: a + b = x, x ≤ 10 in Päckchen
- Addition: a + b = x, 10 < x ≤ 20 in Päckchen
- Subtraktion: a – b = x, a ≤ 10 in Päckchen
- Subtraktion: a – b = x, 10 < a ≤ 10 in Päckchen
- Zahlen zerlegen
- Bild-Rechenoperation-Zuordnung
- Zahlreihen ergänzen
- Textaufgaben
- Größer-Kleiner-Vergleiche
- Zahlenstrahl
- Kettenaufgaben

Abb. 23: Aufgabenbereich des Inventars »Rechenfische« (Knopp & Hartke 2010, 9)

In einer Erprobungsstudie mit 1688 Erstklässlern konnten Knopp und Hartke (2010) zeigen, dass das Kompetenzinventar »Rechenfische« das Gütekriterium der Objektivität erfüllt, reliabel misst und ein valides Verfahren zur Messung der arithmetischen Kenntnisse von Erstklässlern ist.

Ein weiteres Kompetenzinventar zur Erfassung mathematischer Kompetenzen im ersten und zweiten Schuljahr stellen Behring, Kretschmann und Dobrindt (2006) zur Verfügung, wobei dieses Kompendium darüber hinaus noch Registrierbögen zur Einschätzung und Protokollierung der Allgemeinentwicklung, des Sprachverhaltens, des Arrangements mit der unterrichtlichen Lernsituation, des Lernhandelns, der Motivation und der emotionalen Einstellung zum Lerngegenstand enthält.

Kretschmann, Dobrindt und Behring (2005) bieten ein Kompendium zur Prozessdiagnose der Schriftsprachkompetenzen in den Schuljahren 1 und 2 an, ebenfalls versehen mit zusätzlichen Einschätzbögen zur Allgemeinentwicklung, des Sprachverhaltens, des Arrangements mit der unterrichtlichen Lernsituation, des Lernhandelns, der Motivation und der emotionalen Einstellung zum Lerngegenstand. Eine Übersicht über die Prüfaufgaben des Inventars, die in vier Niveaustufen aufgeteilt sind, gibt ▶ Tab. 6.

Die Stufen I und II beziehen sich in etwa auf die Lehrangebote und Anforderungen des ersten Schuljahres und die Stufen III und IV auf die des zweiten. Die Autoren weisen ausdrücklich darauf hin, dass diese Stufen nur zur groben Orientierung dienen sollen, da die Entwicklungsverläufe vor allem bei Kindern mit sonderpädagogischem Förderbedarf höchst unterschiedlich sein können.

Panagiotopoulou (2007) verweist auf das Neun-Wörter-Diktat nach Brügelmann, wo neun im Unterricht nicht geübte Wörter (Kanu, Saum, Rosine, Leiter, Wand, billig, Schimmel, Lokomotive, Strumpf) zur Lernstandserfassung im Schreiben der ersten Klasse eingesetzt werden.

Zur Erfassung der Lesekompetenzen von Erstklässlern wurde von Diehl (2011) mit dem IEL-1 (Inventar zur Erfassung der Lesekompetenzen von Erstklässlern) ein am Curriculum orientiertes und kleinschrittig aufgebautes Kompetenzinventar entwickelt. Als theoretische Basis dient in erster Linie das Modell

Tab. 6: Übersicht über die Prüfaufgaben der Prozessdiagnose der Schriftsprachkompetenzen (Kretschmann, Dobrindt & Behring 2005, 38)

Kapitel	Stufe I	Stufe II	Stufe III	Stufe IV
3	Ermittlung der emotionalen Einstellung zum Lesen- und Schreibenlernen			
4	Erfahrungen zum Schriftgebrauch (zum Lesen und Schreiben – Verhältnis zu Büchern/Texten/Geschichten)			
5	Sprechen, Sprache und Schriftgebrauch			
6 Phonem/ Graphem Kompetenz	– Buchstaben und Figuren unterscheiden, – Buchstaben und Zahlen unterscheiden, – Buchstaben vorkenntnisse, – Buchstaben abschreiben, – Buchstaben nach vorherigem Ansehen aus dem Gedächtnis schreiben.	– Buchstaben erkennen, – Buchstabendiktat, – Groß- und Kleinbuchstaben unterscheiden, – Buchstabendiktat.		
7 Phonologische Operationen	– Anfangsphoneme von Wörtern erkennen.	– Buchstabieren/ Lautieren, – Synthetisieren von Silben und einfachen Wörter.		
8 Technisches Lesen		– von Silben, – einfacher Wörter.	– von Wörtern mittleren Schwie-rigkeitsgrades.	– von Wörtern mit erweitertem Schwierigkeitsgrad.
9 und 10 Sinnerfassendes Lesen			– von Wörtern, – von Sätzen.	– auf der Textebene.
11 Technisches Schreiben		– Abschreiben, – Wörter nach vorherigem Ansehen aus dem Gedächtnis schreiben.	– Wörter nach Diktat schreiben.	– Sätze nach Diktat schreiben.
12 Schreiben im Sinnzusammenhang			– Eigenschreibungen zu Bildvorlagen.	– Eigenschreibungen nach Überschriften.

von Frith (1985), in dem die Entwicklung des Lesens und Schreibens in drei aufeinander aufbauenden Phasen beschrieben wird:

1. Logographemische Phase
   Wörter werden an heraus stechenden optischen Merkmalen erkannt.
2. Alphabetische Phase
   Beim Lesen und Schreiben findet die Phonem-Graphem-Korrespondenzregel Anwendung.
3. Orthografische Phase
   Größere Einheiten wie Silben und Morpheme werden zum Lesen und Schreiben genutzt und es kommt zu einer Zuordnung von Buchstabengruppen zu Lautgruppen.

Das IEL-1 besteht aus insgesamt 134 Items oder Aufgaben, die in sieben Subtests oder Aufgabenbereiche und zwei Zusatztests gegliedert sind:

- Aufgabenbereich I: Buchstaben-Laut-Zuordnung
- Aufgabenbereich II: Wörter in Silben segmentieren
- Aufgabenbereich III: Silben zu Wörtern verbinden
- Aufgabenbereich IV: Wortebene: Buchstaben analysieren und synthetisieren
- Aufgabenbereich V: Wörter lesen und schreiben
- Aufgabenbereich VI: Satzlesen (sinnverstehend)
- Aufgabenbereich VII: Textlesen (sinnverstehend)
- Zusatztest: Eine-Minute-Lesen (Lesegeschwindigkeit und -genauigkeit)
- Zusatztest: Wörterrätsel (Wörter identifizieren).

Die Aufgaben des ersten Aufgabenbereiches bilden die Lesekompetenzen auf der logographemisch-präalphabetischen Stufe ab, die Aufgaben der Bereiche II, III und IV tun dies auf der alphabetischen und die Aufgaben der Bereiche IV, V, VI und VII messen die Lesekompetenz auf der alphabetisch-orthografischen Stufe. Die Durchführung aller Aufgaben ist über eine Arbeitsanweisung standardisiert und das Inventar kann als Gruppenverfahren in zwei aufeinanderfolgenden Schulstunden an zwei unterschiedlichen Tagen durchgeführt werden.

6.6.2 Didaktische Analysen

Didaktiker wie Möckel (1997) machen nicht den Erwerbsprozess zum Gegenstand ihrer Analyse, sondern den Lerngegenstand selbst, die Schriftsprache. Sie verfolgen die Frage, nach welchen Gesetzmäßigkeiten und Regeln unsere Schriftsprache aufgebaut ist, was Menschen tun, wenn sie lesen und schreiben und welche Fehler ihnen beim Lesen- und Schreibenlernen unterlaufen. Von der Analyse des Lerngegenstandes leiten sie dann Teilziele, Teilschritte oder Teilhandlungen ab, die das Lehren und Lernen der Schriftsprache in einzelnen Unterrichtseinheiten möglich machen. Die Teilziele und Teilhandlungen versetzen den Lehrer in die Lage, ein systematisches, sachlogisches Lehrangebot zu gestalten und geben ihm gleichzeitig damit auch die Möglichkeit, zu prüfen, ob seine Schüler auch das gelernt haben, was sie lernen sollten. Das Ergebnis dieser Prüfung bestimmt sein nächstes Lehrangebot wesentlich mit.

Möckel (1997) gelangt bei seiner didaktischen Analyse des Gegenstandes Lesen und Schreiben zu je zwölf Teilhandlungen, die von einem Kind schrittweise bewältigt werden müssen, will es Lesen und Schreiben lernen. Diese Teilhandlungen oder Lernschritte sind essenzielle Bestandteile des Schriftspracherwerbs und zwar unabhängig von der Lehrmethode (Lese- und Schreiblehrgang oder Spracherfahrungsansatz), die von einer Lehrkraft im Erstunterricht eingesetzt wird.

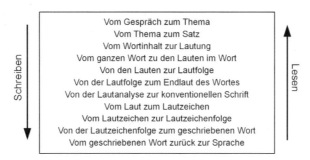

Abb. 24: Zwölf Teilhandlungen beim Lesen und Schreiben nach Möckel (Breitenbach & Weiland 2010, 65)

Mithilfe der zwölf Teilhandlungen lässt sich nach Angaben von Möckel (1997) feststellen, wie weit der einzelne Schüler im Lernprozess fortgeschritten bzw. an welchen kritischen Stellen er bisher noch gescheitert ist. Möckel (1997) entwickelt keine Unterrichtsmethode, sondern ihm geht es darum, »die notwendigen und ausreichenden Gesichtspunkte beim Schreiben eines Wortes in der Phase des Schrifterwerbs zu unterscheiden und einen Raster zu schaffen, um kritische Stellen beim Schreiben- und Lesenlernen aufzufinden« (Möckel 1997, 44). Die zwölf von den Schülern im Rahmen des Schriftspracherwerbs zu lernenden Teilhandlungen stehen nach Möckel (1997) zwar in einer sachlogischen Folge, sind aber nicht identisch mit dem Weg des Schreibenlernens in der Schule.

1. Vom Gespräch zum Thema
   Schreiben nimmt seinen Ausgang von einer Sache, die sprachlich gefasst ist. Kinder müssen sich einerseits über ein bestimmtes Thema oder eine Sache verständigen können, andererseits müssen sie von dieser Sache absehen können und darauf achten, was dazu gesagt wird.
2. Vom Thema zum Satz
   Was geschrieben werden soll, muss von den erläuternden Sätzen unterschieden werden. Beim Schreiben diktieren sich Kinder quasi selbst. Sie müssen aus

der Fülle der möglichen Formulierungen und Sätze einen auswählen, den sie niederschreiben. Man kann nicht alles, was man als sprachlichen Ausdruck geistig parat hat, aufschreiben, sondern man muss sich für eine Formulierung entscheiden. Das Kind muss daher einen Unterschied machen zwischen dem, was gesagt oder gedacht wird und dem, was geschrieben werden soll.

3. Vom Satz zum Wort
   Kinder müssen wissen, dass es im zu schreibenden Satz kleinere Bedeutungseinheiten gibt, nämlich Wörter. Mit der phonologischen Bewusstheit im weiteren Sinne ist Vergleichbares gemeint.
4. Vom Wortinhalt zur Lautung
   Von der Bedeutung der Sprache muss abgesehen und gesprochene Wörter müssen vergegenständlicht werden. Will das Kind schreiben, muss es das Wort als Gegenstand sehen, dessen Inhalt in diesem Moment bedeutungslos ist. Es muss sich auf die Lautung, nicht auf den Inhalt konzentrieren. Man kann sogar ein völlig inhaltsleeres Wort analysieren und niederschreiben.
5. Vom ganzen Wort zu den Lauten im Wort
   Innerhalb der gesprochenen Wörter muss der Schüler wiederkehrende Laute unterscheiden. Dies ist identisch mit dem, was unter phonologischer Bewusstheit im engeren Sinne verstanden wird.
6. Von den Lauten zur Lautfolge
   Innerhalb eines bestimmten Wortes bleibt die Lautfolge gleich, sooft man es auch spricht. Diese Lautfolge ist die zeitliche Anordnung der herausgehörten Laute, die ebenfalls beachtet werden muss und nicht verändert werden darf.
7. Von der Lautfolge zum Endlaut des Wortes
   Die Lautfolge muss vollständig herausgehört werden. Der Endlaut oder letzte Laut sagt dem Kind, dass das Wort zu Ende ist.
8. Von der Lautanalyse zur konventionellen Schrift
   Laute werden mit vereinbarten Zeichen wiedergegeben. Dabei ist zu beachten, dass manchmal mehrere Lautzeichen zu einem Laut passen. Die Phonem-Graphem-Korrespondenz ist vom Kind zu lernen. Hierbei gibt es nichts zu denken. Die Zuordnung von Zeichen zu Laut ist willkürlich. Man hätte auch andere Zeichen wählen können.
9. Vom Laut zum Lautzeichen
   Bestimmten Lauten entsprechen bestimmte Zeichen. Jedem Phonem entspricht *ein* Lautzeichen. Jedes Phonem hat nicht *sein* Lautzeichen. Ein und derselbe Laut kann in verschiedenen Worten unterschiedlich schriftlich realisiert werden (Beispiel: Jahr – Zar – Haar). Hierbei ist logisches Denken nicht hilfreich, sondern die Schüler müssen sich die unterschiedlichen Schreibweisen »einfach« merken.
10. Vom Lautzeichen zur Lautzeichenfolge
    Die Lautfolge wird von links nach rechts dargestellt. Die Zeichenfolge entspricht der Lautfolge.
11. Von der Lautzeichenfolge zum geschriebenen Wort
    Wörter müssen vollständig geschrieben werden. Nach dem Ende eines Wortes folgt eine Lücke. Der letzte Laut im Wort sagt dem Kind, welches das letzte Zeichen ist, das rechts am Ende eines Wortes realisiert wird.

12. Vom geschriebenen Wort zurück zur Sprache
    Man kann das geschriebene Wort kontrollieren, indem man es in ein gesprochenes zurückverwandelt. Die Endkontrolle sieht somit folgendermaßen aus: Ich lese das geschriebene Wort und sehe dabei, ob alle Laute in der richtigen Reihenfolge verschriftet wurden.

Lesen und Schreiben sind nach Möckel korrespondierende Prozesse und Lesen ist somit die Umkehr der Operation Schreiben. »Lesenlernen ist Schreibenlernen rückwärts« (Möckel 1997, 37). Wer schreiben kann, kann auch lesen. Damit ergeben sich zwölf Teilhandlungen beim Lesenlernen, die denen des Schreibenlernens entsprechen.

Das struktur- und niveauorientierte Vorgehen im Mathematikunterricht nach Kutzer (1983; 1985) ermöglicht eine didaktisch begründete Grob- und Feindiagnose der mathematischen Kompetenzen im Erstunterricht. Die Vorgänge, die bei der Auseinandersetzung des Lernenden mit dem Lerngegenstand Mathematik Bedeutsamkeit erlangen, sind nach Kutzer (1983) komplexer Natur und laufen in mindestens drei wechselseitig in Beziehung stehenden Dimensionen ab:

- Komplexität
  Diese Dimension beinhaltet das, was in der Didaktik üblicherweise mit dem Begriff Sachstruktur bezeichnet wird. Gemeint sind Gegebenheiten, die Sachverhalte, Dinge, Phänomene bestimmen. Die Abfolge der Elemente geht von einfachen zu komplexeren Strukturen.
- Niveau
  Die Lerndimension Niveau beschreibt die stufenweise subjektive Verinnerlichung gegebener Sachverhalte, ausgehend von konkreten Handlungen hin zum vorstellenden Umgang, zu Denkoperationen.
- Lernart
  Jedem Lernen liegen unterschiedliche Lernprozesse oder Lernarten zugrunde, die nicht beliebig gewählt werden können, sondern durch die Dimensionen Komplexität und Niveau mitbestimmt sind.

Die wechselseitigen Bezieh ungen der Dimensionen Niveau und Komplexität werden mithilfe des Lernstrukturgitters veranschaulicht. Jede Aufgabenstellung ist gekennzeichnet durch ein bestimmtes Niveau und einen bestimmten Komplexitätsgrad. Das höchstmögliche Lernziel oder Endprodukt ist dann erreicht, wenn in der Aufgabenstellung die höchste Stufe sowohl auf der Dimension Komplexität als auch auf der Dimension Niveau realisiert wird (siehe ▶ Abb. 25).
Die Sachstrukturanalyse führt Kutzer (1983) zu folgender Grobstruktur bei der Überprüfung und Förderung der Rechenfertigkeiten im Rahmen der Lernstufe 1:

- Eigenschaften von Gegenständen: Form (Erkennen, Benennen), Größe (Erkennen, Benennen), Grundfarben (Erkennen, Benennen).
- Zusammenfassung von Gegenständen bestimmter Eigenschaften zu Mengen: Zusammenfassung von Gegenständen gleicher Eigenschaften (Generalisierung 1),

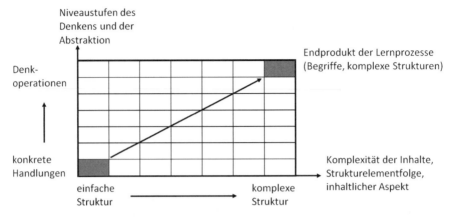

Abb. 25: Grafische Darstellung der Beziehung zwischen Niveau und Komplexität im Lernstrukturgitter (Kutzer 1983, 14)

Zusammenfassung von Gegenständen hinsichtlich einer Eigenschaft bei unterschiedlicher Klassenzugehörigkeit in weiteren Eigenschaftskategorien (Generalisierung 2).

- Herstellen paarweiser linearer Zuordnungen und Beurteilen der Mächtigkeitsrelation linear zugeordneter Zahlen: Herstellen paarweiser Zuordnungen (sukzessive Zuordnung), Erkennen und Bezeichnen der Mächtigkeitsrelation in linear zugeordneten Mengen (Gleichmächtigkeit und Ungleichmächtigkeit).
- Invarianz: Konstanz der Gleichmächtigkeit, Konstanz der Ungleichmächtigkeit.
- Repräsentanz: Beurteilen der Mächtigkeitsrelationen linear zugeordneter Mengen mit unterschiedlich großen Elementen.
- Verbindung von Invarianz und Repräsentanz: Erkennen der Konstanz der Gleichmächtigkeit, Erkennen der Konstanz der Ungleichmächtigkeit.
- Anwendung des Erkennens der Invarianz und Repräsentanz: Beurteilung der Mächtigkeitsrelation vorgegebener Mengen unterschiedlicher Anordnung, Überprüfung des Urteils mithilfe der Methode der paarweisen Zuordnung.
- Klassifizieren der Mengen hinsichtlich ihrer Mächtigkeit: unterschiedliche Anordnung, unterschiedliche Größe der Elemente, unterschiedliche Anordnung.
- Seriation: Erstellen von Mächtigkeitsfolgen: unterschiedliche Anordnung, unterschiedliche Größe der Elemente, unterschiedliche Anordnung, gleiche Größe der Elemente, Mengen mit linear geordneten Elementen.
- Herstellen gleichmächtiger Mengen; Bestimmung der Zahleigenschaft von Mengen: Verwendung der Grundzahlwörter (1–6), Schreiben und Verstehen der Zahlen 0–6.
- Zahloperationen: abstrakte Zahloperationen (additive Zahlverknüpfungen), Textaufgaben.

Die einzelnen Gliederungspunkte dieser Grobstruktur sind von Kutzer (1983) mit den entsprechenden Aufgaben zur förderdiagnostischen Überprüfung der

Lernvoraussetzungen und des Lernstandes versehen. Konkrete Förderhinweise und sich direkt an den jeweiligen Lernstand anschließende Lernschritte werden im Lehrerband, im Kommentarband und im Schülerbuch gegeben. Weitere hilfreiche Erläuterungen und Beispiele zu Kutzers didaktischer Analyse des Erwerbs mathematischer Grundkenntnisse finden sich bei Waniek (1999).

In diesem Zusammenhang sei auch auf die pädagogisch-didaktische Diagnostik von Strasser (2004) verwiesen, in der eine förderdiagnostische Vorgehensweise bei Menschen mit geistiger Behinderung beschrieben und diskutiert wird. Hierzu werden verschiedene Konzepte aus dem Bereich methodisch-didaktischer Diagnostik vorgestellt und des Weiteren die struktur-niveau-orientierte Diagnostik und die SIVUS-Methode erläutert.

Die methodisch-didaktische Diagnostik fragt in erster Linie nach den Lernzielen und Lernmethoden zur Gestaltung eines förderdiagnostischen Prozesses im Rahmen der Unterrichts- und Arbeitsplanung. Diese Planung kann durch die struktur-niveau-orientierte Diagnostik verfeinert und ergänzt werden, allerdings vorwiegend in Bezug zum kognitiven Lernen, während mithilfe der SIVUS-Methode in besonderer Weise die soziale Fähigkeit, die Planungsfähigkeit, die Arbeitsfähigkeit und die Beurteilungsfähigkeit bei erwachsenen Menschen mit geistiger Behinderung erfasst und gefördert werden kann.

6.6.3 Fehleranalysen

In der Schule werden Fehler in der Regel negativ konnotiert, mit Versagen, Unzulänglichkeit und schlechten Zensuren assoziiert und gelten demzufolge in erster Linie als etwas unbedingt zu Vermeidendes. Aus lernpsychologischer und diagnostischer Sicht sind Fehler dagegen ein wichtiger und notwendiger Bestandteil des Lernprozesses, die der Diagnostiker benötigt, um den Lern- und Entwicklungsstand, die Stärken und Schwächen eines Kindes festzustellen und um Einsicht zu gewinnen in seine geistige Tätigkeit und seine individuellen Lösungsstrategien. So sind Fehler für Straßburg (2003) die Ergebnisse von Denkversuchen, Fenster, die einen Blick in die Kinderköpfe gewähren und ein notwendiges Zwischenstadium im Aneignungsprozess.

Der Begriff Fehleranalyse verweist nicht auf ein einheitliches Verfahren, sondern steht als Sammelbegriff für verschiedene Vorgehensweisen, die sich vor allem durch die verwendeten Fehlerkategorien oder Klassifikationssysteme unterscheiden. Die Vorgehensweise ist jedoch meist sehr ähnlich: Arbeitsprodukte von Schülern werden nach systematischen Fehlern untersucht, um diese dann in die entsprechenden Kategorien einordnen zu können. Fehlerdiagnosesysteme bieten die Möglichkeit einer qualitativen Analyse, die dazu führt, typische systematische Fehlerhäufungen oder Fehlermuster zu erkennen, was darauf hinweist, dass einzelne Schüler bestimmte stoffliche Klippen nicht überwunden haben oder mit fehlerhaften Strategien versuchen, die schulischen Aufgaben zu bewältigen.

Die gängigsten Fehlerkategorien zum Rechtschreiben stammen ursprünglich aus dem diagnostischen Rechtschreibtest (DRT) von Müller (1990), der zwischen Wahrnehmungs- oder phonetischen Fehlern und Regelfehlern unterscheidet. Unter Wahrnehmungsfehler werden solche verstanden, die akustisch wahrnehmbar sind. Es handelt sich um Verstöße gegen die lautgetreue Schreibung. Liest man das fehlerhaft geschriebene Wort laut, klingt es akustisch entstellt. Die Wahrnehmungsfehler untergliedern sich in die Fehlerart Wortdurchgliederung (WD) und Trennschärfe (WT). Ist die Wortdurchgliederung nicht gelungen, so zeigt sich das im Auslassen, Hinzufügen oder in der falschen Reihenfolge von Buchstaben innerhalb eines Wortes. Ein Kind schreibt »geich« statt »gleich«, »schuluckt« statt »schluckt« oder »Kratoffeln« anstelle von »Kartoffeln«. Bei beeinträchtigter Trennschärfe werden akustisch unterscheidbare Buchstaben oder Buchstabengruppen vertauscht. In einem solchen Fall schreibt ein Kind z. B. »kleich« statt »gleich« oder »schlockt« statt »schluckt«.

Regelfehler stellen Verstöße gegen die Rechtschreibnormen dar, wobei die Wörter jedoch phonetisch richtig geschrieben sind. Signiert werden meist folgende Fehler: Falsche Groß- und Kleinschreibung (G), Verstöße gegen die Dehnungs- und Dopplungsregel (D), Ableitungsfehler (A) und St-Fehler.

Ähnliche Vorschläge zur Klassifikation von Rechtschreibfehlern finden sich bei Müller (1997) und Staatsinstitut für Schulpädagogik und Bildungsforschung (1992). Zur Unterteilung der Lesefehler schlägt das Staatsinstitut für Schulpädagogik und Bildungsforschung (1992) folgende Kategorien vor:

- Laut-Buchstaben-Fehler (Laute/Buchstaben werden nicht erkannt, verwechselt oder durch andere ersetzt),
- Synthese-Fehler (Einzelbuchstaben/Buchstabengruppen werden ausgelassen oder hinzugefügt),
- Lesetempo-Fehler (das Kind liest stockend Wort für Wort. Es liest überstürzt und achtet nicht auf Pausen und Satzzeichen) und
- Fehler bei der Sinnerfassung (Wörter werden durch falsche Betonung entstellt. Fragen zum Inhalt werden nur teilweise, falsch oder gar nicht beantwortet.).

Weitere Kategorien zur Auswertung einer Leseprobe finden sich bei Kamm (1990). Zur Analyse von Rechenfehlern stellt Lobeck (1992) verschiedene förderdiagnostisch nutzbare Fehlerarten zusammen, die er in vier Gruppen aufteilt:

1. Fehler im Zusammenhang mit dem Sprach- und Symbolverständnis
   Hierunter fallen Fehler beim Verständnis mathematischer Begriffe wie »Vorgänger«, »mal« oder »die Hälfte«, Fehler bei der auditiven Differenzierung von Zahlwörtern wie zwei und drei, Fehler beim Lesen von Rechnungen, die zur Verwechslung von Ziffern wie 6 und 9 (Reversionen), 15 und 51 (Inversionen) oder zur Verwechslung mathematischer Symbole wie +, −, < und > führen, sowie Fehler, die durch eine begrenzte auditive Speicherungsfähigkeit (wie z. B. beim Kopfrechnen) entstehen.
2. Störungen im Zusammenhang mit dem quantitativen Denken
   Unter dieser Kategorie sind fehlerhaftes visuell-räumliches Erkennen von Größen, Formen oder Distanzen, unzureichende Orientierung am eigenen Körper und im Raum (oben – unten, vorne – hinten, links – rechts, ...) sowie Schwie-

rigkeiten im Umgang mit Mengen, also Sortieren und Ordnen z. B. nach Länge oder Größe zusammengefasst.
3. Rechenfehler im Zusammenhang mit Aspekten des Zahlbegriffs
Gemeint sind hier Fehler bezüglich der Eins-zu-eins-Zuordnung (fünf Kindern brauchen zum Sitzen fünf Stühle), des Prinzips der Mengenkonstanz oder Mengeninvarianz (eine Menge verändert sich nicht, auch wenn die einzelnen Teile anders angeordnet werden), der intermodalen Zuordnung von Menge und Zahlwort, von Ziffer und Zahlwort, des Kardinal- oder Ordinalaspektes einer Zahl (jede Zahl kann einerseits für die Anzahl der Elemente oder die Mächtigkeit einer Menge stehen und andererseits kann sie den Platz eines Elementes innerhalb einer Reihe ausdrücken), des sinnvollen Zählens (das Kind kann zwar die Zahlenreihe mechanisch aufsagen, ist aber unfähig, die einzelnen Zahlwörter mit der entsprechenden Menge und einem bestimmten Element dieser Menge zu verbinden) sowie bezüglich des bildlichen und gleichzeitigen Vorstellens von Dinggruppen (Mengen können nicht simultan erfasst werden, sondern die Elemente müssen immer wieder abgezählt werden).
4. Rechenfehler im Zusammenhang mit dem Verständnis von Operationen
Bei dieser Fehlerart besitzen Kinder Schwierigkeiten beim Verstehen und Lösen von Gleichungen. Die Grundregeln des Messens und Aufteilens werden nicht ausreichend beherrscht. Die Operationszeichen werden nicht mit den entsprechenden Operationen in Verbindung gebracht. Für viele Operationen wird ungebührlich lange die Anschauung über die Finger gebraucht (Konkretismus). Operationsfehler wie das Rechnen in die falsche Richtung beim Zehnerübergang (Klappfehler), der falsche Umgang mit null und eins ($5-0=0$) oder das Nachwirken dominierender Ziffern (Perseverationsfehler: $6 \cdot 60 = 660$ oder $87 + 8 = 88$) treten auf. Der Stellenwert einzelner Ziffern in unserem dekadischen System kann nicht angegeben werden. Das Lösen von Textaufgaben und das Lesen von Tabellen und Karten gelingen nicht.

Kaufmann und Wessolowski (2006) bieten eine vergleichbare Analyse von Rechenfehlern an, unterscheiden dabei als Fehlerkategorie allerdings nur Zählfehler, Verwechslung von Rechen- und Relationszeichen, Stellenwertfehler, Inversionsfehler, Klappfehler und falsche Strategie. Ein Überblick über unterschiedliche Ansätze von Fehleranalysen für den mathematischen Bereich findet sich bei Rittmeyer (2005), Straßburg (2003) und Schardt (2009).

6.6.4 Systematische Aufgabenvariation

Die Methode der Aufgabenvariation fußt in Wygotskis Entwicklungstheorie und hier vor allem in seiner Vorstellung über die Zone der proximalen Entwicklung (siehe ▶ Kap. 4.2.1). Förderdiagnostik hat unter diesem Gesichtspunkt nicht mehr die Aufgabe, lediglich den momentanen Entwicklungsstand festzustellen, sondern in der diagnostischen Situation soll auch der Lern- oder Entwicklungsprozess, der unter der Einwirkung eines kompetenteren Erwachsenen vonstattengeht, einbezogen werden. Der Erwachsene provoziert über seine Hilfestellungen diesen Lernprozess und macht auf diese Weise die Zone der proximalen Entwicklung sichtbar. Diese nächsten unter kompetenter Hilfe zu bewältigenden Entwicklungs- und Lernschritte führen auf direktem Wege zu weiteren Fördermaßnahmen. Wygotski (2002) geht von dem bekannten und unumstrittenen Sachverhalt aus, dass ein Kind, das angeleitet wird und dem Hilfen angeboten werden, immer mehr leisten und schwierigere Aufgaben lösen kann als alleine. Diese Fähigkeit, von bisher Gelerntem ausgehend Neues mit Unterstützung aufzunehmen, ist entscheidender für die Beurteilung der geistigen Entwicklung als das lediglige Feststellen des momentanen Entwicklungsstandes. Guthke (1977) führt eine Reihe von empirischen Untersuchungen an, die diese Annahme stützen.

Obwohl ein Kind in der Zusammenarbeit mit einem kompetenteren Partner immer mehr zu leisten vermag als selbstständig, weist Wygotski (2002) darauf hin, dass dies nur in gewissen Grenzen möglich ist, die durch den kindlichen Entwicklungsstand und seine intellektuellen Möglichkeiten genau gezogen sind. Die Möglichkeit eines Kindes, von dem, was es selbstständig tun kann, zu dem überzugehen, was es gemeinschaftlich tun kann, ist individuell unterschiedlich und charakterisiert die Dynamik der Entwicklung und der Lernfähigkeit. Das, was zu einem bestimmten Zeitpunkt in der Zone der möglichen Entwicklung liegt, wird im nächsten Stadium realisiert und geht in das Niveau der aktuellen Entwicklung über.»Mit anderen Worten, was das Kind heute in der Zusammenarbeit macht, wird es morgen selbstständig zu machen fähig sein« (Wygotski 2002, 240).

Kautter (1986) nimmt an, dass der Diagnostiker bei einem standardisierten Vorgehen den anderen nur eher äußerlich und grobkörnig wahrnimmt, was ein Verstehen oder das Erschließen des inneren Verhaltens erschwert. Differenzierte Einblicke in die Art, wie jemand denkt, fühlt und handelt, ergeben sich für ihn nicht durch die Standardisierung einer Situation, sondern vielmehr durch deren flexible Abwandlung und Veränderung. Wesentliches Merkmal einer solchen Strategie sei die Interaktion des Diagnostikers mit einem Probanden, die sich ganz auf dessen individuelle Situation einstellt. Er bezweifelt deshalb, ob sich ein derartiges Vorgehen überhaupt standardisieren lässt. Ausgangspunkt der Untersuchung könne zwar eine mehr oder weniger standardisierte Situation sein, die dann aber flexibel abgewandelt werde. »Je nachdem, wie der Proband auf die Standardsituation antwortet, wird diese individuell und schrittweise verändert, um aus den Äußerungen des Kindes näheren Aufschluss über seine Situationsdeutung, Kognitionen, Verarbeitungsprozesse, Zielsetzungen, Handlungsentschlüsse, Gefühle usw. zu erhalten« (Kautter 1983, 5). Auch Moog (1990; 1991) schlägt in seinem Konzept der Aneignungsprozess-Analyse vor, das Gebot der Gleichbehandlung aller Probanden, das in der Standardisierung der Testverfahren seinen Ausdruck findet, aufzugeben und durch die Prinzipien dialogische Anpassung und kontrollierte Aufgabenveränderung zu ersetzen.

Die Verwendung einzelner Subtests und Aufgabenstellungen aus psychometrischen Verfahren zur Untersuchung von bedeutsamen Teilfunktionen kann z.B. den standardisierten Ausgangspunkt für eine dialogische Anpassung bieten. Die systematische Variation der Aufgabenstellung entsprechend der kindlichen Antwort, ermöglicht einen Zugang zum inneren Verhalten und damit zum Verstehen des Kindes. Bereits Wygotski (2002) schlug für das methodische Vorgehen vor, die herkömmlichen Testverfahren nicht gänzlich zu verwerfen, sondern die dort zu findenden Aufgaben zu benutzen und sobald ein Kind bei der Lösung scheitert, entsprechende Hilfen zu geben. Lurija (1970) entwickelte, ausgehend von Wygotskis Gedanken, die Methode der systematischen Aufgabenvariation, jedoch in erster Linie bezogen auf die Diagnostik klinisch-neurologischer Krankheitsbilder.

Beim Einsatz dieser Methode ist zu beachten, worauf Graichen (1975) ausdrücklich hinweist, dass es für die Methode der Aufgabenvariation kein festes Kochbuch geben könne, sondern dieses Vorgehen sehr anspruchsvoll und nur von denjenigen anzuwenden sei, die über ein breites Fachwissen verfügen. Die Veränderung der Aufgabenstellung kann nicht beliebig erfolgen, sondern nur gezielt, um neue interpretierbare Informationen über das Kind zu erhalten. Der Diagnostiker muss aus seinem fachlichen Wissen heraus genau überlegen, warum er welche Variation vornimmt, um anschließend die individuell unterschiedlichen Antworten der Kinder auch im Zusammenhang mit der Variation interpretieren und damit verstehen zu können.

Können Aufgaben bei der ersten Vorgabe nicht bewältigt werden, gibt es für Kornmann (1998) vier grundlegende Ansatzpunkte zur Variation der Aufgabenstellungen, die deren Lösen schrittweise erleichtert:

- Form der Aufgabenstellung
  Die Aufgaben können schriftlich oder mündlich, mit und ohne Veranschaulichung angeboten werden. Die Veranschaulichung ist konkret oder bildlich möglich.
- Form der Bearbeitung bzw. Lösungsmodus
  Aufgaben lassen sich praktisch, grafisch, verbal oder schriftlich lösen. Die Lösung kann frei gestaltet werden oder sie kann in einer vorgegebenen Auswahl gefunden werden. Die vorgegebenen Lösungen können zahlreich, gering, ähnlich oder sehr unterschiedlich sein.
- Hilfen und Kontrollen
  Hier wird eine Abstufung zwischen »schau dir das Ergebnis noch einmal an« bis gemeinsames Arbeiten an der Aufgabe mit anschließender Wiederholung vorgeschlagen. Die Kontrolle über das korrekte Vorgehen und die richtige Lösung kann durch den Schüler selbst oder von außen erfolgen.
- Form der Motivation
  Die Motivation zur Aufgabenbearbeitung kann durch verschiedenste individuell ausgewählte Anreize geschaffen werden.

Einfache Beispiele sollen zeigen, wie die systematische Aufgabenvariation in die förderdiagnostische Praxis umgesetzt werden kann: Ein Kind beginnt nach der Aufgabenstellung nicht mit dem Bearbeiten der Aufgabe, sondern schaut den Untersucher fragend an. Dieser vermutet, dass die Aufgabenstellung aufgrund von Sprachverständnisproblemen oder einem zu geringen Wortschatz vom Kind nicht verstanden wurde und variiert diese, indem er die Instruktion sprachlich vereinfacht. Beginnt nun das Kind mit dem Lösen der Aufgabe, wird die diagnostische Hypothese »Sprachverständnisprobleme« bestätigt. Wendet sich das Kind trotz der sprachlich vereinfachten Aufgabenstellung immer noch nicht der Aufgabenlösung zu, so könnte der Untersucher an das Vorliegen von Hörproblemen oder auditiver Verarbeitungsprobleme denken. Aufgrund dieser Hypothese würde er dem Kind das Lösen der Aufgabe vormachen und es auffordern, es ihm gleich zu tun. Tut das Kind dies, könnte der Untersucher darin eine Bestätigung seiner diagnostischen Hypothese sehen.

Weitere Beispiele sind in ▶ Abb. 26 veranschaulicht und finden sich bei Breitenbach (2003), wo auch eine ausführlichere Diskussion zur Bedeutung und Problematik systematischer Aufgabenvariation geführt wird.

Auch Guthke (1993) hat, beeinflusst durch Wygotskis Theorie der Zone der proximalen Entwicklung, das Erfassen der Lernfähigkeit mittels systematischer Aufgabenvariation vorangetrieben. Die Lernfähigkeitsmessung mithilfe eines Langzeitlerntests besteht bei ihm aus drei Phasen: einem Prätest, auf den ein Leistungstraining folgt, und einem Posttest, bei dem der Prätest erneut vorgelegt wird. Von diesem Langzeitlerntest unterscheidet er den Kurzzeitlerntest, der öko-

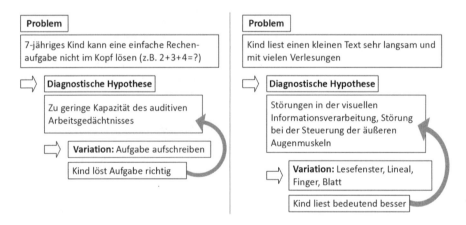

Abb. 26: Zwei Beispiele für eine einfache systematische Aufgabenvariation

nomischer durchführbar ist und der in einer einzigen Testung einerseits Diagnostik und andererseits Förderung oder Training integriert. Dabei werden bei jeder Aufgabe, die das Kind auf Anhieb nicht richtig löst, standardisierte systematische Hilfen angeboten. Die Anzahl der Hilfen, die zur Lösung erforderlich waren, stellen das Maß für die Lernfähigkeit des Kindes dar. Je mehr Hilfen es benötigt, umso schwächer ist seine diesbezügliche Lernfähigkeit. Mit dem »Leipziger Lerntest – Begriffsanaloges Klassifizieren« von Guthke et al. (2002) steht ein solcher gut entwickelter Kurzzeitlerntest für das erste Schuljahr zur Verfügung.

6.7 Psychometrische Verfahren

Psychometrische Verfahren oder psychologische Tests, manchmal auch nur kurz Tests genannt, haben nach Einschätzung von Kany und Schöler (2009) bei deutschen Pädagogen immer noch einen schweren Stand. Die Beziehung vor allem von Lehrkräften zu psychometrischen Verfahren scheint eine ambivalente zu sein, was Probst (1999) in ähnlicher Weise bereits bei Lehramtsstudierenden und ihrem Verhältnis zur Diagnostik bei Studienbeginn feststellen konnte (siehe ▶ Kap. 1.2). Auf der einen Seite werden die Möglichkeiten und Ergebnisse der Testdiagnostik überschätzt und man erwartet Wunderdinge von ihr und auf der anderen Seite werden sie völlig abgelehnt, da menschliche Fähigkeiten und Fertigkeiten in ihrer Ganzheitlichkeit, Komplexität und Einzigartigkeit sowieso und grundsätzlich nicht messbar sind. So stecken viele Praktiker in einem Dilemma: Sie greifen die psychologischen Tests auf und setzen sie ein und lehnen sie gleichzeitig ab, weil sie zwar glauben, sie zu brauchen, aber letztendlich nicht verstehen, worum es sich dabei handelt und wie sie funktionieren.

Kritik kommt jedoch nicht nur aus der Praxis, sondern auch aus Fachkreisen. Nach Meinung von Schlee (1985b) sind folgende wichtige Nachteile der psychologischen Tests zu nennen:

- Ihr Augenmerk richtet sich nur auf den zu untersuchenden Schüler und andere Personen aus dem Umfeld werden nicht einbezogen.
- Die Probanden werden in einer ontologisierenden Weise als Merkmalsträger betrachtet.
- Die diagnostischen Daten werden fast immer defekt- und defizitorientiert erhoben.
- Diese Art der Diagnostik zeigt keine positiven Aspekte für die weitere Entwicklung und Gestaltung der pädagogischen Arbeit auf.
- Die in der Regel einmalige Datenerhebung bedeutet eine Überbewertung des momentanen Zustandes.

Dem ist entgegenzuhalten, dass vor allem Schulleistungstests mittlerweile auch den mehrmaligen Einsatz vorsehen und dass eine Testleistung von einem gründlichen und sorgfältigen Diagnostiker immer im Kontext gesehen wird. Was die Defizitorientierung und die Hinweise zur Ableitung von pädagogischen Maßnahmen aus Testwerten anbelangt, sei auf die entsprechende Diskussion in ▶ Kap. 4.2 verwiesen.

Dem stehen einige klare Vorteile gegenüber. Die standardisierte Durchführung, Auswertung und Interpretation reduziert den Einfluss subjektiver Perspektiven, Einstellungen und Vorurteile auf ein Minimum. Die vorgelegten Aufgaben und der gesamte Test sind auf Qualität und Güte geprüft, was im Testhandbuch beschrieben, offen gelegt und damit für jeden nachvollziehbar ist. Ein entscheidender Vorteil gegenüber allen anderen diagnostischen Verfahren ist die Normierung, die Vergleichsdaten zur Bewertung und Interpretation des Testergebnisses zur Verfügung stellt. Mithilfe der statistischen Vergleichswerte aus der Normierung können die Testergebnisse eines Probanden in verschiedenen psychometrischen Verfahren miteinander verglichen werden. Soll z. B. bei einem Schüler gemäß der Diskrepanzdefinition Legasthenie festgestellt werden, müssen seine Leistungen in einem Intelligenztest mit denen in verschiedenen Schulleistungstests in Beziehung gesetzt werden. Des Weiteren ergibt sich durch die Normierung die Möglichkeit, Testergebnisse von Probanden aus unterschiedlichen Populationen miteinander zu vergleichen. Die Leistungen eines Schülers in einem Intelligenztest können beispielsweise zu den Leistungen von gleichaltrigen Schülern aus der Regelschule oder zu den Leistungen von Schülern aus Förderschulen oder zu denen von jüngeren und älteren Schülern in Beziehung gesetzt werden.

6.7.1 Definition und Klassifikation

Ein psychologischer Test ist nach Lienert und Raatz (1998) ein »wissenschaftliches Routineverfahren zur Untersuchung eines oder mehrerer empirisch abgrenzbarer Persönlichkeitsmerkmale mit dem Ziel einer möglichst quantitativen Aussage über den relativen Grad der individuellen Merkmalsausprägung« (Lienert & Raatz 1998, 1). Kubinger (2009) versucht, obige Definition zu präzisieren, in dem er formuliert: »Ein psychologisch-diagnostisches Verfahren (vereinfacht oft ›Test‹ genannt) erhebt unter standardisierten Bedingungen eine Informationsprobe über einen (oder mehrere) Menschen, indem systematisch erstellte Fragen/Aufgaben interessierende Verhaltensweisen oder psychische Vorgänge auslösen; Ziel ist es, die fragliche Merkmalsausprägung zu bestimmen« (Kubinger 2009, 9).

Nach Amelang und Schmidt-Atzert (2006) handelt es sich bei psychologischen Tests um wissenschaftlich fundierte Verfahren, die bestimmten Gütekriterien genügen: Standardisierung, Differenzierung (Sensitivität und Sensibilität), Charakteristik der Messung (Objektivität und Reliabilität) und Brauchbarkeit der Messung (Validität). Zusammenfassend charakterisiert Breitenbach (2005) psychometrische Verfahren als

- objektive und zuverlässige Prüfverfahren, die unter standardisierten Bedingungen durchgeführt werden,
- die empirisch abgrenzbare Persönlichkeitsmerkmale erfassen,
- indem aus dem Verhalten und Erleben eines Menschen für das entsprechende Persönlichkeitsmerkmal repräsentative Stichproben entnommen werden
- und die vor dem Hintergrund einer Norm Rückschlüsse auf den individuellen Ausprägungsgrad des Persönlichkeitsmerkmals erlauben.

Brickenkamp (2002) ordnet die Vielzahl der psychometrischen Verfahren nach folgendem Klassifikationsschema:

1. **Leistungstests:** Entwicklungstests, Intelligenztests, allgemeine Leistungstests, Schultests (Einschulungstests, spezielle Schuleignungstests, Mehrfächertests, Lesetests, Rechtschreibtests, Mathematik- und Rechentests, sonstige Schultests), spezielle Funktionsprüfungs- und Eignungstests

2. **Psychometrische Persönlichkeitstests**: Persönlichkeits-Struktur-Tests, Einstellungs- und Interessentests, klinische Tests
3. **Persönlichkeits-Entfaltungsverfahren**: Formdeuteverfahren, verbal-thematische Verfahren, zeichnerische und Gestaltungsverfahren

6.7.2 Grundlegende Theorien

Der überwiegend größte Teil der psychologischen Testverfahren ist entsprechend der klassischen Testtheorie (KTT) konzipiert und obwohl mittlerweile die probabilistische Testtheorie als Grundlage zur Testentwicklung zur Verfügung steht, die einige Nachteile der KTT auszugleichen sucht, stellt die KTT auch heute noch die wichtigste theoretische Basis für die Konstruktion psychologischer Tests dar.

Im Zentrum der KTT steht der Messfehler, da man davon ausgeht, dass der wahre Wert eines jeden Testergebnisses von einem Messfehler überlagert wird. Dementsprechend besagt das Grundaxiom der KTT: Jeder beobachtete Messwert (X) einer Person ist immer additiv zusammengesetzt aus einem wahren Wert (T = true score) und einem Fehlerwert oder Messfehler (E = error). Das Ziel beim Messvorgang gemäß der KTT besteht nun darin, die wahre Merkmalsausprägung vom Fehleranteil zu trennen oder, da der wahre Wert nie exakt bestimmt werden kann, zumindest den Fehler abzuschätzen und die Messungenauigkeit eines Tests zu bestimmen.

Würde ein Test einem Probanden unendlich oft vorgelegt, würde sich der zufällig variierende Messfehler ausmitteln und der Mittelwert aus allen Messergebnissen würde dem wahren Wert entsprechen. Da dies jedoch nur eine rein theoretische Möglichkeit darstellt und in der Praxis nicht anwendbar ist, findet eine beschränkte Messwiederholung innerhalb eines jeden Tests statt, indem mehrere unterschiedliche Aufgaben oder Items zur Messung des gleichen Merkmals vorgelegt werden. Dies bedeutet, dass in der KTT lediglich die unsystematischen Störeinflüsse beachtet werden und die systematischen unberücksichtigt bleiben. Alle Axiome der klassischen Testtheorie sind streng genommen nur aus dem Grundaxiom

$$X = T + E \text{ oder } E = X - T$$

abgeleitete mathematische Folgerungen und weitere Annahmen über Eigenschaften des Messfehlers oder den Zusammenhang zwischen wahrem Wert und Fehlerwert. Genau hier setzt allerdings auch grundsätzliche Kritik an. Die Axiome und Annahmen der KTT sind eben nur so lange logisch korrekt, solange obige Definition vom wahren Wert oder vom Fehlerwert Gültigkeit besitzt. Nun sind aber der wahre Wert und auch der Fehlerwert nicht beobachtbar und damit ist auch das Grundaxiom der KTT empirisch nicht prüfbar. Auch eine weitere zentrale Annahme der KTT, dass nämlich der wahre Wert einer Person über viele Messungen hinweg zeitlich stabil bleibt, ist nur für bestimmte Merkmalsbereiche und bei kurzen Zeiträumen vertretbar. Da sich die KTT allein mit den formalen Elementen eines beobachteten Testwertes beschäftigt, macht sie auch keine Aussagen über das Zustandekommen der Leistung oder darüber, wie ein Item beantwortet wird.

Die Item-Response-Theorie (IRT) stellt nun in gewisser Weise eine Antwort auf diese Kritik dar und ist nach Rentzsch und Schütz (2009) eine wichtige Ergänzung der klassischen Testtheorie, die auf strengeren, aber empirisch überprüfbaren Annahmen beruht. Item-Response meint die Itembeantwortung und weist darauf hin, dass hier der Testwert aus der Beantwortung eines Items ermittelt wird. Im Gegensatz zur KTT versucht die IRT nicht nur zu beschreiben, sondern auch zu erklären; sie beschäftigt sich dementsprechend mit dem Entstehen der Antwort, der Item-Response oder der Frage, wie der Testwert, also die Antwort auf ein Item zustande kam.

Als zentrale Annahmen gilt, dass das beobachtete Antwortverhalten eines Probanden auf ein Item (manifeste Variablen) durch nicht beobachtbare Fähigkeiten (latente Variablen), die gewissermaßen hinter den Antworten der Testperson verborgen sind, erklärt werden. Das manifeste Antwortverhalten ist demzufolge von diesen latenten Personenvariablen abhängig. Entsprechend lauten nach Rentzsch und Schütz (2009) die Grundannahmen der IRT:

- Antworten auf Items oder Aufgaben sind Indikatoren für latente Fähigkeiten oder Merkmale.
- Die Lösungswahrscheinlichkeit eines Items hängt von der Fähigkeit der Person (Personenparameter) und der Aufgabenschwierigkeit (Itemparameter) ab. Ist die Itemschwierigkeit kleiner als die Personfähigkeit, wird das Item wahrscheinlich gelöst und umgekehrt. Je größer die Differenz zwischen Itemschwierigkeit und Personfähigkeit ist, umso wahrscheinlicher ist das Lösen bzw. Nicht-Lösen eines Items.
- Es existiert ein latentes Kontinuum bezüglich der Eigenschaften und Fähigkeiten, auf dem jede Person entsprechend ihres Ausprägungsgrades positioniert werden kann.

Soll nun das Antwortverhalten auf eine latente Variable zurückgeführt werden, müssen alle Items das gleiche Konstrukt erfassen und messen, sie müssen homogen sein. Um diese Homogenität zu ermitteln muss die lokale Unabhängigkeit der Items vorliegen, was bedeutet: Wird die zu messende Fähigkeit oder Eigenschaft konstant gehalten, weisen die Items untereinander keinen Zusammenhang mehr auf. Lokale Unabhängigkeit liegt daher dann vor, wenn der Zusammenhang von Items untereinander nur durch Fähigkeitsunterschiede bedingt ist.

In der ITR werden deterministische und probabilistische Modelle unterschieden. Erstere gehen davon aus, dass das Antwortverhalten oder das Testergebnis durch den Personen- und Itemparameter, also durch die Aufgabenschwierigkeit und die Fähigkeit der untersuchten Person, vollständig bestimmt ist. Probabilistische Modelle hingegen nehmen zwischen dem Antwortverhalten einerseits und den Item- und Personparametern andererseits eine Wahrscheinlichkeitsbeziehung an. Dies erscheint plausibler, da stets vorhandene unsystematische Fehlereinflüsse keine absolut feste und bestimmte Vorhersage der Antworten durch die Personen- und Itemparameter erlauben. Innerhalb der ITR sind deshalb, so

Rentzsch und Schütz (2009), die probabilistischen Modelle stärker vertreten, wodurch der Begriff »probabilistische Testtheorie« häufig synonym für Item-Response-Theorie benutzt wird.

Der IRT muss zweifelsohne die bessere theoretische Fundierung im Vergleich zur KTT zugestanden werden, jedoch muss auch erwähnt werden, dass es aufgrund der strengen Anforderungen nicht immer einfach ist, modellkonforme Items zu generieren, vor allem, wenn das Konstrukt nicht zureichend präzise definiert ist.

Detaillierte Informationen und Erläuterungen zur klassischen Testtheorie und zur Item-Response-Theorie sind bei Fisseni (2004), bei Rost (2004) oder bei Rentzsch und Schütz (2009) nachzulesen.

6.7.3 Testkonstruktion nach der klassischen Testtheorie

Trotz aller Kritik besitzt die KTT den entscheidenden Vorteil der einfachen Anwendbarkeit, was dazu führt, dass die meisten heute verwendeten Tests nach ihrer Methode konstruiert werden. In der klassischen Testtheorie (Breitenbach 2005; Fisseni 2004; Lienert und Raatz 1998; Rost 2004) wird folgendes Vorgehen bei der Konstruktion eines psychologischen Tests beschrieben:

1. Schritt: Sammeln von Items (Konstrukt und Itemmenge)
   Es werden vom Testautor möglichst viele Einzelaufgaben oder Items zusammengestellt, von denen er annimmt, dass sie das zu untersuchende Persönlichkeitsmerkmal ausreichend gut repräsentieren und für die geplante Testart brauchbar sind. Mithilfe unterschiedlicher Strategien suchen Testautoren nach Verhaltensweisen oder Verhaltensstichproben, die das entsprechende Merkmal möglichst gut abbilden. Ein Test, der nach der klassischen Testtheorie konstruiert wird, erfasst somit ein bestimmtes Merkmal durch Fragmentierung, durch kleine Einheiten, die Test-Items genannt werden. Für die Beantwortung der Items werden Punkte vergeben (beispielsweise 1 für »richtig« und 0 für »falsch«), was als Item-Score bezeichnet wird. Die Summe dieser Punkte bildet den Test-Score, der die Ausprägung des Test-Merkmals zum Ausdruck bringt (hoher Test-Score bedeutet z. B. große Ängstlichkeit oder niedriger Test-Score steht für eine geringe Ängstlichkeit). Rentzsch und Schütz (2009) nennen vier verschiedene Konstruktionsstrategien:

- Rationale Konstruktion: Aus einer vorliegenden Theorie, z. B. einem bestimmten Intelligenzmodell, werden die Items abgeleitet.
- Externale Konstruktion: Diejenigen Items werden ausgewählt, die am besten zwischen zwei Probandengruppen unterscheiden. Beim Entwickeln eines Tests zur Erfassung von psychischer Gesundheit oder psychischem Wohlbefinden würde man die Items in den Test aufnehmen, die gut zwischen psychisch kranken Personen und psychisch gesunden trennen.

- Internale oder auch faktorenanalytische Konstruktion: Um in den psychologischen Test aufgenommen zu werden, müssen alle Items bezüglich einer bestimmten Dimension homogen sein oder hoch miteinander korrelieren. Zwischen unterschiedlichen Dimensionen muss logischerweise Itemheterogenität herrschen.
- Prototypenansatz: Auf der Grundlage von Alltags- oder Expertenwissen wird eine Person beschrieben, die für das zu messende Merkmal charakteristisch oder prototypisch ist, um aus dieser Beschreibung heraus dann die erforderlichen Items zu gewinnen.

Mit Blick auf das zu erfassende Merkmal und die zu untersuchenden Probanden ergeben sich weitere Einzelfragen bezüglich der Itemkonstruktion:

- Soll der zu entwickelnde Test als Einzel- oder Gruppentest durchführbar sein?
- Mit welchem Material lässt sich das Merkmal am besten abbilden (Papier und Bleistift, Spielmaterialien, apparative Ausstattung)?
- Wie lange darf der Test dauern?

Die Entscheidung über die Testlänge orientiert sich in erster Linie an der Frage, wie differenziert die Messergebnisse sein sollen und hängt eng zusammen mit den Fragen nach der Population und dem Material.

- Welche Struktur soll das Verfahren aufweisen?

Die Entscheidung über die Struktur eines Testverfahrens muss in erster Linie theoretisch begründet werden. Geht eine Intelligenztheorie z.B. davon aus, dass Intelligenz aus Einzelfähigkeiten zusammengesetzt ist, so liegt es nahe, diese Einzelfähigkeiten in unterschiedlichen Subtests oder Subskalen zu überprüfen.

Des Weiteren ist bei der Itemgestaltung zu klären, inwieweit sinnvollerweise eine freie oder gebundene Itembeantwortung gewählt werden kann.

2. Schritt: Durchführen des Tests (Erprobung)
Die Aufgabensammlung wird einer großen Zahl von Probanden zur Bearbeitung vorgelegt. Auf diese Weise ergibt sich die sogenannte Eichstichprobe.

3. Schritt: Itemanalyse und Itemselektion
Jede einzelne Aufgabe, jedes Item wird auf seine Qualität und Brauchbarkeit hin überprüft. Die ungeeigneten Items mit nicht ausreichender Qualität werden aus der Aufgabensammlung entfernt. Die Itemanalyse und Itemselektion erfolgte anhand der Gütekriterien Schwierigkeitsindex, Trennschärfe und Homogenität.

Der Schwierigkeitsindex oder Index der kategorialen Häufigkeiten gibt an, wie groß der Anteil von Probanden in der Eichstichprobe ist, die das Item richtig gelöst haben. Die Trennschärfe wird als der wichtigste Itemkennwert angesehen und liefert Informationen darüber, wie weit die Menge der Löser über alle Items hinweg konstant bleibt. Die Trennschärfe eines Items wird in den meisten Fällen berechnet, indem der Item-Score eines jeden Probanden mit seinem Test-Score (Gesamtleistung in einem Test, Subtest oder einer Skala) verglichen wird. Homogenität ist das Maß für den Grad, in dem die Items eines Tests dieselbe Eigenschaft, dasselbe Merkmal messen. Am häufigsten wird die Homogenität eines Tests durch die Interkorrelation aller Items (jedes Item wird mit jedem anderen korreliert) bestimmt.

4. Schritt: Ermitteln der Gütekriterien (Validierung)

Die Aufgabensammlung als Ganzes wird nun noch einmal einer Qualitätsprüfung unterzogen, indem die Gütekriterien Objektivität, Reliabilität und Validität ermittelt werden. Ist das Ergebnis dieser Überprüfung zufriedenstellend, liegt die Endfassung des psychologischen Tests vor.

Unter der Objektivität eines Testverfahrens wird der Grad verstanden, in dem die Ergebnisse eines Tests unabhängig sind vom Untersucher. Diese Unabhängigkeit der Ergebnisse vom Anwender soll durch eine weitgehende Standardisierung von Durchführung, Auswertung und Interpretation erreicht werden.

Die Reliabilität charakterisiert den psychologischen Test unter dem Aspekt der Präzision. Sie wird verstanden als der Grad der Genauigkeit, mit dem der Test ein bestimmtes Merkmal misst, unabhängig davon, ob der Test auch tatsächlich das misst, was er vorgibt zu messen. Die Messgenauigkeit oder Reliabilität eines psychometrischen Verfahrens lässt sich auf verschiedene Weise schätzen: Retest-Reliabilität, Paralleltest-Reliabilität, Halbierungsreliabilität, Konsistenz.

Für ein psychometrisches Verfahren reicht es nicht aus, lediglich seine Messgenauigkeit unter Beweis zu stellen, sondern es muss auch valide sein. Die Validität gibt den Grad der Genauigkeit an, mit der ein Test dasjenige Merkmal tatsächlich misst, das er messen soll oder vorgibt zu messen. Die Validität eines Testverfahrens lässt sich schätzen über Inhaltsvalidität, Kriteriumsbezogene Validität (Übereinstimmungs- und Vorhersagevalidität) und Konstruktvalidität.

Objektivität, Reliabilität und Validität sind nicht voneinander unabhängig. Nach Rentzsch und Schütz (2009) besteht ein positiver Zusammenhang zwischen Objektivität und Reliabilität. Mit Fehlern in der Durchführung, Auswertung und Interpretation kann nicht reliabel gemessen werden, d.h., je höher die Objektivität, desto größer die Reliabilität. Liegt eine geringe Reliabilität vor, ergibt sich auch nur eine gering ausgeprägte Validität. Eine hohe Reliabilität ist dagegen auch trotz einer geringen Validität möglich. Die Validität beeinflusst weder Objektivität noch Reliabilität, ist aber dennoch entscheidend, da eine objektive und reliable Messung wenig Sinn macht, wenn man nicht genau weiß, was man tatsächlich misst. Fisseni (2004) gibt mit folgender »Daumenregel« Anhaltspunkte zur Beurteilung der Testgüte:

Ein Reliabilitätskoeffizient <.80 weist auf eine niedrige Reliabilität hin, ein Koeffizient zwischen .80 und .90 auf eine mittlere und ein Koeffizient >.90 auf eine hohe. Bei Validitätskoeffizienten unter .40 spricht man von einer geringen Validität, bei Koeffizienten zwischen .40 und .60 von einer mittleren und bei

Koeffizienten über .60 von einer hohen. Im Vergleich zu den Leistungs- und Intelligenztestverfahren fallen die Testgütewerte bei der Persönlichkeitsdiagnostik in der Regel deutlich niedriger aus. Hier wird ein Reliabilitätskoeffizient von .70 bereits als gut eingeschätzt und kaum ein Persönlichkeitsfragebogen weist einen Validitätskoeffizienten größer als .30 auf.

Zur Sicherung der Qualität von psychologischen Tests wird jedes neue Verfahren von unabhängigen Rezensenten auf der Grundlage der vom Testkuratorium der Föderation Deutscher Psychologenvereinigungen herausgegebenen Kriterien beurteilt. In ▶ Tab. 7 sind diese Kriterien aufgeführt und erläutert.

Tab. 7: Beurteilungskriterien nach dem Testkuratorium (Rentzsch & Schütz 2009, 236)

1. Allgemeine Informationen über den Test, Beschreibung des Tests und seiner diagnostischen Zielsetzung	Die Angaben sollen es dem Anwender ermöglichen, den Beitrag des Verfahrens zu einer diagnostischen Entscheidungsfindung zu erkennen. Die Arbeitsschritte bei der Erstellung der Testmaterialien müssen nachzuvollziehen sein, um kritisch bewertet werden zu können. Außerdem sollte klar sein, ob das Verfahren für die Einzelfalldiagnostik (z. B. bei klinischem Hintergrund), für Forschungszwecke, für Zustandsdiagnostik oder eher für Veränderungsmessung geeignet ist.
2. Theoretische Grundlagen als Ausgangspunkt der Testkonstruktion	Hier soll deutlich werden, was die theoretische Grundkonzeption ist.
3. Objektivität	Durchführungs-, Auswertungs- und Interpretationsobjektivität
4. Normierung (Eichung)	Diese geht der Frage nach, welche Personenparameter in Bezug auf die Populationsverteilung erfasst werden können.
5. Zuverlässigkeit (Reliabilität, Messgenauigkeit)	Die Reliabilität sollte hoch sein, gemessen über Stabilität (Retest-Reliabilität), Äquivalenz (Paralleltest-Reliabilität) oder Interne Konsistenz (Cronbachs Alpha) bzw. Split-Half-Reliabilität.
6. Gültigkeit (Validität)	Die Validität sollte hoch sein, wobei Kriteriumsvalidität besonders wichtig ist, auch unter Berücksichtigung der Testfairness, d. h. der Test muss sicherstellen, dass keine Vor- oder Nachteile aufgrund von ethnischer, soziokultureller oder geschlechtsspezifischer Gruppenzugehörigkeit entstehen.
7. Weitere Gütekriterien (Störanfälligkeit, Unverfälschbarkeit und Skalierung)	Es sollte darauf geachtet werden, ob der Test gegenüber dem Zustand der Testperson oder der Situation anfällig ist und ob die Testperson den Test bewusst verfälschen kann bzw. ob das ein Problem darstellt. Außerdem sollte die in dem Test angegebene Antwortskalierung auch mit dem resultierenden Verhalten oder Erleben übereinstimmen.

5. Schritt: Normierung oder Eichung

Im letzten Schritt werden die Testrohwerte in Standardwerte (T-Werte, IQ-Werte, ...) umgerechnet. Es entstehen auf diese Weise die Normtabellen zur

Bewertung der individuellen Testergebnisse. Für die Eichung und Normierung von psychologischen Tests wurden verschiedene Normskalen (siehe ▶ Tab. 8) entwickelt, die sich in ihrem Differenziertheitsgrad voneinander unterscheiden. Lässt sich nämlich ein bestimmtes Merkmal mit einem Testverfahren sehr differenziert abbilden oder messen, so ist es sinnvoll, auch eine entsprechend differenzierte Normskala zur Eichung zu verwenden. Ist dagegen bei einem anderen Merkmal nur eine grobe Messung möglich, eignet sich zur Eichung auch nur eine entsprechend grobe Normskala.

Tab. 8: Gebräuchliche Standardskalen mit Mittelwerten und Standardabweichungen (Breitenbach 2005, 139)

Skala	Mittelwert	Standardabweichung
z-Werte	0	1
IQ-Werte	100	15
T-Werte	50	10
C-Werte	5	2
SW (Z)-Werte	100	10

Mit dem Errechnen der gewünschten Vergleichsnormen ist die Normierung eines psychometrischen Verfahrens und damit seine gesamte Konstruktion abgeschlossen. Die Ergebnisse der Itemanalyse, das Ermitteln der Gütekriterien und die Berechnung der gewünschten Vergleichsnormen oder Standardwerte sind in den Handbüchern der einzelnen psychologischen Tests nachzulesen und können so vom Benutzer der Testverfahren nachvollzogen und bewertet werden.

Speziell die für die Interpretation des Testergebnisses erforderlichen Standardwerte sind in Normtabellen für die jeweiligen Altersgruppen zusammengefasst. Jeder Testleiter ist somit in der Lage, aus diesen Normtabellen für jeden Rohwert den entsprechenden, von ihm gewünschten und benötigten Standardwert herauszusuchen.

Häufig werden Testergebnisse auch in Form von Prozenträngen (PR) angegeben, die keine Variabilitäts- oder Abweichungsnormen darstellen, sondern auf einer eigenen Transformation beruhen. Prozentränge geben an, wie groß in der Norm- oder Eichstichprobe der relative Anteil von Probanden ist, deren Werte unterhalb bzw. oberhalb eines Testwertes liegen. Es handelt sich daher um eine reine Häufigkeitsangabe und nicht um ein Abweichungsmaß. Ein Prozentrang von beispielsweise 65 besagt, dass in der Vergleichsstichprobe 65 Prozent der Probanden niedrigere oder gleiche Werte erzielen und 35 Prozent dagegen höhere. Der größte Vorteil der Prozentränge besteht in ihrer Anschaulichkeit. Auch der Laie versteht sofort ihre Bedeutung.

6.7.4 Probleme bei der Anwendung

Bei der Untersuchung von Menschen mit Behinderungen, z. B. mit geistiger Behinderung oder Sprachbehinderung, sind die Instruktionen hin und wieder sprachlich so anspruchsvoll gestaltet, dass sie von diesen nicht, nur teilweise oder falsch verstanden werden. In diesen Fällen ist der Untersucher gezwungen von der standardisierten Instruktion abzuweichen und nach einfacheren sprachlichen Strukturen zu suchen. Dabei sollte er aber darauf achten, dass alle Elemente der Instruktion in der sprachlich vereinfachten Testanweisung enthalten sind und keine zusätzlichen unerlaubten Hilfen durch Umformulierung der Instruktion gegeben werden. Gleichzeitig erhält der Untersucher bei dieser Gelegenheit natürlich auch wichtige Zusatzinformationen über das Sprachverständnis des Probanden, die notiert werden sollten, um sie bei der Interpretation der Ergebnisse, beim weiteren diagnostischen Vorgehen und selbstverständlich bei der Beantwortung der diagnostischen Fragestellung berücksichtigen zu können.

Problematisch ist oft auch die Testdurchführung bei verhaltensauffälligen, lern- oder geistigbehinderten Menschen mit Konzentrations- und Aufmerksamkeitsschwächen. Ihre Aufmerksamkeitsspanne und Ausdauer ist manchmal so stark eingeschränkt, dass zusätzliche Pausen, Strukturierungs- und Motivationshilfen erforderlich sind. Auch solche Abweichungen von der Standardisierung sind einerseits zu notieren und bei der Auswertung zu berücksichtigen und können andererseits als wichtige zusätzliche diagnostische Informationen betrachten werden. Eine standardisierte Durchführung wird ebenfalls erschwert durch nicht vorhersehbare Fragen der Probanden bezüglich der Durchführung und Lösung der Aufgaben. Solche Fragen sollten natürlich beantwortet werden, jedoch so, dass keine über die standardisierte Instruktion hinausgehenden Hilfen in den Antworten enthalten sind. Unsichere Kinder fragen z. B. sehr häufig nach, ob ihre Lösungen richtig sind. Werden solche Fragen vom Untersucher wahrheitsgemäß bejaht oder verneint, könnte sich dies auf die weitere Motivation der Kinder positiv oder negativ auswirken. Möglichst neutrale Antworten, die beinhalten, dass solche Fragen nicht nötig sind und vom Untersucher nicht beantwortet werden, können hier hilfreich sein.

Eine möglichst objektive Auswertung besteht grundsätzlich darin, dass gleichen Antworten oder Lösungen gleiche numerische Werte oder Itemscores zugeordnet werden. Leicht gelingt dies bei gebundenen Items, die z. B. mehrere Antwortmöglichkeiten vorgeben, von denen der Proband eine auswählen muss, oder bei Items die mit »ja« und »nein«, »richtig« oder »falsch« zu beantworten sind. Schwieriger gestaltet sich die objektive Auswertung bei freien Items, die dem Probanden eine individuell gestaltete Antwort ermöglichen. Als Hilfe bieten die Testautoren in solchen Fällen ausführliche Auswertungsschlüssel mit Bewertungsrichtlinien und Beurteilungshilfen an.

Weitere Probleme ergeben sich bei den Reliabilitätseinschätzungen mit Blick auf unterschiedliche Populationen in der Eichstichprobe. Pospeschill und Spinath (2009) weisen darauf hin, dass z. B. der Reliabilitätskoeffizient, der aus einer Grundgesamtheit von Schülern aller Schularten erzielt wurde, größer ausfallen wird, als der Koeffizient, der sich nur auf Realschüler bezieht. Dies liegt nun aber keineswegs an der Messungenauigkeit des Verfahrens, sondern allein an der Homogenität bzw. Heterogenität der Grundgesamtheit. Menschen mit Behinderungen, vor allem mit schweren Behinderungen, befinden sich in der Regel überhaupt nicht in den Grundgesamtheiten, die zur Normierung und Eichung herangezogen wurden. Testnormen sollten dagegen aber immer aus der Referenzpopulation der mit dem Verfahren untersuchten Probanden stammen, also aus der Population, die in allen relevanten Merkmalen mit denen der zu Untersuchenden übereinstimmt.

Ein weiteres Problem, das bei der Untersuchung von Menschen mit Behinderungen besonders relevant wird, ist die Einschränkung der Reliabilität bei extremen Messwerten, da sich die erzielten Ergebnisse bei ihnen fast ausschließlich im unteren Leistungsbereich bewegen. In den extremen Bereichen, bei extrem niedrigen oder extrem hohen Messwerten, steht oft nur eine geringe Anzahl von Items zur Erfassung der Leistungsfähigkeit zur Verfügung, was dazu führt, dass hier nicht mehr so genau gemessen werden kann wie im mittleren Leistungsbereich. Unterschiedliche Merkmalsausprägungen können somit im deutlich unterdurchschnittlichen Leistungsbereich nicht mehr mit der ansonsten vorhandenen Genauigkeit differenziert werden und Menschen mit unterschiedlichen Leistungen erhalten dann im Testergebnis denselben Zahlenwert.

Die Testnormen aller psychometrischen Verfahren besitzen nach Rentzsch und Schütz (2009) auch aufgrund des Flynn-Effektes (= Erkenntnis, dass der Intelligenzquotient bis in die 90er-Jahre vor allem in den westlichen Industrieländern erheblich anstieg) eine mit der Zeit immer größer werdende Einschränkung in ihrer Gültigkeit, da sie relativ schnell veralten und regelmäßig erneuert werden müssten. Testnormen gelten nur für einen bestimmten Zeitraum und ältere Testverfahren sind deshalb nur mit Vorsicht einzusetzen.

7 ICF in der sonderpädagogischen Diagnostik

Die Internationale Klassifikation der Funktionsfähigkeit, Behinderung und Gesundheit (ICF) wurde 2001 von der Generalversammlung der Weltgesundheitsorganisation (WHO) verabschiedet, 2005 ins Deutsche übersetzt und vom Deutschen Institut für Medizinische Dokumentation und Information (DIMDI) herausgegeben. Allgemeines Ziel der ICF-Klassifikation ist es, »in einheitlicher und standardisierter Form eine Sprache und einen Rahmen zur Beschreibung von Gesundheits- und mit Gesundheit zusammenhängenden Zuständen zur Verfügung zu stellen« (DIMDI 2005, 9).

Die ICF stellt eine Ergänzung der Internationalen Klassifikation der Krankheiten (ICD) insofern dar, als die ICD Gesundheitsprobleme wie Krankheiten, Störungen oder Verletzungen klassifiziert, während die ICF Funktionsfähigkeit und Behinderung klassifiziert, die mit einem Gesundheitsproblem verbunden sind. Die ICD stellt somit eine Diagnose zur Verfügung und die ICF fügt weitere Informationen über die Funktionsfähigkeit im Zusammenhang mit dieser Diagnose hinzu. Mithilfe der ICD lässt sich z. B. Autismus diagnostizieren und auf der Basis der ICF wird beschrieben, wie gut das autistische Kind in seiner Umwelt kommunizieren und lernen kann. Die ICF kann nach Hollenweger (2005) nicht benutzt werden, um eine Behinderung oder die Schwere der Behinderung festzustellen, sondern zum Erfassen des mit der Behinderung verbundenen Zustandes oder der Folgen der Behinderung für die Funktionsfähigkeit. Die Diagnose ist im ICF nicht das Endergebnis eines diagnostischen Prozesses, sondern der Ausgangspunkt für Fragen zur Funktionsfähigkeit von Menschen in ihrer gegenwärtigen Umwelt.

7.1 Das bio-psycho-soziale Modell

In der ICF wird nach Amorosa (2011) versucht, das medizinische mit dem sozialen Modell zu integrieren. Das medizinische Modell sieht Behinderung als Problem einer Person als Folge von Krankheit oder Unfall, was eine Behandlung nach sich zieht. Aus der Perspektive des sozialen Modells wird Behinderung wesentlich durch Gesellschaft mit verursacht und macht statt Behandlung eine Veränderung der sozialen und gesellschaftlichen Bedingungen mit dem Ziel der Integration erforderlich.

Die medizinische Komponente kommt im bio-psycho-sozialen Modell in der Beschreibung der Funktionsfähigkeit und Behinderung zum Ausdruck, während sich die soziale Modellvorstellung in der Berücksichtigung der Kontextfaktoren niederschlägt. Die Funktionsfähigkeit und Behinderung besteht ihrerseits wiederum aus den Komponenten Körperfunktionen und -strukturen sowie Aktivitäten

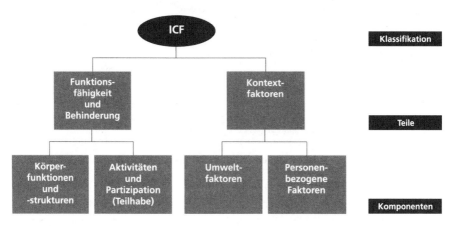

Abb. 27: Teile und Komponenten der ICF (Amorosa 2011, 61)

und Partizipation. Die Kontextfaktoren setzen sich aus umwelt- und personbezogenen Faktoren zusammen (siehe ▶ Abb. 27).

Funktionsfähigkeit drückt den positiven Aspekt, die funktionale und strukturelle Integrität sowie die Aktivitäten und Partizipation aus, während Behinderung den negativen Aspekt meint, d. h., die Schädigung sowie die Beeinträchtigung der Aktivitäten und Partizipation. Die Begriffe »Funktionsfähigkeit« und »Behinderung« sind Oberbegriffe, welche eine komplexe Interaktion zwischen den Faktoren Körperfunktionen und -strukturen, den Aktivitäten oder der Fähigkeit, Handlungen auszuführen und der Teilhabe am gesellschaftlich-kulturellen Leben beschreiben. Die beiden Kontextfaktoren interagieren ihrerseits mit diesen drei Faktoren und können sie entscheidend beeinflussen (siehe ▶ Abb. 28).

Die ICF erfasst Behinderung oder Funktionsfähigkeit als ein Zusammenspiel vorhandener Schwierigkeiten auf der Ebene der Körperfunktionen und -strukturen, der Aktivitäten und der Partizipation und zwar im Kontext von Umwelt- und personbezogenen Faktoren.

Eine Aktivität bezeichnet die Durchführung einer Aufgabe oder Handlung durch einen Menschen, z. B. das Lernen von Schulkindern. Beeinträchtigungen der Aktivität sind folgerichtig Schwierigkeiten, die ein Mensch beim Durchführen bestimmter Aktivitäten haben kann. Partizipation oder Teilhabe ist das Einbezogensein in eine Lebenssituation und Beeinträchtigungen der Partizipation sind dementsprechend die Probleme, die ein Mensch hinsichtlich dieses Einbezogenseins aufweisen kann.

Körperfunktionen sind die physiologischen Funktionen von Körpersystemen einschließlich der psychologischen Funktionen. Mit Körperstrukturen sind ana-

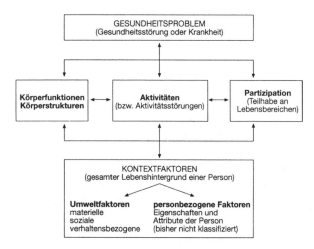

Abb. 28: Wechselwirkung zwischen den Komponenten des ICF (Neumann 2008, 139)

tomische Teile des Körpers wie Organe, Gliedmaßen und ihre Bestandteile gemeint. Schädigungen sind Beeinträchtigungen von Körperfunktionen oder -strukturen wie z. B. wesentliche Abweichungen oder gar Verlust.

Umweltfaktoren bilden die materielle, soziale und einstellungsbezogene Umwelt, in der Menschen leben, und liegen außerhalb des Individuums. Personbezogene Faktoren umfassen Gegebenheiten des Menschen, die nicht Teil ihres Gesundheitsproblems oder -zustands sind (Geschlecht, ethnische Zugehörigkeit, Alter, Fitness, Lebensstil, Bewältigungsstrategien, Bildung und Ausbildung, Beruf, vergangene und gegenwärtige Erfahrungen, Gewohnheiten, Erziehung, ...). Sowohl Umweltfaktoren als auch personbezogene Faktoren können die Leistung eines Menschen als Mitglied der Gesellschaft (Partizipation), seine Leistungsfähigkeit beim Durchführen von Handlungen und Aufgaben (Aktivitäten) oder seine Körperfunktionen und -strukturen positiv oder negativ beeinflussen, sich also als Förderfaktor oder als Barriere erweisen.

7.2 Aufbau und Struktur

Die ICF besteht aus 1400 Items, die in einer Baumstruktur geordnet sind. Die Komponenten Körperfunktionen und -strukturen, Aktivitäten und Teilhabe sowie die Umwelt- und personbezogenen Faktoren sind untergliedert in einzelne Kapitel oder Domänen, die wiederum in Haupt- und Unteritems gegliedert sind.

Aktivitäten und Partizipation z. B. setzen sich zusammen aus den Domänen Lernen und Wissensanwendung, allgemeine Aufgaben und Anforderungen,

Kommunikation, Mobilität, Selbstversorgung, häusliches Leben, interpersonelle Interaktionen und Beziehungen, bedeutende Lebensbereiche und gemeinschafts-, soziales und staatsbürgerliches Leben.

Kapitel 3 der Aktivitäten und Partizipation »Kommunikation« verfügt z. B. über die Hauptitems Kommunizieren als Empfänger, Kommunizieren als Sender und Konversation und Gebrauch von Kommunikationsgeräten und -techniken. Kommunizieren als Sender besteht wiederum aus den Unteritems Sprechen, nonverbale Mitteilungen produzieren, Mitteilungen in Gebärdensprache ausdrücken, Mitteilungen schreiben und einer Art Restkategorie: anders oder nicht näher bezeichnet. Für jedes Item gibt es eine Definition mit Ein- und Ausschlusskriterien.

7.3 Anpassungen für das Kindes- und Jugendalter (ICF-CY)

Nach Hollenweger (2007) gibt es eine Reihe von Gründen, die eine Anpassung der ICF an das Kindes- und Jugendalter erforderlich machen:

1. Bei Kindern werden neben stabilen Funktionsstörungen viel häufiger Abweichungen in Entwicklungsverläufen festgestellt, die sich eher selten eindeutig interpretieren lassen und eben keine permanente Störung oder Schädigung bedeuten.
2. Eine klare Trennung von Aktivitäten, Partizipation und Körperfunktionen stellt sich bei kleinen oder sehr schwer behinderten Kindern sehr schwierig dar, da gemeinsame Aktivitäten den Aufbau von Körperfunktionen vermitteln, wie das in unterschiedlichen Bereichen der Selbstregulierung der Fall ist (z. B. bei Schlaf-, Verdauungs-, oder Aufmerksamkeitsfunktionen).
3. Die Interaktion zwischen einem Individuum mit seinen Fähigkeiten und seiner Umwelt und damit die spezifischen Muster von Beziehungen besitzen für Kinder in Primärdyaden eine weit größere Bedeutung für die Funktionsfähigkeit als für Erwachsene. Die Gestaltungsmöglichkeiten der Kinder in Beziehungen sind von der Ausgestaltung ihrer Lebenswelt durch reifere Interaktionspartner abhängig und verändern sich sehr stark mit zunehmendem Alter.
4. Bei Erwachsenen werden die Umweltfaktoren als eher moderierende oder vermittelnde Faktoren verstanden, während sie bei Kindern Bedingungsfaktoren für Entwicklungsprozesse darstellen.

Die Weltgesundheitsorganisation hat deshalb eine besondere Version der ICF für Kinder und Jugendliche (ICF-CY) erarbeitet, die 2007 in englischer Sprache und 2011 als deutsche Version erschienen ist. Bei dieser Modifikation der ICF wurden zusätzliche Items gebildet, Definitionen erweitert oder verändert, Ein- und Ausschlusskriterien neu gefasst und einzelne Codes mit neuen Inhalten gefüllt.

Mit der vorgenommenen inhaltlichen Anpassung deckt die ICF-CY nach Hollenweger (2007) alle Bereiche der kindlichen Funktionsfähigkeit ab und kann im Rahmen der Diagnostik, der Interventionsplanung und der Veränderungsbeschreibung erfolgreich eingesetzt werden. Amorosa (2011) berichtet, dass bereits verschiedene Arbeitsgruppen die ICF-CY für spezifische Arbeitsbereiche wie Frühförderung, sozialmedizinische Nachsorge in der Pädiatrie oder auch für die Kooperation zwischen Jugendhilfe, Kinder- und Jugendpsychiatrie und Schule durch die Auswahl der für ihr Klientel relevanten Items zugeschnitten haben.

7.4 Bedeutung für die sonderpädagogische Diagnostik

Autoren wie Neumann (2008), Niedermann, Schweizer und Steppacher (2007) oder auch Hollenweger (2005) halten den bio-psycho-sozialen Ansatz bei förderdiagnostischen Fragestellungen für sehr hilfreich, da er weitgehend einem »neuen sonderpädagogischen Verständnis von Förderdiagnostik« (Niedermann, Schweizer & Steppacher 2007, 41) entspricht und einen Rahmen schafft, »der auch für förderdiagnostische Grundüberlegungen genutzt werden kann« (Neumann 2008, 140).

Unter Rückgriff auf die in ▶ Kap. 5 herausgearbeiteten Bestimmungsstücke der Förderdiagnostik kann diese Einschätzung geteilt und bestätigt werden. Im Bereich der Aktivitäten werden nicht nur in Kapitel 1 »Lernen und Wissensanwendung«, sondern auch darüber hinaus in unterschiedlichen Lebensbereichen Lernprozesse und Lernergebnisse erfasst und beschrieben. Da alle Aktivitäten gleichzeitig direkt in Beziehung zur Partizipation und Teilhabe gesehen werden, entsteht selbstverständlich eine enge Verknüpfung von Diagnose und Förderung. Jede Aktivität oder auch jede Aktivitätsstörungen wird nicht als solche erfasst und analysiert, sondern immer im förderlichen oder hemmenden Kontext zu Partizipation und Teilhabe. Hieraus ergeben sich fast zwangsläufig Fördermöglichkeiten und Fördernotwendigkeiten. Auch der Einbezug der Gegebenheiten des sozialen Umfeldes als Barrieren oder Förderfaktoren werden über die Kontextfaktoren sichergestellt. Da die ICF zu einer Beschreibung von Aktivitäten, Köperfunktionen und -strukturen sowie Kontextfaktoren in großer Breite auffordert und nicht gezielt Störungsbilder beschreibt, wie das z.B. die ICD 10 tut, ergeben sich automatisch Stärken und Schwächen gleichermaßen. Es stehen hier eben nicht die (Gesundheits-)Probleme im Vordergrund, sondern die Funktionsfähigkeit eines Menschen in seiner gegenwärtigen Umwelt. Das Verstehen eines Menschen in seiner Lebenssituation als Grundanliegen jeglicher Diagnostik entsteht über das Herstellen vielfältiger Zusammenhänge und Wechselbeziehungen zwischen Aktivitäten, Teilhabe, Körperfunktionen und -strukturen sowie den Kontextfaktoren. Solche Beziehungen und Zusammenhänge sind nur unter Rückgriff auf entsprechende Theorien, auf entsprechendes theoretisches Wissen herstellbar.

Bisherige Vorschläge zur diagnostischen Begleitung von Förderprozessen gehen nach Meinung von Neumann (2008) von keiner einheitlichen theoretischen Basis aus und haben dann auch unterschiedliche Terminologien zur Folge. Mit der ICF läge nun ein Begriffssystem vor, »das für eine solche Vereinheitlichung der diagnostischen Sichtweisen und Schrittfolgen geeignet sein könnte« (Neumann 2008, 138). Eine solche gemeinsame, standardisierte Sprache würde für Niedermann, Schweizer und Steppacher (2007) auch den Austausch zwischen verschiedenen Fachpersonen aus verschiedenen Fachdisziplinen erleichtern und eine eher integrierte Sichtweise ermöglichen. Die auf ICF-Basis entwickelten schulischen Standortgespräche im Kanton Zürich (siehe ▶ Kap. 6.1.4) zeigen beispielhaft eine solche interdisziplinäre Verständigung sowie das gelungene Einbeziehen der Eltern und Betroffenen.

Nach Niedermann, Schweizer und Steppacher (2007) lässt sich das ICF-Modell im Praxisfeld Schule und im Zusammenhang mit förderdiagnostischen Fragestellungen mit Inhalten füllen, die auf Kinder im Schulalltag ausgerichtet sind (siehe ▶ Abb. 29). Schulschwierigkeiten werden im Rahmen der ICF als Einschränkungen der Gesundheit und der Funktionsfähigkeit betrachtet und sind somit Resultate komplexer Wechselwirkungen zwischen Aktivitäten der Lernenden und ihres bio-psycho-sozialen Kontextes. Mit den hier vorgeschlagenen Bereichen können nach Niedermann, Schweizer und Steppacher (2007) die Einschränkungen der Funktionsfähigkeit auf allen Ebenen beschrieben werden. Geht es allerdings um die Festlegung des Ausmaßes und der Qualität der Schwierigkei-

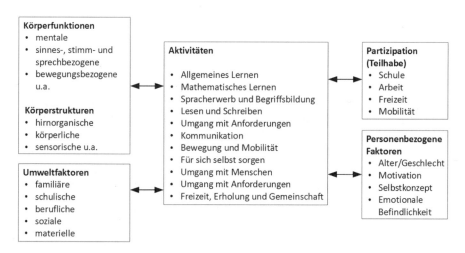

Abb. 29: ICF-Bereiche im Praxisfeld Schule und ihre Wechselwirkungen (Niedermann, Schweizer & Steppacher 2007, 57)

ten in einem bestimmten Bereich, müssen zusätzlich diagnostische Verfahren und Methoden eingesetzt werden. Bei Niedermann, Schweizer und Steppacher (2007) wird zu jedem ICF-Bereich eine Auswahl förderdiagnostischer Instrumente vorgestellt, die entweder der Erfassung von Aktivitäten, Körperfunktionen oder von Kontextfaktoren dienen.

8 Das sonderpädagogische Gutachten

Wie in ▶ Kap. 1 ausführlich berichtet, decken Studien zur Qualität sonderpädagogischer bzw. förderdiagnostischer oder förderpädagogischer Gutachten eklatante Mängel auf:

- Aus den von Eltern, Lehrkräften oder anderweitig Betroffenen an die Diagnostiker herangetragenen Fragen, Anliegen, Befürchtungen und Sorgen werden keine wissenschaftlich begründeten und prüfbaren Fragestellungen entwickelt, sondern sie werden eher kritiklos übernommen.
- Gutachten werden als wesentlicher Teil eines Verwaltungsaktes begriffen und auf diesen reduziert.
- Gutachten sind noch immer am sogenannten medizinischen Modell ausgerichtet, das die Probleme im Kind sucht und den Kontext weitgehend ignoriert.
- Das Benennen des Förderorts ist oft der einzige spezifische Fördervorschlag im gesamten Gutachten.
- Die Standards der klassischen Testtheorie werden nicht eingehalten, obwohl das diagnostische Instrumentarium von den Intelligenztests dominiert wird.
- Der diagnostische Prozess wird in den Gutachten nicht transparent und nachvollziehbar beschrieben.

Aufgrund dieser ernüchternden Bestandsaufnahme erscheinen grundsätzliche Bemerkungen zur Gestaltung sonderpädagogischer oder förderdiagnostischer Gutachten durchaus angezeigt. Unter Rückgriff auf entsprechende Fachliteratur zum psychologischen Gutachten werden allgemeine Prinzipien und Strategien formuliert, bevor dann Struktur und Aufbau des Gutachtens, häufige Fehler und der Förderplan erörtert werden.

8.1 Grundlegende Prinzipien und Strategien

Für Kubinger (2009) dokumentiert das psychologische Gutachten den diagnostischen Prozess von der Klärung der Fragestellung bis hin zur Formulierung eines Interventionsvorschlages. Dabei sollte sich das Gutachten strikt an der Fragestellung orientieren und nur relevante Informationen im Sinne der Fragestellung aufnehmen. Die Sprache des Gutachtens sollte am Adressaten ausgerichtet sein und wenn nötig, müssen Fachtermini erläutert oder Aussagen durch Beispiele konkretisiert werden. Selbstverständlich werden alle eingesetzten Verfahren nicht nur benannt, sondern erforderlicherweise auch erläutert. Die Grenzen zwischen Ergebnisbeschreibung und Ergebnisinterpretation dürfen auf keinen Fall verwischt werden. Durch eine strikte Trennung von Ergebnis und Interpretation erhält der Leser eines Gutachtens die Chance, eigene Schlüsse aus den diagnostischen Ergebnissen zu ziehen und er kann sich dann der Interpretation des Gutachtens anschließen oder ihr seine eigene gegenüberstellen. Des Weiteren ist die Fragestellung dezidiert zu beantworten, indem die gewonnenen Daten, nachdem sie uninterpretiert vorgelegt wurden, dann auch gemäß der Fragestellung erläutert, gewichtet und zueinander in Beziehung gesetzt werden.

Für Gutachten und Untersuchungsberichte gelten laut Pospeschill und Spinath (2009) Kriterien, die der besonderen Bedeutung derselben Rechnung tragen: Sorgfaltspflicht, Transparenz sowie ethische und rechtliche Standards. Entsprechend der Sorgfaltspflicht erfordert das Erstellen und Benutzen von Gutachten eine sachlich und wissenschaftlich fundierte Expertise, die es dem Diagnostiker ermöglicht, geeignete diagnostische Instrumente einzusetzen, relevante Hypothesen zu generieren und bei all dem auf empirisch begründetes Wissen zurückzugreifen. Ein transparentes Gutachten informiert den Auftraggeber angemessen und nachvollziehbar über die einzelnen Verfahrensschritte und auch über die Grundlagen der gezogenen Schlussfolgerungen. Die Tätigkeit eines Gutachters ist in der Regel durch ethische Auflagen und rechtliche Bestimmungen vorstrukturiert, die dem Gutachter bewusst und bekannt sein müssen und die er selbstverständlich zu respektieren hat. Bei Kubinger (2009) finden sich weitere detaillierte hilfreiche Gestaltungsprinzipien:

- Der Aufbau richtet sich nach dem Ablauf des diagnostischen Prozesses.
- Bei Informationen im Rahmen der Anamnese oder Vorgeschichte ist jeweils die Informationsquelle zu nennen und entsprechende Aussagen werden im Konjunktiv formuliert, was zum Ausdruck bringt, dass diese Daten und Aussagen vom Gutachtenerstellenden ungeprüft übernommen wurden.
- Die Interpretation der Testwerte bringt immer auch die Messungenauigkeit zum Ausdruck und formuliert, dass der wahre Wert aufgrund eben der Messungenauigkeit mit einer bestimmten Wahrscheinlichkeit in einem bestimmten Bereich liegt.
- Die vorliegenden Befunde sind immer sprachlich verständlich abzufassen und aufzubereiten. Auf tabellarische Ergebnismitteilungen sollte verzichtet werden, da sie zwar das Abfassen eines Gutachtens vereinfachen, dafür aber auch die Verständlichkeit vor allem für den Laien reduzieren, der die vielen angegebenen Zahlenwerte meist inhaltlich nicht interpretieren kann.
- Testergebnisse sollten immer auch als Prozentränge mitgeteilt werden, da sie die unmittelbare Position des Untersuchten in der Vergleichspopulation angeben und deshalb auch für Laien verständlich sind.

Alle diese Prinzipien und Hinweise zur Gestaltung psychologischer Gutachten gelten auch uneingeschränkt für die Gestaltung sonderpädagogischer Gutachten, was in den von Schuck et al. (2006) aufgestellten Gütekriterien für Gutachten oder den von Leonarczyk (2004) formulierten Anforderungen an förderdiagnostische Gutachten zum Ausdruck kommt.

8.2 Struktur und Aufbau

Wie schon erwähnt, folgt der Aufbau und die Struktur eines diagnostischen Gutachtens sinnvollerweise dem diagnostischen Prozess und zeichnet ihn nach. Das Gutachten nimmt seinen Ausgangspunkt in der Fragestellung, der die Vorgeschichte oder Eingangsdaten folgen. Daraus lassen sich Hypothesen entwickeln, deren Prüfung durch ausgewählte diagnostische Verfahren im Untersuchungsplan beschrieben wird. Als nächster Schritt erfolgt nun im Gutachten die Ergebnis- und Befundmitteilung, die bereits auf die Fragestellung Bezug nehmen. In der abschließenden Stellungnahme haben Interventionsvorschläge mit den zu erwartenden Veränderungen, den für die Intervention erforderlichen Bedingungen usw. ihren Platz (siehe ▶ Abb. 30).

	Abschnitte	Inhalte
1.	Fragestellung und formale Merkmale	Fragestellung, Auftraggeber, Klient, Untersucher, Untersuchungstermine, Untersuchungsverfahren.
2.	Vorgeschichte	Informationen, die der Gutachter zu Beginn der Untersuchung vorgefunden hat (mit Quellenangabe).
3.	Hypothesen	Planung des diagnostischen Vorgehens im Sinne der Beantwortung der Fragestellung.
4.	Untersuchungsplan	Beschreibung und Begründung der in der Untersuchung herangezogenen Informationsquellen im Sinne der Prüfung der Hypothesen.
5.	Ergebnisdarstellung	Nach festgelegten Regeln werden für jede Informationsquelle alle Informationen, die der Beantwortung der Fragestellung dienen, dargestellt.
6.	Befund	Beantwortung der Fragestellung und der daraus abgeleiteten Hypothesen durch Zusammenstellen aller Informationen zu jeder Hypothese und deren Kombination zu einer Antwort.
7.	Stellungnahme	Ausarbeitung von Vorschlägen hinsichtlich der sich – im Sinne der Fragestellung – anbietenden Möglichkeiten, der Bedingungen für deren Verwirklichung, der damit zu erreichenden Ziele und eventuellen Folgen jeder Möglichkeit.

Abb. 30: Rahmen zur Gestaltung eines Gutachtens (Krohne & Hock 2007, 413)

Auch Schuck et al. (2006) oder Arnold (2007) vertreten die Ansicht, dass Aufbau und Struktur sonderpädagogischer bzw. förderdiagnostischer Gutachten den diagnostischen Prozessen oder den Diagnose- und Entscheidungsabläufen in den sonderpädagogischen Handlungsfeldern wie z. B. in einem Förderzentrum entsprechen müssen. Die Feststellung des sonderpädagogischen Förderbedarfs ist für Schuck et al. (2006) eine systematische Erkenntnistätigkeit, die sich an schulrechtlichen und verwaltungstechnischen Vorgaben zu orientierten hat. Sie schlagen deshalb folgende Hauptgliederungspunkte für ein dementsprechendes sonderpädagogisches Gutachten vor: 1. Anlass des Gutachtens; 2. Genutzte Informationsquellen; 3. Schulische Entwicklung; 4. Lebensweltliche Bedingungen (häusliche und schulische Rahmenbedingungen); 5. Individuelle Bedingungen (individuelle Handlungsbedingungen und Lernvoraussetzungen; fachlicher Lern- und Leistungsstand); 6. Zusammenfassung zentraler Ergebnisse; 7. Schlussfolgerungen für die Förderung (Förderziele, -inhalte und -methoden; notwendige schulische Rahmenbedingungen; Abwägungen und Lernortempfehlung; gegebenenfalls zusätzliche Empfehlungen auch für außerunterrichtliche Maßnahmen); 8. Stellungnahme der Erziehungsberechtigten.

Arnold (2007) unterteilt sein Strukturschema und seinen Leitfaden für Fördergutachten und Förderpläne in zwei Teile oder zwei Stufen. In Teil 1 wird der Förderbedarf diagnostiziert oder der sonderpädagogische Förderbedarf festgestellt sowie ein Förderort bestimmt und vorgeschlagen. Dieser Teil ist der Struktur eines psychologischen Gutachtens sehr ähnlich.

In Teil 2 geht es um die Präzisierung des Förderplans. Er wird hier im Detail entworfen, es wird über den Förderverlauf berichtet und der Fördererfolg wird bewertet. Dieses Modell wurde von Arnold (2007) in der universitären Ausbildung von Sonderschullehrkräften entwickelt. Wichtige Bestandteile sind die hypothesengeleitete Informationserhebung und Interpretation sowie die Verknüpfung dieser Untersuchungsergebnisse mit einem Förderplan, was den übergreifenden Rahmen für dieses förderdiagnostische Konzept abgibt. Es fungiert einmal als Schema, das die Struktur der diagnostischen Argumentation offenlegt und aufzeigt, und es dient als Leitfaden, der wichtige Elemente der Planung in eine Reihenfolge bringt, wohl wissend, dass im Einzelfall Ergänzungen oder Reduktionen erforderlich sind.

Folgt man dem Ablaufschema des diagnostischen Prozesses nach Breitenbach (2003), beginnt das Gutachten mit der spezifischen, kritisch hinterfragten Fassung der Lernhemmung und damit der Fragestellung. Von dieser Fragestellung ausgehend werden im nächsten Schritt die diagnostischen, auf wissenschaftlichen Kenntnissen beruhenden Hypothesen über den Bedingungshintergrund der Lernhemmung mitgeteilt, um dann die Methodenauswahl zu begründen und die Untersuchungsergebnisse mitzuteilen. Davon deutlich abgesetzt, werden diese Ergebnisse und Einzelbefunde im Lichte der Fragestellung zusammengeschaut und interpretiert. Auf diesem hier entstandenen Problemverständnis werden nun wiederum wissenschaftlich begründete Hypothesen generiert, diesmal allerdings über nächste Entwicklungsschritte und das neue oder veränderte, in der Praxis zu erprobende Lehr- und Förderangebot.

8.3 Häufige Fehler

Als häufigste Fehler führt Kubinger (2009) eine unscharfe Ausdrucksweise, ausweichende Stellungnahmen und fehlende Objektivierbarkeit der Befunde an. Auch sind hier noch einmal die bereits in ▶ Kap. 2 angeführten Fehler im Zusammenhang mit der Befund- oder Gutachtenerstellung zu erwähnen. Darüber hinaus können bei der Übersetzung der diagnostischen Daten in einen schriftlichen Bericht unterschiedliche Verzerrungen auftreten. Die schriftliche Fixierung von Untersuchungsergebnissen führt häufig zu einer Verkürzung, da manches als nebensächlich oder unwichtig erachtet wird. Des Weiteren sind Gutachter meist bemüht, einen in sich stimmigen Bericht abzugeben. Dazu können Details, die nicht passen, unterdrückt oder an Stellen, wo Einzelheiten zur Herstellung eines Zusammenhangs notwendig wären, neue nicht diagnostizierte hinzugefügt werden.

Auch sollte sich jeder Gutachter darüber bewusst sein, dass sein Gutachten und damit seine Untersuchungsergebnisse und ihre Bewertung sowie seine Stellungnahme zur Fragestellung, selbst bei sorgfältiger Beachtung aller Regeln der Kunst, mit Fehlern behaftet sein können. Erinnert sei in diesem Zusammenhang an die Reliabilität oder Messungenauigkeit diagnostischer Instrumente oder auch an die Tatsache, dass Leistungen von Menschen schwanken und einer Tagesform unterliegen oder dass Untersuchungen in einer fremden, ungewohnten und künstlichen Situation durchgeführt werden, was ebenfalls die Ergebnisse verfälschen kann.

8.4 Förderplan und Fördergutachten

Eggert (1997) definiert den Förder- oder individuellen Entwicklungsplan einerseits als eine integrierende Zusammenfassung diagnostischer Informationen und andererseits als eine Lernprozessbegleitung. Der Förderplan als Verschriftlichung des förderdiagnostischen Prozesses ist nach Kretschmann (2003) in vieler Hinsicht hilfreich, vor allem, weil förderdiagnostische Gutachten dies offensichtlich in vielen Fällen nicht leisten, wie die Untersuchungen zur Qualität von Fördergutachten zeigen. Andererseits sind Förderpläne im Grunde unnötig, da tatsächliche Fördergutachten selbstverständlich einen Förderplan enthalten. Förderdiagnostische Gutachten, die diesen Namen verdienen und nicht in erster Linie Rechtfertigungen für Platzierungsentscheidungen zur Verfügung stellen, machen Förderpläne überflüssig. Eine hilfreiche Funktion könnten die Förderpläne erhalten, wenn sie als organisatorische Koordinationshilfe genutzt würden, um konkrete Vereinbarungen und Absprachen zur Koordination der Maßnahmen verschiedener Akteure (Personen und Institutionen) zu treffen und zu dokumentieren.

Darüber hinaus werden in der sonderpädagogischen Fachliteratur zum Förderplan meist pädagogisch-didaktische und psychologisch-therapeutische sowie diagnostische Gemeinplätze und Selbstverständlichkeiten formuliert, die nichts wesentlich Neues enthalten, sondern an viel Altbekanntes erinnern.

Mit Sander (2007) sei abschließend noch daran erinnert, dass Förderpläne möglicherweise die Gefahr eines von der Schulverwaltung verordneten Formalismus oder Kontrollmechanismus in sich tragen und lediglich die Arbeitsbelastung der Pädagogen erhöhen ohne die Qualität der Arbeit wesentlich zu verbessern.

9 Zusammenfassung

Die Forschungslage zur Qualität pädagogischer und sonderpädagogischer Diagnostik verweist einerseits auf die große Bedeutsamkeit diagnostischer Kompetenzen von Lehrkräften und offenbart andererseits einen erschreckenden Mangel an diagnostischen Kompetenzen bei denselben. Eine wissenschaftliche Auseinandersetzung mit Diagnostik in pädagogischen und sonderpädagogischen Handlungsfeldern scheint ebenso dringend angezeigt wie eine kritische Analyse der entsprechenden Studien- und Ausbildungsinhalte.

Die sonderpädagogische Diagnostik hat sich aus der psychologischen heraus entwickelt und so wundert es nicht, wenn ihre Definition und ihre theoretischen Grundlagen deutliche Übereinstimmungen und Parallelen zur psychologischen Diagnostik aufweisen. Sonderpädagogische und psychologische Diagnostik verfügen im Wesentlichen über dieselben beiden Strategien: die Selektions- und die Modifikationsstrategie oder die Platzierungs- und Förderdiagnostik, wie die entsprechenden Bezeichnungen in der sonderpädagogischen Fachliteratur lauten. Sie beschreiben ihr Vorgehen in vergleichbaren und sehr ähnlichen Prozessmodellen und müssen beide auf ein breites Feld inhaltlicher Grundlagen zurückgreifen.

Sucht man nach Unterschieden, findet man sie vielleicht noch am ehesten in bestimmten Akzentuierungen, wie z. B. in einer stärkeren Werteorientierung der sonderpädagogischen Diagnostik oder in ihrem besonderen Bemühen um das Verstehen subjektiver Realitäten im jeweiligen Lebenskontext.

Selbst bei der Berücksichtigung möglicher Beurteilungs- und Bewertungsfehler oder den geltenden gesetzlichen Grundlagen und Bestimmungen sowie ethischen Anforderungen an das diagnostische Handeln ergeben sich keine nennenswerten Differenzen.

Alle Autoren sind sich einig, dass der Modifikationsstrategie oder Förderdiagnostik im Handlungsfeld der Sonderpädagogik heute besondere Relevanz zukommt, ohne dass gleichzeitig die Notwendigkeit von Selektionsentscheidungen geleugnet wird. Der Versuch jedoch, sie als **die** sonderpädagogische Diagnostik zu fassen und zu begründen, die sich in Theorie und Praxis als eigenständig erweist und sich dementsprechend auch klar von der psychologischen Diagnostik abgrenzen lässt, kann als gescheitert angesehen werden. Gleichwohl lassen sich in der einschlägigen Fachliteratur Bestimmungsstücke ausmachen, die von vielen Autoren mit dem Konzept der Förderdiagnostik in Verbindung gebracht werden und die offensichtlich für das sonderpädagogische Denken und Handeln zentrale Aspekte zum Ausdruck bringen:

- Förderdiagnostik analysiert und evaluiert Lernprozesse und stellt unter Zuhilfenahme von struktur- und entwicklungsorientierten Bezugstheorien fest, wie weit ein Schüler bereits in das zu Lernende eingedrungen ist und welche nächsten Lernschritte mit welchen Hilfestellungen zu gehen sind.
- Förderdiagnostik geht davon aus, dass jegliches Verhalten kontextabhängig ist und bezieht deshalb das gesamte Umfeld in die Analyse mit ein. Der Kontext wird dabei nicht sichtbar über das Sammeln von Faktoren und Bedingungen des Umfeldes, sondern nur über die Einnahme der Perspektive des zu Untersuchenden auf diese seine Umwelt.
- Die konsequente Verknüpfung von Diagnose und Förderung ist nicht zu verstehen als direktes Ableiten der Förderziele aus vorliegenden diagnostischen Daten, sondern als das Erfassen der Lernausgangslage, die zusammen mit Theorien über Lernen, über Entwicklungsverläufe und Störungsbilder sowie über entsprechende Präventions- und Interventionskonzepte den Förderdiagnostiker in die Lage versetzt, Hypothesen zur Beschreibung förderlicher und hemmender Entwicklungs- und Lernbedingungen aufzustellen, nächste Förderziele und mögliche Maßnahmen zum Erreichen dieser Ziele zu benennen. Förderdiagnostik ist ein zyklischer hypothesengenerierender und hypothesenprüfender Prozess, der seinen Ausgang in einer Bestandsaufnahme nimmt, um ein Förderkonzept und einen Förderplan zu entwickeln sowie dessen Umsetzung zu begleiten und zu evaluieren.
- Förderdiagnostik muss somit immer pädagogischen, didaktischen und psychologischen Theorien nachgeordnet gedacht werden.
- Förderdiagnostik erfasst und berücksichtigt gleichermaßen Stärken und Schwächen eines Kindes, da sich beide gegenseitig bedingen und gemeinsam die Individualität eines Kindes ausmachen.

Sichtbare und durchaus charakteristische Unterschiede zwischen sonderpädagogischer und psychologischer Diagnostik ergeben sich aus den deutlich verschiedenen Anwendungsfeldern. Die sonderpädagogische Diagnostik verfügt deshalb neben den psychologischen Methoden mit den vielfältigen informellen Verfahren, den Möglichkeiten des curriculumbasierten Messens, der Fehleranalyse, der Konsulentenarbeit oder den schulischen Standortgesprächen über eigene, selbst entwickelte spezifische diagnostische Instrumente, die den Besonderheiten der zu untersuchenden Klientel und den spezifisch sonderpädagogischen Fragestellungen geschuldet sind.

Literatur

Adler, A. (1927): Menschenkenntnis. Leipzig: S. Hirze.
Amelang, M. & Schmidt-Atzert, L. (2006): Psychologische Diagnostik und Intervention. 4. Aufl., Berlin: Springer.
Amorosa, H. (2011): Die internationale Klassifikation der Funktionsfähigkeit, Behinderung und Gesundheit für Kinder und Jugendliche. Ein Überblick über Klassifikation und einige Anwendungsmöglichkeiten. In: Teilhabe 50, 2, 60–65.
Arnold, K.-H. (2007): Sonderpädagogische Begutachtung und Förderungsplanerstellung: Ein Strukturschema. In: W. Mutzeck (Hrsg.): Förderplanung. Grundlagen, Methoden, Alternativen. 3. Aufl., Weinheim: Beltz, 33–44.
Arnold, K.-H. & Kretschmann, R. (2002): Förderdiagnostik, Förderplan und Förderkontakt: Von der Eingangsdiagnose zu Förderungs- und Fortschreibungsdiagnosen. In: Zeitschrift für Heilpädagogik 53, 7, 266–271.
Bales, R. F. (1950): Interaction process analysis. A method for the study of small groups. Chicago: University Press.
Barkey, P. (1975): Direkte versus indirekte Modelle sonderpädagogischer Diagnostik. In: R. Kornmann (Hrsg.): Diagnostik bei Lernbehinderten. Heidelberg: Schindele, 20–35.
Baumert, J. & Kunter, M. (2006): Stichwort Professionelle Kompetenz von Lehrkräften. In: Zeitschrift für Erziehungswissenschaft 9, 496–520.
Behring, K., Kretschmann, R. & Dobrindt, Y. (2006): Prozessdiagnose mathematischer Kompetenzen in den Schuljahren 1 und 2. 3. Aufl., Horneburg: Persen.
Bodenmann, G. (2006): Beobachtungsmethoden. In: F. Petermann & M. Eid (Hrsg.): Handbuch der psychologischen Diagnostik. Göttingen: Hogrefe (Handbuch der Psychologie, 4), 151–159.
Breitenbach, E. (2003): Förderdiagnostik. Theoretische Grundlagen und Konsequenzen für die Praxis. Würzburg: edition bentheim.
Breitenbach, E. (2005): Einführung in die pädagogisch-psychologische Diagnostik. In: S. Ellinger & R. Stein (Hrsg.): Grundstudium Sonderpädagogik. Oberhausen: Athena Verlag, 114–141.
Breitenbach, E. (2007): Förderdiagnostik. Theoretische Grundlagen und Konsequenzen für die Praxis. 2. Aufl., Würzburg: edition bentheim.
Breitenbach, E. (2012): Grundlagen der Förderdiagnostik. In: H. Günther & W. R. Bindel (Hrsg.): Deutschunterricht in Theorie und Praxis. Band 1: Deutsche Sprache in Kindergarten und Vorschule. Baltmannsweiler: Schneider Verlag Hohengehren, 96–129.
Breitenbach, E. & Weiland, K. (2010): Förderung bei Lese-Rechtschreibschwäche. Stuttgart: Kohlhammer.
Brickenkamp, R. (2002): Handbuch psychologischer und pädagogischer Tests. 3., vollständig überarb. und erw. Aufl., Göttingen: Hogrefe.
Bronfenbrenner, U. (1981): Die Ökologie der menschlichen Entwicklung. Stuttgart: Klett-Cotta.
Bundschuh, K. (1991): Einführung in die sonderpädagogische Diagnostik. München: Ernst Reinhardt.
Bundschuh, K. (1994): Praxiskonzepte der Förderdiagnostik. Möglichkeiten der Anwendung in der sonder- oder heilpädagogischen Praxis. München: Julius Klinkhardt.

Bundschuh, K. (2000): Differenzierte Begutachtung und Kompetenzorientierung. Anforderungen an eine heilpädagogische Diagnostik im 21. Jahrhundert. In: Zeitschrift für Heilpädagogik 51, 8, 321–326.
Bundschuh, K. (2004): Förderdiagnostik im 21. Jahrhundert – zwischen Problem- und Kompetenzorientierung. In: W. Mutzeck & P. Jogschies (Hrsg.): Neue Entwicklungen in der Förderdiagnostik. Grundlagen und praktische Umsetzungen. Weinheim: Beltz, 39–73.
Bundschuh, K. (2010): Einführung in die sonderpädagogische Diagnostik. 7. Aufl., München: Ernst Reinhardt.
Bundschuh, K., Scholz, M. & Reiter, S. (2007): Konzeptualisierung einer praxisnahen und kompetenzorientierten Förderplanung. In: Zeitschrift für Heilpädagogik 11, 430–438.
Daseking, M. & Petermann, F. (2006): Anamnese und Exploration. In: F. Petermann & M. Eid (Hrsg.): Handbuch der psychologischen Diagnostik. Göttingen: Hogrefe (Handbuch der Psychologie, 4), 242–250.
Deutscher Bildungsrat (1970): Strukturplan für das Bildungswesen. Bonn: Autor.
Deutsches Institut für Medizinische Dokumentation und Information (DIMDI), World Health Organization, Genf (Hrsg.) (2005): Internationale Klassifikation der Funktionsfähigkeit, Behinderung und Gesundheit. Neu-Isenburg: Medizinische Medien-Informations GmbH.
Deutsches PISA-Konsortium (Hrsg.) (2001): PISA 2000. Basiskompetenzen von Schülerinnen und Schülern im internationalen Vergleich. Opladen: Leske und Budrich.
Deutsches PISA-Konsortium (Hrsg.) (2002): PISA 2000. Die Länder der Bundesrepublik Deutschland im Vergleich. Opladen: Leske und Budrich.
Diehl, K. (2011): Innovative Lesediagnostik – Ein Schlüssel zur Prävention von Lese-Rechtschreibschwierigkeiten. In: Zeitschrift für Heilpädagogik 62, 5, 164–172.
Diehl, K. & Hartke B. (2011): Zur Reliabilität und Validität des formativen Bewertungssystems IEL-1: Inventar zur Erfassung der Lesekompetenz von Erstklässlern. In: Empirische Sonderpädagogik 2, 121–146.
Diehl, K., Hartke, B. & Knopp, E. (2009): Curriculum-Based-Measurement und Leerlingonderwijsvolgsysteem – Konzepte zur theoriegeleiteten Lernfortschrittsmessung im Anfangsunterricht Deutsch und Mathematik? In: Zeitschrift für Heilpädagogik 60, 4, 122–130.
Dollase, R. (2006): Soziometrie. In: F. Petermann & M. Eid (Hrsg.): Handbuch der psychologischen Diagnostik. Göttingen: Hogrefe (Handbuch der Psychologie, 4), 251–258.
Eberwein, H. & Knauer, S. (1998): Handbuch Lernprozesse verstehen. Wege einer neuen (sonder-)pädagogischen Diagnostik. Weinheim: Beltz.
Eggert, D. (1997): Von den Stärken ausgehen ... Individuelle Entwicklungspläne in der Lernförderungsdiagnostik. 2. Aufl., Dortmund: Borgmann Publishing.
Faßnacht, G. (1995): Systemische Verhaltensbeobachtung: eine Einführung in die Methodologie und Praxis. 2., verbesserte Aufl., München: Reinhardt.
Fisseni, H.-J. (2004): Lehrbuch der psychologischen Diagnostik. Mit Hinweisen zur Intervention. 3. Aufl., Göttingen: Hogrefe.
Fornefeld, B. (2008): »Der diagnostische Blick«. Diagnostik als interdisziplinäre heilpädagogische Aufgabe. In: G. Hiller, R. Trost & H. Weiß (Hrsg.): Der pädagogische Blick. (Sonder-)Pädagogische Diagnostik und ihre Wirkungen. Laupheim: Armin Vaas, 17–27.
Friedrichs, J. (2006): Delegation der Testdiagnostik an Nicht-Psychologen. Problematisch im Hinblick auf Haftungsrecht und Sorgfaltspflicht. In: Report Psychologie 31, 11/12, 510.
Frith, U. (1985): Beneath the surface of developmental dyslexia. In: K. E. Patterson, J. C. Marshall & M. Coltheart (Hrsg.): Surface dyslexia: Neuropsychological and cognitive studies of phonological reading. London: Lawrence Erlbaum Associates, 301–330.
Fuchs, L. (2004): The past, present, and future of curriculum-based measurement research. In: School Psychology Review 33, 188–192.
Fuchs, L. & Fuchs, D. (1993): Formative evaluation of academic progress: How much growth can we expect? In: School Psychology Review 22, 1–30.

Goll, H. (1994): Vom Defizitkatalog zum Kompetenzinventar. In: T. Hofmann & B. Klingmüller (Hrsg.): Abhängigkeit und Autonomie. Neue Wege in der Geistigbehindertenpädagogik. Berlin: VWB Verlag für Wissenschaft, 130–152.
Graf, U. & Moser-Opitz, E. (2007): Lernprozesse wahrnehmen, deuten und begleiten. In: U. Graf & E. Moser-Opitz (Hrsg.): Diagnostik und Förderung im Elementarbereich und Grundschulunterricht. Baltmannsweiler: Schneider Verlag Hohengehren, 5–12.
Graichen, J. (1975): Kann man legasthenische und dyskalkulatorische Schulschwierigkeiten voraussagen? In: Praxis der Kinderpsychologie und Kinderpsychiatrie 24, 52–57.
Graichen, J. (1993): Die Steuerung des Verhaltens aus neuropsychologischer Sicht. In: Deutsche Gesellschaft für Sprachheilpädagogik e.V. – Landesgruppe Bayern (Hrsg.): Sprache – Verhalten – Lernen. Rimpar: Edition von Freisleben, 335–414.
Grassmann, M.; Klunter, M.; Köhler, E.; Mirwald, E.; Raudies, M. & Thiel, O. (2002): Mathematische Kompetenzen von Schulanfängern. Teil 1: Kinderleistungen – Lehrererwartungen. Potsdamer Studien zur Grundschulforschung 30. Universität Potsdam.
Grissemann, H. (1998): Diagnostik nach der Diagnose. Förderimmanente Prozessdiagnostik in der integrationsorientierten Sonderpädagogik. Bern: Huber.
Guthke, J. (1977): Zur Diagnostik der individuellen Lernfähigkeit. Berlin: Verlag Deutscher Wissenschaften.
Guthke, J. (1993): Developments in learning potential assessments. In: J. H. M. Hamers, K. Sijtsma & A. J. J. M. Ruissenaars (Hrsg.): Learning potential assessment: theoretical, methodological and practical issues. Amsterdam: Sweets und Zeitlinger, 43–67.
Guthke, J., Wolschke, P., Willems, K. & Huber, W. (2002): Leipziger Lerntest – Begriffsanaloges Klassifizieren. Göttingen: Hogrefe.
Hartmann, E. (2008): Konzeption und Diagnostik von schriftsprachlichen Lernstörungen im Responsiveness-to-Intervention-Modell: eine kritische Würdigung. In: Vierteljahresschrift für Heilpädagogik und ihre Nachbargebiete 77, 123–137.
Heimlich, U. (1998): Förderdiagnostik bei Lernschwierigkeiten – Anregungen für die Praxis. In: W. Mutzeck (Hrsg.): Förderdiagnostik bei Lern- und Verhaltensstörungen. Konzepte und Methoden. Weinheim: Deutscher Studienverlag, 43–58.
Helmke, A. (2007): Unterrichtsqualität erfassen, bewerten, verbessern. Stuttgart: Klett/Kallmeyer.
Hesse, I. & Latzko, B. (2009): Diagnostik für Lehrkräfte. Opladen: Barbara Budrich.
Heuer, H., Rösler, F. & Tack, W. H. (2007): Psychologische Diagnostik. Grundlagen und Anwendungsfelder. Stuttgart: Kohlhammer.
Hillenbrand, C. (1999): Paradigmenwechsel in der Sonderpädagogik. Eine wissenschaftstheoretische Kritik. In: Zeitschrift für Heilpädagogik 50, 240–246.
Hintz, A.-M. & Grünke, M. (2009): Einschätzungen von angehenden Lehrkräften für Sonder- und allgemeine Schulen zur Wirksamkeit von Interventionen für den Schriftspracherwerb bei lernschwachen Kindern. In: Empirische Sonderpädagogik 1, 45–61.
Hofmann, C. (1998): Förderungsdiagnostik und Versagen – situationsdiagnostische Anmerkungen. In: Zeitschrift für Heilpädagogik 49, 4–13.
Hofmann, C. (2003): Förderungsdiagnostik zwischen Konzeption und Rezeption. In: G. Ricken, A. Fritz & C. Hofmann (Hrsg.): Diagnose: Sonderpädagogischer Förderbedarf. Lengerich: Pabst Science Publishers, 106–115.
Hollenweger, J. (2005): Die Relevanz der ICF für die Sonderpädagogik. In: Sonderpädagogische Förderung heute 50, 2, 150–168.
Hollenweger, J. (2007): Frühförderung und ICF. Überlegungen zur Anwendung der ICF in der frühen Kindheit. In: Frühförderung interdisziplinär 26, 149–157.
Hollenweger, J. & Lienhard, P. (2007): Schulische Standortgespräche. Ein Verfahren zur Förderplanung und zur Zuweisung von sonderpädagogischen Massnahmen. Zürich: Bildungsdirektion und Lehrmittelverlag des Kantons Zürich.
Hollenweger, J. & Luder, R. (2010): Schulische Standortgespräche. Ein Verfahren zur Förderplanung und Zuweisung von sonderpädagogischen Maßnahmen. In: Sonderpädagogische Förderung heute 55, 3, 271–283.
Ingenkamp, K. (1989): Diagnostik in der Schule. Beiträge zu Schlüsselfragen der Schülerbeurteilung. Weinheim: Beltz.

Ingenkamp, K. (1991): Pädagogische Diagnostik. In: L. Roth (Hrsg.): Pädagogik. Handbuch für Studium und Praxis. München: Ehrenwirth, 760–785.
Jäger, R. S. (2006): Diagnostischer Prozess. In: F. Petermann & M. Eid (Hrsg.): Handbuch der psychologischen Diagnostik. Göttingen: Hogrefe (Handbuch der Psychologie, 4), 89–96.
Jäger, R. S. & Petermann, F. (1999): Psychologische Diagnostik. 4. Aufl., Weinheim: Beltz.
Kaminski, G. (1970): Verhaltenstheorie und Verhaltensmodifikation. Entwurf einer integrativen Theorie psychologischer Praxis am Individuum. Stuttgart: Klett.
Kamm, S. (1990): Leseanalyse – Leseförderung. In: M. Brunstig, H. Keller & J. Steppacher (Hrsg.): Teilleistungsschwächen. Prävention und Therapie. Luzern: Edition SZH/CSPS, 227–240.
Kany, W. & Schöler, H. (2009): Diagnostik schulischer Lern- und Leistungsschwierigkeiten. Ein Leitfaden. Stuttgart: Kohlhammer.
Kaufmann, S. & Wessolowski, S. (2006): Rechenstörungen. Diagnose und Förderbausteine. Seelze: Kallmeyer.
Kautter, H. (1983): Einige sozialpsychologische Aspekte Förderdiagnostischer Arbeit. In: R. Kornmann, H. Meister & J. Schlee (Hrsg.): Förderungsdiagnostik. Konzepte und Realisierungsmöglichkeiten. Heidelberg: Edition Schindele, 2–8.
Kautter, H. (1986): Einige sozialpsychologische Aspekte förderdiagnostischer Arbeit. In: R. Kornmann, H. Meister & J. Schlee (Hrsg.): Förderungsdiagnostik, Konzepte und Realisierungsmöglichkeiten. Heidelberg: Schindele, 2–8.
Kautter, H. (1998a): Das »Außen« wahrnehmen, das »Innen« verstehen. Aspekte einer ganzheitlichen sonderpädagogischen Diagnostik. In: W. Mutzeck (Hrsg.): Förderdiagnostik bei Lern- und Verhaltensstörungen. Konzepte und Methoden. Weinheim: Beltz, 25–38.
Kautter, H. (1998b): Das Thema des Kindes erkennen. Umrisse einer verstehenden pädagogischen Diagnostik. In: H. Eberwein & S. Knauer (Hrsg.): Handbuch Lernprozesse verstehen. Wege einer neuen (sonder-)pädagogischen Diagnostik. Weinheim: Beltz, 81–93.
Klauer, K. J. (2003): Über internationale Entwicklungstendenzen sonderpädagogischer Diagnostik unter förderdiagnostischem Aspekt. In: G. Ricken, A. Fritz & C. Hofmann (Hrsg.): Diagnose: Sonderpädagogischer Förderbedarf. Lengerich: Pabst Science Publishers, 127–142.
Klauer, K. J. (2006): Erfassung des Lernfortschritts durch curriculumbasierte Messung. In: Heilpädagogische Forschung 32, 1, 16–26.
Klauer, K. J. (2011): Lernverlaufsdiagnostik – Konzept, Schwierigkeiten und Möglichkeiten. In: Empirische Sonderpädagogik 3, 207–224.
Kleber, E. (1992): Diagnostik in pädagogischen Handlungsfeldern. Weinheim: Beltz.
Klemm, K. & Preuss-Lausitz, U. (2008): Gutachten zum Stand und zu den Perspektiven der sonderpädagogischen Förderung in den Schulen der Stadtgemeinde Bremen. Essen und Berlin. Online verfügbar unter www.laenger-gemeinsam-lernen.de (zuletzt geprüft am 21.5.2010).
Klemm, K. & Preuss-Lausitz, U. (2011): Auf dem Weg zur schulischen Inklusion in Nordrhein-Westfalen. Empfehlungen zur Umsetzung der UN-Behindertenrechtskonvention im Bereich der allgemeinen Schulen. Essen und Berlin. Online verfügbar unter www.schulministerium.nrw.de (zuletzt geprüft am 11.8.2011).
Klug, J., Bruder, S., Keller, S. & Schmitz, B. (2012): Hängen diagnostische Kompetenz und Beratungskompetenz von Lehrkräften zusammen? Eine korrelative Untersuchung. In: Psychologische Rundschau 63, 3–10.
Knebel, U. von (2010): Auf dem Weg zu einer inklusionstauglichen Diagnostik. In: Sonderpädagogische Förderung heute 55, 3, 231–251.
Knopp, E. (2010a): Curriculum-based Measurement – eine Möglichkeit zur Prävention von Schwierigkeiten im Anfangsunterricht Mathematik? In: Sonderpädagogische Förderung heute 55, 1, 61–82.
Knopp, E. (2010b): Theoretische Grundlagen, Konzeption und Güte des Inventars »Rechenfische«. Ein Verfahren zur Dokumentation von Fortschritten im Erlernen arithmetischer Kenntnisse im Anfangsunterricht Mathematik. München: Dr. Hut.

Knopp, E. & Hartke, B. (2010): Das Inventar Rechenfische – Anwendung, Relibilität und Validität eines Verfahrens zur Erfassung des Leistungsstandes von Erstklässlern in Mathematik. In: Empirische Sonderpädagogik 3, 5–25.
Kobi, E. (1977): Einweisungsdiagnostik – Förderdiagnostik: eine schematische Gegenüberstellung. In: Vierteljahresschrift für Heilpädagogik und ihre Nachbargebiete 46, 115–123.
Kobi, E. (1990): Diagnostik in der heilpädagogischen Arbeit. Luzern: edition SZH/SPC.
Kooij, R. van der (2004): Förderdiagnostik als Prozess. In: W. Mutzeck & P. Jogschies (Hrsg.): Neue Entwicklungen in der Förderdiagnostik. Grundlagen und praktische Umsetzungen. Weinheim: Beltz, 55–73.
Kornmann, R. (1998): Lernbehinderter Unterricht? Vorschläge zur förderungsorientierten Analyse der Lernfähigkeit einzelner Schülerinnen und Schüler in der konkreten Unterrichtspraxis. In: W. Mutzeck (Hrsg.): Förderdiagnostik bei Lern- und Verhaltensstörungen. Konzepte und Methoden. Weinheim: Deutscher Studien-Verlag, 59–92.
Kornmann, R. (1999): Förderdiagnostik. In: C. Perleth & A. Ziegler (Hrsg.): Pädagogische Psychologie. Grundlagen und Anwendungsfelder. Bern: Huber, 290–298.
Kornmann, R. (2003): Die Entwicklung sonderpädagogischer Handlungskonzepte im Zuge der Bildungsreform der 60er Jahre und ihre Implikationen für die Diagnostik. In: G. Ricken, A. Fritz & C. Hofmann (Hrsg.): Diagnose: Sonderpädagogischer Förderbedarf. Lengerich: Pabst Science Publishers, 33–53.
Kornmann, R. (2010): Inklusiv orientierte Unterrichtsgestaltung und Aufgaben der pädagogischen Diagnostik. In: Sonderpädagogische Förderung heute 55, 3, 252–270.
Kornmann, R., Meister, H. & Schlee, J. (Hrsg.) (1983): Förderungsdiagnostik. Konzepte und Realisierungsmöglichkeiten. Heidelberg: Edition Schindele.
Kottmann, B. (2006): Selektion in die Sonderschule. Das Verfahren zur Feststellung von sonderpädagogischem Förderbedarf als Gegenstand empirischer Forschung. Bad Heilbrunn: Julius Klinkhardt.
Kretschmann, R. (2003): Förderdiagnostik und Förderpläne. In: G. Ricken, A. Fritz & C. Hofmann (Hrsg.): Diagnose: Sonderpädagogischer Förderbedarf. Lengerich: Pabst Science Publishers, 369–385.
Kretschmann, R. (2004): Diagnostikausbildung – für alle Lehrerinnen und Lehrer. In: W. Mutzeck & P. Jogschies (Hrsg.): Neue Entwicklungen in der Förderdiagnostik. Grundlagen und praktische Umsetzungen. Weinheim: Beltz, 123–137.
Kretschmann, R. (2006a): »Pädagnostik«. Optimierung pädagogischer Angebote durch differenzierte Lernstandsdiagnosen unter besonderer Berücksichtigung mathematischer Kompetenzen. In: M. Grüßing & A. Peter-Koop (Hrsg.): Die Entwicklung mathematischen Denkens in Kindergarten und Grundschule: Beobachten – Fördern – Dokumentieren. Offenburg: Mildenberger, 29–54.
Kretschmann, R. (2006b): Diagnostik bei Lernbehinderungen. In: F. Petermann & U. Petermann (Hrsg.): Diagnostik sonderpädagogischen Förderbedarfs. Göttingen: Hogrefe (Jahrbuch der pädagogisch-psychologischen Diagnostik, Tests und Trends, Neue Folge Band 5), 140–162.
Kretschmann, R. & Arnold, K.-H. (1999): Leitfaden für Förder- und Entwicklungspläne. Anlass, Struktur und Nutzung. In: Zeitschrift für Heilpädagogik 9, 410–420.
Kretschmann, R., Dobrindt, Y. & Behring, K. (2005): Prozessdiagnose der Schriftsprachkompetenz in den Schuljahren 2 und 2. 4. Aufl., Horneburg: Persen.
Krohne, H. W. & Hock, M. (2007): Psychologische Diagnostik. Grundlagen und Anwendungsfelder. Stuttgart: Kohlhammer.
Kubinger, K. D. (2009): Psychologische Diagnostik. Theorie und Praxis psychologischen Diagnostizierens. 2. überarb. und erw. Aufl., Göttingen: Hogrefe.
Kultusministerkonferenz der Länder in der Bundesrepublik Deutschland (Hrsg.) (1994): Empfehlungen zur sonderpädagogischen Förderung in den Schulen in der Bundesrepublik Deutschland. Beschluss der Kultusministerkonferenz vom 6.5.1994.
Kutzer, R. (1983): Mathematik entdecken und verstehen (Band 1). Frankfurt am Main: Diesterweg.

Kutzer, R. (1985): Mathematik entdecken und verstehen (Band 2). Frankfurt am Main: Diesterweg.
Langfeldt, H.-P. & Tent, L. (1999): Pädagogisch-psychologische Diagnostik. Bd. 2: Anwendungsbereiche und Praxisfelder. Göttingen: Hogrefe.
Langfeldt, H.-P. (2006): Psychologie in der Schule. Weinheim: Beltz.
Leonarczyk, T. (2004): Die Erstellung förderpädagogischer Gutachten. In: W. Mutzeck & P. Jogschies (Hrsg.): Neue Entwicklungen in der Förderdiagnostik. Grundlagen und praktische Umsetzungen. Weinheim: Beltz, 281–288.
Lewin, K. (1969): Grundzüge der topologischen Psychologie. Stuttgart: Huber.
Lienert, G. A. & Raatz, U. (1998): Testaufbau und Testanalyse. 6. Aufl., Weinheim: Beltz.
Lobeck, A. (1992): Rechenschwäche. Geschichtlicher Rückblick, Theorie und Therapie. Luzern: Edition SZH/CSPS.
Loch, W. (1982): Zur Anthropologie der Lernhemmung. In: G. Klein, A. Möckel & M. Thalhammer (Hrsg.): Heilpädagogische Perspektiven in Erziehungsfeldern. Heidelberg: Schindele, 20–42.
Luder, R., Niedermann, A. & Buholzer, A. (2006): Förderdiagnostisches Arbeiten in Theorie und Praxis. Ergebnisse einer qualitativ-empirischen Studie. In: Vierteljahrsschrift für Heilpädagogik und ihre Nachbargebiete 75, 293–304.
Lukesch, H. (1998): Einführung in die pädagogisch-psychologische Diagnostik. 2. neubearb. Aufl., Regensburg: Roderer.
Lurija, A. R. (1970): Die höheren kortikalen Funktionen des Menschen und ihre Störungen bei örtlichen Hirnschädigungen. Berlin: Deutscher Verlag der Wissenschaften.
Marx, H. (1992): Methodische und inhaltliche Argumente für und wider einer frühen Indikation und Prädiktion von Lese-Rechtschreibschwierigkeiten. In: Diagnostica 38, 249–268.
Mees, U. (1977): Einführung in die systematische Verhaltensbeobachtung. In: U. Mees & H. Selg (Hrsg.): Verhaltensbeobachtung und Verhaltensmodifikation. Stuttgart: Klett, 14–32.
Melzer, C. (2010): Wie können Förderpläne effektiv sein und eine professionelle Förderung unterstützen? In: Zeitschrift für Heilpädagogik 6, 212–220.
Möckel, A. (1997): Lese-Schreibschwäche als didaktisches Problem. Bad Heilbrunn: Julius Klinkhardt.
Moog, W. (1990): Aneignungsprozess-Analyse – Eine notwendige Ergänzung zum standardisierten Schulleistungstest. In: Zeitschrift für Heilpädagogik 41, 73–87.
Moog, W. (1991): Zur Analyse individueller Lernwege – Diagnostische Dialoge mit Kindern. In: Psychologie in Erziehung und Unterricht 38, 123–132.
Moreno, J. L. (1954): Die Grundlagen der Soziometrie. Wege zur Neuordnung der Gesellschaft. Köln: Westdeutscher Verlag.
Moser, V. (2005): Diagnostische Kompetenz als sonderpädagogisches Professionsmerkmal. In: V. Moser & E. von Stechow (Hrsg.): Lernstands- und Entwicklungsdiagnosen. Diagnostik und Förderkonzeption in sonderpädagogischen Handlungsfeldern. Festschrift für Christiane Hofmann zum 60. Geburtstag. Bad Heilbrunn: Julius Klinkhardt, 29–41.
Moser, V. & Stechow, E. von (Hrsg.) (2005): Lernstands- und Entwicklungsdiagnosen. Diagnostik und Förderkonzeption in sonderpädagogischen Handlungsfeldern. Festschrift für Christiane Hofmann zum 60. Geburtstag. Bad Heilbrunn: Julius Klinkhardt.
Müller, F. X. (1997): Trainingsprogramm für rechtschreibschwache Kinder. So können Eltern helfen. Mainz: Grünewald.
Müller, R. (1990): Diagnostischer Rechtschreibtest für 2. Klassen. Weinheim: Beltz.
Mutzeck, W. (2004): Grundlegende Aspekte der Diagnostik in der Förderpädagogik. In: W. Mutzeck & P. Jogschies (Hrsg.): Neue Entwicklungen in der Förderdiagnostik. Grundlagen und praktische Umsetzungen. Weinheim: Beltz, 10–20.
Mutzeck, W. & Melzer, C. (2007): Kooperative Förderplanung – Erstellen und Fortschreiben individueller Förderpläne (KEFF). In: W. Mutzeck (Hrsg.): Förderplanung. Grundlagen, Methoden, Alternativen. 3. Aufl., Weinheim: Beltz, 199–239.
Naggl, M. & Höck, S. (2009): Der Anamnesebogen der Arbeitsstelle Frühförderung Bayern. In: Frühförderung interdisziplinär 28, 23–35.

Neumann, K. (2008): Kann das bio-psycho-soziale Modell der Funktionsfähigkeit, Behinderung und Gesundheit (ICF) der WHO für die Förderdiagnostik nützlich sein? In: G. Hiller, R. Trost & H. Weiß (Hrsg.): Der pädagogische Blick. (Sonder-)Pädagogische Diagnostik und ihre Wirkungen. Laupheim: Armin Vaas, 138–148.

Niedermann, A., Schweizer, R. & Steppacher, J. (2007): Förderdiagnostik im Unterricht. Grundlagen und kommentierte Darstellung von Hilfsmitteln für die Lernstandserfassung in Mathematik und Sprache. Luzern: Edition SZH/CSPS.

Nußbeck, S. (2001): Zum sogenannten Paradigmenwechsel in der sonderpädagogischen Diagnostik. In: Sonderpädagogik 31, 1, 46–52.

Panagiotopoulou, A. (2007): Lernbeobachtung im Unterrichtsalltag – die Intention der erwachsenen Lehrenden und die Perspektive der lernenden Kinder. In: U. Graf & E. Moser-Opitz (Hrsg.): Diagnostik und Förderung im Elementarbereich und Grundschulunterricht. Baltmannsweiler: Schneider Verlag Hohengehren, 30–39.

Paradies, L., Linser H. J. & Greving, J. (2007): Diagnostizieren, Fordern und Fördern. Berlin: Cornelsen Verlag.

Petermann, F. & Eid, M. (2006): Aufgaben, Zielsetzungen und Strategien der psychologischen Diagnostik. In: F. Petermann & M. Eid (Hrsg.): Handbuch der psychologischen Diagnostik. Göttingen: Hogrefe (Handbuch der Psychologie, 4), 15–25.

Petermann, F. & Petermann, U. (Hrsg.) (2006): Diagnostik sonderpädagogischen Förderbedarfs. Göttingen: Hogrefe (Jahrbuch der pädagogisch-psychologischen Diagnostik, Tests und Trends, Neue Folge Band 5).

Petermann, U. & Petermann, F. (2006): Zum Stellenwert sonderpädagogischer Förderdiagnostik. In: F. Petermann & U. Petermann (Hrsg.): Diagnostik sonderpädagogischen Förderbedarfs. Göttingen: Hogrefe (Jahrbuch der pädagogisch-psychologischen Diagnostik, Tests und Trends, Neue Folge Band 5), 1–15.

Petermann, U., Petermann, F. & Damm, F. (2008): Entwicklungspathologie der ersten Lebensjahre. In: Zeitschrift für Psychiatrie, Psychologie und Psychotherapie 56, 4, 243–253.

Pospeschill, M. & Spinath, F. M. (2009): Psychologische Diagnostik. München: Ernst Reinhardt.

Preuss-Lausitz, U. (2010): Separation oder Inklusion. In: N. Berkemeyer, W. Bos, H. G. Holtappels, N. Mc Elvany & R. Schulz-Zander (Hrsg.): Jahrbuch der Schulentwicklung. Band 16. Weinheim, München: Juventa, 153–180.

Probst, H. (Hrsg.) (1999): Mit Behinderungen muss gerechnet werden. Der Marburger Beitrag zur lernprozessorientierten Diagnostik, Beratung und Förderung. Solms-Oberbiel: Jarick Oberbiel.

Quaiser-Pohl, C. (2010): Entwicklungsdiagnostische Screeningverfahren. In: C. Quaiser-Pohl & H. Rindermann (Hrsg): Entwicklungsdiagnostik. München: Reinhardt, 70–84.

Rauschenberger, H. (1967): Über das Lehren und seine Momente. In: H.-J. Heydorn, B. Simonsohn, F. Hahn & A. Hertz (Hrsg.): Zum Bildungsbegriff der Gegenwart. Frankfurt am Main: Diesterweg, 64–110.

Rentzsch, K. & Schütz, A. (2009): Psychologische Diagnostik. Grundlagen und Anwendungsperspektiven. Stuttgart: Kohlhammer.

Ricken, G. (2005): Grundlegende Perspektiven sonderpädagogischer Diagnostik und Förderung. In: V. Moser & E. von Stechow (Hrsg.): Lernstands- und Entwicklungsdiagnosen. Diagnostik und Förderkonzeption in sonderpädagogischen Handlungsfeldern. Festschrift für Christiane Hofmann zum 60. Geburtstag. Bad Heilbrunn: Julius Klinkhardt, 13–27.

Rittmeyer, C. (2005): Kompendium Förderdiagnostik. Prinzipen, Methoden und Einsatzbereiche. Horneburg: Persen.

Rjosk, C., McElvany, N., Anders, Y. & Becker, M. (2011): Diagnostische Fähigkeiten von Lehrkräften bei der Einschätzung der basalen Lesefähigkeit ihrer Schülerinnen und Schüler. In: Psychologie in Erziehung und Unterricht 58, 92–105.

Rogers, C. (2000): Entwicklung der Persönlichkeit. Psychotherapie aus der Sicht eines Therapeuten. Stuttgart: Klett-Cotta.

Rost, J. (2004): Lehrbuch Testtheorie – Testkonstruktion. 2. Aufl., Bern: Huber.

Runow, V. & Borchert, J. (2003): Effektive Interventionen im sonderpädagogischen Arbeitsfeld – ein Vergleich zwischen Forschungsbefunden und Lehrereinschätzung. In: Heilpädagogische Forschung 29, 4, 189–203.

Sander, A. (1998): Kind-Umfeld-Analyse: Diagnose bei Schülern und Schülerinnen mit besonderem Förderbedarf. In: W. Mutzeck (Hrsg.): Förderdiagnostik bei Lern und Verhaltensstörungen. Konzepte und Methoden. Weinheim: Beltz, 6–19.

Sander, A. (2007): Zur Theorie und Praxis individueller Förderpläne für Kinder mit sonderpädagogischem Förderbedarf. In: W. Mutzeck (Hrsg.): Förderplanung. Grundlagen, Methoden, Alternativen. 3. Aufl., Weinheim: Beltz, 14–32.

Schardt, K. (2009): Dyskalkulie und Förderdiagnostik. Hamburg: Dr. Kovac.

Schlee, J. (1983): Illusionen sogenannter Förderdiagnostik. In: R. Kornmann, H. Meister & J. Schlee (Hrsg.): Förderungsdiagnostik. Konzepte und Realisierungsmöglichkeiten. Heidelberg: Edition Schindele, 48–57.

Schlee, J. (1985a): Helfen verworrene Konzepte dem Denken und Handeln in der Sonderpädagogik? Eine Auseinandersetzung mit der Förderdiagnostik. In: Zeitschrift für Heilpädagogik 36, 860–891.

Schlee, J. (1985b): Förderdiagnostik – eine bessere Konzeption? In: R. S. Jäger, R. Horn & K. Ingenkamp (Hrsg.): Tests und Trends: 4. Jahrbuch der pädagogischen Diagnostik. Weinheim: Beltz, 82–108.

Schlee, J. (2008): 30 Jahre Förderdiagnostik – eine kritische Bilanz. In: Zeitschrift für Heilpädagogik, 4, 122–131.

Schmidt, B. M. & Schabmann, A. (2010): »Es ist vorübergehend!« Lehrereinschätzungen über mögliche Lese-Rechtschreibprobleme – eine klassifikatorische Analyse. In: Heilpädagogische Forschung 36, 3, 106–115.

Schröder, U. (1986): Falsche Ansprüche und notwendige Aufgaben – Kritische Anmerkungen zur »Förderdiagnostik«. In: R. Kornmann, H. Meister & J. Schlee (Hrsg.): Förderungsdiagnostik. Konzepte und Realisierungsmöglichkeiten. Heidelberg: Edition Schindele, 57–61.

Schuck, K. D. (2000): Diagnostische Konzepte. In: J. Borchert (Hrsg.): Handbuch der Sonderpädagogischen Psychologie. Göttingen: Hogrefe, 233–249.

Schuck, K. D. (2003): Sonderpädagogischer Förderbedarf oder: Stellen wir die richtigen Fragen im Prozess von Diagnose und Förderung? In: G. Ricken, A. Fritz & C. Hofmann (Hrsg.): Diagnose: Sonderpädagogischer Förderbedarf. Lengerich: Pabst Science Publishers, 54–67.

Schuck, K. D. (2004a): Zur Bedeutung der Diagnostik bei der Begleitung von Lern- und Entwicklungsprozessen. In: Zeitschrift für Heilpädagogik 55, 8, 350–360.

Schuck, K. D. (2004b): Zur Bedeutung emotional-sozialer Schulerfahrungen im Prozess der Diagnose und Förderung. In: W. Mutzeck & P. Jogschies (Hrsg.): Neue Entwicklungen in der Förderdiagnostik. Grundlagen und praktische Umsetzungen. Weinheim: Beltz, 110–122.

Schuck, K. D., Knebel, U. von, Lemke, W., Schwohl, J. & Sturm, T. (2006): Rahmenbedingungen und diagnostische Umsetzung zur Feststellung sonderpädagogischen Förderbedarfs in Hamburg und Schleswig-Holstein. In: F. Petermann & U. Petermann (Hrsg.): Diagnostik sonderpädagogischen Förderbedarfs. Göttingen: Hogrefe (Jahrbuch der pädagogisch-psychologischen Diagnostik, Tests und Trends, Neue Folge Band 5), 37–65.

Schulze, G. (2004): Ergebnisse einer Analyse förderpädagogischer Gutachten in Sachsen. In: W. Mutzeck & P. Jogschies (Hrsg.): Neue Entwicklungen in der Förderdiagnostik. Grundlagen und praktische Umsetzungen. Weinheim: Beltz, 220–237.

Seitz, S. (2007): Diagnostisches Handeln im Sachunterricht. In: U. Graf & E. Moser-Opitz (Hrsg.): Diagnostik und Förderung im Elementarbereich und Grundschulunterricht. Baltmannsweiler: Schneider Verlag Hohengehren, 190–197.

Sodoge, A. (2010): »Förderung ist Detektivarbeit«. Was schulische Heilpädagoginnen und Heilpädagogen über die Förderung von Schülerinnen mit LRS denken. In: Forschung in der Heil- und Sonderpädagogik 16, 4, 21–28.

Souvignier, E. & Förster, N. (2011): Effekte prozessorientierter Diagnostik auf die Entwicklung der Lesekompetenz leseschwacher Viertklässler. In: Empirische Sonderpädagogik 3, 243–255.
Staatsinstitut für Schulpädagogik und Bildungsforschung (1992): Handreichung zur Förderung von Kindern mit besonderen Schwierigkeiten beim Erlernen des Lesens und Rechtschreibens. Donauwörth: Auer.
Straßburg, K. (2003): Die Fehleranalyse als diagnostische Methode im Prozess des Lernens. In: H. Eberwein & S. Knauer (Hrsg.): Handbuch Lernprozesse verstehen. Wege einer neuen (sonder-)pädagogischen Diagnostik. 2. Aufl., Weinheim: Beltz, 209–218.
Strasser, U. (2004): Wahrnehmen, Verstehen, Handeln: Förderdiagnostik für Menschen mit einer geistigen Behinderung. 5., ergänzte Aufl., Luzern: Edition SZH/SPC.
Strathmann, A. & Klauer, K. J. (2008): Diagnostik des Lernverlaufs. Eine Pilotstudie am Beispiel der Entwicklung der Rechtschreibkompetenz. In: Sonderpädagogik 38, 1, 5–24.
Strathmann, A., Klauer, K. J. & Greisbach, M. (2010): Lernverlaufsdiagnostik – Dargestellt am Beispiel der Entwicklung der Rechtschreibkompetenz in der Grundschule. In: Empirische Sonderpädagogik, 1, 64–77.
Stumpf, Eva (2006): Delfintherapie aus wissenschaftlicher Perspektive. Möglichkeiten der Evaluationsforschung im sonderpädagogischen Feld. Freiburg im Breisgau: fwpf.
Trost, R. (2008): Bedingungsanalytische Diagnostik. Ein Vorschlag zur Überwindung alter Gräben. In: G. Hiller, R. Trost & H. Weiß (Hrsg.): Der pädagogische Blick. (Sonder-)Pädagogische Diagnostik und ihre Wirkungen. Laupheim: Armin Vaas, 165–192.
Uhlemann, A. (2011): Die Förderverlaufsdokumentation – Ein Instrument zur kontinuierlichen Erfassung der Wirksamkeit in der pädagogisch-therapeutischen Einzelarbeit. In: Vierteljahresschrift für Heilpädagogik und ihre Nachbargebiete 80, 331–340.
Walter, J. (2008): Curriculumbasiertes Messen (CBM) als lernprozessbegleitende Diagnostik: Erste deutschsprachige Ergebnisse zur Validität, Reliabilität und Veränderungssensibilität eines robusten Indikators zur Lernfortschrittsmessung beim Lesen. In: Heilpädagogische Forschung, 34, 2, 62–79.
Walter, J. (2009a): Theorie und Praxis Curriculumbasierten Messens (CBM) in Unterricht und Förderung. In: Zeitschrift für Heilpädagogik 60, 5, 162–170.
Walter, J. (2009b): Eignet sich die Messtechnik »MAZE« zur Erfassung von Lesekompetenzen als lernprozessbegleitende Diagnostik? In: Heilpädagogische Forschung 35, 62–75.
Walter, J. (2010a): Lernfortschrittsdiagnostik Lesen (LDL). Ein curriculumbasiertes Verfahren. Manual. Lesetexte. Lernfortschrittsprotokolle. Göttingen: Hogrefe
Walter, J. (2010b): Lernfortschrittsdiagnostik am Beispiel der Lesekompetenz (LDL): Messtechnische Grundlagen sowie Befunde über zu erwartende Zuwachsraten während der Grundschulzeit. In: Heilpädagogische Forschung 36, 162–176.
Walter, J. (2011): Die Messung der Entwicklung der Lesekompetenz im Dienste der systematischen formativen Evaluation von Lehr- und Lernprozessen. In: Zeitschrift für Heilpädagogik 62, 6, 204–217.
Waniek, D. (1999): Überlegungen zum Konzept einer lernprozessorientierten Diagnostik und Didaktik und seiner Bedeutung im elementaren Mathematikunterricht. In: H. Probst (Hrsg.): Mit Behinderungen muss gerechnet werden. Der Marburger Beitrag zur lernprozessorientierten Diagnostik, Beratung und Förderung. Solms-Oberbiel: Jarick Oberbiel, 70–104.
Wendeler, J. (2000): Förderdiagnostik in Grund- und Sonderschule. Praxisorientierte Entwicklung von Lernzieltests. Weinheim: Beltz.
Wilbert, J. & Linnemann, M. (2011): Kriterien zur Analyse eines Tests zur Lernverlaufsdiagnostik. In: Empirische Sonderpädagogik 3, 225–242.
Wocken, H. (1996): Sonderpädagogischer Förderbedarf als systemischer Begriff. In: Sonderpädagogik 26, 34–38.
Wygotski, L. S. (2002): Denken und Sprechen. Weinheim: Beltz.

Teil II: Neuropsychologie des Lernens

von Erwin Breitenbach

1   Neuropsychologie

In seinem Roman »Doktor Schapirows Gehirn. Phantastische Reise ins Zentrum des Ichs« beschreibt Isaac Asimov Dr. Schapirow als einen genialen russischen Wissenschaftler mit Weltruf, der die Einstein'sche Relativitätstheorie und die Quantentheorie vereinheitlicht hat. Er ist somit im Besitz eines Wissens, das womöglich alle bisherigen naturwissenschaftlichen Vorstellungen und Erkenntnisse revolutionieren und auf den Kopf stellen würde. Grundlegende Gesetze der Naturwissenschaften müssten wahrscheinlich als Konsequenz neu gedacht und neu formuliert werden. Tragischerweise liegt Dr. Schapirow bereits seit Wochen im Koma und seine Mitarbeiter stehen traurig, aber vor allem verzweifelt an seinem Bett und starren auf Dr. Schapirows Kopf, in dem sich dessen Gehirn mit den kostbaren und weltverändernden Erkenntnissen befindet. Dr. Schapirow war zeitlebens ein seltsamer Kauz gewesen, der keine Aufzeichnungen über seine Forschungen anlegte, sondern dank seiner Genialität alles nur in seinem Gedächtnis sicher vor dem Zugriff anderer gespeichert hatte.

Verzweifelt fragen sich nun seine Mitarbeiter, wie sie an dieses in Dr. Schapirows Gehirn gespeicherte Wissen gelangen könnten. Da fällt einem der Mitarbeiter ein, dass es einer anderen russischen Forschergruppe in einem Miniaturisierungsprojekt gelungen war, alle möglichen Gegenstände fast beliebig zu verkleinern. Wenn man nun eine Gruppe von weltweit renommierten Neurowissenschaftlern zusammenstellte, diese in ein Tauchboot setzte und dann das Tauchboot mit Besatzung miniaturisierte, könnte man die Experten über die Blutbahn auf die Reise in Dr. Schapirows Gehirn schicken, um dort das kostbare Wissen zu finden. Ein amerikanischer an der Expedition teilnehmender Wissenschaftler sieht das Vorhaben eher skeptisch und meint, selbst wenn sie die Zentren finden, in denen die entsprechenden Denkvorgänge lokalisiert sind, bleibe es immer noch ungewiss, ob sie die dort befindlichen Gedanken auch bestimmen und verstehen könnten. Sein russischer Kollege dagegen strotzt vor Optimismus und erklärt seinen Mitreisenden, dass die elektrischen Potenziale in Schapirows Gehirn doch den eigenen sehr ähneln müssten und sie deswegen durchaus Schapirows Gedanken wahrnehmen könnten, ohne zu wissen, auf welche Weise dies geschieht. Im Übrigen beabsichtige er, der erste Mensch zu sein, dem sich die Geheimnisse des Gehirns ein für alle Mal entschleiern und der damit das letzte große physiologische Rätsel der Menschheit löst.

In diesem Gespräch zeigen sich zwei unterschiedliche Einschätzungen bezüglich der Bedeutsamkeit der Hirnforschung und der sich daraus ergebenden Möglichkeiten, die bei Wissenschaftlern und Wissenschaftsautoren ebenfalls zu finden sind. Bei den Optimisten ist eine allgemeine Tendenz zur Überbewertung der wissenschaftlichen Kenntnisse über das Gehirn auszumachen, indem diese z. B. aufgrund vieler spezifischer Einzelbefunde über die Hirnaktivität im Zusammenhang mit dem Sehen von Formen, Winkeln, Linien und Bewegungen sich in der Lage sehen, zu erklären, wie aus diesen einzelnen Elementen ein Bild in uns entsteht oder wie aufgrund von Einzelbefunden zum Gedächtnis das Lernen von Schülern funktioniert.

Die eher zurückhaltend argumentierenden Wissenschaftler wie etwa Popper und Eccles (1989) halten solche Feststellungen für überzogen und irreführend, denn genau genommen wisse man doch nur, dass beispielsweise Neurone der Sehrinde veranlasst werden, als Antwort auf einen bestimmten sensorischen Input, Impulsfolgen abzufeuern. »Doch es gibt keine wissenschaftliche Erklärung dafür, wie diese Merkmalserkennungsneurone in den ungeheuren synthetischen Mechanismus einbezogen werden können, der zu einem Hirnprozeß führt, der ›identisch‹ mit dem wahrgenommenen Bild ist« (Popper & Eccles 1989, 281).

Die Zusammenhänge zwischen den Strukturen und Funktionen des Gehirns und geistigen, bewusstseinsfähigen Prozessen sind nach allem, was wir wissen, doch außerordentlich schwierig und komplex und realistisch betrachtet, erscheint es eher unwahrscheinlich, dass die Beziehung zwischen Körper und Geist sich uns in ihrer letzten Konsequenz erschließt. Dennoch sind natürlich weitere Fortschritte in der Hirnforschung zu erwarten, die uns auch im Verständnis immer wieder ein kleines Stück voranbringen.

1.1 Geschichte der Hirnforschung und Neuropsychologie

Nach Kolb und Wishaw (1996) taucht der Begriff Neuropsychologie zum ersten Mal 1949 im Untertitel eines Buches von Hebb auf: »The Organisation of Behavior: A Neuropsychological Theory«. Dieser Begriff wurde jedoch von Hebb weder näher definiert noch im Text des Buches verwendet. Ende der 50er- und Anfang der 60er-Jahre war die Neuropsychologie als Teilgebiet der Neurowissenschaften bereits etabliert. 1960 gab Lashley eine Aufsatzsammlung mit dem Titel »The Neuropsychology of Lashley« heraus. Die Fachzeitschrift »Neuropsychologia« erschien 1963 zum ersten Mal und Lurija, der als ein bedeutender Neuropsychologe gilt, verwendete 1964 ebenfalls zum ersten Mal den Begriff Neuropsychologie, indem er einen Artikel mit »Die Neuropsychologie in der lokalen Diagnostik von Gehirnverletzungen« überschrieb.

Die noch sehr junge Wissenschaft Neuropsychologie baut auf traditionellen Aussagen der experimentellen und theoretischen Gehirnforschung auf und ist deshalb eng mit deren Geschichte verbunden.

1.1.1 Gehirn- und Herzhypothese

Seit jeher glaubten die Menschen, dass in ihnen eine zentrale verhaltenssteuernde Instanz (Seele, Geist, Verstand, ...) existiere. In ersten schriftlichen Überlieferungen werden, diese Annahme betreffend, zwei sich widersprechende Hypothesen formuliert. Alkmäon von Kroton (ca. 500 v. Chr.) hielt das Gehirn für den Ort geistiger Vorgänge und vertrat somit die Gehirnhypothese. Empedokles (ca. 495–435 v. Chr.) dagegen entwickelte die Vorstellung vom Herzen als dem Sitz mentaler Prozesse, was als Herzhypothese bezeichnet werden könnte. Für beide Ansätze fanden sich in den folgenden 2000 Jahren Indizien und logische Argumente. So entwickelte Platon (427–347 v. Chr.) die Theorie des dreigeteilten Körpers, dem eine dreigeteilte Seele entspricht. Der Unterleib wird dabei mit dem Begehren und die Brust mit dem Willen in Verbindung gebracht. Der rationale Teil der Seele, die Vernunft, liegt im Kopf oder Gehirn. Aristoteles (384–322 v. Chr.) entschied, dass das Herz als Quelle aller geistigen Prozesse zu gelten habe. Galen (130–200 n. Chr.), der in Rom mehrere Jahre als Chirurg die Gladiatoren betreute, wusste sehr genau, welche Folgen Verletzungen des Gehirns nach sich ziehen konnten. Er bemühte sich immer wieder, die Vertreter der Herzhypothese mit seinen Argumenten zu widerlegen. Er wies diese z. B. darauf hin, dass die Nerven aus den Sinnesorganen zum Gehirn ziehen und nicht zum Herzen. Auch übte er in Experimenten Druck auf das Herz und auf das Gehirn aus und konnte so zeigen, dass der Druck auf das Gehirn Bewegungen unterbrechen oder gar den Tod herbeiführen konnte, während der Druck auf das Herz willentliches Verhalten nicht unterbinden konnte.

1.1.2 Leib-Seele-Problem

Im Laufe der Zeit setzte sich die Gehirnhypothese mit der Einsicht, dass das Gehirn unser Verhalten steuert, gegenüber der Herzhypothese durch. Damit wurden jedoch mehr Fragen aufgeworfen als beantwortet. Sind geistige Vorgänge der Seele von den materiellen des Gehirns oder Körpers deutlich zu trennen? Wenn es eine solche klare Trennung gibt, in welchem Verhältnis stehen dann Körper und Seele, Leib und Geist? Diese fundamentalen Fragen lagen René Descartes, (1596–1650) am Herzen. Er postulierte, dass Geist und Körper zwar getrennt sind, aber miteinander interagieren. Diese Wechselwirkung findet nach Descartes' Vorstellung in der Zirbeldrüse, dem Sitz des Geistes, statt.

Das Leib-Seele-Problem war formuliert und beschäftigt bis heute die Neurowissenschaften und die Philosophie, wobei sich zwei Positionen herausgebildet haben. Die Dualisten halten den Geist für immateriell und trennen ihn deshalb klar vom Körper, der materiell und räumlich ausgedehnt ist. Die Frage, in welcher Form Körper und Geist, Leib und Seele interagieren, wird von ihnen unterschiedlich beantwortet. Einerseits nimmt man an, dass Körper und Seele in einer ursächlichen Wechselbeziehung stehen, in der Form, dass der Körper den Geist beeinflusst, und andererseits werden Leib und Seele als parallel definiert. Die Monisten umgehen das Leib-Seele-Problem, indem sie fordern, dass Körper und

Geist grundlegend nicht zu unterscheiden sind. Die Materialisten unter ihnen oder Vertreter des psychoneuralen Monismus gehen davon aus, dass alle geistigen Vorgänge auch corticale Prozesse sind. Geistige Vorgänge existieren, sind aber keine selbstständigen Einheiten, sondern an Materie, an Hirnorganik gebunden. Sie werden in dieser Vorstellung jedoch nicht einfach auf physikalische Zustände reduziert, da das Gehirn keine physikalische Maschine ist, sondern ein Biosystem mit den spezifischen Eigenschaften eines lebenden Organismus. Es entwickelt eine Struktur im Zusammenwirken mit einer bestimmten Umgebung.»Als Folge davon besitzt es eigenständige Fähigkeiten, zu denen die Fähigkeiten zu denken, zu fühlen und wahrzunehmen gehören. Diese Fähigkeiten sind genauso eigenständig wie die Süße eines Apfels eine eigenständige Eigenschaft ist. In der chemischen oder physikalischen Struktur eines Apfels findet sich nichts, das die Eigenschaft ›Süße‹ erzeugt. Nur das Zusammenwirken des Objektes ›Apfel‹ mit dem Vorgang des Essens erzeugt die Eigenschaft ›Süße‹«(Beaumont 1999, 16). Geistige Aktivität kann aus dieser Perspektive kein Aufaddieren von Bioaktivitäten sein, sondern es erscheint vielen Neurowissenschaftlern als sinnvoll und vernünftig, Erklärungen und Beschreibungen zunächst auf einer niedrigen physiologischen oder biochemischen Ebene zu halten, um diese dann in Form von Theorien auf höherer Ebene zu integrieren. Dies ist die derzeitige Grundposition zahlreicher Neurowissenschaftler.

1.1.3 Lokalisation und Antilokalisation

Mit der Behauptung, dass der Geist möglicherweise in der Zirbeldrüse zu lokalisieren sei, warf Descartes ein weiteres Problem, einen weiteren Fragenkomplex auf, nämlich den nach der Lokalisation von Funktionen im Gehirn. Eine ernsthafte Auseinandersetzung mit diesen Fragen begann mit der phrenologischen Theorie von Franz Josef Gall (1758–1828) und Johann Caspar Spurzheim (1776–1832). Sie untersuchten äußere Merkmale des Schädels und brachten diese in Verbindung mit den von ihnen beobachteten Verhaltens- und Persönlichkeitsmerkmalen oder Vermögen, wie sie es nannten. Eine Wölbung auf dem Schädel deutete auf ein gut ausgeprägtes darunter liegendes Hirnareal hin und verwies auf eine erhöhte, dort lokalisierte Fertigkeit. Eine Vertiefung im Schädel war entsprechend Ausdruck einer reduzierten, unter der Vertiefung zu lokalisierenden Fähigkeit. Bereits in jungen Jahren machte Gall die Beobachtung, dass Menschen mit einem guten Gedächtnis große hervortretende Augen haben, was ihn vermuten ließ, dass eine stark ausgeprägte, für das Gedächtnis zuständige Hirnregion, hinter den Augen liegt und diese nach vorne drückt. Trotz des Einfallsreichtums, der den Untersuchungen und Aussagen von Gall und Spurzheim nicht abzusprechen ist, scheiterte die Phrenologie und besitzt heute nur noch historische Bedeutung.

Bedeutend bis in unsere Zeit sind dagegen in diesem Zusammenhang die Forschungsarbeiten von Broca (1824–1880) und Wernicke (1848–1904) zur Lokalisierung von Sprache. Broca (1861) beschrieb die nach ihm benannte Aphasieform (Broca-Aphasie), welche durch einen Sprachverlust bei intaktem Stimmapparat und intaktem Sprachverständnis gekennzeichnet ist. Er brachte dieses Syndrom mit einem Hirnareal in Zusammenhang, das heute als Broca-Zentrum bekannt ist: das hintere Drittel des linken Gyrus frontalis, das von ihm auch als Zentrum motorischer Wortbilder bezeichnet wurde. Wernicke (1874) beobachtete bei seinen Patienten eine von der Broca-Aphasie deutlich zu unterscheidende Form, bei der sich die Auffälligkeiten in erster Linie auf das Sprachverständnis bezogen und weniger auf die Sprachproduktion. Das hintere Drittel der linken oberen Schläfenwindung (Gyrus temporalis superior) war der Ort, der von Wernicke (1874) mit dieser speziellen Aphasie-Form in Verbindung gebracht und in Analogie zur Broca-Aphasie als Wernicke-Zentrum oder als das Zentrum sensorischer Wortbilder bezeichnet wurde. In der Folge entstanden um die Jahrhundertwende eine Fülle von Gehirnkarten und Diagrammen. Vom deutschen Psychiater Kleist (1934) wurde die wohl genaueste dieser Gehirnkarten vorgelegt. Im Ersten Weltkrieg hatte er sehr viele Hirnverletzte untersucht und lokalisierte dabei in bestimmten Hirnregionen einzelne Funktionen, wie z. B. Körperschema, Satzverständnis, konstruktives Handeln, Stimmungen, Sinnverständnis für Geräusche und Musik, Namenverständnis und sogar das persönliche und soziale Ich.

Von Anfang an gab es jedoch auch Anhänger der gegenläufigen Antilokalisationstheorie, wie z. B. Friedrich L. Goltz (1843–1902), der davon überzeugt war, dass eine genaue Lokalisierung von Funktionen unmöglich sei. Als Beleg dienten Goltz Experimente mit Hunden, denen die Großhirnrinde entfernt wurde. Die Dekortikation der Hunde eliminierte keine einzige Funktion vollkommen, sondern beeinträchtigte alle Funktionen in unterschiedlichem Ausmaß. John Hughlings-Jackson (1835–1911), ein weiterer Antilokalisationist, nahm an, dass das Nervensystem hierarchisch organisiert sei, wobei höhere Hirnniveaus höhere, komplexere Verhaltensweisen steuern und dabei auf niedrigeren Hirnebenen aufbauen. Aus diesem Ansatz heraus entwickelte sich die sogenannte interaktionistische Theorie, bei der man davon ausgeht, dass komplexe Funktionen aus einer Vielzahl grundlegenderer Funktionen aufgebaut werden. Die Einzelfunktionen sind dabei örtlich relativ festgelegt. Diese Grundannahme über die Funktion des Zentralnervensystems wurde auch in der modernen Neuropsychologie vor allem von Wissenschaftlern wie Lurija (1973) und Geschwind (1974) vertreten.

1.1.4 Neuronenthese und moderne Biotechnik

Ein weiterer wichtiger Meilenstein in der Hirnforschung war die Entdeckung von Santiago Ramon y Cajal (1852–1934), nach der das Nervensystem aus einzelnen, autonom miteinander interagierenden Zellen oder Einheiten besteht, den Neuronen. Mit der Formulierung der Neuronenhypothese war der Weg geebnet für die Erforschung neuronaler Netzwerke.

In Deutschland gründete Emil Kraepelin 1917 die Deutsche Forschungsanstalt für Psychiatrie in München, aus der 1966 das Max-Planck-Institut für Psychiatrie wurde. Zusammen mit dem Kaiser-Wilhelm-Institut für Hirnforschung in Berlin bildete es ein weltweit anerkanntes Zentrum für Hirnforschung. Neue Erkenntnisse im Bereich der Hirnforschung wurden, so Singer (2002), immer wieder durch neu entwickelte Forschungsmethoden möglich. War man bis in die Anfänge der 1950er-Jahre auf Seziermesser und Lichtmikroskop angewiesen, mit deren Hilfe Untersuchungen am toten Gehirn durchgeführt werden konnten, erlaubte die Erfindung des Elektroenzephalographen Messungen von Hirnströmen am lebenden Gehirn. In den 1960er-Jahren gelang Biochemikern im Münchner Max-Planck-Institut der entscheidende Nachweis, dass eine seltene Form geistiger Behinderung auf eine Stoffwechselpathologie im Gehirn zurückzuführen sei. In der Folge wurde durch eine weitgehend experimentell arbeitende Hirnforschung vor allem die Grundlagenforschung am gesunden Gehirn vorangetrieben, was zu Erkenntnissen führte, die auch therapeutisch wie z. B. zur Behandlung von Epilepsie nutzbar gemacht werden konnten.

Fachübergreifende Kooperationen und die biotechnologische Weiterentwicklung der Forschungsmethoden führten zum gegenwärtigen durchaus faszinierenden Erkenntnisstand der Neurowissenschaften. Aus klassischer Pharmakologie und Biochemie entstand die molekulare Neurobiologie, die in Zusammenarbeit mit der Verhaltensforschung den Nachweis erbrachte, dass Gehirne keine bloßen Reizbeantwortungsmaschinen sind, sondern selbstorganisiert unser Verhalten steuern. Positronenemissionstomografie (PET), funktionelle Magnetresonanztomografie (fMRT) und Magnetenzephalografie (MEG) ermöglichen eine millisekundengenaue bildliche Darstellung elektrisch aktiver Neuronenverbände, was für Forschungsvorhaben der modernen kognitiven Neurowissenschaften von großer Bedeutung ist. Trotz beeindruckender Forschungsleistungen bleiben jedoch noch umfangreiche Erklärungslücken, da beispielsweise mit diesen bildgebenden Verfahren nicht sichtbar wird, was in den Neuronenverbänden geschieht, sondern eben nur, dass dort etwas geschieht.

1.1.5 Neuroimplantate, Tiefenhirnstimulation und Neuroenhancement

Seit dem Ende der 1970er-Jahre berichten Neurowissenschaftler über das erfolgreiche Implantieren von Chips in das menschliche Nervensystem und manche behaupten euphorisch, mit dieser Symbiose von Mensch und Maschine sei eine evolutionäre Schwelle erreicht, die den Menschen in die Lage versetze, die Regeln der Evolution zu verändern (Bradshaw, Hayes & Ford 2003). Zunächst wurden Neuroimplantate für geschädigte Sinnesorgane entwickelt wie etwa das Chochlea-Implantat, bei dem Höreindrücke mit einem Mikrophon aufgenommen und zur Hörschnecke im Innenohr weitergeleitet werden, wo ein Bündel feiner Elektroden den Hörnerv entsprechend reizt. Auch ins Auge wurden bereits subretinale Sehchips eingepflanzt, die abgestorbene Sinneszellen ersetzen sollen und mit deren Hilfe erblindete Personen grobe Muster erkennen, Gegenstände lokalisieren und Lichtquellen beschreiben können.

Mittlerweile werden jedoch feine Elektroden nicht nur in die Sinnesorgane, sondern auch operativ in bestimmte Regionen des Gehirns implantiert. Solche Elektroden sind mit einem Impulsgeber verbunden, der ähnlich wie ein Herzschrittmacher genau justierbare Impulse liefert, die an die Nervenzellen weitergeleitet werden. Erfolgreich behandelt werden mit dieser tiefen Hirnstimulation (deep brain stimulation) therapieresistente Depressionen, starke Zwangsneurosen verschiedene Formen von Bewegungsstörungen wie z. B. Parkinson oder auch bestimmte Formen von Epilepsie (Kuhn et al. 2010; Schläpfer & Kayser 2010).

Noch ist die Tiefenhirnstimulation eine Anwendung ausschließlich für Kranke und Neuroimplantate in Gehirnen gesunder Menschen sind strikt ausgeschlossen. Dennoch schildern bereits Wissenschaftler, wie der Technikexperte Ramez Naam (2005) enthusiastisch, wie solche Chips im Gehirn Gesunden zu verbesserten Gedächtnisleistungen, zu Intelligenzsteigerungen oder zu dauerhafter Glückseligkeit verhelfen könnten, was unter dem Begriff Neuroenhancement zusammengefasst wird. Trotz beeindruckender Therapieerfolge der tiefen Hirnstimulation ist jedoch auch kritisch anzumerken, dass unerwünschte Nebenwirkungen auftreten, nichts über mögliche Langzeiteffekte auf unsere Persönlichkeit oder Identität bekannt ist und die Technisierung des menschlichen Körpers, so warnen Ethiker wie z. b. die Mitglieder des amerikanischen President's Council for Bioethics (2003), unser Menschen- und Weltbild tiefgreifend beeinflussen, ja gründlich auf den Kopf stellen könnte.

1.2 Hirnforschung als Leitdisziplin

Die für Wissenschaftler und Laien gleichermaßen faszinierende Möglichkeit der modernen Hirnforschung, das Gehirn beim Denken und Lernen zu beobachten und die dadurch gewonnenen Erkenntnisse im Zusammenhang mit Lehren und Lernen haben in den letzten Jahren eine lebhafte Debatte über die Bedeutung der Gehirnforschung für die Pädagogik ausgelöst.

Auf der einen Seite formulierten Hirnforscher als Konsequenzen ihrer Forschungsergebnisse konkrete Vorschläge zu Reformen in Schule und Unterricht und versuchten auf diese Weise, so Caspary (2006), die Lufthoheit über den Schreibtischen von Erziehungswissenschaftlern und Pädagogen zu erlangen. Durch den PISA-Schock verunsicherte Eltern und Lehrer griffen die neuen Anleitungen zum erfolgreichen Lernen gerne auf, da die harten naturwissenschaftlichen Fakten einen Weg aus dem PISA-Jammertal aufzuzeigen schienen. Bücher über Neurodidaktik und Neuropädagogik erschienen und Hirnforscher wurden vorzugsweise als Referenten zu Lehrerfortbildungen eingeladen. Diesen sicher überzogenen Hoffnungen standen auf der anderen Seite Abwehrreaktionen, Ängste und Befürchtungen der Pädagogen gegenüber, die vor einer gefährlichen Reduktion des schulischen Lernens auf biologische und neurologische Prozesse warnten und auf pädagogische Traditionen mit langjährig bewährten Lernkompetenzen und Lernstrategien verwiesen. Entsprechend wurden zwei widersprüchliche Standpunkte in der Fachdiskussion vehement vertreten:

1. Die Hirnforschung als neue Leitdisziplin stellt Grundlagen der Pädagogik wie etwa den freien Willen und Selbstbestimmung zumindest infrage und fordert auf der Basis hirnorganischer Befunde ein »brain-based learning and teaching« (Arnold 2006; Caine & Caine 1994) und den Einsatz »gehirn-affiner Lehr- und Lernkonzepte« in Schule und Unterricht (Schirp 2006).
2. Die Hirnforschung tauge, so Prinz (2004), nicht zur Leitdisziplin für die Humanwissenschaften, da Phänomene wie Bewusstsein oder Subjektivität von ihr nicht befriedigend oder gar vollständig geklärt werden könnten. Gleichfalls könne nach Meinung von Stern (2006) die neurowissenschaftliche Forschung zur Analyse und Gestaltung der Rahmenbedingungen eines guten Unterrichts nicht Neues beitragen.

Fast durchgängig wurde und wird vor allem vonseiten der Hirnforscher die Bedeutung von Erziehung und Pädagogik herausgestellt. Pädagogik sei selbstverständlich auf keinen Fall durch Hirnforschung ersetzbar (Roth 2006a; 2006b) und Erziehung nehme einen entscheidenden Einfluss darauf, wie und wofür ein Kind sein Gehirn benutzt und damit auf die Entwicklung des Gehirns (Hüther 2006), und da das Gehirn ein soziales Organ ist, sei es logischerweise ein Produkt der Erziehung und nichts sei in diesem Zusammenhang wichtiger als der erzieherische Prägungsprozess (Singer 2003). Für Speck (2009) tun sich hier Erklärungslücken und Widersprüchlichkeiten auf, da auf der einen Seite durch die Neurowissenschaften die Bedeutung der Erziehung im Zusammenhang mit Hirnforschung und Hirnentwicklung betont wird und auf der anderen Seite behaupten dieselben Neurowissenschaftler, die Grundlage für Erziehung, wie etwa der freie Wille oder die persönliche Verantwortung und damit eine persönliche Schuld gäbe es nicht.

Mittlerweile hat sich die Diskussion um die Bedeutsamkeit hirnorganischer Forschungsergebnisse für Erziehung und Unterricht etwas beruhigt und ist gekennzeichnet von Sachlichkeit und Nüchternheit, gepaart mit einem gehörigen Maß an Pragmatismus. Bei den Fragen zur Reform unseres Bildungswesens und der Verbesserung der Unterrichtsqualität wird die Hirnforschung als eine Disziplin neben anderen gesehen, die einen ehrenwerten Beitrag zur Diskussion beisteuert.

1.2.1 Probleme – Befürchtungen – Nutzen

Das Verhältnis und das Zusammenwirken von Hirnforschung und geisteswissenschaftlichen Disziplinen sind jedoch keineswegs geklärt. Die von Speck (2007; 2008; 2009) benannten Probleme, dass beispielsweise die Hirnforschung sich zur Interpretation ihrer Forschungsergebnisse relativ unreflektiert der Begriffe wie Ich, Selbstbestimmung, freier Wille, Schuld, Verantwortung usw. bedient, obwohl diese keine naturwissenschaftlichen Termini und deshalb mit der Begrifflichkeit der Hirnforschung nicht ohne Weiteres kompatibel sind, oder dass das Feuern von bestimmten Neuronen in einer Art logischem Kurzschluss mit einem Willensimpuls gleichgesetzt wird, blieben bisher ungelöst. Auch semantische Unschärfen in den Veröffentlichungen, wo davon die Rede ist, dass die Großhirnrinde entscheide (Roth 2009), das Gehirn wachsen wolle und durch zu langes Pauken demotiviert werde (Herrmann 2006b) oder dass das Gehirn immer lerne und wer das Gehirn verstehe, der verstehe auch das Lernen (Spitzer 2006), stiften weiterhin mehr Verwirrung, als dass sie zu Klärung und Verstehen beitragen.

Weiterhin sind die neurobiologischen Thesen und die daraus abgeleiteten Konsequenzen für Speck (2009) viel zu allgemein gehalten, als dass sie die differenzierte und komplexe pädagogische Praxis erreichen könnten. So erläutert Roth (2006a; 2006b) z.B. das limbische System und seine Teilstrukturen im Gehirn als einen Hauptakteur für erfolgreiches Lernen, da es Affekte, Gefühle und Motivation vermittle. Auf dieser neurobiologischen Grundlage gelangt er zu folgenden Faktoren, die beim Lehren und Lernen eine wichtige Rolle spielen: »die Motiviertheit und Glaubhaftigkeit des Lehrenden, die individuellen kognitiven und emotionalen Lernvoraussetzungen der Schüler, die allgemeine Motiviertheit und Lernbereitschaft der Schüler, die spezielle Motiviertheit der Schüler für einen bestimmten Stoff, Vorwissen und der aktuelle emotionale Zustand, der spezifische Lehr und Lernkontext« (Roth 2006a, 60). Bei Spitzer (2006) ist unter der Überschrift »Medizin für die Schule« als pädagogische Quintessenz zu lesen, dass

- unser Gehirn von Anfang an und immer lernt,
- Gehirne die Fähigkeit zum spontanen Generieren von Regeln aus Beispielen besitzen, wenn man ihnen nur die richtigen und genügend viele anbietet,
- die Rolle der Emotionen beim Lernen kaum zu überschätzen sei,
- es im Gehirn einen Mechanismus für Einzelnes und Allgemeines gibt, weshalb einzelne Fakten, die nicht als Beispiele für einen allgemeinen Zusammenhang stehen, nur bedingt nützlich sind,
- Hänschen schneller lernt als Hans, also die Lerngeschwindigkeit im Laufe des Lebens abnimmt.

Schumacher (2006c) weist auf die grundsätzliche und prinzipielle Unterbestimmtheit neurophysiologischer Untersuchungen in Bezug auf die Lehr-Lern-Forschung hin. Im Gegensatz zum privilegierten Lernen, bei dem durch biologische Entwicklungsprogramme festgelegt ist, durch welche Umweltbedingungen Lernprozesse ausgelöst werden und wie sie ablaufen (Sprechen und Laufen lernen), existieren beim nicht privilegierten Lernen (Lesen, Schreiben und Rechnen lernen) keine solchen biologischen Vorgaben. Auf den Erwerb dieser Kulturtechniken, die es entwicklungsgeschichtlich noch nicht sehr lange gibt, hat die Evolution unser Gehirn nicht vorbereiten können. Demnach sind beim nicht privilegierten Lernen vor allem kulturelle, nicht biologische Voraussetzungen und Bedingungen zu beachten. Es handelt sich hierbei in erster Linie um Wissensvoraussetzungen, die mit psychologischen Begriffen zu beschreiben sind und nicht auf neurophysiologische reduziert werden können.

Die von Speck (2007) geäußerten Bedenken und Sorgen über eine mögliche Biologisierung der Erziehung, über einen Einsatz von psychochemischen oder psychotechnischen Möglichkeiten zur Steigerung der Leistungsfähigkeit von Kindern und Jugendlichen ohne medizinische Indikation oder über ein Streichen der zeit- und geldaufwendigen therapeutisch-pädagogischen Maßnahmen zugunsten der preisgünstigeren Biotechnik sind keineswegs aus dem Weg geräumt und bestehen mit Recht weiterhin.

Gleichwohl hat man sich in der Diskussion inzwischen stillschweigend auf die Formel geeinigt, dass die pädagogischen Konsequenzen aus den Erkenntnissen der Hirnforschung für gute Pädagogen zwar nichts Neues seien, aber dennoch eine Hilfe und Bereicherung darstellten. So leitet der Hirnforscher Roth (2006a) einen Vortrag folgendermaßen ein: »Nichts von dem, was ich vortragen werde, ist einem guten Pädagogen inhaltlich neu. Der Erkenntnisfortschritt besteht vielmehr darin, dass man inzwischen besser zeigen kann, warum das funktioniert, was ein guter Pädagoge tut, und das nicht, was ein schlechter tut« (Roth 2006a, 54). Ähnliches ist bei Spitzer (2006), dem Direktor der psychiatrischen Universitätsklinik in Ulm, oder beim Neurobiologen Henning Scheich (2003) zu lesen. Auch die Psychologin und Lernforscherin Elsbeth Stern (2006) weist darauf hin, dass die Gehirnforschung keine Antwort gebe auf die Frage, wie Lerngelegenheiten gestaltet sein müssten, damit vorhandenes Wissen zur Bewältigung neuer Anforderungen herangezogen werden kann, oder dass das Wissen über Neurotransmitter und die Rolle von Hippocampus und Mandelkernen bei der Informationsverarbeitung bei Weitem nicht ausreiche, um die Lernschwierigkeiten eines Schülers zu verstehen, und dass Lehrer von der Entwicklungspsychologie weitaus mehr profitieren könnten als von der Hirnforschung. Dennoch ist auch sie der Meinung, die Zeit sei nun zweifellos reif für Überlegungen, wie Lehr-Lern-Prozesse mit den Methoden der Hirnforschung besser verstanden werden könnten. Der Pädagoge Ulrich Herrmann (2006a) konstatiert, die neurowissenschaftliche Forschung bestätige einstweilen nur die »Weisheiten« bestimmter pädagogischer Klassiker, gemeint sind die Reformpädagogen, jedoch mit dem kleinen feinen Unterschied, dass wir heute dank der Hirnforschung wissen, warum diese Pädagogen Recht hatten. Zusammenfassend lässt sich festhalten, dass der Nutzen der hirnorganischen Befunde für die pädagogische Praxis in folgenden Punkten und Aspekten gesehen wird:

- Ergänzung und Anregung für die pädagogische Praxis und Forschung
- vertiefendes Verstehen von Lern- und Denkprozessen
- zusätzliche Begründung und Absicherung pädagogischen Erfahrungswissens, wodurch dieses auch an Glaubwürdigkeit gewinnt
- Versachlichung und Klärung pädagogischer Auseinandersetzungen z.B. im Zusammenhang mit der sogenannten »Spaßpädagogik«
- Erinnerung an in Vergessenheit geratene pädagogische Erkenntnisse
- Hinweis und Druck, pädagogische Routinen neu zu überdenken
- Wissen um eine wichtige Rahmenbedingung des Lernens.

Nicht vergessen darf man jedoch auch die Tatsache, dass die inhaltlich unterdeterminierten hirnorganischen Befunde nur mithilfe pädagogischer und psychologischer Theorien und Begriffe letztendlich interpretiert werden können.

1.2.2 Das Modell der Supervenienz

Zur Klärung der Frage, welche Konsequenzen sich aus neurobiologischen Untersuchungen und Befunden für kognitionswissenschaftliche und pädagogische Theorien ergeben und inwieweit man auf der Grundlage der Hirnforschung konkrete Anleitungen für die Gestaltung von Erziehung und Unterricht ableiten kann, empfiehlt Schumacher (2006a; 2006b; 2006c) wissenschaftstheoretische Überlegungen zu den Unterschieden und der Autonomie verschiedener Erklärungsebenen und ihrem Verhältnis zueinander, wie sie im Modell der Supervenienz vom Kim (1993) angestellt werden. Derartige Überlegungen sind ebenfalls hilfreich bei der Klärung der Beziehung zwischen Neurobiologie und Pädagogik oder Psychologie.

Ein und dieselbe Sache lässt sich immer aus unterschiedlichen theoretischen Perspektiven beschreiben. Schumacher (2006a; 2006b) veranschaulicht dies am Beispiel eines Schachcomputers, der sich auf einer physikalischen, funktionalen und intentionalen Ebene beschreiben lässt. Auf der physikalischen Erklärungsebene geht es um Elektronen, Materieteilchen und Ursache-Wirkungs-Beziehungen zwischen verschiedenen physikalischen Ladungszuständen. Auf der funktionalen Ebene ist dagegen von ganz anderen Objekte und Relationen die Rede, nämlich von sogenannten UND-Schaltern und ihre gegenseitigen logischen Beziehungen, die zu ihrem An- und Abschalten führen. Überzeugungen, Absichten und Entschlüsse sowie die kognitiven Beziehungen zwischen diesen intentionalen Zuständen werden hingegen auf der intentionalen Ebene thematisiert, was in der Gestaltung der Software zum Ausdruck kommt.

Welche Ebene gewählt wird, hängt, so Schumacher (2006a; 2006b) in erster Linie davon ab, welche Fragen gestellt und welche Erklärungsziele verfolgt werden. Fragt man nach den Materialien, die zum Bau eines Computers verwendet werden, begibt man sich auf die physikalische Ebene. Möchte man einen Schaltplan entwerfen, wählt man die funktionale Ebene, die Auskunft darüber gibt, nach welchen funktionalen Gesichtspunkten z. B. Widerstände und Verstärker anzuordnen sind. Verspürt man jedoch das Bedürfnis, endlich einmal den Schachcomputer zu schlagen, so interessiert man sich nicht für Schaltpläne und Baumaterialien, sondern für die Strategien und Absichten, nach denen das »Spiel« des Computers programmiert wurde. Jede dieser Erklärungsebenen zeichnet sich also durch eine besondere Fragestellung sowie durch eigene Typen von Objekten und Beziehungen aus und keine ist für sich genommen angemessener oder besser als die andere (siehe ▶ Abb. 1).

Die Relation zwischen Zuständen auf unterschiedlichen Stufen wird in der modernen Philosophie des Geistes als Supervenienz bezeichnet. Danach lässt sich jeder höherstufige Zustand durch mehrere darunterliegende Stufen realisieren. Die funktionale Eigenschaft, ein Datenspeicher zu sein, lässt sich auf der physikalischen Ebene durch die unterschiedlichsten Baumaterialien realisieren und der intentionale Zustand, wie das Wissen um eine Schachregel, kann seinerseits durch unterschiedliche Systeme auf einer niedrigeren Stufe, wie beispielsweise unterschiedliche Programmiersprachen, hergestellt werden.

II Neuropsychologie des Lernens

	Fragen	Objekte	Relationen	Beziehungsrichtung
intentionale Ebene	Wie schlage ich einen Schachcomputer?	Überzeugungen Absichten Entschlüsse	kognitive Beziehungen	
funktionale Ebene	Wie entwerfe ich einen Schaltplan?	UND-Schalter	logische Beziehungen	
physikalische Ebene	Mit welchen Materialien baue ich einen Computer?	Chips Widerstände Elektronen	kausale Beziehungen	

Abb. 1: Das Modell der Supervenienz veranschaulicht am Beispiel eines Schachcomputers

Die niedrigen Zustände eines Systems legen deshalb fest, in welchem höherstufigen Zustand sich ein System befindet. Dies gilt jedoch nicht umgekehrt, da ja jeder höherstufige Zustand durch viele verschiedene niedrigerstufige Zustände realisiert werden kann. Die Richtung, in der Beziehungen zwischen den Zuständen der einzelnen Erklärungsebenen hergestellt werden, verläuft demnach von oben nach unten. Um die Beschreibungen unterschiedlicher Erklärungsebenen zueinander in Beziehung zu setzen, ist es notwendig, jeweils mit den Begriffen der höheren Ebene zu beginnen. Nur wenn mir das Schachspiel mit seinen Figuren, Strategien und Regeln bekannt ist, erkenne ich die in unterschiedlichster Form realisierten Geräte vor mir als Schachcomputer und kann sie entsprechend benutzen. So reicht auch keine physikalische Beschreibung aus, um zu definieren, was es bedeutet, ein Stuhl zu sein. Die unterschiedlichsten Stühle in unterschiedlichen Farben, Formen, Größe, aus unterschiedlichsten Materialien kann ich nur alle unter einem Begriff vereinen und als Stühle erkennen, wenn ich um die funktionale Eigenschaft des Stuhles weiß, dass man sich nämlich auf eine ganz bestimmte Weise auf ihn setzen kann. Auf der physikalischen Ebene könnte ich als Stuhl immer nur eine ganz bestimmte »Stuhlrealisation« in bestimmter Farbe, Größe mit einer bestimmten Anzahl von Beinen usw. als Stuhl definieren. Ein anderer Stuhl mit mehr Beinen und einer größeren Sitzfläche wäre dann kein Stuhl mehr.

Dies lässt sich nun auch auf das Verhältnis von Neurobiologie und Pädagogik oder Psychologie übertragen. Mit keiner Beschreibung auf neurophysiologischer Ebene lassen sich bestimmte kognitive Zustände definieren. Ohne auf der kognitiven Ebene einen Begriff von Gedächtnis und Lernen zur Verfügung zu haben, bleiben die unterschiedlichsten Gehirnaktivitäten verschiedener Menschen bei unterschiedlichen Lernaufgaben nicht versteh- und interpretierbar. Erst wenn auf der kognitionswissenschaftlichen Ebene geklärt ist, welche verschiedenen Formen der Informationsspeicherung zu unterscheiden sind, können auch die entsprechenden unterschiedlichen neurologischen Korrelate, die unterschiedlichen Aktivitätsmuster der Nervenzellen den unterschiedlichen Formen des Gedächtnisses zugeordnet werden.

Für Schumacher (2006a; 2006b) liegt der entscheidende Vorzug des Supervenienz-Modells darin, dass es folgende zwei Aspekte vereint:

1. Höherstufige Beschreibungen lassen sich nicht auf Beschreibungen niedrigerer Erklärungsebenen reduzieren. Die unterschiedlichen Ebenen sind in diesem Sinne autonom.
2. Höherstufige Zustände werden stets durch Zustände niedrigerer Stufen realisiert, was bedeutet, dass auf den unteren Erklärungsebenen »durchaus Bedingungen formuliert werden können, die Objekte erfüllen müssen, um höherstufige Eigenschaften besitzen zu können« (Schumacher 2006a, 90). Ein Stuhl zu sein, ist zwar eine funktionale Eigenschaft, aber damit etwas ein Stuhl sein kann, muss es auch bestimmte physikalische Voraussetzungen erfüllen. Auf der physikalischen Ebene lassen sich also Anforderungen an Objekte formulieren, sodass sie als Stuhl infrage kommen. Auch kognitive Prozesse werden stets durch entsprechende neuronale Vorgänge realisiert und deshalb lassen sich auch auf neurophysiologischer Ebene Erklärungen und Hinweise entwickeln, die für die Kognitionswissenschaften und die Pädagogik interessant sind.

Neurowissenschaftliche Untersuchungen und Erkenntnisse sind nach Schumacher (2006a; 2006b) demnach für Pädagogik und Kognitionswissenschaft durchaus bedeutsam, da mit ihnen Unterschiede herausgefunden werden können, die auf der Verhaltensebene nicht beobachtbar sind. Solche Erkenntnisse beziehen sich in vielen Fällen auf die Diagnostik und Erklärung von Leistungsstörungen. So liefern diese beispielsweise neue Erklärungen für Phänomene oder Leistungsstörungen, die auf kognitionswissenschaftlicher Ebene bereits bekannt und erforscht sind oder sie verweisen darauf, dass unterschiedliche neuronale Ursachen vorliegen, obwohl sich auf der Verhaltensebene keine Unterschiede zeigen. Auch ist es möglich, anhand neurophysiologischer Befunde kognitive Entwicklungsstörungen zu einem sehr frühen Zeitpunkt zu diagnostizieren, bevor sie auf der Verhaltensebene in Erscheinung treten. Diese unbestreitbare Kompetenz der Neurowissenschaften bezüglich Diagnostik und Erklärung pathologischer Fälle stellt wichtige Informationen zur Verfügung über die Bedingungen, unter denen bestimmte kognitive Leistungen nicht erbracht werden oder darüber, wann es angezeigt ist, Förder- und Therapiemaßnahmen zu ergreifen, aber weniger bis gar keine über die Gestaltung konkreter individueller Fördermaßnahmen in Unterricht und Therapie. Dies muss mithilfe kognitionswissenschaftlicher und pädagogischer Theorien ausgearbeitet und entwickelt werden.

Auch für Speck (2007) spricht einiges für ein integratives Erklärungsmodell, in dem sowohl der naturgesetzlichen als auch der phänomenologisch-subjektiven Perspektive Realität zugesprochen und unter Aufrechterhaltung der Unterschiedlichkeit beider Bereiche oder Aspekte von einer Parallelität von Psyche und Gehirn ausgegangen wird.

1.3 Grundhypothese der Neuropsychologie

Keine Denkleistung, kein Verhalten, kein Wahrnehmungsvorgang und kein Erleben ist denkbar ohne entsprechende Vorgänge im Zentralnervensystem. Ein solches konsequent doppelseitiges Denken verliert niemals die unauflösbare Bezogenheit zwischen psychischen Funktionen und hirnorganischen Prozessen aus dem Blick. Entwicklung bedeutet demnach immer gleichzeitig Veränderung im Verhaltensrepertoire sowie Veränderung in der Struktur und Funktion des Zentralnervensystems. Diese Grundannahme der Neuropsychologie ist durchaus begründet und einige Belege sollen hierfür kurz angeführt werden.

1.3.1 Hirnorganik beeinflusst Erleben und Verhalten

In Forschungsberichten über Split-Brain-Patienten, also Menschen, denen das Corpus callosum, die Verbindungsfasern zwischen den beiden Hirnhälften, durchtrennt wurden, wird von verschlechterten Gedächtnisleistungen (Zaidel & Sperry 1974) ebenso wie von Veränderungen im Bereich der Träume und der Phantasien (Hoppe 1977) berichtet.

Hirnorganische Veränderungen durch den Altersabbau, durch exzessiven Alkohol- und Drogenkonsum oder durch epileptische Erkrankungen werden meist auch von deutlichen Veränderungen im Erleben und Verhalten begleitet. Gedächtnisausfälle werden ebenso beobachtet wie beispielsweise ein Nachlassen der Selbststeuerung und Selbstkontrolle. Die erfolgreiche Behandlung psychischer Erkrankungen mit neurochemischen Stoffen, den Psychopharmaka, ist ein uns selbstverständlich gewordener Beleg für die hirnorganische Beeinflussbarkeit psychischer Funktionen. Ängste lösen sich nach Einnahme dieser Medikamente auf, Traurigkeit lässt nach und Wahnvorstellungen verschwinden. Umgekehrt existiert ebenfalls eine umfangreiche Forschung, die belegt, dass psychische oder soziale Faktoren hirnorganische Veränderungen hervorrufen.

1.3.2 Erleben und Verhalten beeinflussen Hirnorganik

Sensorische und soziale Deprivation führt im Tierversuch zur Ausdünnung des Dendritenbaums, dessen normalerweise reiche Verästelung viele Möglichkeiten zur Informationsaufnahme bietet. Vor allem ist ein deutlicher Mangel an dendritischen Dornen (spines) festzustellen (Frotscher, Mansfeld & Wenzel 1975). Diese Dornenfortsätze sind die Kontaktpunkte für Axone anderer Nervenzellen und deshalb können an diesen Stellen Verknüpfungspunkte, Synapsen, gebildet werden. Einen generellen Schwund an synaptischen Kontakten, wie er analog im normalen Alterungsprozess auftritt, konnte nach Deprivation im Tierversuch beobachtet werden (Scheibel & Scheibel 1977). Experimente mit Ratten und Hühnern, die während früher Entwicklungsphasen wiederholt oder ständig von ihren

Eltern getrennt wurden, zeigten einen deutlich reduzierten Transmitterstoffwechsel sowie eine verminderte neuronale Aktivität im präfrontalen Cortex (Braun & Meier 2006). Für die Übertragbarkeit solcher Forschungsergebnisse auf den Menschen sprechen eine Reihe weiterer Befunde (Marin-Padilla 1975; Purpura 1975; Purpura 1978).

Mishkin und Apenzeller (1990) weisen darauf hin, dass opiathaltige Nervenfasern im Gehirn auf Gefühlszustände mit der Freisetzung dieser Opiate antworten und auf diese Weise die Reizaufnahme, Reizleitung und Verarbeitung beeinflussen. Auf diese Weise ist zu erklären, dass ein im Meer schwimmender Mann von einem Hai angefallen wird, sich ohne Schmerzen an Land retten kann und dort erst bemerkt, dass der Hai ihm ein Stück des Beines abgebissen hat.

Die Reizübertragung von einer Nervenzelle auf die andere mittels einer chemischen Synapse ist ein sehr komplexer und lernabhängiger Vorgang, bei dem ein physikalischer Vorgang (ein Aktionspotenzial) die Ausschüttung von Neurotransmittern aus der präsynaptischen Endigung in den die beiden Nervenzellen trennenden synaptischen Spalt bewirkt. Dieser Botenstoff durchwandert den synaptischen Spalt mit hoher Geschwindigkeit und legt sich an die Rezeptoren der postsynaptischen Membran (Teil eines Dendritenastes) an. Auf diese Weise wird ein Impuls von einer Nervenzelle auf die nächste übertragen. Wird dieser Übertragungsvorgang häufig geübt, d.h., die Synapsen werden im Rahmen von Informationsverarbeitungsprozessen im Gehirn eines Kindes, das z.B. in einer reizvollen Umgebung aufwächst, häufig benutzt, steigt die Geschwindigkeit der Informationsübertragung an den beteiligten Synapsen (Berger 2010). Werden die Synapsen nicht oder wenig genutzt, verlangsamt sich dagegen die Impulsweitergabe und damit die Informationsweiterleitung, was nach Ayres (1979) die Entstehung von Lernstörungen begünstigen kann.

Zu den bedeutendsten Erkenntnissen der modernen Neurobiologie gehört nach Bauer (2006), dass Erfahrungen auf unseren Körper biologische Auswirkungen haben. »Was wir mit anderen Menschen erleben, hat Einfluss auf die Aktivität unserer Gene und verändert die neuronale Architektur unseres Gehirns.... Abhängig von unseren Lebenserfahrungen, ..., unterliegen neuronale Verschaltungsmuster unseres Gehirns einem fortlaufenden Umbau« (Bauer 2006, 36). Auch Hüther (2006) betont die Plastizität speziell des kindlichen Gehirns, wenn er darauf hinweist, dass keine Spezies mit einem derart offenen, lernfähigen und durch eigene Erfahrungen gestaltbaren Gehirn zur Welt kommt wie der Mensch.

1.3.3 Spiegelneurone

Die Neuropsychologie verfolgt also konsequent ein doppelseitiges Denken und geht von einem unauflösbaren gegenseitigen Aufeinander-Bezogensein von hirnorganischen Prozessen (Neurowissenschaften) und psychischen Funktionen (Psychologie) aus. Die Spiegelneurone stellen ein beredtes Beispiel dar für diese Wechselwirkung von endogenen und exogenen Faktoren.

Das unsichtbare Band zwischen den Menschen, das in Begriffen wie Bindung, Verstehen oder Empathie zum Ausdruck kommt, wird möglicherweise von Spiegelneuronen geknüpft, die erstmals 1995 von zwei Arbeitsgruppen um den Biologen Giacomo Rizzolatti und den Mediziner Vittorio Gallese an der Universität Parma beschrieben wurden. Sie untersuchten damals den prämotorischen Cortex von Makaken (Schweinsaffen) und stellten zu ihrer Überraschung fest, dass handlungssteuernde Neurone nicht nur dann aktiv waren und feuerten, wenn das Tier selbst mit seiner Hand nach einer Nuss griff, sondern auch, wenn es nur dabei zusah, wie jemand anderes nach der Nuss griff. Einige Jahre später fand man solche Nervenzellen auch beim Menschen und mittlerweile geht man davon aus, dass sie in allen Zentren des Gehirns zu finden sind, in denen Erleben und Verhalten gesteuert wird (Bauer 2006). Von Spiegelneuronen ist bald die Rede und für die Forscher bilden die erstaunlichen Zellen die Basis zur Empathie, zum Verstehen des Gegenübers, zum Hineinversetzen in andere Personen (Rizzolatti & Sinigaglia 2008), denn was bei einem anderen beobachtet wird, führt im Beobachter offensichtlich zu einer Art stillen inneren Mitreaktion, so als würde er die Handlung selbst ausführen. Etwas bei einem anderen Menschen mitzuerleben, kann über die Spiegelneurone unser eigenes körperliches Empfinden verändern. So besitzen Insula und vordere Gürtelwindung Neurone, die nicht nur feuern, wenn Schmerz am eigenen Körper erlebt wird, sondern eben auch dann, wenn jemand beobachtet wird, der gerade Schmerz empfindet (Bauer 2005). Die genetische Grundausstattung des Gehirns mit bereits bei der Geburt vorhandenen Spiegelneuronen bedeutet, so Bauer (2006), jedoch nicht, dass die Fähigkeit zur Empathie dem Menschen angeboren ist. Spiegelneurone begünstigen lediglich eine spontane Tendenz zum Imitieren und sind auf diese Weise das neuronale Format für eine erste wechselseitige soziale Einstimmung und frühe Kommunikation. Um jedoch ein Spiegelsystem zu entwickeln, braucht der Säugling, so Bauer (2006) weiter, in den ersten Lebensjahren eine individuelle, auf ihn abgestimmte und eingehende Zuwendung. Diese von den Bezugspersonen zurückgespiegelten Resonanzen sind quasi das Trainingsprogramm für die Spiegelsysteme des Kindes und das Gesamt aller dieser Resonanzen leistet einen wesentlichen Beitrag zu seiner Selbstentwicklung und Identitätsbildung.

Rund um Spiegelneurone, die fast euphorisch als neuer Erklärungsansatz für Autismus oder die Mensch-Tier-Beziehung herangezogen werden, die das Geheimnis der vorausschauenden Intuition enthüllen oder eine Begründung für die Lehr-Therapie in der Therapeutenausbildung liefern, macht sich mehr und mehr auch Kritik und Widerspruch breit. Die bei ihrer Erforschung benutzte Methode der Magnetresonanztomografie sei beispielsweise viel zu langsam und grobkörnig, um schnelle Wahrnehmungsprozesse zu erfassen. Untersuchungen an geschädigten Gehirnen von Schlaganfallpatienten legen nahe, dass das Verstehen einer Handlung und ihre Wahrnehmung im Gehirn räumlich getrennt sind. Deshalb konnten manche Schlaganfallpatienten zwar bestimmte Objekte nicht mehr selbst benutzen, sehr wohl aber die damit verbundene Handlung erkennen und bei anderen war es genau umgekehrt (Rumiati & Bekkering 2003). Darüber hinaus ist Verstehen eindeutig komplexer als Nachahmen. Die Bedeutung des Kopfnickens oder Kopfschüttelns ist kultur- und situationsabhängig verschieden. Das Nicken mit dem Kopf steht in einer bestimmten Situation für Zustimmung und in einer anderen ist es ein Art Verbeugen und damit eine Geste des Respekts.

Im westlichen Kulturkreis verneint man durch Kopfschütteln, in manchen asiatischen Regionen würde das Schütteln mit dem Kopf als Zustimmung verstanden.

1.3.4 Zusammenfassung und Konsequenzen

Die Neurowissenschaften zur neuen Leitdisziplin für Kognitionswissenschaften und Pädagogik zu erheben, erweist sich aus verschiedenen Gründen als äußerst problematisch und birgt ernsthafte Gefahren für die weitere Entwicklung von Erziehung und Unterricht in sich. Notwendig und hilfreich wäre allerdings ein interdisziplinärer Dialog, in dem die unterschiedlichen Forschungsfelder und Weltsichten beachtet und respektiert sowie die Beziehung zueinander geklärt würden, was zu einer gegenseitigen Bereicherung und Anregung sowie zu einer Betrachtung des Menschen in seiner Ganzheit führen würde. Dem widerspräche eine Reduktion des Menschen auf sein Gehirn durch die Neurowissenschaften, aber auch ein Ignorieren der hirnorganischen Befunde durch die Kognitionswissenschaften und die Pädagogik.

Viele Forschungsergebnisse verweisen auf eine unauflösbare gegenseitige Bezogenheit von hirnorganischen Prozessen und psychischen Funktionen und niemand leugnet eigentlich ernsthaft die Tatsache, dass Hirnorganik unser Erleben und Verhalten beeinflusst und dass umgekehrt auch die Hirnorganik durch unser Erleben und Verhalten ständig verändert wird. Dieses doppelseitige Denken findet seinen Niederschlag in der Grundhypothese der Neuropsychologie. Akzeptiert man diese Grundannahme, so ist bei der Erklärung von Entwicklungsabläufen ein Rückgriff auf die strikte Unterscheidung zwischen Reifungs- und Lernprozessen nicht mehr möglich.

Kindliche Entwicklungsstörungen lassen sich genauso wenig alleine auf hirnorganische Auffälligkeiten zurückführen, wie auf reine Lerndefizite. Konzepte, wie das der minimalen cerebralen Dysfunktion (MCD) oder des psychoorganischen Syndroms (POS), die eine hirnorganische Verursachung voraussetzen, verlieren ihre Brauchbarkeit. Eine ausführlichere Diskussion dieser Begriffe findet sich bei Breitenbach (1992). Nicht nur unter Praktikern, aber vorzugsweise dort, findet sich auch heute noch häufig ein naiver Gebrauch dieser Dichotomie bei der Einteilung von Kindern in solche, deren Entwicklung durch eine hirnorganische Schädigung oder eben »nur« durch ein mehr oder weniger großes Lerndefizit beeinträchtigt wurde. Die Entwicklungs- und Verhaltensprobleme der ersten Gruppe werden mit Vererbung und endogenen Faktoren in Verbindung gebracht, was konsequenterweise dazu führt, dass diesen Kindern für die weitere Entwicklung und die Effektivität von Fördermaßnahmen eher pessimistische Prognosen gestellt werden, während bei Kindern mit einem Lerndefizit als Ursache ihrer Entwicklungsstörungen selbstverständlich ein positiver weiterer Entwicklungsverlauf erwartet wird. Ihre Schwierigkeiten werden auf ungünstige Umweltbedingungen, also exogene Faktoren, zurückgeführt und als relativ unabhängig von Erbfaktoren betrachtet. Sie scheinen deswegen auch eher durch Fördermaßnahmen beeinflussbar zu sein. Eine solche für die entsprechenden Kinder folgenschwere Aufteilung in »Hirnorganiker« und »Nicht-Hirnorganiker« kann auf der Basis der neuropsychologischen Grundhypothese nicht weiter aufrechterhalten werden.

Entwicklung und Lernen bedeutet immer Veränderungen im Verhaltensrepertoire und gleichzeitig auch im Bereich der Hirnorganik. Entwicklungs- und Lernstörungen sind sowohl auf der Verhaltensebene als auch auf der hirnorganischen Ebene als Auffälligkeiten, Abweichungen oder Mängel beschreibbar.

2 Theorie von Alexander R. Lurija

Alexander R. Lurija gilt allgemein als der Vater der Neuropsychologie wiewohl bereits während der Zwanzigerjahre des 20. Jahrhunderts die Verbindung neurologischer und psychologischer Methoden keine Ausnahme bildete. Allerdings richteten Mediziner wie Goldstein ihr Interesse in erster Linie auf organismische Probleme und wiesen der Psychologie eher eine Nebenrolle zu, während auf der anderen Seite Psychologen wie Koffka und Lewin die Neurologie ihrerseits als Hilfswissenschaft betrachteten. Erst durch Lurija wurde jedoch nach Meinung von Métraux (1994) eine Synthese beider Wissenschaften zu einer einheitlichen Bewusstseinstheorie angestrebt und erreicht.

Die Bedeutung Lurijas für die Entwicklung der Neuropsychologie sieht Pickenhain (1994) in folgenden grundlegenden Aspekten:

1. Lurija hat die Neurowissenschaften immer als interdisziplinär verstanden und die biologischen Grundlagen um den sozialen Faktor ergänzt, wobei das Biologische und das Soziale nicht in einer einfachen Wechselwirkung stehen, sondern das Soziale bildet über biologische Mechanismen des Gehirns neue funktionelle Systeme und erzeugt damit neue Arbeitsweisen des Gehirns.
2. Die sozialen Umweltbedingungen stellen den Hauptfaktor bei der Entfaltung der genetischen Potenzen des Gehirns dar, was Lurija aus seinen umfangreichen Zwillingsstudien über die Bedeutung genetischer, biologischer und sozialer Faktoren auf die Ausbildung höherer psychischer Funktionen schlussfolgerte.
3. Den zentralen Aspekt seiner Forschungsarbeiten bildete die wissenschaftliche Untersuchung der Lokalisation höherer psychischer Funktionen im Gehirn und damit die Analyse der Beziehungen zwischen Hirnstrukturen und psychischen Prozessen. Diese Analyse führte zur Erkenntnis, dass höhere psychische Funktionen nur über das Zusammenwirken von Partialsystemen in großen funktionellen Systemen realisiert werden können.
4. Die Sprache ist der prägende Hauptfaktor für die Entwicklung des Menschen zu einem bewusst handelnden Wesen.

Wenn im Folgenden von der neuropsychologischen Theorie Lurijas die Rede ist, so ist dabei immer zu bedenken, dass sie durch die beiden anderen Mitglieder der als »Trojka« bezeichneten Arbeitsgruppe Wygotski und Leontjew über gemeinsame Forschung tiefgreifend beeinflusst wurde.

2.1 Grundbegriffe

Wie in ▶ Kap. 1.1.3 bereits angedeutet, standen sich in der Hirnforschung über viele Jahre hinweg zwei Forschungs- und Denkansätze zur Erklärung der Funktionsweise des Gehirns diametral gegenüber: die Lokalisationisten und die Antilokalisationisten oder Holisten.

Die Vertreter der Lokalisationstheorie gingen davon aus, dass es im Zentralnervensystem feste Orts-Funktionszusammenhänge gibt und versuchten deshalb, jede psychische Funktion einem bestimmten, eng umschriebenen Gehirnareal zuzuordnen. Bereits Broca (1861) und Wernicke (1874) konnten zeigen, dass nicht nur motorische Funktionen, sondern auch einzelne Sprachfunktionen im Gehirn lokalisierbar sind und die Gedächtnisforschung lieferte ebenfalls Belege dafür, dass bestimmte Regionen im limbischen System für Gedächtnisleistungen verantwortlich gemacht werden können (Milner 1959; Heilmann & Sypert 1977). Mit großem Enthusiasmus suchten und fanden die Neurologen z. B. ein »Verstehenszentrum« oder »Schreibzentrum« und erstellten Funktions- oder Landkarten der Großhirnrinde. Solche corticalen Karten sind für eine Reihe sensorischer Areale nachgewiesen (siehe ▶ Kap. 2.3.2).

Antilokalisationisten dagegen vertreten eine ganzheitliche Theorie der Hirnfunktion, indem sie forderten, dass das Gehirn an jeder seiner Leistungen als Ganzes beteiligt sei. Teuber und Weinstein (1957) fanden bei allen ihren Patienten Probleme beim Lösen von Figur-Grundaufgaben, gleichgültig, welche Bereiche des Neocortex geschädigt waren. Innerhalb der Gedächtnisforschung vertrat ebenfalls eine Gruppe von Wissenschaftlern die Ansicht, dass die Speicherung von Informationen nicht an bestimmte Gebiete des Gehirns gebunden ist (Lashley 1929; Lashley 1951). Aus dieser Perspektive war für Art und Ausmaß eines Funktionsausfalls weniger bedeutsam, welche Region des Gehirns beschädigt war, sondern der Umfang der Schädigung, also wie viel an Hirnmasse bei der Schädigung verloren gegangen war. Vergleichbar mit einem Hologramm, bei dem man an beliebiger Stelle Stücke der Fotoplatte abbrechen kann, das Bild als Ganzes jedoch erhalten bleibt. Je größer aber die abgebrochenen Teile sind, umso unschärfer wird das ganze Bild.

Für Lurija (1992; 1993) führten beide Sichtweisen für sich gesehen in eine Sackgasse und boten keine hinreichende wissenschaftliche Grundlage für die Analyse höherer psychischer Prozesse. Seine Auffassung, das Gehirn arbeite zwar ganzheitlich, verfüge jedoch auch über viele hoch spezialisierte Areale, die zu komplexen System zusammengeschlossen werden, machte ein Überdenken der Begriffe Funktion, Lokalisation und Symptom erforderlich.

2.1.1 Funktion und funktionelle Systeme

Die Forscher, die sich mit der Lokalisation elementarer corticaler Funktionen befassten, verstanden unter dem Begriff Funktion die Funktionen spezifischer Gewebearten. So ist das Ausscheiden von Gallenflüssigkeit zweifellos die Funktion der Leber, genauso wie die Insulinsekretion als Funktion der Bauchspeicheldrüse zu verstehen ist. Der Funktionsbegriff ändert sich jedoch, so Lurija (1992; 1993), wenn man von der Atmungs- oder Verdauungsfunktion spricht. Die Hauptaufgabe der Atmung besteht darin, den Lungen Sauerstoff zuzuführen und seine Weiterleitung ins Blut sicher zu stellen. Dieser komplexe Prozess kann nicht als einfache Funktion eines speziellen Gewebes verstanden werden, sondern nur als ein vollständiges funktionelles System, an dem zahlreiche Komponenten oder Teilsysteme beteiligt sind, die unterschiedlichen Ebenen des sekretorischen, motorischen und nervösen Apparates angehören. So erscheint auch die Annahme wenig sinnvoll, höhere psychische Funktionen seien einer eng begrenzten Hirnrindenregion zuzuordnen, vielmehr sind an der Bewältigung einer komplexen Aufgabe viele hoch spezialisierte Einzelteile des Zentralnervensystems beteiligt, die sich zu einem funktionellen System zusammenschließen.

Ein erstes Kennzeichen eines funktionellen Systems ist seine Komplexität, da es sowohl afferente oder zuleitende als auch efferente oder ableitende Impulse umfasst. So kann keine Handlung allein mittels efferenter Impulse ausgeführt werden, sondern wir benötigen eine ständige Rückmeldung, also afferente Impulse, über den Zustand der Muskeln, Sehnen und Gelenke, um die Handlung kontrolliert und zielgerichtet zu steuern und sie auf diese Weise an die durch die Ausführungen bewirkten ständigen Veränderungen anzupassen.

Das zweite Merkmal eines funktionellen Systems ist die Mobilität oder Plastizität seiner Bestandteile, wobei die Aufgabenstellung und das Ergebnis invariant bleiben. Die Sauerstoffaufnahme als zentrale Aufgabe der Atmung und ihr Ergebnis – die Versorgung der Lunge mit Sauerstoff – sind immer in gleicher Weise gegeben. Doch die Art und Weise, wie die Aufgabe gelöst und das Ergebnis erzielt wird, kann recht unterschiedlich sein. Fällt die für die Atmung wichtigste Muskelgruppe, das Zwerchfell, aus, kommen die Zwischenrippenmuskeln verstärkt zum Einsatz, funktionieren diese aus einem bestimmten Grund nicht, wird die Kehlkopfmuskulatur eingeschaltet. »Das Vorhandensein einer unveränderlichen (invarianten) Aufgabenstellung, die durch variable Mechanismen bewältigt wird und die den gesamten Vorgang zu einem unveränderlichen (invarianten) Ergebnis hinführt, ist ein grundlegendes Merkmal jedes funktionellen Systems« (Lurija 1992, 23). Diese Variabilität machen sich Lehrer und Therapeuten bei Rehabilitation und Unterricht ständig zunutze, indem sie bei der Nicht-Bewältigung von Aufgaben Hilfestellungen zur Kompensation anbieten, die dann eine Lösung der Aufgabe ermöglichen.

Höhere psychische Prozesse werden beim Menschen durch funktionelle Systeme realisiert, an deren Aufbau verschiedene spezialisierte Hirnareale beteiligt sind. Wird eine Aufgabe gestellt, schließen sich die Subsysteme zu einem funktionellen System zusammen. Während Aufgabenstellung und Ergebnis konstant bleiben, können die Subsysteme oder Teilglieder wechseln. Alle Subsysteme oder Teile sind polyvalent, was bedeutet: Sie sind an den unterschiedlichsten funktionellen Systemen beteiligt und in sie integriert. Bei der Bewältigung komplexer Anpassungsleistungen wie beispielsweise Lesen oder Schreiben arbeiten als funktionelles System viele weit gestreute Zellgruppen in verschiedenen Gehirnarealen auf verschiedenen Funktionsebenen zusammen. Nach Erledigung der Aufgabe zerfällt das funktionelle System und die einzelnen Subsysteme stehen wieder für neue Systembildungen zur Verfügung. Unter diesem Gesichtspunkt bedeutet Lernen, dass sich das Zentralnervensystem »merkt«, welche Subsysteme auf welche Art und bei welcher Aufgabenstellung integriert werden müssen. Zentrale Funktionsweise des Zentralnervensystems scheint also die schnelle und korrekte Integration vieler Subsysteme zu größeren Gesamtsystemen zu sein. Das Zentralnervensystem könnte als ein gewaltiges Suprasystem aus sich ständig verändernden Systemen und Subsystemen betrachtet werden, das seinerseits in noch umfassendere Systeme eingebettet ist.

2.1.2 Dynamische Lokalisation

Die vorangegangenen Betrachtungen zur Struktur funktioneller Systeme und zum Aufbau höherer psychischer Systeme werfen, so Lurija (1992), ein völlig neues Licht auf die Lokalisation psychischer Funktionen im menschlichen Cortex und zwar in dem Sinne, dass von einer Lokalisation komplexer funktioneller Systeme in begrenzten Hirnbereichen nicht mehr gesprochen werden kann.

Ein weiteres Kennzeichen der Lokalisation höherer psychischer Prozesse im Cortex sieht Lurija (1992; 1993) darin, dass sie weder statisch noch konstant ist. Im Laufe der Entwicklung verändert sich die funktionelle Struktur und damit auch die zerebrale Organisation höherer psychischer Prozesse. Das Schreiben gelingt beispielsweise am Anfang nur durch das Einprägen der grafischen Gestalt eines jeden einzelnen Buchstabens. Der Schreibvorgang besteht zu diesem Zeitpunkt aus einer Kette einzelner motorischer Impulse, von denen jeder nur für die Verwirklichung eines grafischen Elementes zuständig ist. Mit fortschreitender Übung wird eine einheitliche Bewegungsmelodie ausgeführt, die ein Behalten einzelner Buchstabenformen oder einzelner Bewegungsimpulse für die Strichführung unnötig macht. Dieser Vorgang wiederholt sich bei der Automatisierung bestimmter Schriftzüge, z. B. der eigenen Unterschrift. Das Schreiben ist hier nicht mehr abhängig von der akustischen Durchgliederung der Wortverbindung oder der visuellen Formanalyse einzelner Buchstaben. Diese Beteiligung auditiver und visueller Hirnareale, die in früheren Entwicklungsphasen unumgehbar war, entfällt in späteren Stadien. Der Schriftzug wird als eine in sich geschlossene kinetische Melodie verwirklicht und die Tätigkeit wird nach und nach von einem neuen System zusammenarbeitender Subsysteme übernommen. Aufnahmen, die die Aktivität im Gehirn beim Sprechen eines Satzes zeigen, bestätigen Lurijas These von der Veränderung der funktionellen Systeme durch Entwicklung und Lernen. Das automatisierte Sprechen in der Muttersprache erfordert ein wesentlich kleineres System als das Sprechen in einer Fremdsprache (siehe ▶ Abb. 2).

Auf der Grundlage, dass es keine Lokalisation höherer psychischer Prozesse in einem begrenzten Hirnareal gibt und dass sich die Rolle einer Hirnregion in einem funktionalen System im Laufe der Entwicklung verändert, spricht Lurija (1992) von dynamischer Lokalisation. »Folglich besteht unsere Hauptaufgabe darin, höhere psychische Prozesse beim Menschen nicht in umschriebenen Gebieten des Gehirns zu lokalisieren, sondern vielmehr darin, durch sorgfältige Ana-

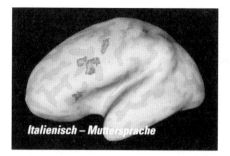 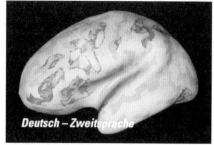

Abb. 2: Funktionelle Systeme beim Sprechen eines Satzes in der Muttersprache oder der Zweitsprache (Wartenburger et al. 2003, 167)

lyse herauszufinden, welche Gruppen der gemeinsam arbeitenden Zonen des Gehirns für die Verwirklichung komplexer psychischer Tätigkeiten verantwortlich sind, welchen Anteil jede dieser Zonen an dem komplexen funktionellen System hat und wie sich die Beziehungen zwischen diesen gemeinsam arbeitenden Teilen des Gehirns in den verschiedenen Entwicklungsstadien verändern« (Lurija 1992, 29).

2.1.3 Symptom und Syndrom

Wenn eine psychische Tätigkeit über ein komplexes funktionelles System entsteht, das eine Gruppe gemeinsam arbeitender, manchmal weit auseinanderliegender Hirnbereiche einbezieht, kann die Verletzung eines Hirnbereiches oder eines Subsystems zum Zerfall des gesamten funktionellen Systems führen. Das dabei zu beobachtende Symptom gibt in diesem Fall keine Auskunft mehr darüber, welches Teilsystem oder welcher Hirnbereich verletzt oder gestört oder nicht integriert ist. Dyspraktische Menschen zeigen z. B. die gleichen Ungeschicklichkeiten und motorischen Auffälligkeiten, aber bei jedem von ihnen verbirgt sich hinter dem gleichen Symptom eine individuell unterschiedliche Störung im funktionellen System. Die Bestimmung eines Symptoms oder einer Auffälligkeit ist somit nur der erste Schritt in der Untersuchung, der eine Syndromanalyse folgen muss. Zunächst erfasst der Diagnostiker beispielsweise die Symptome, die ihn auf das Vorliegen einer Dyspraxie oder Störung der Handlungsplanung verweisen, ihm aber noch nicht sagen, welche Teilleistungen im funktionellen System zur Handlungsplanung nicht in ausreichendem Maße integriert sind oder integriert arbeiten. Dazu muss er zunächst feststellen, durch welche Faktoren eine psychische Tätigkeit bedingt wird oder, anders formuliert, welche Subsysteme und Teilleistungen zum großen funktionellen System der Handlungsplanung zählen und in welcher Beziehung sie zueinander stehen, um im Anschluss daran dann alle diese Teilbereiche und Teilfunktionen in ihren unterschiedlichen Relationen so weit wie möglich im Einzelnen zu untersuchen.

Das hier beschriebene Verständnis von Symptom und Syndrom spiegelt die besondere Plastizität funktioneller Systeme wider, bei der Lurija davon ausgeht, dass eine invariante Aufgabenstellung zu einem invarianten Ergebnis, was auch als Symptom oder Syndrom bezeichnet werden kann, führt, aber durch variable Mechanismen bewältigt wird.

2.2 Drei grundlegende Funktionseinheiten

Als Grundlage für die Funktionsbeschreibungen des menschlichen Gehirns gliederte Lurija (1973) es in drei fundamentale funktionale Einheiten, die an jeder Form psychischer Tätigkeit mitwirken. Sie sind bestimmt als erste Einheit zur Steuerung von Tonus und Wachheit, als zweite Einheit zur Aufnahme, Verarbeitung und Speicherung der von der Außenwelt eintreffenden Informationen und als dritte Einheit zur Programmierung, Steuerung und Kontrolle psychischer Tätigkeit. Alle drei Blöcke oder Einheiten bestehen aus Teilfunktionen, die in funktionellen Systemen zusammenwirken, wobei jede Einheit und jede Teilfunktion ihre besondere Rolle spielt und so einen Beitrag zur Realisierung oder Aufgabenbewältigung leistet.

Jede Form bewusster Tätigkeit ist für Lurija (1973) jeweils ein komplexes funktionelles Ganzes, das durch ein Zusammenwirken der drei Einheiten realisiert wird. Diese Integration von Teilfunktionen zum Ganzen kann demzufolge als adäquates Funktionieren der Teile im Ganzen begriffen werden. Wobei sowohl die Funktionen des Ganzen als auch die der Teile als integrierte Aktivitäten von untereinander in Beziehung gebrachten Hirnzonen organisiert sind. Soll irgendeine psychische Funktion realisiert und damit eine Aufgabe bewältigt werden, so müssen sich viele Areale zu solchen funktionellen Systemen zusammenschließen. Entscheidend dabei ist, dass bestimmte Hirnareale die Rolle von Knotenpunkten haben, deren reibungsloses Funktionieren für die Bewältigung der Aufgabe unabdingbare Voraussetzung ist. Wurde z. B. das Broca- oder Wernickezentrum beschädigt, so ist die Sprachproduktion oder das Sprachverständnis unterschiedlich stark eingeschränkt oder gelingt im schlimmsten Fall überhaupt nicht mehr. Das optimale Funktionieren dieser beiden hochspezialisierten Gehirnareale ist unabdingbare Voraussetzung für Sprachproduktion oder Sprachverständnis. Mit diesen beiden Zentren alleine könnten wir jedoch niemals Sprache verstehen oder produzieren. Dazu benötigen wir das integrierte Zusammenarbeiten vieler anderer Subsysteme mit dem Broca- oder Wernickezentrum.

Ein wichtiges Merkmal der drei Grundeinheiten ist ihr hierarchischer Aufbau in drei sich überlagernde corticale Zonen. Primäre Projektionsfelder empfangen Impulse aus der Peripherie und senden Impulse dorthin, sekundäre Projektions- und Assoziationsfelder verarbeiten die eintreffenden Informationen und rufen Programme ab, tertiäre Felder bestehen aus übergreifenden Zonen.

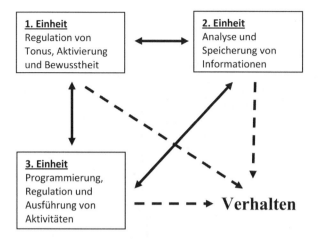

Abb. 3: Einteilung des Gehirns nach Lurija (Breitenbach 2003, 151)

2.2.1 Regulation von Tonus, Aktivierung, Wachheit des Bewusstseins

Zur ersten Einheit zählen alle Teile des Zentralnervensystems, die den Tonus, die Aktivierung und den Grad der Bewusstheit regulieren. Wichtige Hirnstrukturen sind hierfür der Hirnstamm und der Thalamus mit dem auf- und absteigenden retikulären System. Es handelt sich hierbei um eine netzartige Zellstruktur, die vom Hirnstamm aus aufsteigt und deren Nervenzellen konvergierende Reize aus allen Sinneskanälen und allen anderen Teilen des Gehirns erhalten, und die in der Lage sind, ihrerseits wieder das gesamte Gehirn zu beeinflussen. So ist einerseits eine Aktivierung oder Hemmung des Neocortex möglich und gleichzeitig kann dieser modulierend auf das retikuläre System einwirken.

Die Oberprogramm- oder Verhaltenssteuerung ist die zentrale Aufgabe dieser ersten funktionalen Einheit. Sie erfolgt unter Einbezug aller personalen, organismischen und situativen Bedingungen.

Lurija (1973) nennt drei Quellen der Aktivierung, die auf das aufsteigende retikuläre System auf unterschiedlichen Niveaus einwirken. Eine erste Quelle sind Prozesse der inneren Ökonomie, d.h. Stoffwechsel- und hormonale Prozesse im Körperinneren, circadiane Rhythmen, Schlafregulation, Regulation von Nahrungssuche und Fortpflanzung. Die zweite Quelle bezieht sich auf das Eintreffen von Reizen aus der Außenwelt, wobei über den Orientierungsreflex eine Aktivierung auf der Basis des Neuigkeitswertes einer Situation erfolgt. Spezifische Nervenzellen, sogenannte Neuigkeitsdetektoren, antworten auf neue Reize mit Entladung und habituieren sehr schnell bei vertrauten Reizen. Darüber hinaus ist zu beobachten, dass wir Menschen grundsätzlich nur schwer Einschränkungen in der Verbindung zur Außenwelt aushalten. Personen entwickeln unter Bedingungen sensorischer Deprivation Halluzinationen, mit deren Hilfe sie den verminderten Informationsfluss teilweise ausgleichen. Eine dritte Aktivierungsquelle

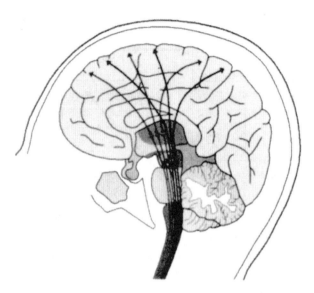

Abb. 4: Aufsteigendes retikuläres System mit Formatio reticularis (Breitenbach 2003, 145)

sieht Lurija (1992) in Plänen, Absichten, Vorhaben und Programmen, die sich im Laufe des Lebens herausbilden und gesellschaftlich bedingt sind, und die unter Beteiligung des äußeren und später des inneren Sprechens oder Denkens verwirklicht werden. Jede versprachlichte Absicht setzt ein bestimmtes Ziel und aktiviert ein entsprechendes Handlungsprogramm zum Erreichen des Ziels. Die Verschaltung der Neurone im auf- und absteigenden retikulären System ist so angelegt, dass graduelle Veränderungen abgebildet und angeregt werden können und auf diese Weise eine stufenlose Aktivierung und Hemmung erfolgt.

2.2.2 Aufnahme, Verarbeitung und Speicherung von Informationen

Zur zweiten Einheit zählen nach Lurija (1973) alle Teile des Zentralnervensystems, die an der Aufnahme, Analyse und Speicherung der einlaufenden Informationen beteiligt sind. Dazu gehören unter anderem die Sehrinde, das Hörzentrum und der sensorische Cortex (Gyrus postcentralis), also der gesamte afferente Bereich der Großhirnrinde. Diese Einheit ist durch eine hohe Modalspezifität gekennzeichnet und ihre Nervenzellen sind nicht graduell, sondern nach dem Alles-oder-nichts-Prinzip verschaltet.

Die sensorischen und sensomotorischen Systeme der zweiten Einheit sind in besonderer Weise hierarchisch aufgebaut. Die primären Projektionsfelder bilden die Grundlage dieser Einheit und in ihnen erfolgt eine elementare Analyse eintreffender sensorischer Informationen. Sie reagieren nur auf einzelne Eigenschaften sensorischer Reize wie z. B. im akustischen Bereich auf Frequenz, Lautstärke, Klangfarbe, Frequenz- und Lautstärkenveränderung usw. In den ihnen überla-

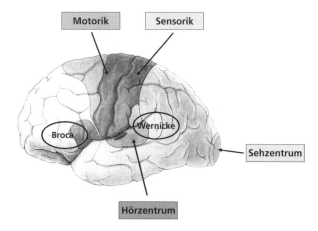

Abb. 5: Großhirnrinde mit sensorischen und motorischen Arealen

gerten sekundären Feldern befinden sich Neurone mit assoziativem Charakter, die eher synthetisierende Aufgaben haben und einzelne Erregungen und Detailinformationen zu Mustern verknüpfen. Die Neurone der tertiären Felder gewährleisten nun eine intermodale Informationsverarbeitung, stimmen die einzelnen modalspezifischen Analysatoren aufeinander ab und integrieren so die aus den einzelnen Analysatoren einlaufenden Erregungen.

2.2.3 Programmierung, Steuerung und Kontrolle von Tätigkeiten

In der dritten Einheit werden nach Lurija (1973) diejenigen Teile des Zentralnervensystems zusammengefasst, die mit der Programmierung, Regulation und Ausführung von Aktivitäten befasst sind. Der Mensch reagiert nicht nur passiv auf Informationen von außen, sondern verfügt über eigene Absichten, entwirft Pläne und Handlungsprogramme. Er überwacht das eigene Handeln und kontrolliert, ob es seinen Absichten und Plänen entspricht und greift korrigierend ein, wenn sich Fehler einschleichen.

Das Stirnhirn, der motorische Cortex (Gyrus praecentralis) und das Kleinhirn sind in diesem Zusammenhang bedeutsame Areale. Eine Besonderheit dieser Einheit besteht darin, dass sie keine unterschiedlichen modalspezifischen Zonen aufweist, sondern nur aus einem efferenten motorischen System besteht, das dem ständigen Einfluss der zweiten eher afferenten Einheit unterworfen ist.

2.2.4 Erweiterung um eine vierte Einheit

Lurija (1973) geht nur andeutungsweise und sehr kurz auf die emotional-affektiven Regelsysteme ein und schreibt sie im Zusammenhang mit motivationalen

Prozessen wohl eher der ersten Einheit zu. Jantzen (1979) fordert eine vierte funktionelle Regulationseinheit, als deren zentrales Kennzeichen die explizite Einführung der emotional-affektiven Komponente zu betrachten ist.

Da Lurija (1973) selbst die Vorläufigkeit seines dreiteiligen Systematisierungsversuches betont, kann im Hinzufügen der vierten Einheit durch Jantzen (1979) eine konsequente Fortentwicklung von Lurijas neuropsychologischem Modell gesehen werden. Er verweist mit dieser Ergänzung auf die besondere Bedeutung emotional-affektiver Faktoren für Wahrnehmungs-, Gedächtnis- und Denkprozesse sowie für die Handlungsorganisation, was der große Neurologe António Damásio in seinem 1995 erschienen Buch »Descartes' Irrtum« auf beeindruckende Weise bestätigt.

Nach Jantzen (1979) umfasst die vierte Einheit Teile des Mittelhirns, den Thalamus und Hypothalamus sowie das limbische System.

2.3 Folgen und Weiterentwicklung

Von der Theorie der funktionalen Systeme ausgehend wurde in den 1980er-Jahren das Konzept der Teilleistungs- oder Integrationsstörungen entwickelt, um lern- und sprachbehinderte oder allgemein entwicklungsverzögerte Kinder besser fördern zu können (Breitenbach 1992; Brand, Breitenbach & Maisel 1997; Dietl & Kassel 1993; Graichen 1988; Graichen 1989a; Graichen 1989b; Graichen 1993).

Hirnorganische Untersuchungen und neuropsychologische Erkenntnisse bestätigen immer wieder die Gültigkeit der Vorstellung eines vernetzt arbeitenden, aus vielen hoch spezialisierten corticalen Landkarten bestehenden Gehirns.

2.3.1 Teilleistungsstörungen

Auf der Theorie von Lurija (1973) basierend definiert Graichen (1973; 1979) Teilleistungsschwächen als »Leistungsminderungen einzelner Faktoren oder Glieder innerhalb eines funktionellen Systems, das zur Bewältigung einer komplexen Anpassungsaufgabe erforderlich ist« (Graichen 1979, 49). Dem Zentralnervensystem gelingt es nicht in ausreichendem Maße, sich schnell und korrekt fortlaufend umzuorganisieren und seine Integrationsfähigkeit, d. h., sein Vermögen, ständig neue funktionelle Systeme aufzubauen und bestehende um- oder abzubauen, ist eingeschränkt. Diese Definition ist beachtenswerterweise frei von jeglichen Ausführungen zu Ätiologie und Symptomatologie. Dies trägt dem Wissen Rechnung, dass eine Fülle von organischen, psychischen und sozialen Faktoren jederzeit das Zentralnervensystem schädigen, damit seine Weiterentwicklung behindern und in der Folge unterschiedlichste Auffälligkeiten und Beeinträchtigungen im Verhalten hervorrufen kann. Die Unspezifität der Zusammenhänge zwischen ätiologischen Faktoren und den Erscheinungsformen wird immer wieder betont (Berger 1986; Lempp 1980; Schmidt 1985), worin eine weitere Bestätigung von Lurijas Symptomverständnis im Rahmen seiner Theorie der funktionellen Systeme zu sehen ist.

In diesem Zusammenhang ist weiter zu bedenken, dass es sich im Kindesalter weniger um »Verlustsyndrome«, denn um »Aufbausyndrome« (Graichen 1989a, 118 ff.) handelt. Beeinträchtigungen eines sich entwickelnden Zentralnervensystems führen wegen der großen Plastizität des Gehirns zu nur schwer vorhersagbaren und uneinheitlichen Auffälligkeiten, was durch die Ergebnisse der Groninger Studie gestützt wird (Hadders-Algra, Touwen & Huisjes 1986; Hadders-Algra, Huisjes & Touwen 1988; Touwen 1985), in deren Verlauf insgesamt 3000 Kinder von ihrer Geburt bis ins Alter von 14 bis 16 Jahren diagnostisch begleitet wurden. Zu jedem Untersuchungszeitpunkt konnte sowohl ein Verschwinden vorhandener als auch ein Auftauchen bisher nicht vorhandener neurologischer Auffälligkeiten beobachtet werden und weder für das Entstehen noch für den Rückgang der neurologischen Auffälligkeiten konnten kausale Beziehungen gefunden werden.

Es scheint deshalb dem derzeitigen Wissensstand eher zu entsprechen, wenn Integrationsleistungen als basale Voraussetzungen jeglichen Lernens betrachtet werden, die multifaktoriell funktionieren und sich in einer Vielzahl unterschiedlichster Lösungen vorgegebener Anpassungsprobleme äußern. Als mehr oder weniger komplexe Subsysteme, die an sehr vielen Anpassungsleistungen beteiligt sind und deren unzureichendes Funktionieren somit auch häufig zu individuell unerwünschten Lösungen führt, lassen sich folgende anführen:

1. Taktil-kinästhetisch-vestibuläres System
   - Muskeltonus: Der Muskeltonus ist die Grundspannung der Muskeln, die durch Summation von Einzelzuckungen vieler Muskelfasern entsteht. Er wird als Widerstand bei passiven Bewegungen der Extremitäten spürbar.
   - Halte-, Stell- und Gleichgewichtsreaktionen: Das feine Zusammenspiel von Halte- und Stellreflexen mit dem Gleichgewichtssystem erlaubt es, den aufgerichteten Körper auszubalancieren, sodass die aufrechte Haltung möglich wird und ohne bewusste Steuerung beibehalten werden kann.
   - Körperschema: Das Körperschema ist ein Konzept, eine Vorstellung vom eigenen Körper. Es enthält Informationen über jeden Abschnitt des Körpers und seine räumliche Ausdehnung sowie über die Beziehungen zwischen den einzelnen Körperteilen und über deren Bewegungsmöglichkeiten.
   - Taktile Diskrimination und taktile Abwehr: Bei der taktilen Abwehr handelt es sich um die Tendenz, negativ gefühlsbetont auf Berührungsreize zu reagieren. Taktile Reize werden als drohende Verletzungsgefahr für den eigenen Körper interpretiert und wir reagieren darauf mit Abwehrbewegungen, Flucht oder verbaler Abwehr. Gleichzeitig sind meist die Formwahrnehmung und die Diskriminationsfähigkeit im taktilen Bereich stark herabgesetzt. Diskrimination meint das Unterscheidungsvermögen von zeitlich und räumlich getrennt auf die Haut auftreffender Reize.
2. Auditives System
   - Schalllokalisation: Richtung und Entfernung einer Geräuschquelle können mithilfe der Schalllokalisation im Umfeld festgestellt werden.

- Diskrimination: Hierunter ist die Fähigkeit zu verstehen, Geräusche und Sprache nach den Kategorien kürzer – länger, lauter – leiser, höher – tiefer, schneller – langsamer sowie gleich und verschieden zu differenzieren.
- Lautanalyse und Lautsynthese: Die Lautanalyse meint das Heraushören der Position eines Lautes in einem Wort. Die Lautsynthese erlaubt das Zusammensetzen eines Wortes aus Einzellauten.
- Auditive Kontrolle: Steuerung, Überwachung und Korrektur der eigenen Sprachproduktion
- Codierung und Decodierung: Herstellen einer festen Beziehung zwischen Klangbild und Bedeutung
- Figur-Grundwahrnehmung: Für eine Situation bedeutsame akustische Informationen können von Neben- und Hintergrundgeräuschen getrennt, aus einer Geräuschkulisse herausgefiltert werden.
- Auditiv-visuelle Koordination: Einem Bild kann ein Geräusch, einem Schriftzeichen ein Laut und umgekehrt fest zugeordnet werden.

3. Visuelles System
    - Diskrimination: Visuelle Reize, die sich sehr ähnlich sind, wie z. B. die beiden Buchstaben »m« und »n«, müssen unterschieden und differenziert wahrgenommen werden.
    - Räumlich-perzeptive Funktionen: Hierunter ist in erster Linie das räumlich organisierte und geordnete Aufnehmen visueller Informationen zu verstehen. Erkennen räumlicher Lage und Herstellen räumlicher Beziehungen sind zwei Wahrnehmungsteilfunktionen, die man unter der räumlich-perzeptiven Funktion subsumieren kann.
    - Räumlich-konstruktive Funktionen: Räumlich-konstruktive Fähigkeiten betreffen eher die Produktionsseite, das aktive Handeln auf der Basis räumlich-visueller Informationen. Sie sind z. B. beim Malen, Bauen und Konstruieren jeglicher Art vonnöten.
    - Visuell-kognitive Funktionen: Diese Leistung wird gefordert, wenn visuelle Informationen in einen logischen Zusammenhang gebracht werden müssen, wie das z. B. beim Ordnen einer Bilderfolge der Fall ist.
    - Figur-Grundwahrnehmung: Ein komplexer visueller Reiz muss in Figur und Hintergrund gegliedert werden. Ein Kind sucht beispielsweise auf einem Bild alle Hunde oder unterstreicht in einem Text alle Wörter, die mit dem Buchstaben »A« beginnen.

4. Lateralisation
    - Bilateralintegration: Bilateralintegration meint das Zusammenspiel beider Körperhälften, bei dem z. B. beide Hände unterschiedliche Dinge tun, dabei aber exakt aufeinander abgestimmt agieren (Klavierspielen, Ballfangen, ...).
    - Kreuzen der Körpermittellinie: Hierunter ist die Fähigkeit zu verstehen, eine gedachte Linie, die den Körper in zwei symmetrische Hälften teilt, mit dem Blick, den Händen und Füßen schnell und fließend zu überkreuzen.
    - Händigkeit: Händigkeit meint die bevorzugte Benutzung einer Hand, was dazu führt, dass diese im Zusammenhang mit komplexen Handlungsabläufen wie Schreiben auch die leistungsstärkere und geschicktere wird.

5. Speicherfunktionen
   - Arbeitsspeicher: Im Arbeitsgedächtnis werden Informationen solange zur Verfügung gestellt, bis eine mit ihrer Hilfe zu erledigende Aufgabe beendet ist. Ein Arbeitsauftrag muss z. B. gemerkt werden, bis er vollständig ausgeführt worden ist.
   - Langzeitspeicherung: Informationen werden hier abgelegt und für lange Zeit oder für immer festgehalten.
   - Auditives und visuelles Sequenzgedächtnis: Bei bestimmten Aufgabenstellungen reicht es nicht aus, sich Informationen einfach nur zu merken, sondern gleichzeitig muss deren zeitliche Abfolge in die Speicherung einbezogen werden.
   - Abrufprozesse (Wiedererkennen): Bereits gespeicherte Informationen müssen schnell und gezielt aus dem Langzeitgedächtnis abgerufen werden können.
   - Einspeicherung (intermediate memory): Bedeutsame Informationen, die sich für kurze Zeit im Arbeitsgedächtnis befinden, werden während dieser Zeitspanne mithilfe des »intermediate memory« ins Langzeitgedächtnis übergeführt.
6. Feinmotorische Steuerung
   - Artikulatorische Regulation: Steuerung der Zungen- und Mundmotorik beim Sprechen
   - Grafomotorische Regulation: Steuerung der Finger- und Handmotorik vor allem bei der Schreibbewegung (Auge-Hand-Koordination)
   - Okkulomotorische Regulation: Die Steuerung der äußeren Augenmuskeln ermöglicht das Fixieren und Verfolgen von Gegenständen im Nah- und Fernbereich. Mit ihrer Hilfe gelingen auch Augensprünge von einem Fixationspunkt zum nächsten.
7. Aufmerksamkeitssteuerung: Die Aufmerksamkeit kann auf für die Situation wesentliche Reize gelenkt und für längere Zeit dort gehalten werden, ohne dass durch unwichtige Reize eine Ablenkung erfolgt.
8. Automatisierung: Sprachliche Strukturen und Handlungsabläufe, die sehr häufig benutzt werden, bedürfen keiner Planung mehr. Durch ein präzises automatisiertes Ablaufmuster gelingen Sprechvorgänge und Handlungsabläufe ohne Nachdenken und flüssig in einem frappierend hohen Ablauftempo.

Des Weiteren ist zu beachten, dass begleitend zu den aufgezählten Teilleistungsstörungen sehr häufig auch Störungen im sozial-emotionalen Bereich auftreten und oft werden sogar die Verhaltensauffälligkeiten der Kinder von Eltern, Lehrern und Erziehern als das eigentliche Problem angesehen und verdecken oder maskieren auf diese Weise die dahinterliegenden Teilleistungsstörungen.

2.3.2 Corticale Landkarten

Die seit etwa 20 Jahren bekannten plastischen, d. h., durch Erfahrung veränderbaren, corticalen Landkarten belegen und stützen auf eindrucksvolle Weise Lurijas Vorstellung von der Funktionsweise unseres Gehirns, die er in seiner Theorie der funktionalen Systeme beschrieben hat.

Die Großhirnrinde oder der Neocortex besitzt eine ganz bestimmte innere Ordnung und Funktionsweise, die in landkartenförmig angeordneten Repräsentationen zum Ausdruck kommt. Als Ordnungsprinzipien dienen Häufigkeit und Ähnlichkeit: Ähnliche Signale werden von Neuronen verarbeitet, die in enger Nachbarschaft zueinander liegen und häufig eingehende Signale nehmen mehr Neurone und damit mehr Platz auf der Hirnrinde in Anspruch als seltene. Auf diese Weise werden aus flüchtigen Aktivitätsmustern neuronale Repräsentationen, wie sie z. B. im somatosensorischen Cortex als somatotope Karte oder im primären Hörcortex als tonotope Karte zu finden sind. Tastempfindungen aus dem Handbereich gelangen immer an dieselbe Stelle des somatosensorischen Cortex und Bewegungsimpulse für Hand und Finger kommen immer von entsprechenden Arealen des motorischen Cortex. Wie ▶ Abb. 6 zeigt, ist auf diese Weise der gesamte menschliche Körper auf unserer Großhirnrinde repräsentiert oder abgebildet und sind die vom Ohr kommenden Signale nach ihrer Frequenz geordnet repräsentiert.

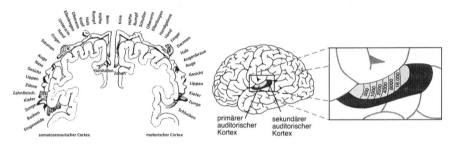

Abb. 6: Somatotope Karte (Homunkulus) und tonotope Karte im Neocortex (Spitzer 2002, 185)

Laut Spitzer (2007) liegt die Anzahl solch corticaler Karten, die unterschiedlichste Inputmuster kodieren und verarbeiten, in der Größenordnung von einigen Hundert.

Diese corticalen Landkarten entstehen nicht nur erfahrungsabhängig, sondern sie sind plastisch und unterliegen einer ständigen lernabhängigen Umorganisation. Die akustische Landkarte für Töne ist z. B. bei Musikern um etwa 25 Prozent größer als bei Nicht-Musikern oder nach der Amputation einer Hand wird das für die Hand zuständige Areal im sensorischen Neocortex deutlich kleiner, da dort keine Signale mehr von der Hand eintreffen (Spitzer 2007). Sadato et al. (1996) konnten bei blindgeborenen Menschen eine Aktivierung des Sehzentrums nachweisen, wenn diese Blindenschrift lasen, also Tast- und keine Sehinformationen im Gehirn verarbeiteten. Bei sehenden Menschen dagegen ist der visuelle Cortex deaktiviert, wenn sie Tastaufgaben durchführen. Es existieren bei ihnen, im Gegensatz zu blind geborenen Menschen, keine direkten Faserverbindungen zwischen der primären Sehrinde und dem sensorischen Cortex.

Spitzer (2007) schätzt, dass bei komplexeren geistigen Leistungen wie Lesen, Zuhören, Musizieren usw. zumindest einige Dutzend corticaler Landkarten in ganz spezifischer Weise aufeinander abgestimmt gleichzeitig aktiviert sind, und dass sich diese neuronalen Netzwerke aufgrund ihrer hohen Plastizität in Abhängigkeit von den einlaufenden Informationen ständig umbauen und umorganisieren.

2.3.3 Funktionelle Systeme in der modernen Neuropsychologie

Mit bildgebenden Verfahren wie der Positronenemissionstomografie (PET) lassen sich Veränderungen in der Gehirnaktivität, die mit der Planung und Ausführung bestimmter Aufgaben zusammenhängen, beobachten und messen und damit auch die entsprechenden funktionalen Systeme direkt sichtbar machen. In ▶ Abb. 7 ist mithilfe von PET-Bildgebung die entsprechende Aktivierung des Gehirns bei der sensorischen Reaktion auf Wörter (»passives Beobachten von Wörtern« und »Wörter anhören«) und der Produktion von Sprache (»Wörter aussprechen« und »Verben generieren«) aus einer Studie von Posner und Raichle (2000) zu sehen. Dabei sind die relativen Konzentrationen des zerebralen Blutflusses durch unterschiedliche Farben kodiert. Rot steht für die höchste Konzentration, während orange, gelb und grün niedrigere Konzentrationen anzeigen und die niedrigste Konzentration blau dargestellt wird.

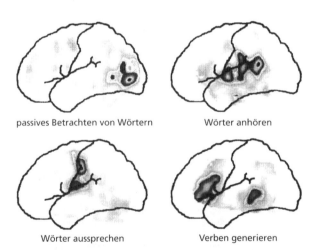

Abb. 7: PET-Bildgebung von sensorischer Wahrnehmung und Sprache (Posner & Raichle 2000, 115). Je dunkler die Einfärbung, umso höher die Aktivität im jeweiligen Hirnareal.

Erwartungsgemäß löste der akustische Reiz beim Hören von Wörtern eine besonders hohe Aktivität in der primären und sekundären Hörrinde (Heschel'sche Querwindung) aus, während das passive Betrachten von Wörtern zu einer starken Aktivitätszunahme im Sehzentrum des Hinterhauptslappens führt. Bei der Aufgabe, Wörter auszusprechen, ist im Blutflussmuster ein erhöhtes Aktivitätsniveau im primären motorischen Cortex sowie im Bereich des Broca-Areals zu erkennen. Die Aufgabe »Verben generieren« bestand darin, zu einem dargebotenen Substantiv ein passendes Verb zu nennen (Kuchen – essen). Die Bewältigung dieser komplexen kognitiven Leistung geht mit erhöhter Aktivität in verschiedenen Arealen des Frontal- und Temporallappens einher. Mit Zunahme der Aufgabenkomplexität nimmt auch die Anzahl der beteiligten Hirnareale zu, was bedeutet, dass die funktionalen Systeme entsprechend in ihrer Komplexität zunehmen, was auch Lurija (1992; 1993) in seinen Studien bereits beobachtet hatte.

Konvergierende Befunde aus den letzten Jahren stützen, so Kiefer (2008), die These, »dass die kognitive Architektur des Menschen aus dynamisch miteinander interagierenden Teilsystemen besteht, die erst durch ihre Wechselwirkung ihre Funktionalität erhalten« (Kiefer 2008, 93). Als Beleg für eine solche Verflechtung kognitiver Systeme als basales Organisationsprinzip im menschlichen kognitiven Apparat gelten seiner Meinung nach die funktionelle und anatomische Verflechtung des semantischen Gedächtnisses mit den motorischen und sensorischen Systemen (siehe ▶ Abb. 8) sowie vergleichbare Befunde zum episodischen Gedächtnis, zum Arbeitsgedächtnis und zur Sprachverarbeitung.

Auch Pugh et al. (1996) gehen bei der Erforschung des Leseprozesses von der Annahme aus, dass für diesen orthografische, phonologische und lexikalisch-semantische Teilfähigkeiten bedeutsam sind. Dabei meint orthografisch alle Prozesse der Identifikation von Buchstaben, phonologisch die Gesamtheit aller

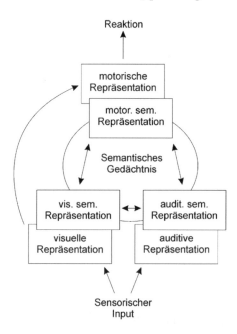

Abb. 8: Funktionelle und neuroanatomische Verflechtung des semantischen Gedächtnisses mit den sensorischen und motorischen Systemen (Kiefer 2008, 89)

Vorgänge zur Erkennung der phonemischen Bausteine der Sprache und lexikalisch-semantisch alle Prozesse, die zum Erkennen der Wortbedeutung nötig sind. Sie lassen sich weiter von der Vorstellung leiten, dass sich mit jeder dieser Teilfähigkeiten ein System neurologischer Substrate in Verbindung bringen lässt, die sie mithilfe hierarchisch aufgebauter Aufgabenstellungen zu isolieren suchen. Ihren 38 durchschnittlich 26 Jahre alten Versuchspersonen zeigten sie Stimuluspaare, die nach Gleichheit bzw. Ungleichheit zu bewerten waren. In einer ersten rein visuell-räumlichen Aufgabenstellung wurden Stimuli, bestehend aus jeweils vier Strichen, präsentiert, die zur Gewinnung einer Baseline für die Bewertung der Gehirnaktivitäten verwendet werden sollte. In der zweiten Aufgabenstellung mussten von den Versuchspersonen in gleicher Weise Buchstabenfolgen bewertet werden, wodurch zusätzlich zu den visuell-räumlichen auch orthografische Fähigkeiten beansprucht wurden. Die dritte Aufgabengruppe enthielt Pseudowörter, bei denen die Versuchspersonen feststellen sollten, ob sie sich reimen, wodurch zusätzlich phonologisches Rekodieren erforderlich wurde. In der letzten Aufgabenstellung wurden die Versuchspersonen gefragt, ob zwei sich reimende Wörter zur selben semantischen Kategorie gehören. Zusätzlich zu allen bisher benötigten Teilprozessen wurden nun auch noch lexikalisch-semantische einbezogen. Während des gesamten Experiments lagen die Versuchspersonen in einem Kernspinresonanztomografen, der ihre Gehirnaktivität aufgezeichnete. Fasst man die für unser Anliegen interessierenden Ergebnisse zusammen, lässt sich festhalten: Mit der Zunahme der Aufgabenkomplexität und Aufgabenschwierigkeit geht auch eine Zunahme der aktivierten Hirnmasse einher und an jeder Teilfertigkeit scheint ein Netz unterschiedlicher Hirnregionen beteiligt zu sein.

2.4 Zusammenfassung

Nach Lurija (1973) gelingen komplexe Anpassungsleistungen wie z. B. Atmen, Sprechen, Laufen, Lesen, Schreiben und Rechnen nur, wenn sich die entsprechenden, für die jeweilige Anpassungsleistung bedeutsamen Teilfunktionen oder Subsysteme zu einem komplexen funktionellen System zusammenschließen. Sie stellen für jeden Menschen und jede Anpassungsleistung eine individuelle Konfiguration von Teilfunktionsstärken und Teilfunktionsschwächen dar. Aufgrund der Komplexität funktioneller Systeme und aufgrund ihrer Plastizität und Veränderbarkeit durch Lernprozesse geht Lurija davon aus, dass für höhere kognitive Prozesse keine Lokalisation im Sinne eines Rechen- oder Rechtschreibzentrums im Gehirn existiert und dass die Lokalisationen für einzelne hochspezifische Funktionen sich im Laufe der Entwicklung verändern können.

Symptome oder Syndrome, also Auffälligkeiten im Verhalten, in der Entwicklung, im Lernen, die bei unterschiedlichen Menschen in gleicher Weise in Erscheinung treten (Stottern, Schulangst, Legasthenie, ...) verweisen nicht direkt auf gleiche Entstehungsbedingungen oder gar gleiche Veränderungsnotwendigkeiten, sondern auf ein individuell unterschiedlich zusammengestelltes und entwickeltes funktionelles System, das seinerseits den Diagnostiker zu einer individuellen Kombination für die zu erbringende Anpassungsleistung bedeutsamer Kompetenzen und Defiziten führt und aus der heraus sich ein Therapie- oder Förderkonzept gestalten lässt.

Von der Theorie der funktionellen Systeme ausgehend, formuliert Graichen (1973; 1979) das in der Sonder- und Heilpädagogik, hier vor allem im Kontext von Lern- und Sprachbeeinträchtigungen, aber auch in Psychologie und Kinder- und Jugendpsychiatrie weitverbreitete Konzept der Teilleistungsstörungen oder Teilleistungsschwächen.

Zahlreiche Befunde der modernen Hirnforschung zur Existenz und Plastizität corticaler Landkarten sowie Forschungsergebnisse mithilfe bildgebender Verfahren zum Lesen und Rechtschreiben bestätigen in anschaulicher Weise die Theorie der funktionellen Systeme. Erkenntnisse der Neuropsychologie belegen die komplexe Vernetzung und das dynamische Interagieren von Teilsystemen zur Bewältigung von Anpassungsleistungen als wesentliches Strukturierungs- und Funktionsprinzip unseres Gehirns.

3 Handlungsplanung oder Praxie

Unter Handlungsplanung oder Praxie wird die Planung und Ausführung, die Ziel- und Zweckgerichtetheit sowie die Sequenz oder Kombination von Bewegungen verstanden, wodurch diese zu Handlungen verschmelzen (Ayres 1979; Kiphard 1988). Jede Handlung beginnt mit einer motivationalen Gerichtetheit, indem der Handelnde für sich ein Ziel bestimmt und versucht, es zu erreichen. Als nächstes orientiert er sich über seinen momentanen körperlich-motorischen Zustand und seine entsprechenden Kompetenzen sowie über die Beschaffenheit der Situation, in der er sich gerade befindet. Ein Kind, das in einer Bauecke auf dem Boden spielt, möchte zum Tisch in der anderen Ecke des Raumes, um zu malen. Es muss zunächst seine körperliche Befindlichkeit (Muskelspannung), seine sitzende Körperstellung (Informationen aus Muskeln, Sehnen und Gelenken, taktile und Gleichgewichtsempfindungen), sowie die räumlichen Gegebenheiten (Möbel, Spielsachen, andere Personen im Raum, Entfernungen zwischen den Gegenständen im Raum usw.) möglichst exakt wahrnehmen, um auf dieser Basis eine genaue Handlungsplanung vornehmen zu können. Die Zielvorstellung und die Orientierungsdaten führen zu einem Handlungsplan, der jedoch vor seiner Umsetzung in konkretes Handeln zunächst noch einmal überprüft wird, indem die geplante Handlung quasi zur Probe in der Vorstellung als Bewegungsvorschau oder Bewegungsantizipation abläuft. Erscheint der entwickelte Plan als effektiv und durchführbar, wird er ausgeführt und die Ausführung durch sensorische Rückmeldungen ständig überwacht. Diese Kontrolle besteht im fortlaufenden Vergleichen der Handlungsausführung mit dem gefassten Plan und der Zielvorstellung, um sicherzustellen, dass die Handlung dem Plan entspricht und auch das gewünschte Ergebnis bringt. Unstimmigkeiten bei diesem Vergleichen führen je nach dem entweder zu Korrekturen der Handlungsausführung oder des Handlungsplans oder zu beidem.

In allen Zentren des Gehirns, die mit der Planung und Steuerung von Handlungen in Verbindung gebracht werden, wurden mittlerweile Spiegelneurone gefunden, die nicht nur dann aktiv sind, wenn wir Handlungen selbst ausführen, sondern auch, wenn wir die entsprechenden Handlungen nur beobachten (siehe ▶ Kap. 1.3.3). Bauer (2006) sieht in den Spiegelneuronen die hirnorganischen Korrelate für vorausschauende Intuition und für Imitation. Motorische Neuronennetzwerke kodieren Handlungspläne immer als Gesamtsequenzen und sobald aufgrund der Beobachtung ein hinreichender Verdacht entsteht, worauf die begonnene Handlung hinauszulaufen scheint, wird das Neuronennetzwerk für die entsprechende Gesamtsequenz aktiviert. Die Spiegelneurone vermitteln dem Beobachter auf diese Weise antizipatorisch einen Eindruck, worauf die Handlung

Abb. 9: Handlungsphasen nach Kiphard (Breitenbach & Jaroschek 1995, 9)

hinauslaufen wird, und ermöglichen so etwas wie eine vorausschauende Intuition oder Vorahnung. Ebenso begünstigen die Spiegelneurone eine unbewusste Tendenz zur Nachahmung all dessen, was gesehen wird. Spiegelneurone sind für Bauer (2006) auch dafür verantwortlich, dass Aufgaben umso besser ausgeführt werden, je häufiger sie beobachtet werden konnten.

3.1 Dyspraxie

Kinder mit Dyspraxien, also mit deutlichen Schwächen in der Handlungsplanung, werden allgemein als umständlich, unbeholfen, schwerfällig, unpraktisch und tollpatschig beschrieben. Ihre Bewegungen sind seltsam starr, leblos, mechanisch, so, als existierten Geist und Körper voneinander getrennt. Sie gehen die Handlungsaufgabe irgendwie falsch an, »zäumen das Pferd von hinten auf« und halten immer wieder verwirrt inne, um zu überlegen, wie es weitergehen soll. Für Feldkamp (1982) werden sie in drei typischen Alltagssituationen auffällig: 1. beim Umgang mit Spielmaterialien, 2. beim Anziehen und 3. beim Umgang mit Werkzeugen aller Art. Es scheint für diese Kinder besonders schwierig zu sein, die eigenen Bewegungen und Handlungen äußeren Gegebenheiten anzupassen und auf sich verändernde situationale Bedingungen flexibel zu reagieren.

Aufgrund ihrer motorischen Ungeschicklichkeiten fallen diese Kinder ständig auf, brauchen mehrere Versuche beim Bewältigen von Aufgaben, geraten so in vielen alltäglichen Situationen, die von anderen Kindern mit Leichtigkeit gemeistert werden, unter Stress und müssen mit physischen und psychischen Verletzungen rechnen. Trotz vermehrter Anstrengung sind die Handlungsergebnisse meist unzureichend und führen zu Konflikten, Tadel, Diskriminierung und Ausgrenzung. Ein Kind, das durch seine Tollpatschigkeit beim Spielen mit anderen diese behindert, Spielsachen beschädigt oder gar gemeinsam Gebautes wieder zerstört, auf das man beim Anziehen immer warten muss und dem beim Essen häufig die Nahrung auf den Boden oder die Kleidung fällt, strapaziert die Geduld und Toleranz von Spielkameraden, Eltern und Pädagogen derart, dass ihm immer öfter das Mitmachen verweigert und vieles verboten und ständig vorschnell geholfen wird. Rückzug, Ängstlichkeit, Passivität, Entmutigung und eine dauerhaft Beschädigung des Selbstwertgefühls sind fast zwangsläufig die Folge.

Im internationalen Klassifikationssystem ICD-10 tauchen die dyspraktischen Verhaltensweisen unter dem Oberbegriff »umschriebene Entwicklungsstörungen der motorischen Funktionen« (Weltgesundheitsorganisation 2009) auf und das diagnostischen Manual der American Psychiatric Association DSM-IV fasst sie unter der Bezeichnung »Störungen der motorischen Fertigkeiten – Entwicklungsbezogene Koordinationsstörungen« zusammen (Saß et al. 2003). Krombholz (2012) führt dazu aus, dass es sich hierbei immer um Störungen der Bewegungsentwicklung handele, die nicht auf somatische Ursachen und auch nicht auf eingeschränkte Sinnesleistungen oder kognitive Fähigkeiten zurückgeführt werden können.

Viele Autoren halten eine Unterscheidung zwischen ideomotorischer und ideatorischer Dyspraxie für therapeutisch relevant (Poeck & Hartje 2006; Remschmidt & Schmidt 1981; Wais 1990). Unter der ideatorischen Dyspraxie wird eine kognitive Leistungsstörung verstanden, die das Behalten, das Sich-Erinnern an und das Sich-Vorstellen von Bewegungsabläufen betrifft. Der geistige Entwurf, die Idee ist hier bereits nicht korrekt, was sich im Alltag vor allem bei komplexen transitiven Handlungen zeigt, die den Gebrauch von Gegenständen einschließen. Einzelne Handlungselemente werden ausgelassen, ersetzt, immer wieder wiederholt oder ihre Reihenfolge gerät durcheinander.

Bei den ideomotorischen Dyspraxien funktioniert die Übertragung der Idee in die Handlungsebene nicht, d. h., die antizipierten Handlungsglieder können motorisch nicht realisiert werden. Die ideomotorische Dyspraxie betrifft nur intransitive Handlungen, zu deren Ausführung der korrekte Gebrauch von Gegenständen nicht erforderlich ist. Menschen mit ideomotorischen Dyspraxien geraten in Schwierigkeiten, verlangt man von ihnen, die Zunge herauszustrecken, die Backen aufzublasen, mit der Zunge zu schnalzen oder mit der Faust zu drohen, wütend aufzustampfen usw. All diese Bewegungen können ohne Weiteres spontan und in einem natürlichen Handlungszusammenhang ausgeführt werden.

3.2 Funktionelles System zur Handlungsplanung

Price (1999) trifft, indem sie sich auf verschiedene mögliche Ursachen bezieht, folgende Unterscheidung bei Handlungsplanungsstörungen: Dyspraxien, aufgrund somatosensorischer Dysfunktionen, Dyspraxien aufgrund von Störungen in der räumlichen Wahrnehmung und Vorstellung, sowie Dyspraxien aufgrund von Störungen im Serialbegriff, beim Speichervorgang oder bei der Eingliederung der automatisierten Statomotorik. Dies stellt weniger einen Klassifikationsversuch dar, der eine klare Trennung unterschiedlicher Störungsbilder zum Ziel hat, sondern eher einen Hinweis auf bedeutsame Teilfunktionen, die zu einem komplexen funktionalen System integriert werden müssen, sodass Handlungsplanung gelingt (siehe ▶ Abb. 10).

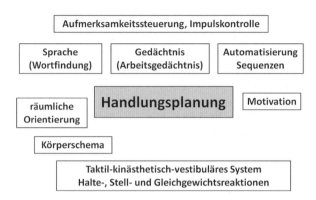

Abb. 10: Funktionelles System zur Handlungsplanung nach Breitenbach (2003)

3.2.1 Motivation

Vor allem Kiphard (1980; 1988) betont, dass jede Handlung mit einer motivationalen Gerichtetheit auf ein Ziel hin beginnt und damit zu einem sinnvollen und zweckgerichteten Tun wird. Kinder mit Dyspraxien machen allzu oft die Erfahrung, dass sie viele Dinge schlechter können als andere, dass sie bei Bewegungsspielen immer die Letzten sind, dass sie häufig stürzen und sich verletzen. Aufgrund dieser negativen und frustrierenden Bewegungserfahrungen sind sie wenig handlungsmotiviert, suchen eher ruhige und bewegungsarme Situationen auf, beteiligen sich z. B. nur ungern und zögerlich am Sportunterricht, meiden die Turn- und Bewegungsgeräte auf dem Spielplatz und stehen lieber am Rand und schauen dem ausgelassenen Toben der anderen Kindern zu.

3.2.2 Aufmerksamkeitssteuerung und Impulskontrolle

Bryant und Gibson (1985) konnten in ihren Untersuchungen nachweisen, dass sich die Leistungen von Kindern in Praxietests mit zunehmender Impulskontrolle verbesserten. Durch die reduzierte Impulsivität gewannen die Kinder die nötige Zeit, um systematisch die zur Aufgabenlösung erforderlichen Informationen zu sammeln, und es war ihnen nun auch möglich, auf dieser Datenbasis ihr Handeln exakter zu planen. Auch Feldkamp (1982) weist darauf hin, dass Bewegungsplanung gezielte Aufmerksamkeit und ein hohes Maß an Konzentration erfordert.

3.2.3 Körperwahrnehmung und räumliche Orientierung

Eine exakte und der Aufgabe angemessene Bewegungsplanung gelingt nur, wenn für den Planungsvorgang eine ausreichende Ausgangsdatenbasis über die situativen Gegebenheiten sowohl aus der räumlichen Umgebung als auch über die eigenen körperlich-motorischen Kompetenzen vorliegen. Exakte Eigenwahrnehmung und genaues Wahrnehmen der Umweltsituation sind somit unabdingbare Voraussetzungen für eine exakte Bewegungsplanung (Affolter 2006; Ayres 2002; Kiphard 1988; Price 1999; Wais 1990).

Informationen über den Zustand des eigenen Körpers liefern die taktile oder Hautwahrnehmung, die kinästhetische Wahrnehmung mit Informationen aus Muskeln, Sehnen und Gelenken sowie die vestibuläre oder Gleichgewichtswahrnehmung. Dieses taktil-kinästhetisch-vestibuläre System stellt die sensorische Grundlage für die Halte-, Stell- und Gleichgewichtsreaktionen dar, mit deren Hilfe wir uns ständig ausbalancieren, aufrichten und aufrecht halten.

Vielfältige Bewegungserfahrungen auf der Grundlage exakter Wahrnehmungen aus dem taktil-kinästhetisch-vestibulären Verarbeitungssystem lassen eine Vorstellung, ein Bild vom eigenen Körper, von seinen Ausmaßen, seinen Bestandteilen, Möglichkeiten und Grenzen entstehen. Es entwickelt sich ein Körperschema, mit dessen Hilfe die Orientierung am eigenen Körper möglich wird. Indem man die am eigenen Körper erlebten »Richtungen« vorne, hinten, oben, unten und seitlich in den umgebenden Raum projiziert, erkennte man, was sich vor, über, unter und was sich seitlich von einem befindet. Mit sich als Bezugspunkt kann man eine erste einfache Orientierung im Raum vornehmen und die Lage der Dinge im Raum zu sich selbst feststellen. Weiterhin ist zu erkennen, dass die Gegenstände aus der Umgebung auch noch über eine räumliche Beziehung untereinander verfügen. Ein Stuhl und ein Tisch befinden sich z. B. in derselben räumlichen Lage zum Betrachter, indem sie beide vor ihm stehen und gleichzeitig steht der Stuhl aber vor dem Tisch, was die räumliche Beziehung der beiden zueinander darstellt. Frostig et al. (1964) bezeichnen diese beiden Funktionen der visuell-räumlichen Wahrnehmung als Erkennen der Lage im Raum und als Herstellen räumlicher Beziehungen.

Durch die Kopplung der visuellen Raumwahrnehmung mit den vielfältigen Körpererfahrungen beim Bewegen durch den Raum gelingt es, Distanzen abzuschätzen und man weiß nach einiger Zeit ziemlich genau, ob man durch eine Lücke hindurchpasst oder wie viele Schritte man bis zum Erreichen eines Hindernisses gehen muss. Körperwahrnehmung, Körperschema und visuelle Raumwahrnehmung stehen offensichtlich in einem engen Zusammenhang zur Handlungsplanung. Zahlreiche Ungeschicklichkeiten wie das Anrempeln von Personen und Gegenständen lassen sich zurückführen auf eine Über- oder Unterschätzung des eigenen Körpers oder eine falsche Bewertung von räumlichen Distanzen.

3.2.4 Sprache

Aus der Erwachsenenneurologie ist bekannt, dass Aphasiker häufig auch mehr oder weniger stark ausgeprägte apraktische bzw. dyspraktische Symptome aufweisen. Poeck und Hartje (2006) gehen davon aus, dass dies bei 80 Prozent aller Aphasiker der Fall ist. Bryant und Gibson (1985) machen darauf aufmerksam, dass aufgrund verschiedener Untersuchungen ein positiver Zusammenhang zwischen interner Sprachrepräsentanz und Handlungsplanung besteht. Ein Training des Aufbaus der internen Sprachrepräsentanz führte in diesen Untersuchungen zu Verbesserungen im Bereich der Bewegungsplanung.

Graichen (1988) betrachtet sowohl dyspraktische Störungen als auch Wortfindestörungen als typische Abrufschwächen, die als parallel verlaufend angesehen werden können. Das Bewegungsmuster ist ähnlich im Bewegungsrepertoire vorhanden wie das sprachliche Muster im Wortschatz, aber der schnelle und gezielte Zugriff beim absichtsvollen Suchen gelingt nicht perfekt.

Lurija (1973) betont, dass die Sprache grundsätzlich neben der kommunikativen vor allem auch eine handlungssteuernde Funktion habe. Durch ihre hochgradig sequenziell geordnete Struktur eignet sie sich hervorragend als Unterstützung beim Ordnen und Planen von Handlungsfolgen und findet deshalb häufig eine direkte Verwendung bei der Steuerung des eigenen Handelns. Unterlaufen Kindern z.B. beim Ordnen von Bildergeschichten Fehler, so finden sie diese oft selbst, wenn sie aufgefordert werden, die von ihnen gelegte Bildergeschichte zu erzählen.

3.2.5 Gedächtnis

Praxie erwirbt das Kind, laut Kiphard (1988), aufgrund vielfältiger Bewegungserfahrungen, die im Laufe seiner Entwicklung als motorischer Gedächtnisbesitz gespeichert und festgehalten werden. Deshalb beklagt er auch bei Menschen mit Dyspraxien als besonderen Mangel das zu gering ausgebildete Bewegungsgedächtnis, wodurch es diesen schwerfällt, sich die Koordinationsmuster neu erlernter Bewegungsfolgen einzuprägen. Auf diesen engen Zusammenhang zwischen apraktischen Störungen und dem motorischen Gedächtnis weisen auch Springer und Deutsch (1998) hin.

Eine besondere Bedeutung kommt im Zusammenhang mit der Handlungsplanung jedoch dem Arbeitsgedächtnis und den damit eng verbundenen Abrufprozessen aus dem Langzeitgedächtnis zu. Das Arbeitsgedächtnis muss nämlich in der Lage sein, die Informationen aus der Situation mit der Aufgabenstellung aufzunehmen und sie kurzfristig zu speichern, um unter Zuhilfenahme der im Langzeitgedächtnis niedergelegten Handlungs- und Bewegungsmuster einen Plan zur Situationsbewältigung zu generieren. Ist der Plan dann einmal gefasst, muss er bis zur Beendigung der geplanten Handlung zur Verfügung stehen. Nur wenn ein ständiger Rückgriff auf den Handlungsplan möglich ist, kann einerseits die Handlungsdurchführung fortlaufend überwacht und notfalls korrigiert werden und andererseits aber auch der Handlungsplan selbst ständig auf seine Tauglichkeit hin geprüft und, wenn erforderlich, ebenfalls verändert werden.

3.2.6 Sequenzbildung und Automatisierung

Reihenfolgen zu ordnen und sich diese Ordnung vorstellen zu können, ist, so Affolter (2006), ein komplexes und für das Planen von Handlungen unabdingbar notwendiges Geschehen. Eines der augenfälligsten Symptome bei Dyspraxien ist deshalb auch das Durcheinandergeraten der Reihenfolge einzelner Handlungselemente im Handlungsablauf. Wenn jemand z. B. eine Türe aufschließen will und beide Hände voll hat, muss er zunächst mindestens einen Gegenstand auf den Boden setzen, mit der frei gewordenen Hand die Tür öffnen, dann den Gegenstand wieder aufnehmen, durch die Tür gehen, dann den Gegenstand wieder hinstellen, Türe schließen, Gegenstand aufnehmen und weitergehen.

Eine weitere Besonderheit besteht darin, dass wir über den Ablauf von Handlungen, die wir häufig ausführen, nicht mehr nachdenken, da sie mehr oder weniger oder gar voll automatisiert ablaufen. Ähnlich wie beim Sprechen erfordern komplexe Handlungen vor allem wegen ihrer Flüssigkeit und ihrem frappierend hohen Ablauftempo ein zeitlich präzise geordnetes und automatisiertes Ablaufmuster, das als eine Einheit, als komplette Sequenz gespeichert ist und durch bestimmte Anforderungen aus der Situation auch als Ganzes wieder abgerufen werden kann. Liegt eine solche automatisierte Handlungssequenz z. B. beim Radfahren vor, aktivieren möglicherweise der Anblick des Rades und der Wunsch, damit zu fahren, schlagartig den gesamten entsprechenden Handlungsplan und der Planungsvorgang kann auf ein Minimum reduziert werden. Auf diese Weise entstehen neue Freiheitsgrade im Planen und Handeln und es wird möglich, sich während des Radfahrens z. B. zu unterhalten.

3.3 Diagnostische und pädagogisch-therapeutische Implikationen

Im diagnostischen Vorgehen wird aufgrund der zu beobachtenden Unbeholfenheit, Tollpatschigkeit und Ungeschicklichkeit zunächst das Vorliegen einer dyspraktischen Störung festgestellt, um dann mithilfe des funktionellen Systems zur Handlungsplanung die individuellen Bedingungsfaktoren zu untersuchen. Die zu beobachtenden Auffälligkeiten sind bei allen Menschen mit Dyspraxie ähnlich, aber bei jedem entsteht diese Symptomatik vor dem Hintergrund einer ganz individuellen Verteilung von Stärken und Schwächen im funktionellen System. Die im funktionellen System benannten Teilfunktionen dienen dem Diagnostiker somit als Suchvektoren, um den individuellen Bedingungshintergrund zu erhellen, der dann die Grundlage für einen individuell zusammengestellten Förderplan bildet.

Unter Berücksichtigung des funktionellen Systems zur Handlungsplanung lassen sich nach Breitenbach und Jaroschek (1995) grundsätzlich vier Förderschwerpunkte ausmachen, die bei der individuellen Gestaltung der Förderung zu beachten sind:

1. Schaffen von Handlungsmotivation: Kinder, die sich eher passiv verhalten, weil sie gelernt haben, dass Aktivsein in vielerlei Hinsicht gefährlich sein kann, müssen durch geschickte Wahl der Aufgaben und ihrer Schwierigkeit zum Handeln motiviert werden.

2. Umgang mit dem eigenen Körper oder Förderung der taktil-kinästhetisch-vestibulären Wahrnehmung und Verarbeitung: Das Sammeln präziser Körpererfahrungen kann je nach dyspraktischem Problem über pantomische Spiele, die keinen Werkzeuggebrauch erfordern, oder über immer komplexer werdende Anpassungsaufgaben an situationale Bedingungen gestaltet werden.
3. Zurechtfinden im Raum oder Förderung der räumlichen Orientierung: Die Aufgabenschwierigkeit kann unter diesem Gesichtspunkt durch den Komplexitätsgrad der räumlichen Umgebung verändert und den therapeutischen Erfordernissen angepasst werden.
4. Einsatz der Sprache als Ordnungs- und Strukturierungshilfe: Lösungen für Bewegungsaufgaben werden im Voraus explizit geplant, indem man die Pläne verbal mitteilt, aufschreibt oder aufmalt.

In der Neuropsychologie gilt allgemein die Kompensation, also das Suchen nach Ausgleichs- und Hilfsmöglichkeiten, sodass die geforderte Leistung trotz Störung erbracht werden kann, als erfolgreiche Strategie. Kindern mit Dyspraxien kann man das Leben erheblich erleichtern, wenn durch Veränderungen in der Umgebung die Anforderungen an die Handlungsplanung abgesenkt werden. Beim Einkauf von Kleidung kann z. B. darauf geachtet werden, dass statt Reißverschlüssen und vielen kleine Knöpfen Klettverschlüsse und wenige große Knöpfe an der Kleidung sind; das Einschenken von Flüssigkeit in ein breites niedriges Glas aus einer kleinen und nur halb vollen Kanne stellt bereits eine spürbare Erleichterung dar. Darüber hinaus scheint, so zeigen zumindest Studien bei Erwachsenen mit Apraxie, das erfolgreiche Einüben von Werkzeug- und Objektgebrauch möglich, allerdings bleiben die Erfolge auf die eingeübten Handlungen beschränkt und generalisieren nicht auf die Handlungsplanung ganz allgemein. Routinemäßige Abläufe zur Bewältigung bestimmter Alltagssituationen können demnach gezielt trainiert und erworben werden, während die Fähigkeit zur flexiblen Anpassung an unerwartete Gegebenheiten nur wenig von einem solchen Training profitiert (Goldberg 2009). In diesem Sinne beschreiben Breitenbach und Jaroschek (1995) Spielsequenzen für Kinder im Vorschulalter mit dyspraktischen Störungen zur Bewältigung von Alltagssituationen wie An- und Ausziehen, Essen und Spielplatzbesuch.

Fritz, Hussy und Bartels (1997) berichten dagegen von einem spielbasierten Training zur Verbesserung der Planungsfähigkeit bei Grundschulkindern, das darauf abzielte, metakognitive Prozesse des Planens zu verbessern. Die Evaluation in einem Kontrollgruppendesign ergab, dass das Training, bestehend aus Rollen- und Phantasiespielen sowie aus Bau- und Konstruktionsspielen, bei der Experimentalgruppe zu einer signifikanten Verbesserung der allgemeinen Planungsfähigkeit führte.

4 Aufmerksamkeitssteuerung

Immer dann, wenn für die Aufgabenbewältigung keine Routinehandlungen zur Verfügung stehen, sind für die Bewältigung intakte Aufmerksamkeitsleistungen erforderlich. Die unser Handeln und unser Befinden kontinuierlich kontrollierende Aufmerksamkeit richtet sich sowohl auf externe wie auf interne Handlungsabläufe und Geschehnisse. Sie ist eine Art Basisfunktion, die an vielfältigen Prozessen der Wahrnehmung, des Gedächtnisses, der Handlungsplanung oder Sprache beteiligt ist.

4.1 Neuropsychologische Aufmerksamkeitskonzepte

In neueren psychologischen und neuropsychologischen Theorien wird die Aufmerksamkeit nicht als eine einheitliche, sondern als eine aus unterschiedlichsten Aspekten bestehende angesehen. Sturm (2009) fasst die in vielen experimentellen Studien gefundenen Aufmerksamkeitsdimensionen und -bereiche im Komponentenmodell der Aufmerksamkeit zusammen und ordnet den einzelnen Dimensionen die entsprechenden funktionalen Neuronennetzwerke zu (siehe ▶ Tab. 1).

Alertness meint den Zustand der allgemeinen Wachheit, das Aufrechterhalten eines aufnahmefähigen Zustandes. Dieses allgemeine Aufmerksamkeitsniveau verändert sich in charakteristischer Weise im Verlauf eines Tages, kann aber auch plötzlich aufgrund eines Warnreizes ansteigen, um schnelle Schutz- oder Fluchtreaktionen zu ermöglichen.

Die Daueraufmerksamkeit erlaubt eine über längere Zeiträume hinweg ununterbrochene Zuwendung zu einer oder auch mehreren Informationsquellen, um Veränderungen zu registrieren und entsprechend darauf reagieren zu können. Auch mit Vigilanz ist das Aufrechterhalten der Aufmerksamkeit über längere Zeit hinweg gemeint, bei der jedoch im Gegensatz zur Daueraufmerksamkeit die zu beobachtenden relevanten Reize eher selten auftreten. Das Beobachten eines Radarschirms, auf dem eher selten ein Flugobjekt auftaucht, erfordert Vigilanz, und ein Fluglotse, der z. B. ständig die Kurse und Positionen startender und landender Flugzeuge kontrolliert, bringt Daueraufmerksamkeit auf.

Tab. 1: Zusammenstellung der Aufmerksamkeitsdimensionen mit den zugeordneten Paradigmen und funktionalen Netzwerken (in Anlehnung an Sturm 2009, 425)

Dimension	Bereich	Paradigmen	Funktionale Netzwerke
Intensität	Aufmerksamkeitsaktivierung (Alertness)	Einfache visuelle oder auditive Reaktionsaufgaben ohne (Aktivierungsniveau) oder mit Warnreiz (phasische Aufmerksamkeitsaktivierung)	Hirnstammanteil der Formatioreticularis, insbesondere noradrenerge Kerngebiete, dorsolateraler präfrontaler und inferiorer parietaler Cortex der rechten Hemisphäre, intralaminare und retikuläre Thalamuskerne, anteriorer Anteil des cingulären Cortex
	Daueraufmerksamkeit	Langdauernde einfache Signalentdeckungs- aufgaben, hoher Anteil relevanter Stimuli	
	Vigilanz	Langdauernde monotone Signalentdeckungsaufgaben, niedriger Anteil relevanter Stimuli	
Räumliche Aufmerksamkeit	Räumliche Verschiebung des Aufmerksamkeitsfokus	Aufgaben, die den räumlichen Wechsel des Aufmerksamkeitsfokus durch räumliche Hinweisreize provozieren	Inferiorer Parietalcortex (disengage), Colliculi superiores (shift), posteriorlateraler Thalamus, insbesondere Pulvinar (engage)
Selektivität	Selektive oder fokussierte Aufmerksamkeit	Wahlreaktionsaufgaben (selektive Aufmerksamkeit), Aufgaben mit Störreizen zwecks Distraktion (fokussierte Aufmerksamkeit)	fronto-thalamische Verbindungen zum Nucleus reticularis des Thalamus, anteriores Cingulum (?), inferiorer frontaler Cortex insbesondere der linken Hemisphäre (Inhibition?) Präfrontaler Cortex (bilateral), vordere Abschnitte des Cingulum
	Geteilte Aufmerksamkeit Aufmerksamkeitsflexibilität	Aufgaben, die eine Verteilung der Aufmerksamkeit auf mehrere »Informationskanäle« erfordern (z. B. »Dual-task-Aufgaben«), Aufgaben zur Erfassung der »kognitiven Flexibilität«	

Unter räumlicher Aufmerksamkeit ist die Zuwendung zu einem bestimmten Ort zu verstehen, was eine offene oder verdeckte Verschiebung des Aufmerksamkeitsfokus erfordert. Bei der offenen Variante muss sich der Aufmerksamkeitsfokus vom aktuellen Reiz lösen, zum neuen Reiz verschoben werden und diesen wieder fokussieren. Die verdeckte Aufmerksamkeitsverschiebung geschieht ohne Augenbewegungen oder geht den Augenbewegungen zum neuen Ziel hin voraus. Obwohl der Fixationspunkt unverändert bleibt, lassen sich Bewegungen im rechten oder linken Blickfeld feststellen.

Eine selektive, fokussierte oder gerichtete Aufmerksamkeit teilt den Wahrnehmungsraum in einen beachteten und nicht beachteten auf. Gemeint ist hier die Fähigkeit, die Aufmerksamkeit auf bestimmte Merkmale einer Aufgabe oder

Situation zu richten und gleichzeitig Reaktionen auf irrelevante Merkmale zu unterdrücken.

Die geteilte Aufmerksamkeit richtet sich gleichzeitig auf mehrere Objekte und erfordert das simultane Überwachen zweier Informationskanäle. Auf diese Weise gelingt es einem Autofahrer den Verkehrsfunk im Radio zu hören und gleichzeitig den Gegenverkehr zu beobachten, um den langsam fahrenden Traktor vor ihm überholen zu können. Durch Automatisierung oder Teilautomatisierung kann die Aufmerksamkeitskapazität in solchen Fällen deutlich reduziert werden. Von Aufmerksamkeitswechsel oder Aufmerksamkeitsflexibilität wird gesprochen, wenn die Aufmerksamkeit schnell zwischen verschiedenen Informationsquellen wechseln kann.

4.2 Aufmerksamkeit und Konzentration

Schmidt-Atzert und Krumm (2008) versuchen, eine Konvergenz zwischen neuropsychologischen und psychologischen Aufmerksamkeitstheorien herzustellen und schlagen ein Modell bestehend aus Aufmerksamkeit, konzentrierter Aufmerksamkeit und Konzentration vor (siehe ▶ Abb. 11). Aufmerksamkeit wird als wahrnehmungsnahes Geschehen betrachtet und meint das selektive Beachten relevanter Informationen und Reize. Voraussetzung für viele kognitive Leistungen ist die Aufnahme aufgabenrelevanter Informationen und das Ausblenden der

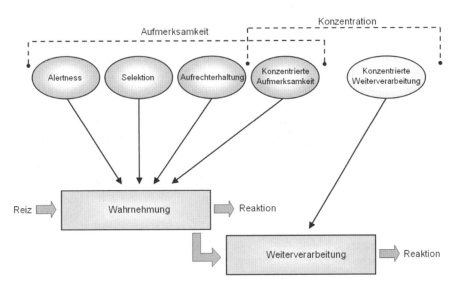

Abb. 11: Modell zur Differenzierung von Aufmerksamkeit und Konzentration (Schmidt-Atzert & Krumm 2008, 132)

für die Aufgabenbewältigung irrelevanten Reize. Diese Filterfunktion übernimmt die Aufmerksamkeit, um eine Reizüberflutung des Informationsverarbeitungssystems zu verhindern.

Die Weiterverarbeitung der Reize nach deren Aufnahme wird in diesem Modell als Konzentration bezeichnet. Konzentrationsfähigkeit ermöglicht das Aufrechterhalten eines Leistungsniveaus über längere Zeit, auch wenn Bedingungen herrschen, die dies erschweren. Konzentration wird somit als anstrengend erlebt und besitzt Arbeitscharakter. Sie ist definiert als die Fähigkeit »unter Bedingungen schnell und genau zu arbeiten, die das Erbringen kognitiver Leistungen normalerweise erschweren« (Schmidt-Atzert, Büttner & Bühner 2004, 9). Die Kopfrechenleistungen von Kindern fallen in einer Klasse, in der eine Reihe beeinträchtigender Bedingungen wie verschiedenste zusätzliche Geräusche herrschen, je nach Konzentrationsfähigkeit unterschiedlich aus.

Nun kann das Aufrechterhalten der Aufmerksamkeit über eine längere Zeit hinweg (Daueraufmerksamkeit) oder das schnelle und sukzessive Abarbeiten von Selektionsaufgaben, wenn z. B. alle Fische auf einer mit Tieren überfüllten Seite zu suchen sind, als durchaus anstrengend erlebt werden. Da solche Aufgabenstellungen sowohl Aufmerksamkeits- als auch Konzentrationscharakter aufweisen, fordern die Autoren dieses Modells einen Überlappungsbereich, den sie konzentrierte Aufmerksamkeit nennen.

4.3 Aufmerksamkeitsdefizite

Aufmerksamkeitsstörungen oder -defizite werden in den letzten Jahren fast immer im Zusammenhang mit dem hyperkinetischen Syndrom beschrieben. Diese hyperkinetischen Störungen sind gemeinsam mit den aggressiven Verhaltensstörungen, den Störungen des Sozialverhaltens die häufigsten psychischen Störungen im Kindes- und Jugendalter. Sie sind gekennzeichnet durch die drei Kardinalsymptome Aufmerksamkeitsstörung oder erhöhte Ablenkbarkeit, verminderte kognitive Impulskontrolle oder erhöhte Impulsivität und vermehrte Aktivität oder Hyperaktivität, wobei die Aufmerksamkeitsstörung sich in folgenden Verhaltensweisen zeigt:

- vorzeitiges Abbrechen von Aufgaben und Tätigkeiten, vor allem bei geistigen Anstrengungen und bei fremdbestimmten Aufgaben wie z. B. Hausaufgaben anfertigen,
- häufiger Aktivitätswechsel,
- viele Flüchtigkeitsfehler,
- unordentliche Aufgabenausführung.

Derzeit in der Fachwelt akzeptierte Modellvorstellungen begründen die Genese und Persistenz von Aufmerksamkeits-/Hyperaktivitätsstörungen in einem aus fünf Ebenen bestehenden multifaktoriellen Bedingungsmodell (Breitenbach 2005).

Störungsebene 1 stellt die in vielen Studien beschriebene zentralnervöse Aktivierungsstörung als neurobiologisches Korrelat der Aufmerksamkeitsdefizit-/Hyperaktivitätsstörung dar, die sich entsprechend der Modellvorstellung auf der Grundlage mangelnder Aktivierungssteuerung, aber im Zusammenspiel mit sozialen und psychischen Gegebenheiten, die auf weiteren vier untergeordneten Ebenen zum Tragen kommen, entwickelt. Auf Störungsebene 2 werden kognitiv-funktionale Defizite beschrieben, wie unzureichende Daueraufmerksamkeitsleistung, vorschnelle und unbedachte Reaktionen, mangelnde Inhibitionskontrolle und die Tendenz zu vermehrter Reizsuche. Die verringerte Selbststeuerungsfähigkeit mit Impulsivität und motorischer Unruhe kennzeichnet Störungsebene 3 und strategisch-organisatorische Defizite wie mangelnde Problemlösefertigkeiten, defizitäre Begriffs- und Wissenssysteme, mangelnde metakognitive Handlungsstrukturierung bilden Störungsebene 4. Auf Störungsebene 5 werden negative soziale Reaktionen und die ungünstige reaktive Verarbeitung der eingetretenen Beeinträchtigungen benannt. Hier finden sich Auffälligkeiten wie z. B. geringe Frustrationstoleranz, negatives Selbstbild oder soziale Schwierigkeiten.

Im Gesamtzusammenhang des Störungsbildes werden spezifische Aufmerksamkeitsprobleme wie z. B. die der selektiven und Daueraufmerksamkeit schwerpunktmäßig auf der zweiten Ebene des Bedingungsmodells erfasst.

4.4 Verhaltensoberprogramme

Da alle komplexen Anpassungsleistungen nur im Verbund vieler funktioneller Subsysteme oder Einzelfunktionen erbracht werden können, muss demzufolge eine Instanz vorhanden sein, die die erforderlichen Subsysteme auswählt und zusammenschließt, sodass einzelne Prozesse sinnvoll und selektiv zum Einsatz gebracht werden. Diese Aufgabe leisten Oberprogramme des Verhaltens. Da sich diese weitgehend gegenseitig ausschließen, kann man z. B., während man schläft, nicht essen oder laufen. Kinder lernen schon sehr früh, dass in bestimmten Situationen bestimmte Oberprogramme bzw. Verhaltensweisen möglich oder notwendig sind und andere nicht. Die Selektivität der Oberprogramme verhindert das störende Einfließen programmfremder Teilfunktionen, und sie kanalisiert gleichzeitig auch die Informationsaufnahme, indem sie nur solche Daten aufnimmt, die für die momentane Aufgabenbewältigung relevant sind. Studenten, die in einer Vorlesung sitzen und aufmerksam den Ausführungen des Professors lauschen, spüren nicht ihre Kleidung auf der Haut oder den Druck, der durch das Sitzen auf das Gesäß oder auf die Oberschenkel ausgeübt wird. Dies sind für die Bewältigung der Aufgabe Zuhören unwesentliche Informationen, die ohne unser Zutun automatisch herausgefiltert werden und deshalb nicht ins Bewusstsein vordringen. Eine Ausnahme bilden Alarmsignale, die auf noch wichtigere Oberprogramme hinweisen. Reize, die eine Gefahr für die Erhaltung unseres Körpers signalisieren wie Schmerz, Hunger, Harndrang, Durst usw., werden zumindest auf Dauer das laufende Oberprogramm beenden und dem entsprechenden Selbsterhaltungsprogramm wie Nahrungsaufnahme oder Blasenentleerung zum Durchbruch verhelfen. Im ständigen Situationsfluss des Lebens muss immer wieder entschieden werden, welches Verhaltensoberprogramm momentan am wichtigsten ist und diese Entscheidung ist zu treffen unter Berücksichtigung aller gegenwärtigen äußeren und inneren Bedingungen.

In der Einteilung des Zentralnervensystems in drei funktionale Einheiten nach Lurija (1973) übernimmt diese Aufgabe die erste Einheit. Sie stellt ein situativ-dynamisches Balancesystem zwischen den verschiedenen Aktivierungsquellen dar, ordnet dynamisch-hierarchisch die Verhaltensprogramme und sorgt für Stabilität, damit die Oberprogramme ausreichend lange laufen können (siehe ▶ Kap. 2.2.1).

Vielen Kindern mit Aufmerksamkeitsdefiziten gelingt gerade die Auswahl und Stabilisierung der Oberprogramme nur unzureichend und sie springen in ihrem Verhalten von einem Verhaltensprogramm zum nächsten, so als hätten sie keinen Maßstab entwickelt, nach dem sie diese Auswahl treffen könnten. Aktive Oberprogramme werden nicht im notwendigen Umfang stabil gehalten und zufällig aufgenommenen Reizen ist es möglich, neue Verhaltensprogramme auszulösen. Zwei Prozesse sind nun nach Graichen (1988) für die Oberprogrammsteuerung entscheidend: die Steuerung des Aktivierungsniveaus und die Orientierungsreaktion.

4.4.1 Aktivierungsniveau

Die Auswahl des richtigen Oberprogramms sowie die entsprechende Selektion bei der Reizaufnahme gelingen nur, wenn zu jedem Zeitpunkt das optimale tonische Aktivierungsniveau hergestellt werden kann. Dieses bewegt sich zwischen den beiden Polen hohe Aktivierung, hohe Wachheit, Stress und geringe Aktivierung, geringe Wachheit oder Schlaf. Es wird immer gerade das Erregungs- oder Aktivierungsniveau eingestellt, das zur Bewältigung der aktuellen Aufgabenstellung erforderlich ist und kann deshalb beim Frühstücken oder Spazierengehen bedeutend niedriger sein als beim Lesen eines Fachbuches oder beim konzentrierten Zuhören im Unterricht.

Nach Klix (1973; 1984) gibt es einen funktionalen Zusammenhang zwischen der Höhe des tonischen Aktivierungsniveaus und der Weite des Bewusstseinsfokus in dem Sinne, dass bei hoher tonischer Aktivierung, also unter Stress der Bewusstseinsfokus extrem eingeengt und im Falle niedriger Aktivierung oder tiefer Entspannung entsprechend weit und offen ist. Eine Lehrkraft registriert mit Schrecken, dass sich wieder einmal die schon öfter erlebte Situation anbahnt, in der ihr die Führung der Klasse zu entgleiten droht, und die Schüler am Ende »mit ihr machen, was sie wollen«. Diese Lehrkraft gerät unter Stress und nimmt nur noch diejenigen Schüler wahr, die diesen Prozess in Gang bringen und die anderen Schüler mitreißen. Alles andere, was sich zur gleichen Zeit im Klassenzimmer noch ereignet, entgeht ihr völlig. Ihr Wahrnehmungsfeld und damit eng verknüpft ihr Verhaltensrepertoire ist stark eingeengt und es stehen nur wenige habituierte und automatisierte Verhaltensmuster zur Bewältigung dieser Situation zur Verfügung. Die Bedingungen bei niedrigem tonischen Aktivierungsniveau entsprechen denen der Einschlafsituation, wo der Bewusstseinsfokus weit ist und alle möglichen Gedanken und Bilder ins Bewusstsein eindringen können, der Einschlafende aber nicht mehr steuernd eingreifen kann, um z. B. einen Gedanken für längere Zeit weiterzuverfolgen.

Bei Kindern mit Aufmerksamkeitsdefiziten ist das allgemeine tonische Aktivierungsniveau konstant zu niedrig und demzufolge der Fokus des Bewusstseins zu weit und die Wahrnehmungsselektion sowie die Auswahl der Verhaltensprogramme zu wenig zielgerichtet. Die eher zufällig aufgenommenen Reize und Informationen werden alle als gleich wichtig interpretiert und jeder dieser Reize ist deshalb in der Lage, ein neues Verhaltensprogramm zu aktivieren oder ein bereits laufendes zu beenden. Es entsteht dann das von vielen Kindern mit einer Aufmerksamkeitsdefizit-Hyperaktivitätsstörung (ADHS) her wohlvertraute Verhaltenschaos. Die paradoxe Wirkung der Stimulantientherapie mit ihren vorwiegend die Aufmerksamkeit verbessernden Effekten bei vielen dieser Kinder findet hiermit eine plausible Erklärung. Durch diese Medikamente wird das Aktivierungsniveau künstlich angehoben und eine wichtige Bedingung für gezielte Aufmerksamkeits- und Verhaltenssteuerung ist dadurch oft erstmalig hergestellt. Eine stark reizreduzierte oder reizarme Lernumgebung, wie sie früher als optimale Lernbedingung für hyperkinetische Kinder empfohlen wurde, erscheint in diesem Lichte nicht mehr als sonderlich hilfreich. Sie führt lediglich zu einem weiteren Absinken des Aktivierungsniveaus und fördert damit auch nicht den situationsadäquaten Einsatz von Verhaltensoberprogrammen.

4.4.2 Orientierungsreaktion

Für Birbaumer und Schmidt (2010) ist die Orientierungsreaktion, die aus plötzlichen, sehr komplexen Veränderungen im Verhalten, in der hirnelektrischen Aktivität und in der Steuerung visceraler Prozesse (Pulsfrequenz, Blutdruck, Hautwiderstand, Atemfrequenz, etc.) besteht, die psychologische und physiologische Basis aller Aufmerksamkeitsprozesse. Jeder von außen oder innen kommende neue, unerwartete und überraschende Reiz kann eine solche Orientierungsreaktion hervorrufen, die sich im Verhalten als aufmerksame Zuwendung zur Reizquelle manifestiert. Bisherige Verhaltensprogramme werden gestoppt und unter einer Erhöhung des allgemeinen tonischen Aktivierungsniveaus erfolgt eine möglichst schnelle Aufnahme und Bewertung der Information, um – falls erforderlich – entsprechend motorisch reagieren zu können. Damit nicht jeder Reiz eine solche Reaktion auslösen kann und somit unserem Gehirn die Steuer- und Kontrollfunktion erschwert, lernt der Organismus für eine Reihe relativ bedeutungsloser Reizmuster, dass im Wiederholungsfall eine erneute Orientierungsreaktion mit Aktivierungserhöhung unnötig ist. Dieser Prozess der Reaktionsminderung oder Habituation entlastet die Informationsverarbeitung und ermöglicht Konsolidierungs- oder Speicherprozesse. Bei Kindern mit Aufmerksamkeitsdefiziten finden sich oft erhebliche Störungen in der Beurteilung physikalischer wie auch geistiger Reizintensitäten. Graichen (1988) beschreibt in diesem Zusammenhang unangemessen heftiges Reagieren auf feinste Reize wie auch umgekehrt das Ausbleiben einer Reaktion auf übermächtige Reizqualitäten.

4.4.3 Formatio reticularis

Für all diese Steuerungsprozesse müssen umfangreiche und komplexe Kreisstrukturen von Hirnarealen vorhanden sein und eine zentrale subcorticale Struktur, die in diesem Zusammenhang immer wieder genannt wird, ist die Formatio reticularis oder das aufsteigende retikuläre System (Mesulam 1981; Ogren, Mateer & Wyler 1984). Dieses neuronale Netzwerk bildet das Zentrum der komplexen Kreisstrukturen und besitzt die erforderlichen efferenten und afferenten Verbindungen sowohl zu den einzelnen Sinnesmodalitäten als auch zum limbischen System, zum Kleinhirn und zum Neocortex. Als wichtigste hirnorganische Struktur im funktionellen System, das sich mit der Aktivierung, dem Tonus und dem Grad der Bewusstheit beschäftigt, nennt Lurija (1973) ebenfalls das aufsteigende retikuläre System. Ayres (1979) leitet aus einer Reihe von anatomischen und funktionellen Gegebenheiten im Zentralnervensystem die besondere Bedeutung taktil-kinästhetisch-vestibulärer Informationen für das adäquate Funktionieren des retikulären Systems ab. Stark vereinfachend lässt sich somit sagen, dass das Einbeziehen des taktil-kinästhetisch-vestibulären Systems in Lernprozesse die oben beschriebene aufmerksamkeitssteuernden Funktionen fördert und Kindern mit Aufmerksamkeitsdefiziten in besonderem Maße die Auswahl und den Einsatz angemessener Verhaltensoberprogramme erleichtert. Auch Graichen (1988) weist auf die starke Weckfunktion von Bewegungen unter Beteiligung des vestibulären Systems hin. Speziell das vestibuläre System beeinflusst, seiner Meinung nach, direkt die Formatio reticularis und auf diesem Wege ist eine Anhebung der allgemeinen Aktivierung und damit auch eine Verbesserung der unwillkürlichen Zentrierung der Aufmerksamkeit erreichbar. Dieser Zusammenhang zwischen Gleichgewichtsreizen und dem Aktivierungsniveau ist uns allen vertraut und wird von uns intuitiv genutzt. Der krebsrote, schreiende, also hoch erregte Säugling wird von Vater oder Mutter aufgenommen, an den Körper gedrückt und langsam gewiegt. Der Körperkontakt und die langsame gleichförmige Gleichgewichtsstimulation führen in der Regel zur Beruhigung des Säuglings. Die Weckfunktion von Bewegung ist manchem vielleicht aus folgender Situation bekannt: In einem Vortrag am Abend sitzen Zuhörer, die einen arbeitsreichen Tag hinter sich haben und dem einen oder anderen fällt nach einiger Zeit das interessierte Zuhören schwer. Solch ein Zuhörer würde vielleicht gerne aufstehen und sich an der frischen Luft ein bisschen die Beine vertreten, da er aus Erfahrung weiß, dass er danach wieder wacher ist und aufmerksamer dem Vortrag folgen kann.

Des Weiteren verweist die enge Verbindung der Formatio reticularis zum limbischen System auf die große Bedeutung der emotionalen Gestimmtheit und damit des Empfindens von Lust oder Unlust für die Aufmerksamkeits- und Verhaltenssteuerung. Eltern von Kindern mit Aufmerksamkeitsstörungen berichten immer wieder, dass bei hoher intrinsischer Motivation ihre Kinder über erstaunlich lange Zeit hinweg aufmerksam und konzentriert bei der Sache bleiben können.

4.4.4 Pädagogisch-therapeutische Implikationen

Wie lernen Kinder nun das selektive und dauerhafte Aufmerksamsein und den Aufbau unwillkürlich eingesetzter Verhaltensoberprogramme? Häufig kann man Eltern beobachten, die ihr Kind gezielt auf interessante und situationsrelevante Gegebenheiten der Umwelt aufmerksam machen und auf diese Weise die Aufmerksamkeitssteuerung für ihre Kinder zunächst übernehmen. Indem sie die kindliche Aufmerksamkeit in vielen Situationen auf situationstypische und relevante Reize richten, lernt ein Kind z. B. an einer Fußgängerampel auf das rote und grüne »Männchen« zu achten, und nur wenn das grüne leuchtet, die Straße zu überqueren. Das Kind erhält auf diese Weise von seinen Eltern eine Aufmerksamkeitssteuerungsanweisung für die Standardsituation Fußgängerampel, die es sich merkt und die automatisch beim nächsten Überqueren der Straße mithilfe einer Fußgängerampel aktiviert und erinnert wird. Für Graichen (1988) entwickelt sich über solche sprachlichen Anweisungen der spezifisch menschliche Zugang zur Aktivierung und Lenkung der Aufmerksamkeit. Im Zusammensein mit aufmerksamkeitsgestörten Kindern ist es für die Betreuer unumgänglich, möglichst viele Standardsituationen zu schaffen und die Aufmerksamkeitssteuerung in diesen Standardsituationen (Morgenkreis, Pause, Hausaufgaben anfertigen etc.) von außen über längere Zeit hinweg immer wieder zu übernehmen; verbunden mit der Hoffnung, dass die Kinder diese angebotene verbale Struktur mehr und mehr verinnerlichen und dann zur eigenständigen Steuerung ihres Verhaltens einsetzen.

Neben dem Schaffen von Standardsituationen und dem ständigen Geben von Standardanweisungen für diese Situationen erleichtern Lernsituationen, in denen Bewegung möglich ist oder sogar gefordert wird, über das auf diese Weise angehobene Aktivierungsniveau ein aufmerksames Arbeiten und Lernen.

4.5 Zusammenfassung

Aufmerksamkeit und Konzentration sind keine einfachen und leicht abgrenzbaren Konzepte, da sich hier neurowissenschaftliche und psychologische Theorien teilweise konkurrierend gegenüberstehen. Für die Gestaltung individueller pädagogisch-therapeutischer Interventionen scheint einerseits das Wissen um unterschiedliche Aufmerksamkeitsprozesse hilfreich zu sein und andererseits die Differenzierung in Aufmerksamkeit, konzentrierte Aufmerksamkeit und Konzentration klärend zu wirken.

Aufmerksamkeitsdefizite im Zusammenhang mit ADHS machen deutlich, wie der komplexe Gesamtzusammenhang zu verstehen ist, in den Aufmerksamkeitsleistungen immer eingebettet sind. Verhaltensoberprogramme verbunden mit der Steuerung des Aktivierungsniveaus und der Hemmung der Orientierungsreaktion beschreiben psychologische und zentralnervöse Prozesse, mit deren Hilfe die Steuerung der Aufmerksamkeit erklärt werden kann, und aus denen heraus sich pädagogisch-therapeutische Implikationen entwickeln lassen.

5 Gedächtnis

Für Thöne-Otto (2009) ist das Lernen aus Erfahrung eine der wichtigsten Eigenschaften, um in der Welt zu überleben, weshalb auch schon sehr einfache Lebensformen über diese basale Fähigkeit verfügen. Das Gedächtnis verbindet bei uns Menschen die zahllosen einzelnen Erlebnisse, Fakten, Daten aus dem Lebenslauf zu einem großen Ganzen und verhindert, dass unser Bewusstsein in unzählige Splitter zerfällt. Diese bindende Kraft des Gedächtnisses ermöglicht das Entwickeln einer eigenen Identität, mit deren Hilfe wir Sicherheit und Halt in der Gegenwart gewinnen. Wir erleben uns in erster Linie als das, woran wir uns erinnern und sind in jedem Augenblick orientiert und in der Lage, Struktur und Ordnung zu erkennen und zu schaffen, indem wir ständig über unsere Vergangenheit verfügen und auf unser prospektives Gedächtnis vertrauen, das uns unsere zukünftigen Intentionen zur rechten Zeit zur Verfügung stellt.

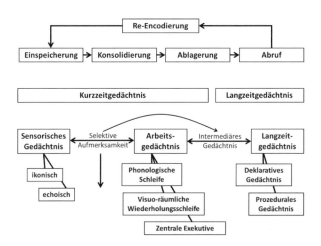

Abb. 12: Zeitliche, inhaltliche und prozessorientierte Gedächtnissysteme

Das Gedächtnis als einheitliches Konstrukt existiert nicht und damit kann man auch nicht von jemandem behaupten, er habe ein schlechtes Gedächtnis. Vielmehr zeigen die Gedächtnismodelle der allgemeinen Psychologie und der Neuropsychologie, dass von unterschiedlichen Gedächtnissystemen und Gedächtnisprozessen auszugehen ist, die in der Regel jeweils eine unterschiedliche Leistungsfähigkeit aufweisen. Das wohl bekannteste und älteste Konzept differenziert das Gedächtnis entlang der Zeitachse und besteht im Wesentlichen aus dem Kurzeit- und Langzeitgedächtnis. Das Langzeitgedächtnis seinerseits ist ein komplexes System, das sich wiederum aus material- und inhaltsspezifischen Prozessen zusammensetzt. Neben der zeitlichen und inhaltlichen Einteilung des Gedächtnisses schlagen Brand und Markowitsch (2006) auch noch eine prozessorientierte vor, die zwischen Encodierung oder Einspeicherung, Konsolidierung und Abruf differenziert.

Entsprechend dieser Modellvorstellungen lässt sich auch kein einziger Ort für das Gedächtnis im Gehirn ausmachen oder bestimmen, sondern eine Vielzahl von Hirnarealen steht im Zusammenhang mit den verschiedenen Gedächtnissystemen und -prozessen. Amygdala, Hippocampus, Corpus mamillare, Fornix und Thalamus sind lediglich die Teilstrukturen des limbischen Systems, die z.B. mit Gedächtnisleistungen in Verbindung gebracht werden.

In manchen Situationen entsteht beim Lernen auch der Eindruck, die Aufnahmekapazität sei erschöpft und das Gedächtnis voll, ja vielleicht sogar überfüllt und es passe deshalb einfach nichts mehr hinein. Diese Vorstellung entspricht jedoch nicht der Funktionsweise des Gedächtnisses, das im Gegenteil sogar besonders gut funktioniert, wenn bereits viel Vorwissen, d.h. viele Anknüpfungspunkte, zur Verfügung stehen. Je mehr Wissensinhalte im Gedächtnis abgespeichert sind, umso mehr neue können mit den bereits vorhandenen verknüpft und damit festgehalten werden.

5.1 Kurzzeitgedächtnis

Das Kurzzeitgedächtnis versetzt uns in die Lage, Informationen für kürzere Zeiträume mental verfügbar zu halten. Es ist aber nicht nur zeitlich, sondern auch von seiner Aufnahmekapazität her begrenzt und funktioniert modalitätsspezifisch. Nur etwa sieben (±2) Einheiten können für Sekunden oder maximal wenige Minuten gespeichert werden.

5.1.1 Ultrakurzzeitgedächtnis

Das Ultrakurzzeit- oder sensorische Gedächtnis scheint in den Sinnesorganen selbst eingelagert zu sein und repräsentiert die sensorischen Informationen für wenige Hundert Millisekunden. Ohne dieses Gedächtnis wären Reize nur solange zu hören und zu sehen, wie sie tatsächlich vorhanden sind und die vielen Einzelbilder auf einem Filmstreifen könnten niemals zu einem ununterbrochen ablaufenden Film verschmelzen. Diese »Trägheit« der Sinnesorgane reicht jedoch aus, um zusammen mit der selektiven Aufmerksamkeit eine erste Reizauswahl zu treffen und die einlaufenden Informationen als entweder wichtig zu bewerten, die dann im Arbeitsgedächtnis weiterverarbeitet werden oder über Konsolidierungsprozesse direkt ins Langzeitgedächtnis gelangen, oder andere als unwichtig auszusortieren, zu vergessen oder nicht bewusst werden zu lassen.

5.1.2 Arbeitsgedächtnis

Das Arbeitsgedächtnis stellt eine Art Sonderform des Kurzzeitgedächtnisses dar, in dem aktiv Informationen festgehalten und manipuliert werden können. In ihrem Mehrkomponentenmodell postulieren Baddeley und Hitch (1974) zwei modalitätsspezifische Speichersysteme, die phonologische Schleife und die visuell-räumliche Komponente sowie eine zentrale Exekutive oder zentrale Kontrollinstanz. Für Berti (2010) ist das Arbeitsgedächtnis dadurch charakterisiert, dass eine Reihe von Prozessen Informationen über einen kürzeren Zeitraum verfügbar halten, um mentale oder kognitive Aufgaben zu bewältigen. Nicht nur Informationsspeicherprozesse spielen im Arbeitsgedächtnis eine Rolle, sondern auch Prozesse, die in Abhängigkeit von Aufgabenstellungen die verfügbaren Informationen bewerten und, wenn erforderlich, neue aus den sensorischen Registern einströmen lassen oder gezielt bereits im Langzeitgedächtnis vorliegende aktivieren. Im Arbeitsgedächtnis kommt es zu einer integrativen Verbindung von wahrgenommenen situativen Reizen und dem bereits im Langzeitgedächtnis abgelegten Wissens- und Erfahrungsschatz, was benötigt wird, um kurz gespeichertes Material nicht sofort wieder zu reproduzieren, sondern um es in bestimmter Weise kognitiv um- oder weiterzuverarbeiten. Eine Kopfrechenaufgabe ist z. B. nur zu lösen, wenn die einzelnen Elemente der Aufgabe solange im Arbeitsgedächtnis zur Verfügung stehen, bis die Rechnung durchgeführt ist. Die Rechenaufgabe wird wahrgenommen, im Arbeitsgedächtnis kurz gespeichert und gleichzeitig wird das Lösungswissen im Langzeitgedächtnis aktiviert und auf die spezifischen gespeicherten Elemente der Rechenaufgabe angewandt. Somit lassen sich Arbeits- und Langzeitgedächtnis nicht mehr als eindeutig und klar voneinander getrennte eigenständige Strukturen verstehen, die im Informationsverarbeitungsprozess einfach aufeinanderfolgen, sondern im Arbeitsgedächtnis greifen Prozesse der Informationsverarbeitung und solche der langfristigen Speicherung ineinander.

In einer Längsschnittstudie überprüfen Krajewski, Schneider und Nieding (2008) die Bedeutung des Arbeitsgedächtnisses von Vorschulkindern für die Erklärung von Leistungsunterschieden in Rechtschreiben und Mathematik am Ende der ersten Klasse. Das in ▶ Abb. 13 gefundene Strukturgleichungsmodell zeigt zunächst den engen Zusammenhang der erhobenen Komponenten des Arbeitsgedächtnisses untereinander. Mit der Aufgabenstellung, Zahlen in der vorgegebenen Reihenfolge nachzusprechen, wurde die phonologische Schleife erfasst, mit dem Einprägen und sofortigen Wiedergeben von visuellen Matrizen die visuell-räumliche Komponente und mit dem rückwärts Nachsprechen vorgegebener Zahlenreihen die zentrale Exekutive. Darüber hinaus wird deutlich, dass das Arbeitsgedächtnis über die Vorläuferfertigkeit phonologische Bewusstheit erheblichen Einfluss auf die Schriftsprachkompetenz nimmt. Die Arbeitsgedächtnisressourcen eines Kindes bestimmen den Aufbau spezifischer Kompetenzen bereits vor Schuleintritt mit und erlangen nicht erst nach Schuleintritt Bedeutung.

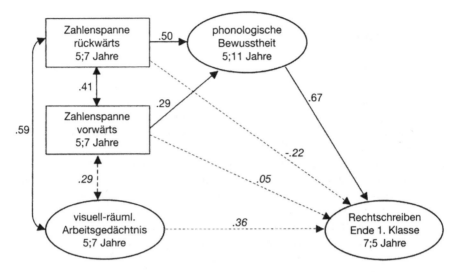

Abb. 13: Einfluss der Komponenten des Arbeitsgedächtnisses im Vorschulalter auf spätere Rechtschreibleistungen bei Kontrolle vorschulischer phonologischer Bewusstheit (Krajewski, Schneider und Nieding 2008, 108)

5.2 Langzeitgedächtnis

Das Langzeitgedächtnis behält nach Markowitsch (2005) einmal aufgenommene Inhalte für sehr lange Zeit oder gar für immer und ist zudem in seiner Kapazität unbegrenzt. Es weist inhaltlich betrachtet eine große Vielfalt auf und um dieser Vielfalt gerecht zu werden, postulieren Psychologen und Neurowissenschaftler differenzierte Unterscheidungen. So lassen sich nach Markowitsch (2005) zunächst einmal materialspezifische und dem Eingangskanal entsprechende Gedächtnissysteme untergliedern. Dies korrespondiert mit dem Phänomen, das Vester (1996) mit dem Begriff Lerntypen umschreibt. Drei Schüler lernen denselben Lernstoff auf ihre je eigene Weise: Der eine sucht das Verstehen im Gespräch, unterhält sich mit seinen Mitschülern über das, was ihm noch nicht klar ist, der zweite liest einen entsprechenden Fachtext und der dritte exzerpiert die wesentlichen Gedanken aus dem Text und verdeutlicht sich die Zusammenhänge, indem er sie grafisch darstellt. Jeder dieser Schüler benutzt eine andere Art und Weise, Inhalte aufzunehmen und zu speichern, weil er aus Erfahrung weiß, dass er so am schnellsten und effektivsten lernt. Bei jedem dieser Schüler funktionieren unterschiedliche materialspezifische Gedächtnisprozesse offensichtlich unterschiedlich gut.

5.2.1 Deklaratives und prozedurales Gedächtnis

In vielen Arbeiten zum Gedächtnis findet sich die durch Forschungsergebnisse gut gestützte Dichotomie deklaratives (explizites) versus prozedurales (implizites) Gedächtnis (Markowitsch 2005; Brand & Markowitsch 2006), wobei das deklarative oder Wissensgedächtnis Fakten, Episoden und Daten speichert und das prozedurale oder Habitgedächtnis Bewegungsfolgen und Regeln. Deklaratives Wissen setzt sich aus Erklärbarem, verbal eindeutig Definierbarem zusammen (»gewusst, was«) und ist der bewussten Erinnerung zugänglich. Prozedurales Wissen besteht aus mechanisch oder motorisch gelernten, schwer verbalisierbaren Handlungsabläufen (Gewohnheiten, Prozeduren, »gewusst, wie«) und ist der bewussten Erinnerung nur schwer zugänglich. Deklarative Inhalte können schlagartig, in einem Durchgang nach dem »Alles-oder-nichts-Prinzip« gelernt werden, während prozedurale Inhalte zu ihrer Speicherung Wiederholungen benötigen. Deklarativ gespeicherte Fakten weiß man oder man weiß sie eben nicht, während motorische Fähigkeiten wie Fahrradfahren mehr oder weniger gut gekonnt werden. Das prozedurale Gedächtnis ist beim Säugling bereits vom ersten Lebenstag an funktionsfähig (infantile »Erinnerungen«), wohingegen sich das deklarative erst später ab dem dritten bis fünften Lebensjahr langsam entwickelt. Prozedurale Gedächtnisleistungen oder prozedurale Vorgehensweisen fallen lerngestörten Kindern deshalb oft leichter, obwohl sie zeitaufwendiger und umständlicher sind. So werden beim Addieren immer wieder die einzelnen zu addierenden Mengen tatsächlich ab- und zusammengezählt, ohne dass sich nach mehreren Wiederholungen ein und derselben Rechenaufgabe das deklarative Ergebnis festigen würde.

5.2.2 Semantisches und episodisches Gedächtnis

Innerhalb des deklarativen Gedächtnisses wird weiterhin zwischen semantischen und episodischen Prozessen differenziert. Das episodische Gedächtnis verarbeitet und speichert Informationen, die sich auf eigene Erlebnisse und Erfahrungen beziehen. Es handelt sich hierbei um individuumspezifische an Ort, Zeit und Situation festgemachte Fakten und ist somit eher autobiografisch angelegt. Diese kontextgebundenen Erinnerungen an persönliche Erlebnisse sind in der Regel emotional bewertet und gefärbt und es kann durchaus der Fall eintreten, dass zwei Menschen dasselbe erlebt haben und dennoch Unterschiedliches dazu erinnern.

Demgegenüber besteht das semantische Gedächtnis aus allgemeinen Kenntnissen, Wissen um die Welt und um generelle Zusammenhänge sowie aus semantisch-grammatikalischem Wissen. Dieses Weltwissen einer Person ist nicht zeitlich, sondern konzeptuell miteinander verbunden und organisiert. Ein Schüler kennt eine mathematische Formel oder weiß um die historischen Ereignisse und Zusammenhänge, die zum Ausbruch des Zweiten Weltkrieges führten. Ein Großteil des in der Schule erworbenen Wissens ist im semantischen Gedächtnis abgelegt.

5.2.3 Ereignisbestimmtes und merkmalsbestimmtes Gedächtnis

Klix (1984) unterscheidet zwei weitere Arten der Wissensspeicherung, die für die Arbeit mit lernbeeinträchtigten Kindern interessant sind. Säuglinge und Kleinkinder sammeln zunächst durch ständige sensomotorische Erfahrungen ein breites Repertoire an ereignisbestimmtem Wissen. Aus der praktischen Lebenserfahrung heraus speichert das Kind ohne jegliche Speicherabsicht Fakten, die eingebettet sind in eine erlebte Situation. Dies beinhaltet emotionale Verankerung genauso wie begriffliches Ordnen und Kategorisieren. Durch die fortschreitende Sprachentwicklung kann sich aus dem Repertoire an ereignisbestimmtem Wissen eine zweite Art der Wissensaufnahme entwickeln, die herausgelöst ist aus dem handelnden Erfahren. Allein über die sprachliche Kommunikation wird ereignisbestimmtes Wissen ausgetauscht und modifiziert, wodurch eine vergleichende, schlussfolgernde, logische und schließlich auch mathematische geistige Tätigkeit ohne handelndes Umgehen mit der dinglichen Umwelt entsteht. Über dieses merkmalsbestimmte, abstrakte, nicht aus eigener Erfahrung abgeleitete Wissen weiß ein blind geborenes Kind, dass das Meer blau oder sein eigenes Haar blond ist. Die praktische Handlung und damit das ereignisbestimmte Sammeln von Wissen bleibt während der gesamten Kindheit Mittel der Erkenntnis vor allem bei jenen Erscheinungen der Wirklichkeit, die vom Kind noch nicht sofort auf geistiger Ebene erfasst werden können.

Vielen Kindern mit Lernbeeinträchtigungen fällt es schwer, an Sprache gebundene Abstraktion mit- und nachzuvollziehen und sie brauchen zum Verstehen der Welt, zum Aufbau von Begriffen und Wissen länger als andere das handelnde Umgehen mit den Dingen der Umwelt. Gelingt beispielsweise eine Rechenoperation mit abstrakten Zahlen und Operationszeichen nicht, hilft in der Regel die praktische Ausführung einer entsprechenden anschaulichen Handlung.

5.2.4 Willkürlich-absichtsvolles und nicht absichtsvolles Gedächtnis

Ein bewusst-willkürlich-absichtsvolles Lernen und Steuern von Gedächtnisprozessen ist nach Graichen (1990) klar zu trennen von einer unwillkürlichen, nichtabsichtsvollen Aufnahme von Erfahrungen. Von Schülern wird meist verlangt, dass sie sich zu einem bestimmten Zeitpunkt gezielt ganz bestimmte Inhalte einprägen und gleichzeitig fordern Lehrkräfte, dass die Erinnerung an das so Eingeprägte ebenfalls willkürlich-absichtsvoll, auf eine Frage hin erfolgt. Auf der anderen Seite ist jedem das Phänomen vertraut, dass man z. B. am Morgen beim

Aufstehen oder Frühstücken im Radio ein Lied hört und sich irgendwann am Tag beim Summen oder Pfeifen der frühmorgens gehörten Melodie ertappt. Ohne Absicht und beiläufig wurden die Inhalte aufgenommen und ebenso beiläufig und unwillkürlich ist auch das Erinnern daran. Das willkürlich-absichtsvolle Einprägen und Abrufen muss im Gegensatz zum nicht absichtsvollen Lernen erst gelernt werden und entwickelt sich demzufolge auch erst zu einem späteren Zeitpunkt.

5.2.5 Prospektives Gedächtnis

Nach Thöne-Otto (2009) ist das prospektive Gedächtnis auf die Zukunft ausgerichtet und meint die Fähigkeit, eine Absicht zu fassen und diese in der Zukunft im rechten Augenblick wieder zur Verfügung zu stellen. Bei zeitbasierten Aufgaben erfolgt der Abruf zu einem bestimmten Zeitpunkt oder nach einem bestimmten Zeitintervall (z. B. Termin um 16.00 Uhr beim Arzt) und bei ereignisbestimmten Aufgaben, wenn eben ein bestimmtes Ereignis eintritt (z. B. einen Gruß ausrichten, wenn man seine Eltern wiedersieht).

Thöne-Otto (2009) weist noch darauf hin, dass es sich beim prospektiven Gedächtnis um keine reine Gedächtnisleistung handelt, sondern um ein komplexes Zusammenwirken von Aufmerksamkeits-, Gedächtnis- und Exekutivfunktionen.

5.3 Einspeicherung, Konsolidierung und Abruf

Ebenfalls entlang der Dimension Zeit werden die Stufen der Informationsverarbeitung zur Bildung neuer Gedächtnisinhalte und deren Abruf beschrieben. Unterteilt wird nach Brand und Markowitsch (2006) in Informationsaufnahme, Informationsencodierung, Informationsspeicherung und Informationsabruf.

Nachdem ein Reiz durch die Sinnesorgane aufgenommen wurde und den ersten Filter, das Ultrakurzzeitgedächtnis, passiert hat und dort als bedeutsam interpretiert wurde, kann er eingespeichert werden. Unter Einspeicherprozessen versteht man z. B. das Bilden von Assoziationen zwischen den neuen und bereits im Langzeitgedächtnis vorhandenen Informationen. Der Einsatz von verschiedenen Strategien wie Strukturierung des zu speichernden Materials unterstützt und erleichtert die Einspeicherung und auch den späteren Abruf. Beim Lernen von Vokabeln ist z. B. eine Gruppierung nach inhaltlichen (Tiere, Nahrungsmittel, Fahrzeuge, …) oder phonematischen Gesichtspunkten (nach Anfangsbuchstaben, …) hilfreich.

Daran schließt sich die Konsolidierung, Festigung oder Stabilisierung der gebildeten Assoziationen zwischen neuen Lerninhalten und bereits bestehenden Gedächtniseinheiten an, wodurch eine längerfristige Speicherung wahrscheinlicher wird. Über die Länge der Konsolidierungsphase herrscht in der Fachwelt noch große Uneinigkeit. Die Angaben reichen von Stunden oder wenigen Tagen bis zu

Monaten und Jahren (Dudai 2004). Konsolidierte Informationen sind im Langzeitgedächtnis abgelegt und können grundsätzlich jederzeit abgerufen werden.

Der Abruf aus dem Langzeitgedächtnis kann auf verschiedene Art und Weise erfolgen. Die höchsten Anforderungen stellt der freie Abruf, bei dem keine externen Abrufhinweise genutzt werden können, wohingegen ein Abruf mit Hinweisreizen das Erinnern erheblich erleichtert. Neben externen verbalen oder visuellen Hinweisreizen (»Das gesuchte Wort fängt mit ›a‹ an«) können auch interne genutzt werden. Sollen Vokabeln abgefragt werden, kann die beim Einspeichern vorgenommene Strukturierung z. B. nach Oberbegriffen zu Hilfe genommen werden. Die bekannteste Abrufstrategie jedoch dürfte die Verwendung von »Eselsbrücken« sein, die bereits beim Einprägen gebildet wurden und beim Abrufen als interne Hinweise fungieren. Die leichteste Art des Abrufes stellt das Wiedererkennen von Inhalten dar, bei dem nicht nur Hinweise gegeben werden, sondern das abzurufende Material als Auswahlmöglichkeit unter anderem angeboten wird.

Jeder Abruf führt grundsätzlich zu einer erneuten Einspeicherung, der Re-Encodierung des Inhaltes, was bedeutet, dass einerseits die Einspeicherung durch das Abrufen weiter gefestigt wird und andererseits aber auch die erneute Einspeicherung die Gefahr der Verfälschung oder Veränderung der Inhalte in sich trägt.

5.3.1 Wiedererkennensgedächtnis

Aus diagnostischen und didaktischen Gründen ist die Unterscheidung von Aufnahme-, Wahrnehmungs- und Einspeicherprozessen auf der einen und Abruf- oder Produktionsprozessen auf der anderen Seite von großer Bedeutung, was folgendes Beispiel illustriert: Ein Schüler wird von seiner Lehrerin aufgefordert, den vor Tagen neu gelernten Buchstaben »A« an die Tafel zu schreiben, was diesem nicht gelingt. Vermutet nun die Lehrerin, besagter Schüler habe Wahrnehmungsstörungen, habe das »A« einfach noch nicht richtig aufgenommen und gespeichert, so wird sie ihm die Möglichkeit bieten, dieses »A« nochmals, möglichst mit allen Sinnen, zu erfahren und aufzunehmen. Liegt das Problem des Schülers jedoch mehr auf der Seite des Abrufs, der Produktion, so wären die Bemühungen von Lehrkraft und Schüler im Bereich Wahrnehmung und Einspeicherung vergebens. Vielmehr müsste sich die Lehrerin in diesem Fall Gedanken darüber machen, wie sie ihren Schüler beim schnellen, sicheren Zugriff auf das vorhandene Wissen, beim Abrufen und Produzieren des bereits aufgenommenen und gespeicherten Buchstabens »A« unterstützen könnte.

Die diagnostische Abklärung von Gedächtnisstörungen beinhaltet demzufolge immer auch eine Prüfung, inwieweit Einspeicher- oder Abrufprozesse betroffen sind. Der Einsatz des Wiedererkennensgedächtnisses ermöglicht diesbezüglich eine schnelle und einfache Prüfung. Wird dem Schüler in obigem Beispiel der Buchstabe »A« in einer Auswahl verschiedener Buchstaben vorgelegt und er erkennt das »A« wieder, so kann man davon ausgehen, dass es sich bei ihm eher um eine Produktions- oder Abrufschwäche handelt, denn um ein Wahrnehmungs- oder Einspeicherproblem. Die Wahrnehmung oder Reizaufnahme und ihre Speicherung sind in diesem Fall erfolgreich abgelaufen, lediglich die freie Reproduktion, der freie Abruf ohne Hilfsmittel oder Hinweisreize war nicht möglich.

5.3.2 Intermediäres Gedächtnis

Das intermediäre Gedächtnis stellt ein Konzept zur Beschreibung und Erklärung von Konsolidierungsprozessen dar. Es wird als Struktur zwischen den beiden »Medien« Kurzzeit- und Langzeitgedächtnis verstanden, das kurzfristig aufgenommene Informationen in längerfristig gespeicherte überführt.

Lehrkräfte von lernbeeinträchtigten Schülern beobachten immer wieder, dass Kinder Lerninhalte aufnehmen und mit ihnen arbeiten, jedoch diese am nächsten Tag oder nach dem Wochenende überraschenderweise nicht mehr zur Verfügung haben. Das Kurzzeitgedächtnis scheint bei ihnen zu funktionieren, aber die Konsolidierung, das langfristige Abspeichern und der Abruf gelingen nur mit Mühe oder gar nicht. Interessanterweise wird ein ähnliches Phänomen bei Korsakow-Patienten berichtet: Ihr Kurzzeit- oder Arbeitsgedächtnis scheint meist völlig intakt und sie erscheinen situativ orientiert; sie können kleine Rechenaufgaben im Kopf ausrechnen, Fragen beantworten und sich unterhalten. Aber schon eine Stunde später wissen sie nicht mehr, dass sie sich unterhalten haben und worüber gesprochen wurde. Die langfristige Speicherung für sich alleine scheint ebenfalls von der Störung nicht betroffen. Den Patienten stehen Erinnerungen an Fakten und Erlebnisse aus der Zeit vor der Erkrankung uneingeschränkt zur Verfügung. Lediglich die Konsolidierungsprozesse scheinen instabil zu sein oder kaum mehr zu funktionieren (Thompson 2010; Tölle & Windgassen 2011). Bei Korsakow-Patienten werden in der einschlägigen Literatur hirnorganische Veränderungen in den Bereichen Hippocampus, Corpus mamillare sowie Amygdala berichtet. Auch Tierexperimente sowie Studien bei Patienten mit amnestischen Syndromen weisen auf die Beteiligung von Strukturen des limbischen Systems an der Übertragung neuer Informationen ins langfristig speichernde Gedächtnis hin (Mishkin & Appenzeller 1990; Thompson 2010).

Den subcorticalen, phylogenetisch älteren Hirnstrukturen wird von jeher eine enge Beziehung zu unseren Gefühlen zugeschrieben und hirnorganische Strukturen wie Amygdala oder Hippocampus werden mit unserer Emotionalität in Verbindung gebracht. Canavan und Sartory (1990) weisen mit Recht darauf hin, dass sich die menschliche Emotionalität, hirnorganisch gesehen, selbstverständlich nicht nur auf subcorticalem Niveau abspielt, dennoch ist nicht von der Hand zu weisen, dass dieselben Strukturen des limbischen Systems, die mit der Gedächtniskonsolidierung in Verbindung gebracht werden, auch in engem Zusammenhang mit unserer emotionalen Steuerung stehen. Die Vermutung liegt somit nahe, dass gerade die Konsolidierung von Gedächtnisinhalten und damit das Überführung von kurzfristig gespeicherten Informationen ins Langzeitgedächtnis in Verbindung mit der emotionalen Gestimmtheit zu sehen ist. Die alte pädagogische Weisheit, dass eine positive Motivation und Freude am Lernen Lernprozesse positiv beeinflussen, erhält auf diese Weise eine neuropsychologische Bestätigung. Hierzu passt auch die Geschichte, die von einem Psychiater erzählt wird, der einen Korsakow-Patienten behandelt hat. Während eines Gesprächs mit diesem Patienten hielt besagter Psychiater eine Stecknadel zwischen Zeige- und Mittelfinger und stach damit seinen Patienten völlig unvermittelt in die rechte Hand. Beide verloren kein weiteres Wort über diesen Vorgang und verabschiedeten sich. Am nächsten Tag kam der Korsakow-Patient erneut zum Gespräch, erkannte weder den Psychiater noch den Raum wieder, nahm aber, als er den Psychiater sah, die Hand, in die dieser am Vortag gestochen hatte, ruckartig auf den Rücken. Danach befragt, warum er das tue, konnte er keine Erklärung dafür finden und war selbst von seiner Reaktion überrascht. Die einzige Information, die bei diesem Korsakow-Patienten anscheinend ins Langzeitgedächtnis gelangte, war die Emotion Schmerz. Alles andere blieb lediglich im Kurzzeitspeicher und wurde dann wieder vergessen. Die Schlussfolgerung, emotionale Gestimmtheit beeinflusse vor allem das langfristige Behalten, wird durch Untersuchungen von Mishkin und Appenzeller (1990) mit Belohnungsexperimenten bei Affen gestützt. Sie fanden Belege für die Möglichkeit, dass opiathaltige Fasern von der Amygdala zu den Sinnessystemen laufen, wo sie vielleicht eine Wächteraufgabe leisten, indem sie als Antwort auf Gefühlszustände Opiate freisetzen, die Einfluss nehmen auf das, was wahrgenommen und gelernt wird. In seiner Modellvorstellung von der Informationsspeicherung geht Markowitsch (1992) unter anderem von der Annahme aus, dass selbst bei schweren Amnestikern für Ereignisse mit hohem Emotionalgehalt Bruchstücke erfolgreicher Informationsverarbeitung möglich bleiben. Seine Beobachtungen bestätigen damit ebenfalls den Zusammenhang zwischen Emotionalität und Gedächtnisleistung.

5.4 Gedächtnis und Gehirn

Das hirnorganische Korrelat einer gespeicherten Information bezeichnet man als Engramm oder Gedächtnisspur. Hebb (1949) postulierte, dass die interne Repräsentation eines Objektes aus all den Nervenzellen bestehe, die durch den äußeren Reiz aktiviert wurden. Diese gleichzeitig aktivierten Neurone – man spricht auch von einem Neuronenverband – sind reziprok miteinander verschaltet und solange sich die Information im Arbeitsgedächtnis befindet, zirkuliert die Aktivität durch diesen Neuronenverband. Sofern die Aktivierung des Neuronenverbandes lange genug andauert, kommt es zu einer Konsolidierung in Form von Wachstumsprozessen, was die reziproken Verschaltungen effektiver macht. Wenn nun zu einem späteren Zeitpunkt auch nur ein Bruchteil der Zellen des Verbandes aktiviert wird, bewirkt die verstärkte reziproke Verschaltung die Aktivierung des gesamten Neuronenverbandes und die gesamte interne Repräsentation des äußeren Reizes wird abgerufen. Die wichtigen Aussagen bezüglich der Engramme, die in Hebbs Neuronenverbandsmodell enthalten sind, dass erstens die Gedächtnisspur über viele Verbindungen in einem ausgedehnten Neuronenverband verteilt sein kann und zweitens, dass die am Wahrnehmungsprozess beteiligten Neurone auch die Träger der Gedächtnisspur sind, haben, so Bear, Connors & Paradiso (2009), die Entwicklung von Computermodellen zu neuronalen Netzwerken angeregt und sind vor allem mit nur leichten Modifizierungen heute noch gültig. Wenn ein Engramm ausschließlich auf visuellen Informationen beruht, wäre seine Lokalisation nach Hebbs Vorstellung in der Sehrinde zu vermuten, was durch entsprechende Untersuchungen an Affen bestätigt werden konnte.

5.4.1 Deklaratives Gedächtnis und Zwischenhirn

Für die Einspeicherung und Konsolidierung deklarativer Inhalte spielen vor allem Strukturen des limbischen Systems oder des Zwischenhirns sowie Teile des präfrontalen Cortex eine Schlüsselrolle. Zwei Schaltkreise, die wichtige limbische Strukturen einschließen, sind nach Brand und Markowitsch (2006) in diesem Zusammenhang zu beschreiben: der Papez'sche und der basolateral-limbische Schaltkreis (siehe ▶ Abb. 14).

Im Papez'schen Schaltkreis, dem eine besondere Bedeutung für das semantische und episodische Gedächtnis zukommt, zirkulieren die Informationen vom Hippocampus oder der hippocampalen Formation über den Fornix zu den Mammillarkörpern und von da aus über den mammillothalamischen Trakt zu den anterioren Thalamuskernen. Vom Thalamus aus werden die Informationen über die thalamischen Pedunculi zum Cingulum und von dort zur hippocampalen Formation projiziert. Die basolateral-limbische Schleife, die verstärkt mit dem Speichern von persönlich und emotional bedeutsamen Informationen in Verbindung gebracht wird, ist einfacher aufgebaut und die Informationen zirkulieren hier von der Amygdala über den ventralen amygdalofugalen Trakt zum mediodorsalen Thalamus und von dort über den anterioren thalamischen Pendiculus zur Area subcallosa, von wo sie zurück zur Amygdala projiziert werden. Zentrale Struktur im Papez-Kreis ist der Hippocampus und eine entsprechend prominente Rolle nimmt die Amygdala im basolateral-limbischen Schaltkreis ein. Ohne Amygdala kann man zwar neue Fakten wie etwa die Bezeichnung für eine Schlange lernen, nicht aber die Angst vor dieser Schlange. Ohne Hippocampus ist es genau umgekehrt, man lernt die Angst, aber nicht die dazugehörigen Fakten.

Aus Tierversuchen weiß man schon lange, dass der Hippocampus beim Zurechtfinden im Raum unentbehrlich ist. Bestimmte Zellen im Rattengehirn feuern genau dann, wenn sich die Ratte an einem ganz bestimmten Ort in einem Labyrinth befindet, weshalb man solche Zellen auch als Ortszellen bezeichnet. Spitzer (2007) berichtet, dass der Hippocampus auch beim Menschen bei der Orientierung aktiv ist. Er verweist in diesem Zusammenhang darauf, dass bei Londoner Taxifahrern ein etwas vergrößerter Hippocampus gefunden wurde und bringt dies mit der Tatsache in Verbindung, dass gerade im Hippocampus erwachsener Menschen und nur dort Neurone nachwachsen.

Emotionale Inhalte können, so Siebert, Markowitsch und Bartel (2003), im Allgemeinen besser erinnert werden als neutrale. Liest man hirngesunden Personen eine Geschichte vor, die neutral beginnt, einen hoch emotionalen Mittelteil

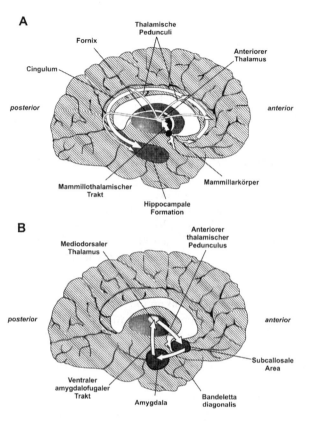

Abb. 14: Der Papez'sche Schaltkreis (A) und der basolateral-limbische Schaltkreis (B) (Brand & Markowitsch 2006, 70)

besitzt und wieder mit einem neutralen Abschnitt endet, und fragt nach einer gewissen Zeit die Erinnerungen an die Geschichte ab, so werden mehr Einzelheiten aus dem emotionalen Mittelteil wiedergegeben als Details vom Beginn oder Schluss der Geschichte. Einspeicherung von emotional besetzten Inhalten scheint mit einer Aktivierung der Amygdala einherzugehen, vor allem, wenn es sich um negative Emotionen wie etwa Angst handelt.

5.4.2 Prozedurales Gedächtnis und Striatum

Eine Reihe von Studien an Ratten und Menschen lassen darauf schließen, dass für das Ausbilden von Gewohnheiten das aus Nucleus caudatus und Putamen bestehende Striatum (siehe ▶ **Abb. 15**) benötigt wird. Krankheiten wie Chorea Huntington oder Morbus Parkinson, die mit dem Absterben oder Degenerieren von Nervenzellen im Striatum einhergehen, betreffen in ganz besonderer Weise die Fähigkeit, eine motorische Reaktion mit einem spezifischen Reiz zu verbinden und damit eine Gewohnheit auszubilden.

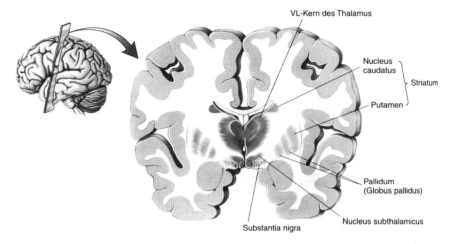

Abb. 15: Lage des Striatums (Bear, Connors & Paradiso 2009, 518)

5.4.3 Neocortex und Arbeitsgedächtnis

Untersuchungen am menschlichen Gehirn mithilfe bildgebender Verfahren verweisen darauf, dass etliche Bereich des präfrontalen Cortex am Arbeitsgedächtnis beteiligt sind. Stellt man z. B. einer Person mit einer Läsion des präfrontalen Cortex die Aufgabe, einen Weg durch ein auf dem Papier aufgezeichnetes Labyrinth zu finden, versteht diese Person zwar die Aufgabenstellung, wird aber immer wieder in die gleichen Sackgassen geraten und kann somit nicht aus ihren jüngsten Erfahrungen lernen. Darüber hinaus scheint es aber auch noch Areale des parietalen und temporalen Cortex zu geben, die nachgewiesenermaßen mit Leistungen des Arbeitsgedächtnisses korrelieren. Diese Bereiche scheinen jedoch in starkem Maße modalitätsspezifisch zu sein.

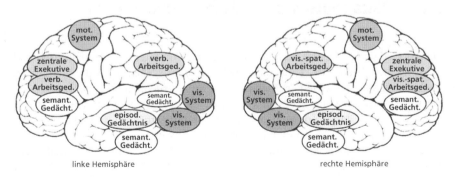

Abb. 16: Schematische Darstellung der funktionellen Neuroanatomie des Neocortex für das semantische und episodische Gedächtnis, das visuelle und motorische System sowie des Arbeitsgedächtnisses (Kiefer 2008, 88)

Wie in ▶ Abb. 16 zu sehen ist, lassen sich auch Bereich des Neocortex identifizieren, die dem semantischen und episodischen Gedächtnis zuzuordnen sind.

5.5 Gedächtnisstörungen

Mit Störungen des Gedächtnisses sind nach Thöne-Otto (2009) vielfältige Einbußen beim Lernen, Behalten und Abrufen gelernter Informationen gemeint, wobei unter Amnesien massive isolierte Verluste des Gedächtnisses und der Lernfähigkeit als Folge bestimmter Krankheiten und Hirnverletzungen zu verstehen sind. Gehirnerschütterungen, chronischer Alkoholismus, Hirnhautentzündung, Hirntumore oder Schlaganfälle können beispielsweise Amnesien hervorrufen.

Ein Gedächtnisverlust nach einem Hirntrauma kann sich grundsätzlich auf zweierlei Art und Weise äußern: als retrograde oder anterograde Amnesie. Bei der retrograden Amnesie werden die Dinge vergessen, die man bereits gewusst hat, also zeitlich vor dem Trauma gespeichert wurden. Meist ist davon nur ein begrenzter Zeitraum betroffen, wohingegen die Erinnerungen aus fernerer Vergangenheit intakt bleiben.

Unter einer anterograden Amnesie versteht man dagegen die Unfähigkeit, nach einem Hirntrauma neue Informationen speichern zu können. In schweren Fällen kann überhaupt nichts Neues mehr gelernt werden, bei leichteren Formen kann das Lernen verlangsamt sein und mehr Wiederholungen erfordern als normalerweise. In der klinischen Praxis finden sich häufig Kombinationen aus retrograder und anterograder Amnesie mit sehr unterschiedlichem Schwergrad.

5.6 Pädagogisch-didaktische Implikationen

Da das Gedächtnis bestehend aus einer Vielzahl von integrierten Strukturen und Prozessen zu denken ist, kann man auch davon ausgehen, dass die vielfältigen Gedächtnissysteme bei jedem Menschen in unterschiedlicher Qualität ausgebildet sind. So ist es zweifelsfrei von Vorteil für einen Lernenden, zu wissen, wie er sich Details und deren Zusammenhänge am besten einprägen und merken kann. Für den einen reicht das einmalige Lesen eines Textes aus, der andere muss sich zusätzlich zentrale Begriffe markieren und einem dritten gelingt das Behalten der Inhalte nur, indem er den Text exzerpiert und so das Neue für sich strukturiert und organisiert. Individuelles Unterrichten und Lehren setzt ebenfalls das Wissen um das individuelle Funktionieren der Gedächtnissysteme von Lernenden voraus, um einerseits diese Eigenheiten der Lernenden beim Anbieten der Lerninhalte zu berücksichtigen und um andererseits auch die Lernenden mit ihrer eigenen Art zu lernen vertraut zu machen.

Bei den paarig zugeordneten Systemen des Langzeitgedächtnisses existiert meist eine hierarchische Ordnung in dem Sinne, dass das eine der beiden das früh entwickelte und damit das einfachere und weniger störanfällige System ist und das andere zu einem späteren Zeitpunkt aus Ersterem heraus entsteht. Bei Leistungsschwächen eines höher entwickelten Systems, das demzufolge komplexer aufgebaut und anfälliger für Störungen ist, lässt der Rückgriff auf das früher entwickelte ein verbessertes Speichern und Abrufen erwarten. Gelingt z. B. die rein sprachliche und damit merkmalsbestimmte Wissensübermittlung nicht, bringt in der Regel das ereignisbestimmte Erfahren des Lerninhaltes den gewünschten Lernerfolg.

Behaltensleistungen lassen sich bekanntermaßen durch den gezielten Einsatz von Gedächtnisstrategien steigern. Solche Strategien, wie beispielsweise das Überlernen durch häufiges Wiederholen, entdecken die meisten Kinder ab einem bestimmten Alter von alleine und setzen sie im Bedarfsfall ein. Geschieht dies nicht eigenständig, müssen Gedächtnisstrategien ausdrücklich gezeigt, erprobt und vermittelt werden.

Brand und Markowitsch (2006) empfehlen zur Gestaltung von auf das lernende Gehirn abgestimmte Lernsituationen das Berücksichtigen von drei grundlegenden Gesichtspunkten:

1. Strukturierung des Lernangebotes
   Die Struktur der Lerninhalte wird z. B. deutlicher erkennbar, wenn der Lehrende zu Beginn einer Lerneinheit einen Überblick über das zu Lernende gibt. Über diese Vororganisation gibt er wichtige Hinweisreize als externe Speicherhilfen, auf die auch beim Abrufen wieder zurückgegriffen werden kann. Darüber hinaus sollte der Lehrende die Lernenden z. B. durch Fragen nach den wichtigsten bisher gelernten Informationen anregen, sich das zu lernende Material selbst zu strukturieren, da ja die Lernenden vermutlich über individuell unterschiedlich effektive Strukturierungsweisen verfügen.
2. Verknüpfungen ermöglichen
   Bei der Darstellung neuer Lerninhalte sollten stets Bezüge zu bereits behandelten Themen, zu Vorwissen oder Nachbardisziplinen hergestellt werden. Durch solche Querverweise entstehen vielfältigere und stabilere Verknüpfungen, wodurch es zu einer Konsolidierung der aufgenommenen Informationen kommt und damit ein längerfristiges Abspeichern und auch der spätere Abruf erleichtert werden. In diesem Zusammenhang kann auch das Quellengedächtnis mit einbezogen werden, indem als weitere zusätzliche Kontextinformation die Herkunft der neuen Inhalte geklärt wird.
3. Persönlichen Bezug herstellen
   Inhalte, bei denen ein persönlicher Bezug hergestellt werden kann, ein eigenes Interesse besteht oder Alltagsrelevanz zu erkennen ist, werden tiefer verarbeitet als solche ohne subjektive Bedeutung. Durch das persönliche Involviertsein werden verstärkt limbische Strukturen und Teile des Stirnhirns angesprochen und aktiviert, was ebenfalls die Konsolidierung der Inhalte unterstützt und die

Speicherung erleichtert. Nicht zu unterschätzen ist in diesem Zusammenhang auch die vom Lehrenden ausgestrahlte Begeisterung für den Lerngegenstand, die auf die Lernenden überspringt und deren Motivation und Interesse verstärkt. Positive Emotionen während des Lernens wirken sich auf unterschiedlichen Hirnebenen hilfreich auf den Erfolg des Lernens aus. Emotionale Kontextinformationen werden leichter eingespeichert und erinnert und aktivieren zusätzlich das sogenannte Belohnungssystem im Gehirn.

In einer förderlichen und auf die Funktionsweise des Gehirns abgestimmten Lernsituation werden relevante Informationen gut strukturiert und eingebettet in einen emotional gefärbten und damit motivierenden Kontext präsentiert.

6 Motivation

Um Lernprozesse zu beschreiben, zu verstehen und vor allem, um sie zu verbessern, greifen Didaktiker und Pädagogen bevorzugt auf das in der kognitiven Psychologie entwickelte Konzept der Informationsverarbeitung zurück. Lehren und Lernen werden dabei lediglich als Wissensübertragung vom Lehrenden zum Lernenden hin verstanden. Der Lehrende bereitet das neue Wissen geschickt auf und instruiert den Lernenden, während dieser die neuen Inhalte aufnimmt, entschlüsselt und beispielsweise durch Verbinden mit Vorwissen verarbeitet und konsolidiert, um sie dann endgültig und möglichst leicht abrufbar im Langzeitgedächtnis abzulegen. Diese Auffassung ist nach Roth (2006a; 2006b) durch zwei neuro- und kognitionspsychologisch gut belegte Behauptungen zu korrigieren und zu erweitern:

1. Wissen kann nicht vom Lehrenden auf den Lernenden übertragen werden, sondern muss vom Lernenden eigenaktiv neu geschaffen werden und benötigt
2. bestimmte emotionale oder motivationale Rahmenbedingungen, die unbewusst ablaufen und deshalb nicht einfach zu beeinflussen sind.

Um diese motivationalen Rahmenbedingungen besser verstehen zu können, scheint es zunächst wichtig zu sein, den Zusammenhang zwischen Emotion und Kognition zu beleuchten, dann die Rolle und Bedeutung entsprechender hirnorganischer Strukturen und Funktionen zu klären, um dann auf dieser Grundlage Lernbedingungen zu beschreiben, die eine günstige Motivationslage beim Lernen ermöglichen und schaffen.

6.1 Emotion und Kognition

Die Tatsache, dass Stimmungen unser Handeln und Erleben beeinflussen kennt jeder aus der eigenen Erfahrung: gut aufgelegt geht uns die Arbeit leicht von der Hand und unsere Arbeitskollegen erscheinen uns in einem freundlichen Licht. In den letzten 20 Jahren erlebte die Forschung zur Interaktion von Emotion und Kognition einen enormen Aufschwung und legte Befunde vor, die den Einfluss von Stimmungen auf Gedächtnisleistungen, auf Informationsverarbeitung und Entscheidungsfindung erhellen.

In der Emotionspsychologie unterscheidet man streng genommen, so Dreisbach (2008), zwischen Emotion, Stimmung oder Affekt und Gefühl, wobei unter Emotionen zentralnervös bedingte Reaktionsmuster mit spezifischen Ursachen zu verstehen sind, die sich auf ein Objekt richten, zeitliche eher begrenzt und nicht unbedingt bewusst sind. Stimmungen oder Affekte geben unserem Erleben eine leichte Tönung, verfügen über keine klaren Ursachen und sind länger andauernd. Gefühle meinen dagegen den bewussten Aspekt des Erlebens von Stimmungen und Emotionen. Häufig wird jedoch der Begriff Emotion als Obergriff benutzt und dem Begriff Kognition gegenübergestellt, so wie das hier und im Folgenden auch geschieht.

6.1.1 Emotion und Gedächtnis

Nach Dreisbach (2008) sprechen zahlreiche Befunde dafür, dass emotional aufgeladene Ereignisse, die den Wahrnehmenden emotional erregen, tiefer verarbeitet und damit besser gemerkt und leichter abgerufen werden können. Hirnphysiologisch spielt in diesem Zusammenhang die Amygdala offensichtlich eine bedeutsame Rolle. Verletzungen dieser Hirnstruktur heben den beschriebenen Speichervorteil für emotionale Inhalte auf oder reduzieren ihn erkennbar. Umgekehrt korreliert der Grad der Amygdala-Aktivierung mit dem Ausmaß der Erinnerungsleistung z. B. nach dem Betrachten emotionaler Filme: je stärker die Aktivierung, umso größer die Erinnerungsleistung.

Emotionen sind aber, so Dreisbach (2008) weiter, keineswegs immer förderlich für das Gedächtnis, sondern extremer Stress kann beispielsweise Behaltensleistungen nachhaltig beeinträchtigen. Beim Wahrnehmen eines Stressors wird als Erstes wiederum die Amygdala aktiviert, die über Hypothalamus und Hypophyse die Ausschüttung des Stresshormons Cortisol durch die Nebennierenrinde auslöst. Bleibt der Stress auf einem niedrigen oder mittleren Niveau, hemmt der Hypothalamus nach einiger Zeit über eine Feedbackschleife die weitere Cortisolausschüttung und die damit verbundene Stressreaktion. Diese leichte bis mittelgradige Aktivierung von Amygdala und Hippocampus führt zu der oben beschriebenen Gedächtnissteigerung. Übersteigt das Stressniveau aber ein bestimmtes Ausmaß, versagt dieser Regulierungsmechanismus und es kommt zu entsprechenden Ausfällen im Hippocampus und analog zu Gedächtniseinbußen. Der Zusammenhang zwischen Cortisol und Gedächtnisleistung wird als ein umgekehrt u-förmiger beschrieben, in dem Sinne, dass ein bestimmtes Maß an Stress und damit verbundener Cortisolausschüttung förderlich für Behaltensleistungen ist, während das Überschreiten dieses Ausmaßes zu entsprechenden Gedächtnisausfällen führt. Unstrittig ist auch, dass traumatische, die eigene Existenz bedrohende Erlebnisse Gedächtnisblockaden und Amnesien nach sich ziehen können, die in manchen Fällen sogar über strukturelle Veränderungen im Hippocampus mess- und feststellbar sind (Fast & Markowitsch 2004).

Darüber hinaus hängt es aber auch noch von der aktuellen Stimmung ab, welche Inhalte besser encodiert, konsolidiert und abgerufen werden. Dreisbach

(2008) verweist als Beleg für diesen Zusammenhang auf Studien, die besagen, dass die aktuelle Stimmung einen Einfluss darauf hat, welche Erinnerungen leichter abrufbar sind. Eine traurige Person erinnert sich vermehrt an traurige Ereignisse, während jemand in freudiger Stimmung vermehrt freudige Kindheitserlebnisse zutage fördert. Dies trifft sich auch mit der klinischen Erfahrung, dass sich depressive Menschen eher an Negatives erinnern, was die Neigung, sich mit negativen Gedanken und Gefühlen zu beschäftigen, verstärkt und dies wiederum die Wahrnehmung negativer Ereignisse bevorzugt und auf diese Weise in einem Art Teufelskreis die Depression aufrechterhalten wird.

6.1.2 Emotion und Informationsverarbeitungsstile

Nach der kritischen Sichtung einer Vielzahl einschlägiger Untersuchungen stellt Dreisbach (2008) fest, dass leichte positive Affekte offensichtlich eine weniger fokussierte und offenere Informationsaufnahme fördern und die kognitive Flexibilität erhöhen. Unter dem Einfluss positiver Affekte lassen sich z. B.

- verbesserte Problemlösestrategien und kreativeres Verhalten,
- eine erhöhte Hilfs- und Spendenbereitschaft, sowie ein verstärkt altruistisches Verhalten,
- größere Bereitschaft, neue Produkte zu kaufen und auszuprobieren oder
- ein verbessertes Verhandlungsgeschick beobachten.

In eigenen Studien konnte Dreisbach (2006) zeigen, dass diese erhöhte kognitive Flexibilität im Zusammenhang mit milden positiven Affekten jedoch zulasten einer größeren Ablenkbarkeit geht.

Hirnorganisch sind diese Auswirkungen positiver Affekte über eine erhöhte Ausschüttung des Neurotransmitters Dopamin vor allem in subcorticalen Bereichen wie Substantia nigra oder ventrales tegmentales Areal vermittelt, was auch als zum Belohnungssystem des Gehirns gehörig betrachtet wird.

Selbstverständlich lassen sich auch Einflüsse negativer Affekte auf die Informationsverarbeitung nachweisen, aber laut Dreisbach (2008) ist hier die Befundlage weitaus heterogener, was schon damit zusammenhänge, dass der negative Affekt an sich bereits ein heterogenes Geschehen darstellt.

6.1.3 Emotion und Entscheidungsverhalten

Im Alltag bemühen sich die meisten Menschen, wichtige Entscheidungen eher nüchtern und sachlich zu treffen und glauben, dass beim Abwägen zwischen Handlungsalternativen Emotionen wenig hilfreich, ja wahrscheinlich sogar hinderlich sind. Wie Studien vor allem von Damásio (1995) nahelegen, scheint es aus neuropsychologischer Sicht jedoch vielmehr so zu sein, dass Emotionen, indem sie die affektiven Konsequenzen einer Handlung vorwegnehmen, rationale Entscheidungen erst ermöglichen.

Damásio (1995) nimmt an, dass das Erleben positiver und negativer Handlungskonsequenzen mit körperlichen Veränderungen wie z. B. feuchten Händen, Herzklopfen, Druckgefühl im Magen usw. einhergeht und diese somatischen Marker zusammen mit der kognitiven Repräsentation des Handlungsergebnisses abgespeichert wird. In vergleichbaren Situationen wird nun nicht nur das frühere Handlungsergebnis aktiviert, sondern auch die entsprechenden körperlichen Marker oder Veränderungen, die dann unsere Entscheidungsfindung leiten. Auf diese Weise sind wir in der Lage, aus negativen Handlungskonsequenzen zu lernen und Entscheidungen zu treffen, die diese möglichst vermeiden. Dies gelingt Patienten mit einer Läsion im ventromedialen präfrontalen Cortex nicht mehr und sie fallen bei intakter kognitiver Leistungsfähigkeit weiterhin durch einen Mangel an Selbstkontrolle, durch emotionale Instabilität, Impulsivität und unangepasstes soziales Verhalten auf. Diese Erkenntnisse haben dazu geführt, dass der ventromediale präfrontale Cortex ebenfalls zum hirnorganischen Belohnungssystem gezählt wird.

6.2 Hirnorganische Korrelate

Diese zum Großteil unbewusst ablaufenden Prozesse der Bedeutungs- und Wissenskonstruktion sind offenbar von vielen Faktoren abhängig. Sie werden von einem hirnorganischen System vermittelt, das lange Zeit keine Rolle im Zusammenhang mit Lernen spielte: das limbische System. Des Weiteren kommt dem Neurotransmitter Dopamin in unterschiedlichen funktionellen Systemen eine wichtige Funktion zu, unter anderem auch im Zusammenhang mit Belohnung und Motivation.

6.2.1 Limbisches System

Das limbische System vermittelt Affekte, Gefühl und Motivation und ist damit für Roth (2006b) der eigentliche Kontrolleur des Lernerfolgs. Folgende Strukturen sind seine wichtigsten Bestandteile:

- Limbische Teile der Großhirnrinde (präfrontaler und orbitofrontaler Cortex, Gyrus cinguli) werden vor allem mit der Handlungs- und Impulskontrolle sowie mit bewussten Emotionen und Motiven in Verbindung gebracht.
- Der Hippocampus gilt als Organisator des deklarativen Wissens und die Amygdala als Vermittlerin vor allem negativer Gefühle wie Angst und Stress, steht aber grundsätzlich mit unserer emotionalen Konditionierung in Verbindung.
- Das mesolimbische System sorgt für Belohnung durch hirneigene Opiate bzw. für das Inaussichtstellen von Belohnung durch das dopaminerge System.
- Eine Reihe von neuromodulatorischen Systemen ist bedeutsam für Aufmerksamkeitssteuerung, Motivation, Interesse und Lernfähigkeit. Der Neuromo-

dulator oder Neurotransmitter Noradrenalin spielt eine wichtige Rolle bei der Steuerung der allgemeinen Aufmerksamkeit, Erregung und bei Stress. Dopamin ist bedeutsam im Zusammenhang mit Antrieb, Neugier und Belohnungserwartung, Serotonin bei Dämpfung, Beruhigung und Wohlgefühl und Acetylcholin im Zusammenhang mit gezielter Aufmerksamkeit und Lernförderung.

Diese Zentren bilden nach Roth (2006b) ein zentrales hirnorganisches System, das alles, was wir erleben, danach bewertet, ob es entweder gut, vorteilhaft oder lustvoll war und deswegen wiederholt werden sollte; oder aber ob es schlecht, nachteilig oder schmerzhaft war und deshalb künftig zu vermeiden ist. All diese Bewertungen werden im unbewusst arbeitenden emotionalen Erfahrungsgedächtnis niedergelegt und das limbische System ist damit in der Lage, zu prüfen, ob eine Situation bereits bekannt ist und welche emotionalen Erfahrungen wir in dieser Situation gemacht haben. Damit steuert es zu jeder Lernsituation die Information bei, ob sich beispielsweise das aufmerksame Zuhören oder das anstrengende Üben lohnt und ist entscheidend am Entstehen und Erleben von Lernerfolgen beteiligt. Bei einem positiven Bewertungsergebnis werden über die genannten spezifischen neuromodulatorischen Systeme Neuronennetzwerke so umgestaltet, dass Wissen entstehen kann.

6.2.2 Belohnungssystem

In einem Tierexperiment wurde von Olds und Milner (1954) die ins Gehirn einer Ratte eingeführte Elektrode fehlplatziert und zwar nicht, wie beabsichtigt, in die Formatio reticularis, sondern in einen mesolimbischen Bereich. Diese Elektrode war mit einem kleinen Hebel verbunden, bei dessen Betätigung sich die Ratte selbst kleine Reizungen dieser Hirnregion zuführen konnte. Als die Ratte diesen Zusammenhang entdeckt hatte, betätigte sie diesen Hebel immer und immer wieder bis zur völligen Erschöpfung. Eine umschreibbare Hirnregion, die »Lust-Region«, deren bloße elektrische Reizung lustvolle Empfindungen hervorrufen konnte, war gefunden. Bald darauf waren auch entgegengesetzt wirkende Hirnregionen im Hypothalamus, der mit Teilen des limbischen Systems eng verbunden ist, entdeckt.

Wie in ▶ Abb. 17 zu sehen ist, besteht das hirnorganische Belohnungssystem vor allem aus drei Subsystemen:

- dem hinter der Stirn liegenden ventromedialen präfrontalen Cortex,
- dem ventralen tegmentalen Areal im Mittelhirn
- und dem Nucleus accumbens im limbischen System.

Der Nucleus accumbens kommt als Schaltstelle des Belohnungssystems eine Schlüsselrolle zu. Die Neurone im ventralen tegmentalen Areal (Areal A10) stimulieren mithilfe des Botenstoffs Dopamin den Nucleus accumbens, dessen Neurone endogene Opioide produzieren und deren Fasern sich weit über den präfrontalen Cortex verzweigen. Werden dort diese vom Gehirn selbst produ-

II Neuropsychologie des Lernens

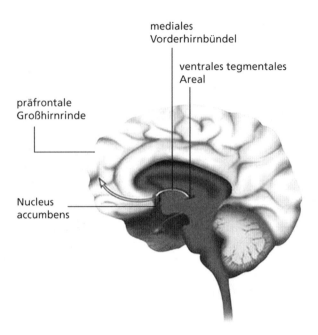

Abb. 17: Hirnorganische Strukturen des Belohnungssystems (www.borderlinezone.org/¬ gehirn/gehirn.htm, zuletzt geprüft am 2.7.2012)

zierten opiathaltigen Stoffe ausgeschüttet, geht das einher mit Freude, Zufriedenheit und Glücksgefühlen.

Dieses Dopamin- oder Belohnungssystem springt, so Spitzer (2007), allerdings nur bei Ereignissen an, die zu einem Resultat führen, dass besser als erwartet ausfällt, und dieser Zusammenhang wird sofort gespeichert. Man könnte also etwas vereinfacht festhalten: Werden die Erwartungen des Organismus, des Gehirns übertroffen, wird gelernt. Für optimales Lernen ist nicht der Absolutwert einer Belohnung bedeutsam, sondern vielmehr deren Unerwartetheit. Mittlerweile ist nachgewiesen, dass dieses Belohnungssystem durch alle möglichen Reize wie etwa ein gutes Essen, Schokolade, Sex, Sport, das Lächeln eines Babys oder aber auch die direkte Zufuhr von Drogen wie Kokain aktiviert werden kann, was uns dazu anspornt, bestimmte Dinge immer wieder zu tun.

Die Freisetzung von Dopamin im Belohnungssystem macht uns euphorisch und neugierig, während ein Dopaminmangel mit Interesse- und Lustlosigkeit, sozialem Rückzug und gedrückter Stimmung einhergeht. Dopamin ist ausschließlich in die Belohnungs- und Motivationsprozesse involviert und an Bestrafung nicht beteiligt. Die gehirneigenen Systeme für Belohnung und Bestrafung sind völlig verschieden.

Dennoch weist Graichen (1993) auf die Besonderheit hin, dass die beiden Zentren oder Systeme offenbar wie im Spiel eines Waagebalken-Systems miteinander verbunden sind, sodass euphorische und depressive Gestimmtheiten einander dynamisch abwechseln. Eine zunächst unlustvoll erlebte Anstrengung in harter Arbeit zieht bei Gelingen und Erfolg eine euphorische Gestimmtheit nach sich, die aber ihrerseits bald wieder erneuter unlustbetonter Anstrengung oder Stress weicht. Das Empfinden von Lust und Unlust scheint nur möglich in einem relational-dynamischen, ausbalancierten Lust-Unlust-System, oder, anders ausgedrückt, im harmonischen Wechsel von Lust und Unlust. Diese Erkenntnis teilt ein schöner durch einen Zaubertrank heraufbeschwörter Knabe dem Schatzgräber im gleichnamigen Gedicht von Johann Wolfgang von Goethe als Lebensweisheit mit: »Tages Arbeit! Abends Gäste! Saure Wochen! Frohe Feste! Sei dein künftig Zauberwort.«

Dysregulationen in diesem ausbalancierten System können entstehen, wenn entweder durch anhaltende Misserfolge der Unlust-Schenkel des Waagebalkensystems ein zu lange andauerndes Übergewicht erhält und das Erleben von Lust stark behindert oder unmöglich macht oder wenn ohne eigene Anstrengung und ohne eigenes Zutun und somit ohne vorheriges Unlusterleben ständig Erfolge und Lusterlebnisse quasi von außen vermittelt oder hergestellt werden. Dies ist laut Graichen (1993) in besonderer Weise und häufig bei Kindern zu beobachten, die unterfordert sind und eher verwöhnt erzogen werden. Wo Aufgaben und Anstrengungen fehlen, kommt es zu keinen selbst verantworteten Erfolgen und damit geht das Erleben von Selbstwirksamkeit verloren. Kinder lernen dann nicht, dass mit Unlust verbundene Anstrengung zum Erfolg und zu Stolz, Freude und Zufriedenheit führt. Die notwendige Dynamik in der Lust-Unlust-Regulation kann sich auf diese Weise nicht entwickeln und es macht sich Langeweile und Entmutigung breit.

Versucht nun der Mensch durch alle möglichen Drogen den Weg zur neuronalen Belohnung abzukürzen oder zu beschleunigen, greift er massiv in die komplexen Mechanismen des Lustsystems ein und die Nervenzellen des Nucleus accumbens, die Dopamin-Rezeptoren auf ihrer Oberfläche tragen, werden schneller, stärker und länger aktiviert und signalisieren dem restlichen Gehirn Belohnung. Dies führt auf Dauer jedoch auch hirnorganisch zu einem fatalen Nebeneffekt. Das Belohnungssystem wird immer seltener zur Eigenproduktion der »Glückshormone« angehalten und verlernt diesen Herstellungsprozess mehr und mehr. Zusätzlich stumpft es gegenüber diesen von außen kommenden Drogen ab und es bedarf einer immer größeren Menge der jeweiligen Substanz, um es wachzurütteln und zu aktivieren. Abhängigkeit entsteht und der Süchtige gerät in die allgemein bekannte zerstörerische Spirale, die gekennzeichnet ist durch den Bedarf an immer größeren Drogenmengen und der stetig zunehmenden Unterordnung aller übrigen Lebensbereiche unter die Drogenbeschaffung.

6.3 Motivationale Rahmenbedingungen von Lernen

Für Spitzer (2007) ist die Frage, wie man Motivation erzeugt, im Grunde eine unsinnige Frage, da wir Menschen aufgrund unseres Belohnungssystems gar nicht anders können als neugierig und motiviert auf die Welt zuzugehen. Jeder Lernerfolg führt zu einem über die körpereigenen »Glücksdrogen« vermittelten Glücksgefühl und somit ist das menschliche Gehirn eigentlich von Natur aus lernsüchtig. Lernen ist immer, so Braun und Meier (2006), mit Emotionen verknüpft, da das limbische System sowohl beim Lernen als auch bei der emotionalen Verhaltenssteuerung eine herausragende Rolle übernimmt. Ein direkter Einfluss der Lehrenden auf die Motiviertheit der Lernenden scheint aus dieser Perspektive eher unwahrscheinlich; vielmehr geht jede Einflussnahme über die Gestaltung günstiger Rahmenbedingungen.

6.3.1 Eigenaktivität

Optische Täuschungen und Konstanzphänomene (Größenkonstanz, Formkonstanz) führen uns vor Augen, dass bereits Wahrnehmen kein unbeteiligtes, objektives Abbilden der Wirklichkeit, sondern ein aktiver Gestaltungsprozess ist. Figuren gleicher Größe oder gleicher Form werden von uns als unterschiedlich wahrgenommen. Bekannte Beispiele hierfür sind die geometrisch-optischen Täuschungen von Müller-Lyer und Titchener (siehe ▶ Abb. 18).

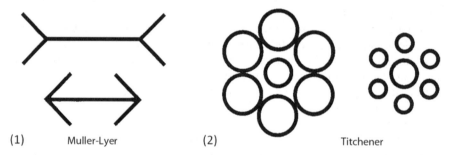

Abb. 18: Geometrisch-optische Täuschungen nach Müller-Lyer (1) und nach Titchener (2)

Bei der Müller-Lyer'schen Täuschung erscheinen die waagrechten Strecken verschieden lang, obwohl sie objektiv gleich sind. In Titcheners Beispiel wirkt der von kleinen Kreisen umgebene Kreis größer als der ihm objektiv gleiche von größeren Kreisen umgebene. Andererseits werden tatsächlich vorhandene Unterschiede von uns als solche nicht wahrgenommen. Wenn wir z.B. an einem runden Teller vorbeilaufen, so wird auf unserem Augenhintergrund eine sich ständig ändernde Ellipse abgebildet. Wir nehmen den Teller jedoch aus jeder Perspektive als rund und sich nicht verändernd wahr. Kohler (1951) setzte seinen Versuchspersonen Umkehrbrillen auf und sie nahmen damit die Welt als auf dem Kopf stehend wahr. Nach wenigen Tagen korrigierte ihr Zentralnervensystem diese aller bisherigen Erfahrung widersprechenden Informationen selbstständig, ohne dass die Versuchspersonen dies hätten verhindern können. Trotz Umkehrbrille sahen die Versuchspersonen die Welt wieder aufrecht. Setzten sie nun die Umkehrbrillen ab, so stand die Welt wieder auf dem Kopf, aber ihr Zentralnervensystem benötigte jetzt nur wenige Minuten, um diese widersinnigen Informationen zu korrigieren.

Diese Eigenaktivität in Wahrnehmungs- und Lernprozessen wird von Szagun (2000) auch in der Sprachentwicklung beobachtet und beschrieben. Zu einem bestimmten Zeitpunkt im Entwicklungsverlauf beachten Kinder beispielsweise nur die betonten Silben. Sie sagen »raff« statt »Giraffe« und erwerben sich damit die Inhaltswörter. Darüber hinaus können ihnen beliebig andere sprachliche Strukturen angeboten werden, sie werden diese nicht beachten, sondern nur die betonten Silben. Erst später achten sie auch auf die unbetonten Silben und erwerben auf diese Weise die grammatikalischen Verbindungen und Endungen. Kinder wählen aktiv die Bestandteile der sie umgebenden Sprache aus, die notwendig sind, um auf die nächste, komplexere Sprachentwicklungsstufe zu gelangen.

Dass die Möglichkeit zur Eigenaktivität ein beachtenswerter Faktor beim Lernen bereits von Säuglingen darstellt, zeigt eindrücklich das Watson-Experiment. Wissenschaftler hängten drei Wochen lang täglich für zehn Minuten Mobiles über die Bettchen von Säuglingen. Gruppe A erhielt ganz gewöhnliche Mobiles, Gruppe B bekam Mobiles, die sich jede Minute für fünf Sekunden drehten und die Mobiles von Gruppe C standen mit in die Kopfkissen eingenähten Drucksensoren in Verbindung, sodass die Säuglinge über ihre Kopfbewegungen die Mobiles in eine Drehbewegung versetzen konnten. Die Säuglinge von Gruppe C lernten in wenigen Tagen, wie sie die Bewegungen der Mobiles beeinflussen konnten und ihr Interesse an diesen Mobiles nahm von Tag zu Tag zu, während die Säuglinge aus den Gruppen A und B mehr und mehr das Interesse an ihren Mobiles verloren. Weiterhin beobachteten die Wissenschaftler, dass die Säuglinge aus Gruppe C mehr lächelten, mehr plauderten und einen lebhafteren Gesichtsausdruck zeigten als die der anderen beiden Gruppen und schlossen daraus, dass die kindliche Neugier am meisten geweckt wird und am längsten erhalten bleibt, wenn sich das Kind aktiv betätigen kann (Largo 2002).

Lernen gelingt vor diesem Hintergrund offensichtlich besonders gut, wenn Pädagogen Lerninhalte anbieten, die die Interessen und Bedürfnisse der Lernenden berücksichtigen und aktives Explorieren ermöglichen. Effektives Lernen kommt nur dann zustande, wenn Lernende auf das Lernangebot neugierig sind, dieses aktiv aufnehmen und in ihren bisherigen Erfahrungs- und Wissensschatz integrieren.

6.3.2 Sinnvolle Reizverarbeitung

Alle über die Sinne einlaufenden Informationen werden von unserem ZNS mittels des limbischen Systems bewertet und entsprechend dieser Bewertung weiterverarbeitet. Es beurteilt sie streng subjektiv z. B. danach, ob sie

- bekannt oder unbekannt,
- häufig oder selten,

- gefährlich oder ungefährlich,
- wichtig oder überflüssig,
- zu den bisherigen Erfahrungen passend oder unpassend sind.

Einige Beispiele sollen diesen Bewertungsvorgang erläutern. Eine Familie bezieht ein neues Haus, das, im Gegensatz zum bisher bewohnten, in der Nähe einer Eisenbahnstrecke liegt. In den ersten Tagen und Wochen lassen die geräuschvoll vorbeifahrenden Züge die ganze Familie immer wieder aufhorchen und die Züge stören empfindlich ihren Schlaf. Bereits nach wenigen Wochen sind die zunächst ungewohnten Zuggeräusche zu einer vertrauten Geräuschkulisse geworden, die nicht mehr bewusst registriert wird. Die Fahrgeräusche der Züge werden vom Gehirn aufgrund eines entsprechenden Lernprozesses (Habituierung) als häufig wiederkehrend und unbedeutend interpretiert und, ohne dass sie ins Bewusstsein vordringen, verarbeitet. Ebenso lernt ein Kind häufig wiederkehrende Ermahnungen und Tadel, die ohne pädagogische Konsequenzen bleiben, als unbedeutend und nicht beachtenswert zu interpretieren.

Im vorigen Kapitel wurde bereits auf die Konstanzphänomene im Wahrnehmungsprozess hingewiesen, die eine eigenaktive, an der Sinnhaftigkeit orientierte Wahrnehmung belegen. Als weiteres Beispiel kann neben der Formkonstanz auch die Größenkonstanz angeführt werden. So wird ein Erwachsener als Erwachsener und ein Kind als Kind wahrgenommen, obwohl aufgrund ihrer unterschiedlichen Entfernung zum Beobachter deren Abbildung auf dem Augenhintergrund gleich groß ist.

Das Interpretieren von Reizen nach ihrer Gefährlichkeit oder Ungefährlichkeit lässt sich leicht mithilfe des von Ayres (1979; 2002) beschriebenen Syndroms der taktilen Abwehr darstellen. Danach besteht unser taktiles Wahrnehmungs- und Verarbeitungssystem aus zwei Teilsystemen: einem primitiveren Schutzsystem, das die Unversehrtheit des Körpers sichern soll, und einem Diskriminations- und Formwahrnehmungssystem, mit dem wir unterschiedliche taktile Qualitäten erkennen können. Vom taktil abwehrenden System wird alles, was auf eine kleine Fläche unseres Körpers mit hohem Druck auftrifft (z.B. ein spitzer Gegenstand), als gefährlich bewertet und mit reflexartiger Abwehr oder mit Rückzug beantwortet. Großflächige und mit leichtem bis mittlerem Druck auftreffende taktile Reize werden dagegen als eher ungefährlich empfunden und ein schnelles Rückzugs- oder Abwehrverhalten ist nicht erforderlich.

Die Reizinterpretation anhand des Kriteriums »bekannt – unbekannt« ist uns aus Situationen vertraut, wo der aktuelle visuelle Eindruck mit dem bisher gespeicherten nicht mehr übereinstimmt. Wir stehen z.B. einem alten Bekannten gegenüber und sind bei seinem Anblick irritiert. Nach einiger Zeit wird uns dann bewusst, dass dieser Bekannte im Gegensatz zu früher keine Brille oder keinen Bart mehr trägt. Diese Dissonanz macht unruhig und veranlasst, solange zu suchen, bis der Grund für die Irritation gefunden ist.

In allen beschriebenen Bewertungsprozessen könnte man zusammenfassend eine ständige Überprüfung und Beurteilung der einlaufenden Informationen nach ihrer Sinnhaftigkeit sehen. Auch die im vorangegangenen Kapitel beschriebenen Versuche von Kohler (1951) mit den Umkehrbrillen sind ein eindrucksvolles Beispiel für diese eigenständige und eigenaktive Sinnkonstruktion. Das Gehirn der Versuchspersonen korrigierte die widersinnigen, ständig auf dem Kopf stehenden, visuellen Bilder, ohne dass dies von einer Versuchsperson hätte verhindert werden können. Informationen, die offensichtlich sinnlos sind, werden ohne unser Zutun und ohne Möglichkeit, es zu verhindern, so lange verarbeitet, bis sie uns als sinnvoll erscheinen. Im Rorschachtest wird dieses Phänomen für persönlichkeitsdiagnostische Zwecke genutzt. Nach kürzester Zeit sieht jede Versuchsperson in den sinnlosen, zufällig entstandenen Tintenklecksen irgendwelche sinnhaften Figuren und Formen.

Ein entsprechendes Phänomen im Bereich kognitiver Verarbeitungsstrategien beschreibt Festinger (1957) in seiner Dissonanztheorie. Zwei dissonante oder widersinnige kognitive Elemente erzeugen eine Art kognitiver Spannung, und es entsteht ein Druck, diese Dissonanz möglichst schnell aufzulösen. Die Reduktion der Dissonanz kann eintreten durch Einstellungs- oder Verhaltensänderung oder durch Einführen eines neuen kognitiven Elements. Ein kognitives Element ist eine einzelne Wissenseinheit, eine einzelne Überzeugung oder ein Urteil einer Person über ein Objekt, eine andere Person oder über sich selbst. Wir sind uns in diesen Fällen selbst ausgeliefert und können unser Wahrnehmen und Denken nicht bis ins Letzte bewusst kontrollieren.

Höchstens ein Prozent der von unseren Sinnen aufgenommenen Informationen wird nach v. Ditfurth (1980) ins Gehirn weitergeleitet. Für die Informationsfülle von 200 Millionen Bit, die wir über unsere Augen in jeder Sekunde aufnehmen können, stehen in den Sehnerven nur noch zwei Millionen Leitungsfasern zur Verfügung. Was an das Gehirn weitergeleitet wird, ist also keineswegs die wahrheitsgetreue Abbildung der Realität, sondern das Ergebnis einer komplizierten Verrechnungsarbeit, bei der die Informationen von sehr vielen Rezeptoren zusammengefasst und integriert werden müssen. Die Informationen aus allen Sinnessystemen werden in unserer Großhirnrinde von nur etwa zehn Milliarden Nervenzellen entgegengenommen und weiterverarbeitet. Vom Ergebnis dieses gigantischen Integrationsprozesses können nur noch 10 Bit pro Sekunde in unser Bewusstsein gelangen. Auf dem Weg von den Sinnesorganen hin zum Gehirn muss demzufolge ständig auf sinnvolle Weise ausgewählt und zusammengefasst werden. Um diese ständige Interpretation und Auswahl von Reizen leisten zu können, werden Kriterien benötigt, die z. B. über Verhaltensoberprogramme zur Verfügung stehen.

Auch im Bereich von Lernen und Gedächtnis verbessert Sinnhaftigkeit unsere Leistungsfähigkeit, wie Ljublinskaja (1988) berichtet. Nach ihren Untersuchungen nimmt beim Einprägen von sinnvollem im Gegensatz zu sinnlosem Material der Umfang des eingeprägten Materials um das Fünf- bis Achtfache zu, die Behaltensdauer wird länger und die Genauigkeit und Vollständigkeit der Reproduktion verbessert sich signifikant.

Motivation als Ausgangspunkt für Lernprozesse scheint somit vor allem dann zu entstehen, wenn neue Lerninhalte in bereits vorhandene Sinnzusammenhänge eingebettet werden können, wenn der Lernende weiß, warum bestimmte Inhalte beispielsweise auch nur auf eine ganz bestimmte Art und Weise zu lernen sind.

6.3.3 Motivation der Lehrenden

Emotions- und Neuropsychologen haben, so Roth (2003), festgestellt, dass zu Beginn eines Gesprächs oder einer anderweitigen Begegnung innerhalb weniger Sekunden und völlig unbewusst über eine Analyse der Körpersprache die Glaubhaftigkeit des Partners eingeschätzt wird. An dieser Analyse der Augen- und Mundstellung, der Prosodie und der Körperhaltung sind Hirnareale beteiligt, die bereits mit der emotionalen Verhaltenssteuerung, der affektiven Tönung von Informationen und dem Belohnungssystem in Verbindung gebracht werden wie Amygdala und orbitofrontaler Cortex.

Auf das Lernen und die Lehrer-Schüler-Begegnung übertragen hieße dies, Schüler stellen schnell und zunächst unbewusst fest, in wieweit ihre Lehrkraft selbst motiviert und von der Bedeutsamkeit der Lerninhalte überzeugt ist, den Stoff sicher beherrscht und sich mit dem Vorgetragenen identifiziert. Die Begeisterung für das eigene Unterrichtsfach und seinen Lerngegenstand sowie das ernsthafte Bedürfnis, den Schülern etwas vermitteln zu wollen, wäre als eine wichtige Bedingung für Begeisterung, Neugierde und Motivation der Schüler anzusehen. Für Roth (2006b) sind in vielen Jahren des Lehrerdaseins ermüdete und unmotivierte Lehrer eine Aufforderung an die Gehirne der Schüler, wegzuhören.

6.3.4 Allgemeine Lernbereitschaft

Das Gehirn hat für viele Situationen eine Belohnungserwartung entwickelt, die dann aktuell erfüllt oder enttäuscht werden kann. Diese neuen positiven oder negativen Erfahrungen werden wiederum in die jeweilige Belohnungserwartung integriert und verändern diese möglicherweise. Aufgrund vorliegender, gespeicherter Erfahrungen prüft das Belohnungssystem in jeder Situation, ob die geforderten Verhaltensweisen eine Belohnung versprechen, ob eine realistische Chance zur erfolgreichen Situations- und Aufgabenbewältigung vorhanden ist. Gemäß dieser Belohnungserwartung wird die Aufmerksamkeit gesteuert und die Ausschüttung lernfördernder Botenstoffe wie Dopamin oder Acetylcholin geregelt. Dadurch stellt sich eine entsprechende grundlegende und allgemeine Lernbereitschaft ein.

Machen Kinder sehr früh und wiederholt die Erfahrung, dass Lernen zwar mit Anstrengung verbunden ist, sich diese Anstrengung aber wegen des erfreulichen Lernerfolges lohnt, werden sie sich hoffnungsvoll und lernbereit auf neue Lernsituationen einlassen und diese als lustvolle Herausforderung erleben, als eine weitere Möglichkeit, um auf sich selbst stolz sein zu können.

6.3.5 Stress

Leichter moderater Stress wird, so Spitzer (2007), generell als anregend und somit als leistungs- und lernfördernd betrachtet, da hierbei im Gehirn der Neuromodulator Noradrenalin ausgeschüttet wird, der in geringer Konzentration das

Gehirn aufnahmebereiter macht. Deswegen ist es beim Lernen nicht von Vorteil, wenn die Situation völlig entspannt, lustig und anforderungsfrei gestaltet wird und es völlig gleichgültig ist, ob ein gegebenes Ziel erreicht, die Aufgabe bewältigt wird oder nicht. Unter solchen Bedingungen entsteht kaum eine Motivation, sich anzustrengen. Existiert jedoch ein gewisser Erfolgsdruck, unabhängig davon, woher er kommt, verbunden mit der begründeten Erwartung, erfolgreich sein zu können, entwickeln sich günstige motivationale Bedingungen, die wiederum die Chancen für einen Lernerfolg signifikant erhöhen.

Starker Stress, möglicherweise sogar verbunden mit Versagensängsten oder dem Gefühl, bedroht zu sein, engt bereits die Aufnahmefähigkeit ein, hemmt den Lernprozess und reduziert damit die Erfolgschancen. Chronischer Stress schädigt nachgewiesenermaßen die Neurone des für Lernen und Behalten bedeutsamen Hippocampus und führt langfristig sogar zu ihrem Absterben.

6.3.6 Zusammenfassung

Interesse und Motiviertheit drücken sich hirnorganisch im Aktiviertheitsgrad des noradrenergen, des dopaminergen und des cholinergen Systems aus. Das noradrenerge System erhöht die allgemeine Aufmerksamkeit und lässt einen leichten Erwartungsstress entstehen, das dopaminerge steigert die Neugier und die Belohnungserwartung und das cholinerge fördert die gezielte Aufmerksamkeit und Konzentration. Auf diese Weise wird der gesamte Neocortex, aber vor allem der Hippocampus, bereit zum Lernen und die Verankerung von Wissensinhalten im Langzeitgedächtnis wird gefördert. Entsprechend korreliert die Gedächtnis- und Lernleistung positiv mit der Stärke des emotionalen Zustandes eines Lernenden, was dieser als Interesse, Begeisterung und Gefesseltsein erlebt und empfindet.

Dieser Zustand des Motiviertseins zum Lernen kann jedoch nicht beliebig von außen hergestellt werden, sondern er ist einerseits als grundlegende Funktionsweise des Gehirns immer und bei jedem – selbstverständlich in unterschiedlichem Ausmaß – vorhanden und braucht andererseits gewisse innere und äußere Rahmenbedingungen, um sich entfalten und entwickeln zu können.

7 Abschließende Anmerkungen

Ausgehend von ihren aktuellen Forschungsergebnissen formulieren Neurowissenschaftler häufig Konsequenzen für das Lernen in und außerhalb der Schule. Ein solches Vorgehen erscheint durchaus als gewagt, zumal diesen pädagogisch-didaktischen Ratschlägen aus hirnorganischer Perspektive in der Regel der entsprechende fachlich-pädagogische Hintergrund fehlt. Aber auch Pädagogen oder Schulpädagogen interpretieren neurowissenschaftliche Befunde für schulische Lernprozesse und kreieren auf diese Weise wie z. B. Arnold (2006) oder Herrmann (2006c) eine Neurodidaktik. Bei der Formulierung der zwölf neurodidaktischen Lehr-Lern-Prinzipien bezieht sich Arnold (2006) auf die Ausführungen von Caine und Caine (1994):

1. Prinzip: Lernen ist ein physiologischer Vorgang.
   Schüler lernen effektiver, wenn sie Erfahrungen machen können, die in vielfältiger Weise ihre Sinne ansprechen.
2. Prinzip: Das Gehirn ist sozial.
   Lernprozesse sollten in soziale Interaktionen eingebettet sein.
3. Prinzip: Die Suche nach dem Sinn ist angeboren.
   Lernen wird erleichtert, wenn die Interessen und Bedürfnisse der Lernenden bei der Gestaltung der Lernsituation berücksichtigt werden.
4. Prinzip: Sinnsuche geschieht durch die Bildung (neuronaler) Muster.
   Lernprozesse werden verstärkt, wenn neue Muster oder Lerninhalte mit Vorwissen verbunden werden können.
5. Prinzip: Emotionen sind wichtig für die Musterbildung.
   Lernen wird effektiver, wenn neue Informationen und Erfahrungen von positiven Emotionen begleitet werden.
6. Prinzip: Das Gehirn verarbeitet Informationen gleichzeitig in Teilen und als Ganzes.
   Lernen gelingt besser, wenn ein Verständnis vom Ganzen vermittelt wird, das die Details sinnvoll und nachvollziehbar miteinander verbindet.
7. Prinzip: Lernen erfolgt sowohl durch gerichtete Aufmerksamkeit als auch durch periphere Wahrnehmung.
   Schüler lernen immer dann besser, wenn ihre Aufmerksamkeit vertieft wird und Ablenkung vermieden wird.
8. Prinzip: Lernen geschieht sowohl bewusst als auch unbewusst.
   Lernprozesse gelingen eher, wenn Lernende ihr eigenes Lernen reflektieren können.

9. Lernprinzip: Es gibt mindestens zwei Arten von Gedächtnis. Die eine ist die Speicherung und Archivierung von isolierten Fakten, Fertigkeiten und Abläufen, die andere ist die gleichzeitige Aktivierung vielfältiger Systeme, um Erfahrungen sinnvoll zu verarbeiten.
Lernen sollte so gestalten sein, dass durch vielfältige Verknüpfungen von Informationen und Erfahrungen auch zahlreiche Erinnerungswege möglich werden.
10. Prinzip: Lernen ist entwicklungsabhängig.
Lernen wird erleichtert, wenn die individuellen Voraussetzungen der Lernenden bezüglich Entwicklung, Reife, Kenntnisstand und bereits vorhandener Kompetenzen berücksichtigt werden.
11. Prinzip: Komplexes Lernen wird durch Herausforderungen gefördert, durch Angst und Bedrohung verhindert, was von Hilflosigkeit und Erschöpfung begleitet ist.
Schüler lernen effektiver in einer unterstützenden, herausfordernden und motivierenden Lernumgebung.
12. Jedes Gehirn ist einzigartig.
Lernprozesse werden befördert, indem die einzigartigen Talente, Fähigkeiten und Fertigkeiten der Lernenden angesprochen werden.

Zusammenfassend benennt Arnold (2006) drei fundamentale Bestandteile für das »brain-based learning and teaching«, die angeblich die Grundlage pädagogischer Professionalität ausmachen. Es sind dies eine entspannte Aufmerksamkeit, eine geordnete Vertiefung in komplexe Erfahrungen und die aktive Verarbeitung von Erfahrungen.

Auch der Präsident des Deutschen Lehrerverbandes Josef Kraus (2006) zieht aus seiner Kenntnis von Struktur und Funktion des Gehirns pädagogische Konsequenzen und macht konkrete Ratschläge für die Optimierung von Unterricht und Lernen:

1. Unterricht muss in hohem Maße aktivierend sein.
2. Unterricht und Lernen müssen mehrkanalig sein.
3. Übung macht den Meister.
4. Lernen braucht Entspannung.
5. Unterricht und Lernen müssen die Aufmerksamkeit der Kinder provozieren.
6. Lernen muss die Emotion ansprechen.
7. Neugier fördert das Lernen.
8. Bewegung fördert die Gehirnentwicklung.

Erfahrene Lehrkräfte, Pädagogen, Didaktiker werden all diesen Prinzipien, Ratschlägen und Konsequenzen aus vollem Herzen zustimmen, gleichwohl aber darauf hinweisen, dass diese für sie nun nicht wirklich neu sind, sondern alte »Weisheiten« pädagogischer und didaktischer Klassiker darstellen. Zudem bedürfen sie aufgrund ihrer doch sehr abstrakten und allgemein gehaltenen Formulierung einer fachkundigen Interpretation und Umsetzung in die pädagogische Praxis.

Umso mehr erstaunt es, dass Fortbildungsveranstaltungen und Vorträge rund um das Thema »Gehirn und Lernen« offensichtlich in der Lehrerschaft große Begeisterung auslösen und Erziehungswissenschaftler auf der Suche nach neuen Erkenntnissen die Neuropädagogik und Neurodidaktik finden. Auch ist nur schwer zu verstehen, dass Schüler und Eltern immer wieder über Unterricht und Erziehung klagen, die all diese wohl vertrauten und seit Langem bekannten pädagogischen und didaktischen Prinzipien und Strategien sträflich missachten. Unzufriedenheit mit der geübten pädagogischen und vor allem schulischen Praxis, Überschätzung der naturwissenschaftlichen Erkenntnisse als harte Fakten und überzogene Hoffnungen auf dringend notwendige Reformen im Bildungssystem mögen sich hier wohl treffen und entsprechend für Antrieb und Motivation sorgen.

Dennoch hat die Pädagogik, wie Speck (2008) es formuliert, allen Grund, sich für das menschliche Gehirn zu interessieren, laufen doch hier all die physiologischen Prozesse ab, die Lernen zugrunde liegen. »Diese abzuklären, bedeutet für einen Pädagogen nicht, sich das ganze Wissen über die Differenziertheit und Komplexität dieses Organs anzueignen oder gar ein Mini-Neurologe zu werden. Vielmehr bedeutet es, sich darüber klar zu werden, worin Lernstörungen und -schwächen begründet sein können, und wo Chancen für das Lernen liegen bzw. wie diese umgesetzt werden können« (Speck 2008, 11 f.). Darüber hinaus werden auch begründete und berechtigte Erwartungen an ein Zusammendenken hirnorganischer und pädagogisch-psychologischer Befunde geknüpft. Stern (2006), die den Gewinn, den Psychologie und Didaktik aus der Hirnforschung ziehen können, als durchaus bescheiden einschätzt, ist dennoch davon überzeugt, dass die Zusammenführung psychologischer und neurowissenschaftlicher Befunde zur Entwicklung integrativer Theorien des Denkens und Verhaltens führen wird. Und auch Speck (2008) lässt sich in die Reihe der Optimisten einreihen, wenn er darauf hinweist, dass viele pädagogisch-psychologische Erkenntnisse, die bisher lediglich durch Beobachten gewonnen werden konnten, nun durch neurowissenschaftliche Erkenntnisse objektiviert und besser verstanden werden. Die Erwartungen der Heilpädagogik an die Hirnforschung sind seiner Meinung nach folgende: »Die Heil- oder Behindertenpädagogik ist im Besonderen an einer näheren Klärung dessen interessiert, was bisher mehr allgemein unter der Kategorie ›Hirnschädigung‹ (Cerebralschäden) subsummiert wurde, und zwar bezogen auf motorische, sensorische, sprachliche, kommunikative, emotionale und mentale Funktionen. Sie erhofft sich von differenzierteren hirnorganischen Befunden mehr diagnostische Aussagekraft und dadurch ein verbessertes Verstehen dieser Kinder, z. B. bei dem immer häufiger beobachteten Aufmerksamkeits- und Hyperaktivitätssyndrom (ADHS) oder bei Kindern mit Autismus« (Speck 2008, 11 f.).

Literatur

Affolter, F. (2006): Wahrnehmung, Wirklichkeit und Sprache. Villingen-Schwenningen: Neckar-Verlag.
Arnold, M. (2006): Brain-based Learning and Teaching – Prinzipien und Elemente. In: U. Herrmann (Hrsg.): Neurodidaktik. Grundlagen und Vorschläge für gehirngerechtes Lehren und Lernen. Weinheim: Beltz, 145–158.
Asimov, I. (1988): Doktor Schapirows Gehirn. Phantastische Reise in das Zentrum des Ichs. Bergisch-Gladbach: Bastei-Lübbe.
Ayres, A. J. (1979): Lernstörungen. Sensorisch-integrative Dysfunktion. Berlin: Springer.
Ayres, A. J. (2002): Bausteine der kindlichen Entwicklung. Berlin: Springer.
Baddeley, A. D. & Hitch, G. C. (1974): Working memory. In: G. H. Bower (Hrsg.): The Psychology of Learning and Motivation: Advances in Research and Theory, VIII. New York: Academic Press, 47–89.
Bauer, J. (2005): Warum ich fühle, was du fühlst. Intuitive Kommunikation und das Geheimnis der Spiegelneuronen. Hamburg: Hoffmann und Campe.
Bauer, J. (2006): Spiegelneurone. Nervenzellen für das intuitive Verstehen sowie für Lehren und Lernen. In: R. Caspary (Hrsg.): Lernen und Gehirn. Der Weg zu einer neuen Pädagogik. 2. Aufl., Freiburg im Breisgau: Herder, 36–53.
Bear, M. F., Connors, B. W. & Paradiso, M. A. (2009): Neurowissenschaften. Ein grundlegendes Lehrbuch für Biologie, Medizin und Psychologie. 3. Aufl., Heidelberg: Spektrum Akademischer Verlag.
Beaumont, J. G. (1999): Einführung in die Neuropsychologie. 2. Aufl., Weinheim: Beltz.
Berger, E. (1986): Teilleistungsschwächen. In: W. Spiel (Hrsg.): Psychologie und Erziehung. Hilfen bei Entwicklungsstörungen (Bd. 1). Weinheim: Beltz, 121–152.
Berger, E. (2010): Neuropsychologische Grundlagen kindlicher Entwicklung. Wien: Böhlau.
Berti, S. (2010): Arbeitsgedächtnis: Vergangenheit, Gegenwart und Zukunft eines theoretischen Konstruktes. In: Psychologische Rundschau 61, 3–9.
Birbaumer, N. & Schmidt, R. F. (2010): Biologische Psychologie. Berlin: Springer.
Bradshaw, R. J. M., Hayes, P. J. & Ford, K. M. (2003): The borg hypothesis. In: IEEE Intelligent systems 18, 5, 73–75.
Brand, I., Breitenbach, E. & Maisel, V. (1997): Integrationsstörungen. Diagnose und Therapie im Erstunterricht. Würzburg: edition bentheim.
Brand, M. & Markowitsch, H. (2006): Lernen und Gedächtnis aus neurowissenschaftlicher Perspektive. In: U. Herrmann (Hrsg.): Neurodidaktik. Grundlagen und Vorschläge für gehirngerechtes Lehren und Lernen. Weinheim: Beltz, 60–76.
Braun, A. K. & Meier M. (2006): Wie Gehirne laufen lernen oder: »Früh übt sich, wer ein Meister werden will!« Überlegungen zu einer interdisziplinären Forschungsrichtung »Neuropädagogik«. In: U. Herrmann (Hrsg.): Neurodidaktik. Grundlagen und Vorschläge für gehirngerechtes Lehren und Lernen. Weinheim: Beltz, 97–110.
Breitenbach, E. (1992): Unterricht in Diagnose- und Förderklassen. Neuropsychologische Aspekte schulischen Lernens. Bad Heilbrunn: Klinkhardt.
Breitenbach, E. (2003): Förderdiagnostik. Theoretische Grundlagen und Konsequenzen für die Praxis. Würzburg: edition bentheim.
Breitenbach, E. (2005): Aufmerksamkeitsstörungen – therapeutische und pädagogische Maßnahmen. In: S. Ellinger & M. Wittrock (Hrsg.): Sonderpädagogik in der Regelschule. Stuttgart: Kohlhammer, 109–120.

Breitenbach, E. & Jaroschek, E. (1995): Tolpatschig und ungeschickt – kindliche Dyspraxien. Würzburg: edition bentheim.
Broca, P. (1861): Remarques sur le siège de la faculté du langage articulé. In: Bulletin of the society of anatomy 6, 330–357.
Bryant, J. C. & Gibson, S. (1985): Bewegungsplanung (Praxie), Bewegungsimpulsivität und Aufmerksamkeit bei Kindern im Kindergartenalter. In: Motorik 8, 51–57.
Caine, R. & Caine, G. (1994): Making connections. Teaching and the human brain. Boston: Addisson Weseley.
Canavan, A. & Sartory, G. (1990): Klinische Neuropsychologie. Stuttgart: Thieme.
Caspary, R. (2006): Dopamindusche im Klassenzimmer. In: R. Caspary (Hrsg.): Lernen und Gehirn. Der Weg zu einer neuen Pädagogik. 2. Aufl., Freiburg im Breisgau: Herder, 7–11.
Damásio, A. R. (1995): Descartes' Irrtum. Fühlen, Denken und das menschliche Gehirn. München: Paul List.
Dietl, B. & Kassel, H. (1993): Diagnostik von Teilleistungsstörungen. Neuropsychologisch-psycholinguistisch orientierte Diagnose und Therapie von Lese-Rechtschreibschwächen. In: Zeitschrift für Heilpädagogik 44, 297–316.
Ditfurth, H. von (1980): Der Geist fiel nicht vom Himmel. Die Evolution unseres Bewusstseins. München: dtv.
Dreisbach, G. (2006): How positive affect modulates cognitive control: The costs and benefits of reduced maintenance capability. In: Brain & Cognition 30, 343–353.
Dreisbach, G. (2008): Wie Stimmungen unser Denken beeinflussen. In: Report Psychologie 33, 289–298.
Dudai, Y. (2004): The neurobiology of consolidations, or how stable is the engram? In: Annual Review of Psychology 55, 51–86.
Fast, K. & Markowitsch, H. (2004): Neuropsychologie des posttraumatischen Stresssyndroms. In: S. Lautenbacher & S. Gauggel (Hrsg.): Neuropsychologie psychischer Störungen. Berlin: Springer, 223–248.
Feldkamp, M. (1982): Sensorische Integrationsstörungen im Kindesalter. Dortmund: Modernes Lernen.
Festinger, L. (1957): A theory of cognitive dissonance. Stanford: University Press.
Fritz, A., Hussy, W. & Bartels, S. (1997): Ein spielbasiertes Training zur Verbesserung der Planungsfähigkeit bei Kindern. In: Psychologie in Erziehung und Unterricht 44, 110–124.
Frostig, M., Maslow, P., Lefever, D. W. & Whittlesley, J. R. B. (1964): The Marianne Frostig developmental test of visual perception. In: Perceptual and Motor skills 19, 463–499.
Frotscher, M., Mansfeld, B. & Wenzel, J. (1975): Umweltbedingte Differenzierung der Dendritenspines an Pyramidenneuronen des Hippocampus (CA 1) der Ratte. In: Jahrbuch der Hirnforschung 16, 443–450.
Geschwind, N. (1974): Selected papers on language and brain. Boston: D. Reidel Publishing Company.
Goldenberg, G. (2009): Apraxie. In: W. Sturm, M. Herrmann & T. Münte (Hrsg.): Lehrbuch der klinischen Neuropsychologie. Heidelberg: Spektrum Akademischer Verlag, 546–557.
Graichen, J. (1973): Teilleistungsschwächen, dargestellt an Beispielen aus dem Bereich der Sprachbenutzung. In: Zeitschrift für Kinder- und Jugendpsychiatrie 1, 113–143.
Graichen, J. (1979): Zum Begriff der Teilleistungsstörungen. In: R. Lempp (Hrsg.): Teilleistungsstörungen im Kindesalter. Bern: Huber, 43–62.
Graichen, J. (1988): Neuropsychologische Aspekte von Bewegung und Sprache. In: T. Irmscher (Hrsg.): Bewegung und Sprache. Schorndorf: Hofmann, 23–44.
Graichen, J. (1989a): Neuropsychologische Perspektiven. In: M. Grohnfeldt (Hrsg.): Grundlagen der Sprachtherapie. Berlin: Spiess, 113–132.
Graichen, J. (1989b): Neuropsychologische Sichtweisen in der Pädagogik. In: Landesverband Baden-Württemberg im Bund Deutscher Taubstummenlehrer (Hrsg.): Nur hörgeschädigt? Heidelberg: Julius Groos, 25–45.

Graichen, J. (1990): Störungen von Gedächtnisprozessen bei Sprachbehinderten aus neuropsychologischer Sicht. In: I. Frühwirth & F. Meixner (Hrsg.): Sprache und Lernen-Lernen und Sprache. Wien: Jugend und Volk, 28–42.
Graichen J. (1993): Die Steuerung des Verhaltens aus neuropsychologischer Sicht. In: Deutsche Gesellschaft für Sprachheilpädagogik e. V. – Landesgruppe Bayern (Hrsg.): Sprache – Verhalten – Lernen. Rimpar: Edition von Freisleben, 335–414.
Hadders-Algra, M., Touwen, B. & Huisjes, H. (1986): Neurologically deviant newborns: neurological and behavioural development at age of six years. In: Developmental Medicine and Child Neurology 28, 569–578.
Hadders-Algra, M., Huisjes, H. J. & Touwen, B. (1988): Perinatal correlates of major and minor neurological dysfunction at school age: a multivariate analysis. In: Developmental Medicine and Child Neurology 30, 472–481.
Hebb, D. O. (1949): The organization of behaviour: A neuropsychological theory. New York: Wiley.
Heilmann, K. M. & Sypert, G. W. (1977) Korsakoff's syndrome resulting from bilateral fornix lesions. In: Neurology 27, 490–493.
Herrmann, U. (2006a): Lernen findet im Gehirn statt. Die Herausforderungen der Pädagogik durch die Gehirnforschung. In: R. Caspary (Hrsg.): Lernen und Gehirn. Der Weg zu einer neuen Pädagogik. 2. Aufl., Freiburg im Breisgau: Herder, 85–98.
Herrmann, U. (2006b): Revision schulisch organisierten Lehrens und Lernens. Aspekte und Chancen einer gemeinsamen interdisziplinären Erfolgsgeschichte. In: U. Herrmann (Hrsg.): Neurodidaktik. Grundlagen und Vorschläge für gehirngerechtes Lehren und Lernen. Weinheim: Beltz, 111–144.
Herrmann, U. (2006c): Gehirngerechtes Lernen: Gehirnforschung und Pädagogik auf dem Weg zur Neurodidaktik? In: U. Herrmann (Hrsg.): Neurodidaktik. Grundlagen und Vorschläge für gehirngerechtes Lehren und Lernen. Weinheim: Beltz, 8–15.
Hoppe, K. D. (1977): Split Brains and Psychoanalysis. In: The Psychoanalytic Quarterly 46, 220–224.
Hüther, G. (2006): Wie lernen Kinder? Voraussetzungen für gelingende Bildungsprozesse aus neurobiologischer Sicht. In: R. Caspary (Hrsg.): Lernen und Gehirn. Der Weg zu einer neuen Pädagogik. 2. Aufl. Freiburg im Breisgau: Herder, 70–84.
Jantzen, W. (1979): Grundriss einer allgemeinen Psychopathologie und Psychotherapie. Köln: Pahl-Rugenstein.
Kiefer, M. (2008): Zusammenwirken kognitiver Systeme. Kognitionspsychologische und neurophysiologische Befunde zur Rolle des semantischen Gedächtnisses bei der Informationsverarbeitung. In: Psychologische Rundschau 59, 87–97.
Kim, J. (1993): Supervenience and mind. Cambridge: University Press.
Kiphard, E. J. (1980): Motorisches Problemlösen. In: Sportpädagogik 4, 42–54.
Kiphard, E. J. (1988): Dyspraxie, das Problem kindlicher Handlungsstörung. In: Praxis der Psychomotorik 13, 132–142.
Kleist, K. (1934): Gehirnpathologie. Leipzig: Ambrosius Barth.
Klix, F. (1973): Information und Verhalten. Berlin: Deutscher Verlag der Wissenschaften.
Klix, F. (1984): Gedächtnis – Wissen – Wissensnutzung. Berlin: Deutscher Verlag der Wissenschaften.
Kohler, I. (1951): Über Aufbau und Wandlung der Wahrnehmungswelt. Insbesondere über bedingte Empfindungen. Wien: Rohrer.
Kolb, B. & Wishaw, I. Q. (1996): Neuropsychologie. 2. Aufl., Heidelberg: Spektrum.
Kraus, J. (2006): Was hat Bildung mit Gehirnforschung zu tun? Schule zwischen neurobiologischer Vision und beständiger Pädagogik. In: C. Caspary (Hrsg.): Lernen und Gehirn. Der Weg zu einer neuen Pädagogik. 2. Aufl., Freiburg im Breisgau: Herder-
Krombholz, H. (2012): Die Entwicklung motorischer und kognitiver Leistungen von vier- bis sechsjährigen Kindern mit motorischen Entwicklungsstörungen (DCD) im Vergleich zu unauffälligen Kindern. Ergebnis einer Längsschnittstudie. In: Psychologie in Erziehung und Unterricht 59, 1–20.
Krajewski, K., Schneider, W. & Nieding, G. (2008): Zur Bedeutung von Arbeitsgedächtnis, Intelligenz, phonologischer Bewusstheit und früher Mengen-Zahlen-Kompetenz

beim Übergang vom Kindergarten in die Grundschule. In: Psychologie in Erziehung und Unterricht 55, 100–113.
Kuhn, J., Gründler, T. O. J., Lenartz, D., Sturm, V., Klosterkötter, J. & Huff, W. (2010): Deep brain stimulation for psychiatric disorders. In: Deutsches Ärzteblatt International 107, 7, 105–113.
Largo, R. (2002): Kinderjahre. München: Piper.
Lashley, K. S. (1929): Brain Mechanisms and Intelligence. Chicago.
Lashley, K. S. (1951): The problem of serial order in behavior. In: L. A. Jeffres (Hrsg.): Cerebral mechanisms in behavior. New York.
Lempp, R. (1980): Organische Psychosyndrome. In: H. Harbauer, R. Lempp, G. Nissen & P. Strunk (Hrsg.): Lehrbuch der speziellen Kinder- und Jugendpsychiatrie. Berlin: Springer, 312–378.
Ljublinskaja, A. (1988): Kinderpsychologie. Berlin: Volk und Wissen.
Lurija, A. R. (1973): The working brain. An introduction to Neuropsychology. London: Basic Books.
Lurija, A. R. (1992): Das Gehirn in Aktion. Einführung in die Neuropsychologie. Reinbek: Rowohlt.
Lurija, A. R. (1993): Romantische Wissenschaft. Forschungen im Grenzbezirk von Seele und Gehirn. Reinbek: Rowohlt.
Marin-Padilla, M. (1975): Abnormal neuronal differentiation (functional maturation) in mental retardation. In: Birth Defects, Original Article Series 11, 133–153.
Markowitsch, H. (1992): Neuropsychologie des Gedächtnisses. Göttingen: Hogrefe.
Markowitsch, H. (2005): Dem Gedächtnis auf der Spur. Vom Erinnern und Vergessen. Darmstadt: Primus.
Mesulam, M. M. (1981): A cortical network for directed attention and unilateral neglect. In: Annals of Neurology 10, 309–325.
Métraux, A. (1994): Eine Geschichte ohne Helden. Zur Entstehung der Neuropsychologie Aleksandr Lurijas. In: W. Jantzen (Hrsg.): Die neuronalen Verstrickungen des Bewusstseins. Münster: Lit, 7–32.
Milner, B. (1959): The memory defect in bilateral hippocampal lesions. In: Psychiatric Association: Psychiatric Research Reports 11, 34–58.
Mishkin, M. & Appenzeller, T. (1990): Die Anatomie des Gedächtnisses. In: Gehirn und Kognition, Heidelberg: Spektrum der Wissenschaft, 94–104.
Ogren, M. P., Mateer, C. A. & Wyler, A. R. (1984): Alterations in visually related eye movements following left pulvinar damage in man. In: Neuropsychologia 22, 187–196.
Olds, J. & Milner, P. (1954): Positive reinforcement produced by electrical stimulation of septal area and other regions. In: Journal of Comparative Physiology and Psychology 47, 419–427.
Pickenhain, L. (1994): Lurijas neuropsychologische Theorie und ihre Bedeutung für die Neurowissenschaft. In: W. Jantzen (Hrsg.): Die neuronalen Verstrickungen des Bewusstseins. Münster: Lit, 33–60.
Poeck, K. & Hartje, W. (2006): Klinische Neuropsychologie. Stuttgart: Thieme.
Popper, K. R. & Eccles, J. C. (1989): Das Ich und sein Gehirn. München: Piper.
Posner, M. I. & Raichle, M. (2000): Bilder des Geistes. Hirnforscher auf den Spuren des Denkens. Heidelberg: Spektrum Akademischer Verlag.
Price, A. (1999): Die Bedeutung der anpassenden motorischen Reaktionen für die sensorische Integration. In: W. Doering & W. Doering (Hrsg.): Sensorische Integration. Anwendungsbereiche und Vergleich mit anderen Fördermethoden/Konzepten. Dortmund: Modernes Lernen, 26–36.
Prinz, W. (2004): Das Manifest. Neue Ideen tun Not. In: Gehirn und Geist 6, 34–35.
Pugh, K. R., Shaywitz, B. A., Shaywitz, S. E., Constable, R. T. Skudlarski, P., Fulbright, R. K., Bronen, R. A., Shankweiler, D. P., Katz, L., Fletcher, J. M. & Gore, J. C. (1996): Cerebral organization of component processes in reading. In: Brain 119, 1221–1238.
Purpura, D. P. (1975): Dendritic differentiation in human cerebral cortex: normal and aberrant developmental patterns. In: Advances in Neurology 12, 91–116.

Purpura, D. P. (1978): Factors contributing to abnormal neuronal development in the cerebral cortex of the human infant. In: H. Berenberg (Hrsg.), Brain, fetal and infant, current research on normal and abnormal development. Hague: Springer.

Ramez, N. (2005): More than human: Embrazing the promise of biological enhencement. New York: Broadway books.

Remschmidt, H. & Schmidt, M. (1981): Neuropsychologie des Kindesalters. Stuttgart: Thieme.

Rizzolatti, G. & Sinigaglia, C. (2008): Empathie und Spiegelneurone. Die biologische Basis des Mitgefühls. Frankfurt am Main: Suhrkamp.

Roth, G. (2003): Fühlen, Denken, Handeln. Frankfurt am Main: Suhrkamp.

Roth, G. (2006a): Möglichkeiten und Grenzen von Wissensentwicklung und Wissenserwerb. Erklärungsansätze aus Lernpsychologie und Hirnforschung. In: R. Caspary (Hrsg.): Lernen und Gehirn. Der Weg zu einer neuen Pädagogik. 2. Aufl., Freiburg im Breisgau: Herder, 54–69.

Roth, G. (2006b): Warum sind Lehren und Lernen so schwierig? In: U. Herrmann (Hrsg.): Neurodidaktik. Grundlagen und Vorschläge für gehirngerechtes Lehren und Lernen. Weinheim: Beltz, 49–59.

Roth, G. (2009): Aus der Sicht des Gehirns. Frankfurt am Main: Suhrkamp.

Rumiati, R. & Bekkering, H. (2003): Action recognition and imitation. In: Brain and Cognition 53, 479–482.

Sadato, N., Pascual-Leone, A., Grafman, J., Ibanez, V. & Delber, M-P. (1996): Activation of the primary visual cortex by Braille reading in blind subjects. In: Nature 380, 560–580.

Saß, H., Wittchen, H.-U., Zausig, M. & Houben, I. (2003): Diagnostische Kriterien des Diagnostischen und Statistischen Manuals Psychischer Störungen – Textrevision DSM-IV-TR. Göttingen: Hogrefe.

Scheibel, M. E. & Scheibel, A. B. (1977): Differential changes with aging in old and new cortices. In: K. Nandy & I. Sherwin (Hrsg.): The aging brain and senile dementia. New York: Springer, 39–58.

Scheich, H. (2003): Lernen unter der Dopamindusche. In: Die Zeit, 18.3.2003 (Nr. 39).

Schirp, H. (2006): Neurowissenschaften und Lernen. Was können neurobiologische Forschungsergebnisse zur Weiterentwicklung von Lehr- und Lernprozessen beitragen? In: R. Caspary (Hrsg.): Lernen und Gehirn. Der Weg zu einer neuen Pädagogik. 2. Aufl., Freiburg im Breisgau: Herder, 99–127.

Schläpfer, T. E. & Kayser, S. (2010): Die Entwicklung der tiefen Hirnstimulation bei der Behandlung therapieresistenter psychiatrischer Erkrankungen. In: Der Nervenarzt 6, 696–701.

Schmidt, M. (1985): Umschriebene Entwicklungsrückstände und Teilleistungsschwächen. In: M. Schmidt & H. Remschmidt (Hrsg.): Kinder- und Jugendpsychiatrie in Klinik und Praxis. Stuttgart: Thieme.

Schmidt-Atzert, L. & Krumm, S. (2008): Zur Validität von Aufmerksamkeits- und Konzentrationstests. In: report psychologie 33, 126–139.

Schmidt-Atzert, L., Büttner, G. & Bühner, M. (2004): Theoretische Aspekte von Aufmerksamkeits-/Konzentrationsdiagnostik. In: G. Büttner & L. Schmidt-Atzert (Hrsg.): Diagnostik von Konzentration und Aufmerksamkeit. Göttingen: Hogrefe, 3–22.

Schumacher, R. (2006a): Hirnforschung und schulisches Lernen. In: U. Herrmann (Hrsg.): Neurodidaktik. Grundlagen und Vorschläge für gehirngerechtes Lehren und Lernen. Weinheim: Beltz, 87–96.

Schumacher, R. (2006b): Wie viel Gehirnforschung verträgt die Pädagogik? Über die Grenzen der Neurodidaktik. In: R. Caspary (Hrsg.): Lernen und Gehirn. Der Weg zu einer neuen Pädagogik. 2. Aufl., Freiburg im Breisgau: Herder, 12–22.

Schumacher, R. (2006c): Die prinzipielle Unterbestimmtheit der Hirnforschung im Hinblick auf die Gestaltung schulischen Lernens. In: D. Sturma (Hrsg.): Philosophie und Neurowissenschaften. 3. Aufl., Frankfurt am Main: Suhrkamp, 167–186.

Siebert, M., Markowitsch, H. & Bartel, P. (2003): Amygdala, affect and cognition: evidence from 10 patients with Urbach-Wiethe disease. In: Brain 126, 2627–2637.

Singer, W. (2002): Der Beobachter im Gehirn. Essays zur Hirnforschung. Frankfurt am Main: Suhrkamp.
Singer, W. (2003): Ein neues Menschenbild? Gespräche über Hirnforschung. Frankfurt am Main: Suhrkamp.
Speck, O. (2007): Das Gehirn und sein Ich? Zur neurobiologischen These von der Illusion eines bewussten Willens aus heilpädagogischer Sicht. In: Heilpädagogische Forschung 33, 1, 2–10.
Speck, O. (2008): Hirnforschung und Erziehung. Eine pädagogische Auseinandersetzung mit neurobiologischen Erkenntnissen. München: Ernst Reinhardt.
Speck, O. (2009): Hirnforschung und Erziehungshilfe – Neurobiologische Chancen und Begrenzungen. In: Vierteljahrsschrift für Heilpädagogik und ihre Nachbargebiete 78, 186–196.
Spitzer, M. (2002): Musik im Kopf. Stuttgart: Schattauer.
Spitzer, M. (2006): Medizin für die Schule. Plädoyer für eine evidenzbasierte Pädagogik. In: R. Caspary (Hrsg.): Lernen und Gehirn. Der Weg zu einer neuen Pädagogik. 2. Aufl., Freiburg im Breisgau: Herder, 23–35.
Spitzer, M. (2007): Lernen. Gehirnforschung und die Schule des Lebens. München: Elsevier.
Springer, S. P. & Deutsch, G. (1998): Linkes, rechtes Gehirn. Funktionelle Asymmetrien. Heidelberg: Spektrum Akademischer Verlag.
Stern, E. (2006): Wie viel Hirn braucht die Schule? Chancen und Grenzen einer neuropsychologischen Lehr-Lern-Forschung. In: U. Herrmann (Hrsg.): Neurodidaktik. Grundlagen und Vorschläge für gehirngerechtes Lehren und Lernen. Weinheim: Beltz, 79–86.
Sturm, W. (2009): Aufmerksamkeitsstörungen. In: W. Sturm, M. Herrmann & T. Münte (Hrsg.): Lehrbuch der klinischen Neuropsychologie. Heidelberg: Spektrum Akademischer Verlag, 422–443.
Szagun, G. (2000): Sprachentwicklung beim Kind. Weinheim: Beltz.
Teuber, H. L. & Weinstein, S. (1957): Ability to discover hidden figures after cerebra lesions. In: American Medical Association Archives of Neurology and Psychiatry 76, 369–379.
The president's council of bioethics (2003): Beyond therapy. Biotechnology and the pursuit of happiness. Washington.
Thöne-Otto, A. (2009): Gedächtnisstörungen. In: W. Sturm, M. Herrmann & T. Münte (Hrsg.): Lehrbuch der klinischen Neuropsychologie. Heidelberg: Spektrum Akademischer Verlag, 453–479.
Thompson, R. (2010): Das Gehirn: Von der Nervenzelle zur Verhaltenssteuerung. Heidelberg: Spektrum Akademischer Verlag.
Tölle, R. & Windgassen, K. (2011): Psychiatrie. Berlin: Springer.
Vester, F. (1996): Denken, Lernen, Vergessen. München: Deutscher Taschenbuch Verlag.
Wais, M. (1990): Neuropsychologische Diagnostik für Ergotherapeuten. Dortmund: Modernes Lernen.
Wartenburger, I., Heekeren, H. R., Abutalebi, J., Cappa, S. F., Villringer, A. & Perani, D. (2003): Early setting of grammatical processing in bilingual brain. In: Neuron 37, 159–170.
Weltgesundheitsorganisation/Deutsches Institut für Medizinische Dokumentation und Information (Hrsg.) (2009): Internationale Statistische Klassifikation der Krankheiten und verwandter Gesundheitsprobleme 10. Revision German Modification Version 2009. URL: http://www.dimdi.de/static/de/klassi/diagnosen/icd10/htmlgm2009/index.htm¬ (zuletzt geprüft am 10.6.2012).
Wernicke, C. (1874): Der aphasische Symptomencomplex: eine psychologische Studie auf anatomischer Basis. Breslau: Cohn und Weigert.
Zaidel, E. & Sperry, R. (1974): Memory impairment following commissurotomy in man. In: Brain 97, 263–272.

Teil III: Entwicklungspsychologische Grundlagen

von Annett Kuschel

1 Einleitung

Der dritte Teil stellt Basiswissen aus der Entwicklungspsychologie zur Verfügung, das für die Heil- und Sonderpädagogik von Bedeutung ist. Dabei werden zunächst die Grundlagen der Entwicklungspsychologie verbunden mit zentralen Begriffsklärungen thematisiert. Die grundlegenden Aufgaben der Entwicklungspsychologie werden im darauffolgenden Kapitel beschrieben: Für die Gegenstandsbestimmung ist in diesem Zusammenhang die Frage von Bedeutung, welche (praktischen) Beiträge das Fach Entwicklungspsychologie insgesamt für verschiedene gesellschaftlich relevante Disziplinen, darunter auch die Sonderpädagogik, leistet.

Die Geschichte der Entwicklungspsychologie, aber auch aktuelle Perspektiven werden getragen von einer Anzahl gemeinsamer Themen der Kindesentwicklung, die auch als Leitfragen formuliert werden können. Diese sieben Leitfragen der Kindesentwicklung spiegeln die Kontroversen und Forschungsansätze der Entwicklungspsychologie wider und werden deshalb einführend vorgestellt. Eng damit verknüpft sind unterschiedliche theoretische Zugänge, auf die im dritten Kapitel Bezug genommen wird. Hier erfolgt die Kurzdarstellung ausgewählter Entwicklungstheorien, die sich in der Weiterentwicklung des Faches als bedeutsam herauskristallisiert haben – der psychoanalytische Ansatz, lerntheoretische Konzeptionen und die ökologische Systemtheorie werden ebenso beschrieben wie die soziokulturelle Entwicklungstheorie und Informationsverarbeitungsansätze. Im ▶ Kap. 4 steht die Betrachtung der Forschungsmethoden in der Entwicklungspsychologie im Vordergrund. Hier soll veranschaulicht werden, dass mithilfe der zentralen Forschungsdesigns Querschnitt-, Längsschnitt- und Sequenzstudien versucht wird, die Leitfragen der Kindesentwicklung zu beantworten. Die dafür notwendigen Voraussetzungen und die Schnittmengen zur pädagogisch-psychologischen Diagnostik werden in diesem Zusammenhang erläutert.

Bevor anschließend zentrale Konzepte und Theorien der Entwicklungsbereiche beschrieben werden, steht zunächst das Thema der frühen Eltern-Kind-Interaktion und Bindung im Vordergrund. Als Entwicklungsbereiche wurden die Entwicklung des Denkens, die emotionale Entwicklung, die soziale Entwicklung und die Sprachentwicklung ausgewählt. Dafür war in erster Linie ihre die sonderpädagogischen Fachrichtungen übergreifende Bedeutsamkeit entscheidend.

Im nun folgenden Abschnitt sollen zunächst einige Grundbegriffe und Grundlagen der Entwicklungspsychologie eingeführt werden, die das weitere Verständnis der nachfolgenden Ausführungen erleichtern sollen.

Zur Frage, was genau unter »Entwicklung« verstanden wird, hat es in der Entwicklungspsychologie mittlerweile verschiedene Definitionsversuche gegeben;

nicht bei allen herrscht aus verschiedenen Gründen Konsens. Folgende neutrale Definition, die wesentliche Merkmale herausarbeitet, dürfte deshalb relativ unstrittig sein:

Die Entwicklungspsychologie beschäftigt sich mit den intraindividuellen Veränderungen des Erlebens und Verhaltens über die menschliche Lebensspanne (von der Geburt bis zum Tod) sowie den interindividuellen Unterschieden der intraindividuellen Veränderungen (Wilkening, Freund & Martin 2009). Diese Lebensspannenperspektive findet sich erst in den neueren Auflagen der Entwicklungspsychologie-Lehrbücher (z. B. Berk & Schönpflug 2011; Lang, Martin & Pinquart 2012; Siegler, DeLoache & Eisenberg 2011). In der Vergangenheit konzentrierte sich die Betrachtung der Entwicklung im Wesentlichen auf das Kindes- und Jugendalter – zugespitzt formuliert: Die Entwicklung endete mit dem Eintritt in das Erwachsenenalter.

Der erweiterten Sicht der Entwicklungspsychologie über die Lebensspanne liegen vier Annahmen zugrunde: dass der Entwicklungsprozess (1) lebenslang, (2) mehrdimensional, (3) sehr plastisch und (4) von mehreren, untereinander in Wechselwirkung stehenden Wirkgrößen beeinflusst sei (Baltes, Lindenberger & Staudinger 2006). Die Lebensspannenperspektive räumt keiner Altersstufe einen Vorrang ein. Vielmehr können in jeder wichtigen Lebensphase auftretende Ereignisse gleich starke Auswirkungen auf künftige Veränderungen haben. In ▶ Tab. 1 sind die wichtigsten Phasen der menschlichen Entwicklung über die gesamte Lebensspanne mit den zentralen Ereignissen zusammenfassend dargestellt. Im Laufe eines jeden Lebensabschnittes können Veränderungen in drei umfassenden Bereichen auftreten: auf körperlicher, kognitiver und emotionaler/sozialer Ebene (Berk & Schönpflug 2011).

Tab. 1: Die wichtigsten Phasen der menschlichen Entwicklung über die gesamte Lebensspanne (modifiziert nach Berk & Schönpflug 2011)

Zeitabschnitt	Ungefähres Alter	Kurzbeschreibung
Pränatal/perinatal	Empfängnis bis Geburt	Ein aus einer Zelle bestehender Organismus wächst zu einem Fetus mit erstaunlichen Potenzialen heran, die die Anpassung an das Leben außerhalb der Gebärmutter erlauben. Vorgänge während der Geburt können alle Bereiche der Entwicklung beeinflussen
Säuglings- und Kleinkindalter	Geburt bis 2 Jahre	Einschneidende Veränderungen insbesondere im Gehirn dienen als Grundlage für das Entstehen weiterer motorischer, perzeptiver und intellektueller Veränderungen sowie erste Bindungen an andere
Frühe Kindheit	2 bis 6 Jahre	Während der »Spieljahre« bilden sich motorische Fähigkeiten aus, Denken und Sprache entwickeln sich sehr schnell, es zeigt sich ein Gefühl für Moral und das Kind baut Bindungen zu Gleichaltrigen auf

Tab. 1: Die wichtigsten Phasen der menschlichen Entwicklung über die gesamte Lebensspanne (modifiziert nach Berk & Schönpflug 2011) – Fortsetzung

Zeitabschnitt	Ungefähres Alter	Kurzbeschreibung
Mittlere Kindheit	6 bis 11 Jahre	Die Schulzeit ist geprägt von logischeren Denkprozessen, Beherrschung grundlegender sprachlicher Fertigkeiten, Fortschritten im ethischen Denken und Knüpfen von Freundschaften, den Anfängen eines Zugehörigkeitsgefühls zu Peer-Gruppen sowie besseren sportlichen Fähigkeiten
Adoleszenz	11 bis 18 Jahre	Die Pubertät führt zu einem ausgewachsenen Körper und sexueller Reife. Denken wird abstrakter und idealistischer, schulische Anforderungen stellen größere Herausforderungen dar. Der Heranwachsende fängt an, sich von seiner Familie zu lösen und persönliche Wertvorstellungen und Ziele zu entwickeln
Frühes Erwachsenenalter	18 bis 40 Jahre	Die meisten jungen Menschen verlassen das Elternhaus, beenden ihre Ausbildung und treten ins Arbeitsleben ein. Prioritäten sind nun: berufliche Laufbahn, Aufbau einer engen Partnerschaft, Heirat, Kinder oder die Verwirklichung eines alternativen Lebensstils
Mittleres Erwachsenenalter	40 bis 65 Jahre	Viele Menschen befinden sich nun auf der Höhe der beruflichen Karriere. Phase, in der sie eigenen Kindern helfen, ein selbstständiges Leben aufzubauen und in der sie den eigenen Eltern helfen, das Alter besser zu bewältigen
Spätes Erwachsenenalter	65 Jahre bis zum Tod	Der Mensch bereitet sich auf das Rentenalter vor, lernt, mit abnehmenden Körperkräften und nachlassender Gesundheit umzugehen, oft muss das kritische Lebensereignis des Todes des Ehepartners bewältigt werden und über den Sinn des Lebens wird reflektiert

Mit dem Entwicklungsbegriff stehen folgende Begriffe in engem Zusammenhang und diese sollen deshalb an dieser Stelle kurz dargestellt werden: Reifung, Prägung/sensible Phasen, Stabilität und Kontinuität sowie Entwicklungsaufgaben.

1.1 Reifung

Aus der Entwicklungsdefinition allein lässt sich noch nicht ableiten, welche Faktoren zur Veränderung führen. Das Konzept der *Reifung* wird als biologisch (genetisch) determinierter, sich natürlich entfaltender Verlauf von Wachstum verstanden. Strukturen und Funktionen entfalten sich demzufolge auf der Grundlage von Genen. Als Beispiele für solche entwicklungsbedingten Reifungsprozesse können das Auftauchen und Verschwinden verschiedener Reflexe nach der Geburt, die frühe Entwicklung der Motorik und die mit fortschreitender Reifung des Gehirns zusammenhängende Zunahme der Lernfähigkeit angesehen werden (Pinquart, Schwarzer & Zimmermann 2011). Das Konzept der Reifung wird heute als problematisch betrachtet, da die genannten Vorgänge nicht ohne Umweltanregungen auskommen (Schneider & Lindenberger 2012).

1.2 Prägung/sensible Phasen

Der Begriff der *Prägung* stammt aus der Ethologie, die sich mit dem adaptiven Nutzen bzw. dem Überlebensvorteil von Verhaltensweisen und deren Evolutionsgeschichte beschäftigt. Die Wurzeln der Ethologie lassen sich bis zu den Forschungen von Charles Darwin zurückverfolgen. Durch Beobachtung verschiedener Tierarten in ihrem natürlichen Habitat haben Konrad Lorenz und Niko Tinbergen Verhaltensmuster erkannt, die für das Überleben förderlich sind. Bei der Prägung handelt es sich um ein frühes Verhaltensmuster, das bei bestimmten Jungtieren (z. B. Graugänseküken) beobachtet werden kann und dafür sorgt, dass der Jungvogel immer in der Nähe der Mutter bleibt. Somit ist die Nahrungsversorgung gewährleistet und das Tier vor Gefahren geschützt (Siegler, DeLoache & Eisenberg 2011). Als sensible Phase bezeichnet man einen Zeitraum, in dem sich bestimmte Fähigkeiten optimal entwickeln können und das Individuum für Umwelteinflüsse besonders empfänglich ist. Sensible Phasen werden z. B. für die Entwicklung der Bindung an die Eltern (siehe ▶ Kap. 5) und für die Sprachentwicklung (siehe ▶ Kap. 9) postuliert. Ein experimenteller Nachweis dieser Annahmen ist aus ethischen Gründen in der Regel nicht möglich, aber einige natürliche Experimente lieferten wichtige Befunde, so z. B. die Untersuchung der Forschergruppe um Michael Rutter zur Entwicklung von rumänischen Waisenkindern (Rutter et al. 2007).

1.3 Stabilität und Kontinuität

Manche Entwicklungstheoretiker betonen die *Stabilität* in der Entwicklung, d. h. sie gehen davon aus, dass bei Individuen, bei denen ein bestimmtes Merkmal stark oder schwach ausgeprägt ist (z. B. sprachliche Fähigkeiten, Geselligkeit oder Ängstlichkeit), dies auch im höheren Alter so bleiben wird. Diese Sichtweise betont die Rolle der Erbanlagen. Es können verschiedene Stabilitätskonzepte unterschieden werden: die *absolute Stabilität* einer Dimension besteht, wenn *keine* Veränderung beobachtbar ist. Eine *relative Stabilität* besagt, dass bestimmte Positionen des Individuums in einer Bezugsgruppe erhalten bleiben. *Strukturelle Stabilität* (auch als Profilstabilität bezeichnet) beschreibt, dass sich das Muster der Faktoren oder Dimensionen mit dem Alter nicht verändert. Als Beispiel für Stabilität kann die Persönlichkeitsentwicklung eines Menschen herangezogen werden, da über längere Abschnitte des Lebenslaufes eine relativ hohe Stabilität der Big-Five-Persönlichkeitsfaktoren Neurotizismus, Extraversion, Offenheit für Neues, Verträglichkeit und Gewissenhaftigkeit zu beobachten ist (Schneider & Lindenberger 2012).

Kontinuität liegt dann vor, wenn aktuelle interindividuelle Unterschiede in der Ausprägung von Merkmalen mit vorherigen interindividuellen Unterschieden in den Merkmalen zusammenhängen. Hierbei können nach Pinquart, Schwarzer und Zimmermann (2011) zwei Formen der Kontinuität unterschieden werden:

a) *Gleichartige Kontinuität* bezieht sich auf die Kontinuität der direkt erfassten (manifesten) Merkmale, ob also z. B. die Rangreihe der Person bei der Beantwortung ein und derselben (oder gleichartiger) Fragen über die Zeit unverändert bleibt. Dieser Begriff entspricht der korrelativen Stabilität, d. h. die interindividuellen Unterschiede in der Ausprägung eines Merkmals bleiben unverändert.
b) *Andersartige Kontinuität* bezieht sich auf die Kontinuität eines indirekt erschlossenen (latenten) Merkmals. Eine hohe andersartige Kontinuität liegt vor, wenn die Rangreihe von Personen über die Zeit konstant bleibt, obwohl in verschiedenen Altersabschnitten jeweils etwas anderes erfragt wurde. Das wäre z. B. der Fall, wenn individuelle Unterschiede im Ausdruck negativer Emotionen im Säuglingsalter mit interindividuellen Unterschieden im Ausmaß des Neurotizismus im Erwachsenenalter in Beziehung stehen (Pinquart, Schwarzer & Zimmermann 2011, 24). Die Untersuchung der andersartigen Kontinuität ist insbesondere im Kindes- und Jugendalter wichtig, da sich hier das Verhaltensrepertoire deutlich verändert und methodische Probleme der Erfassung über große Altersabschnitte hinweg zutage treten.

1.4 Entwicklungsaufgaben

Das Konzept der Entwicklungsaufgaben wurde von Havighurst (1972) formuliert und es beinhaltet die Grundidee, dass Kinder, Jugendliche und Erwachsene im Entwicklungsverlauf mit verschiedenen Entwicklungsaufgaben konfrontiert sind. Eine Entwicklungsaufgabe stellt sich typischerweise in einer bestimmten Lebensperiode des Individuums, die es in angemessener Weise zu bewältigen gilt.

Eine erfolgreiche Bewältigung führt zu Zufriedenheit und Erfolg, während eine fehlende Bewältigung zu Entwicklungsabweichungen führen kann, auf Ablehnung durch die Gesellschaft stößt und Schwierigkeiten bei der Bewältigung späterer Aufgaben mit sich bringt.

Nach Havighurst (1972) ergeben sich die Entwicklungsaufgaben aus folgenden drei Quellen: *physische Reife* (z. B. Veränderungen in der Pubertät), *kultureller Druck bzw. Erwartungen der Gesellschaft* (gesellschafts- und kulturabhängig) und *individuelle Zielsetzungen* und Werte (die sich das Individuum selbst sucht). Die Entwicklung ergibt sich aus der Diskrepanz zwischen dem momentanen Entwicklungsstand und dem erwünschten, aktiv vorweggenommenen Status. In der ▶ Tab. 2 sind exemplarisch für das Kindes- und Jugendalter die von Havighurst formulierten Entwicklungsaufgaben zusammengefasst.

Tab. 2: Entwicklungsaufgaben nach Havighurst (1972) für das Kindes- und Jugendalter

Alter in Jahren	Entwicklungsaufgabe	Mögliche Probleme bei mangelnder Bewältigung
0–1	Biologische Regulation	Schrei-, Schlaf-, Fütterungsprobleme
	Bindungsverhalten	Anpassungsstörung (Hospitalismus)
	Dyadische Interaktion	
1–2; 6	Objektpermanenz	Trennungsangst
	Laufen lernen	möglicherweise Gehemmtheit
	Exploration der Umwelt	Trotzverhalten
	Individuation und Autonomie	
	Reagieren auf externe Kontrolle	
3–6	Erwerb der Blasen- u. Darmkontrolle	Enuresis, Enkopresis
	Selbstständigkeit bei Alltagsverrichtungen	
	Erwerb der Muttersprache	Sprach- und Sprechstörungen
	Aufbau einer Geschlechtsidentität	
	Kontakt zu Gleichaltrigen Autonomie	Soziale Ängste, oppositionelles Trotzverhalten
	Entwicklung von Phantasie, Spielkompetenz und Ausdauer	Aufmerksamkeitsstörung
6–12	Erlernen körperlicher Geschicklichkeit	
	Gratifikationsaufschub	
	Aufbau positiver Einstellung zu sich selbst	Impulsivität
	Stabilisierung der Geschlechtsrolle	
	Soziales Verständnis	
	Gleichheit, Fairness	Störung des Sozialverhaltens

Tab. 2: Entwicklungsaufgaben nach Havighurst (1972) für das Kindes- und Jugendalter – Fortsetzung

Alter in Jahren	Entwicklungsaufgabe	Mögliche Probleme bei mangelnder Bewältigung
	Freundschaften mit Peers	
	Entwicklung von moralischen Urteilen/Werten	
	Erwerb der Kulturtechniken	(Umschriebene) Entwicklungsstörung schulischer Fertigkeiten
	Arbeitshaltung/schulische Anpassung	
	Erwerb konkret-operationaler Denkfähigkeiten	
	Vermehrte persönliche Unabhängigkeit	
	Entwicklung von Einstellungen gegenüber sozialen Gruppen und Institutionen	
12–18	Aufbau neuer und reiferer Beziehungen	Schizoides Verhalten
	Übernahme der Geschlechtsrolle	
	Akzeptieren der eigenen Person	Sexuelle Reifungskrise
	(Emotionale) Unabhängigkeit von Eltern	Depression, Selbstwertproblematik, Anorexie
	Vorbereitung auf Ehe/Familie/Beruf	
	Aufbau eines Wertesystems und ethischen Bewusstseins	Delinquentes Verhalten
	Entwicklung sozial verantwortlichen Handelns	

2 Aufgaben der Entwicklungspsychologie

Die zentralen Aufgaben der Entwicklungspsychologie sieht Montada (2008) in der Beschreibung von Entwicklungsphänomenen und ihrer Erklärung, also der Suche nach den Ursachen und Bedingungen für das Zustandekommen einer Entwicklung.

Neben diesen *grundlagenorientierten Aufgaben* der Entwicklungspsychologie gibt es weitere Aufgaben, die als eher *anwendungsorientiert* zu verstehen sind (Lohaus, Vierhaus & Maass 2010) und demzufolge nicht nur den wissenschaftlichen, sondern auch den praktischen Nutzen der Entwicklungspsychologie verdeutlichen. Es geht dabei um:

- die Bestimmung des aktuellen Entwicklungsstandes,
- die Prognose des zukünftigen Entwicklungsstandes,
- die Möglichkeiten der Beeinflussung des Entwicklungsstandes.

Mit der Bestimmung des aktuellen Entwicklungsstandes beschäftigt sich vor allem die Entwicklungsdiagnostik. Hier ist die hohe praktische Relevanz zu erkennen, da der Entwicklungsstand eines Kindes erfasst wird, dabei Entwicklungsabweichungen und -defizite identifiziert, Ressourcen aufgedeckt werden und Aussagen zur Prognose getroffen werden können (Esser & Petermann 2010). Besonderes Kennzeichen der Entwicklungsdiagnostik ist, dass der Entwicklungsstand eines Kindes in Relation zu einer Bezugsgruppe beurteilt und somit die Frage beantwortet wird, ob ein Kind weniger weit oder weiter entwickelt ist als Kinder der Vergleichsgruppe. Der Entwicklungsstand kann dabei sowohl für die Gesamtentwicklung als auch für einzelne Entwicklungsbereiche (z.B. Motorik, Sprache, Kognition) bestimmt werden. Somit lassen sich vielfältige Fragestellungen ableiten, die die gesamte Bandbreite normaler und abweichender Entwicklungsverläufe umfassen. Die Konkretisierung der diagnostischen Fragestellungen greift Breitenbach in diesem Band (siehe ▶ Kap. 2.3) auf.

Aus der Diagnose des aktuellen Entwicklungsstandes lässt sich häufig die zukünftige Entwicklung des Kindes prognostizieren, da viele Entwicklungsmerkmale eine gewisse Stabilität über die Zeit aufweisen. Häufig bleiben die Rangpositionen von Kindern und Jugendlichen innerhalb ihrer Bezugsgruppe bei einem Entwicklungsmerkmal über die Zeit hinweg relativ stabil. Sind Informationen über die Stabilität eines Merkmals bekannt, so kann man dies nutzen, um die wahrscheinliche zukünftige Entwicklung vorherzusagen (Montada 2008). Aus der entwicklungspsychologischen Forschung ist mittlerweile bekannt, dass

Merkmale wie Intelligenz in der Regel eine höhere Merkmalsstabilität aufweisen als viele Merkmale des Sozialverhaltens.

Entwicklungsprognosen weisen auf Entwicklungsergebnisse hin, die eintreten, wenn keine Interventionen erfolgen. Bei ungünstigen bzw. negativen Entwicklungsprognosen ist es angezeigt, möglichst frühzeitig nach verschiedenen Förder- und Interventionsmöglichkeiten zu suchen, um das zu erwartende ungünstige Entwicklungsergebnis zu vermeiden. Zu den anwendungsbezogenen Aufgaben der Entwicklungspsychologie gehört es daher auch, Interventionsmöglichkeiten zu identifizieren, um die Entwicklungsbedingungen und Chancen zu verbessern, um optimierte Entwicklungsergebnisse zu erreichen. Wissenschaftlich fundierte Interventionsformen werden dann in der praktischen Präventions- und Interventionsarbeit genutzt (siehe Borchert 2008; v. Suchodoletz 2010).

2.1 Beiträge für die Praxis

Ein wichtiger Zugang, die Gegenstände der Entwicklungspsychologie zu bestimmen, geht von der Frage aus, welche Beiträge das Fach zur Lösung praktischer Probleme leistet. Eltern, Lehrer, Erzieher, Schulpsychologen, Sonder- und Rehabilitationspädagogen, Gutachter vor Gericht, Gerontologen und andere Berufsgruppen brauchen die Entwicklungspsychologie, da ihre Erkenntnisse und Überzeugungen in das Bildungs-, Wirtschafts-, Sozial- und Rechtssystem der Gesellschaft einfließen. Im Folgenden werden einige typische Klassen von Fragen aus der Praxis genannt (Oerter & Montada 2008).

1. *Orientierung am Lebenslauf:* Nicht nur im pädagogischen Kontext, sondern auch bei vielen Eltern stehen folgende Fragen häufig im Fokus: Was kann man von einem Säugling, Grundschulkind oder Jugendlichen erwarten? Welche Kompetenzen, Einstellungen und Interessen darf man voraussetzen? Welche Anforderungen sind angemessen und in welcher Hinsicht ist vielleicht Schutz oder Schonung geboten? In welchen Entwicklungsphasen hat man mit welchen typischen Risiken, Krisen oder Problemen zu rechnen? Diese Aufzählung könnte fortgesetzt werden und soll doch verdeutlichen, dass in vielen Lebensbereichen ein fundiertes Wissen über die menschliche Entwicklung benötigt wird. Die Entwicklungspsychologie hat die Aufgabe, solches Wissen bereitzustellen. Dazu gehört die Beschreibung von Lebensphasen, altersspezifischen Entwicklungsaufgaben und -problemen ebenso wie das Zusammenstellen von Leistungsinventaren und Entwicklungsnormen für verschiedene Altersstufen. Dabei werden interindividuelle Unterschiede ebenso in den Blick genommen wie Unterschiede, die sich aus der Geschlechts- oder Kulturzugehörigkeit und Kontexteinflüssen ergeben. Solche Unterschiede werden durch Entwicklungstests objektiv messbar gemacht, die auch Durchschnittswerte für die Beurteilung des Entwicklungsstandes bieten.

2. *Prognose der Ausprägung und Veränderung von Personenmerkmalen:* Viele Entscheidungen und Maßnahmen in den genannten Praxisfeldern basieren auf mehr oder weniger sicheren Prognosen der weiteren Entwicklung. Ohne Vorhersagen von Entwicklungsverläufen und drohenden Störungen fehlt einer Entscheidung die Grundlage. Lassen sich jedoch z. B. Schulerfolg oder das Auftreten pathologischer Störungen langfristig prognostizieren? Es bleibt in der Regel ein hohes Irrtumsrisiko, weil nicht alle Einflussfaktoren bekannt sind oder weil nicht alle wirksamen positiven und negativen Einflüsse vorhersehbar sind und weil grundsätzlich Freiheiten zur Selbstgestaltung der eigenen Entwicklung anzunehmen sind (Montada, Lindenberger & Schneider 2012).
3. *Ermittlung von Entwicklungsbedingungen:* Es werden die Auswirkungen von Einflussfaktoren nicht nur kurz-, sondern auch langfristig beobachtet (z. B. traumatische Erfahrungen in der frühen Kindheit). Darüber hinaus wird untersucht, inwieweit der aktuelle Entwicklungsstand als Bedingung für die weitere Veränderung eine Rolle spielt.
4. *Begründung von Entwicklungszielen:* Relevant für Entwicklungsziele ist ein deskriptives Wissen z. B. über alterstypische Leistungen und Probleme und über differenzielle Entwicklungsverläufe, wenn Einflussfaktoren dafür bekannt sind. Wenn die entwicklungspsychologische Forschung aufzeigt, wovon die Entwicklung abhängt, wie man Entwicklungsabweichungen vermeiden und Ziele erreichen kann, werden Zielentscheidungen möglich.
5. *Planung und Evaluation von Entwicklungsinterventionen:* Voraussetzung für die Planung von Interventionen sind das Bindungswissen, die Prognosen und Zielentscheidungen. Hier stellen sich u. a. die Fragen, welche Interventionsmaßnahmen bei welchen individuellen Gegebenheiten geeignet sind, ein bestimmtes Interventionsziel zu erreichen, ob es optimale Interventionsperioden gibt oder ob es optimale Interventionsformen bei gegebenen Potenzialen, Problemen bzw. Kontextbedingungen gibt. Notwendig sind in diesem Zusammenhang Informationen über die kurz- und längerfristige Wirksamkeit von Maßnahmen und kurz- und längerfristige Nebenwirkungen. Ob es um eine Schulung, Förderung, Therapie oder Rehabilitation bei Kindern und Jugendlichen geht: man muss versuchen, auch die längerfristigen Wirkungen einzuschätzen. Für die Wirkungsüberprüfung sind prospektive Längsschnittstudien (▶ Kap. 4) unerlässlich; jedoch sind diese sehr aufwändig, wissenschaftlich und praktisch aber von Interesse und großer Bedeutsamkeit.

2.2 Leitfragen der Entwicklung

Die Geschichte der Entwicklungspsychologie ist eng verknüpft mit grundsätzlichen, übergreifenden Fragen. Zum Teil spiegeln sich in diesen Leitfragen wissenschaftliche Kontroversen wider, aus manchen Antworten lassen sich wissenschaftliche Schulen (Richtungen) ablesen und der überwiegende Teil der entwicklungspsychologischen Forschung ist der Suche nach Antworten auf die allgemeinen Fragen gewidmet. Obwohl Extrempositionen heute nicht mehr so häufig wie früher zu finden sind, sind die Leitfragen auch heute noch Ausgangspunkt für wissenschaftliche Debatten. Siegler, DeLoache und Eisenberg (2011) formulieren sieben zentrale Leitfragen der Kindesentwicklung, mit denen sich die Entwicklungspsychologie beschäftigt. Es herrscht Übereinstimmung darin, dass dies die bestimmenden und zentralen Themen sind:

1. Wie wirken sich Anlage und Umwelt gemeinsam auf die Entwicklung aus?
2. Wie formen Kinder ihre eigene Entwicklung?
3. Verläuft die Entwicklung kontinuierlich oder diskontinuierlich?
4. Wie kommt es zu Veränderungen?
5. Wie wirkt sich der soziokulturelle Kontext auf die Entwicklung aus?
6. Warum werden Kinder so verschieden?
7. Wie kann Forschung das Kindeswohl fördern?

Anlage und Umwelt: Die älteste und mit Abstand grundlegendste Frage über die Kindesentwicklung beschäftigt sich mit dem Zusammenspiel von Anlage (bezieht sich auf die genetische Grundausstattung, die Kinder von ihren Eltern erhalten) und Umwelt (alle materiellen und sozialen Umgebungen eines Kindes) bei der Formung des Entwicklungsprozesses. In der öffentlichen Wahrnehmung wird diese zentrale Leitfrage der Kindesentwicklung häufig als Entweder-oder-Frage angesehen und auch so formuliert: Was bestimmt die Entwicklung bzw. das Schicksal eines Menschen, Erbanlagen oder Umwelt? Diese Entweder-oder-Auffassung ist mittlerweile überholt und sie ist auch nicht zielführend. Jedes Merkmal, das wir besitzen (z. B. Intelligenz, Aussehen, Gefühle, Persönlichkeitseigenschaften) entsteht durch das *gemeinsame* Wirken von Anlage und Umwelt (Siegler, DeLoache & Eisenberg 2011). In der Regel werden aktuell keine extremen Positionen zur Rolle von Anlage und Umwelt vertreten. So lautet die Frage also nicht mehr, ob der ein oder andere Einfluss der entscheidendere sei, sondern sie richtet sich auf das Zusammenspiel von Anlage *und* Umwelt. Der Frage nach dem relativen Einfluss von Anlage und Umwelt wird auch in der heutigen Forschung nachgegangen. Dabei wird insbesondere darauf fokussiert, welche Entwicklungsbereiche besonders deutlich bzw. weniger deutlich durch genetische Faktoren beeinflusst sind und welche Genorte dafür verantwortlich sind.

Das aktive Kind: Im Zusammenhang mit der Debatte um Anlage und Umwelt wird leicht übersehen, in welcher Weise die Kinder selbst zu ihrer eigenen Entwicklung beitragen. Nach Siegler, DeLoache und Eisenberg (2011) lässt sich dieser Beitrag schon bei Säuglingen und Kleinkindern erkennen, so z. B. an ihren Aufmerksamkeitsmustern, ihrem Sprachgebrauch und ihrem Spielverhalten. Wenn die Kinder älter werden, erhöhen sich die Beiträge zu ihrer eigenen Entwicklung in mancher Hinsicht. Solange die Kinder jung sind, bestimmen in erster Linie ihre Eltern die unmittelbare Umgebung (Art der Kinderbetreuung, Spielgefährten, Freizeitaktivitäten usw.). Im Gegensatz dazu wählen ältere Kinder und

Jugendliche viele Umgebungen, Freunde und Betätigungen selbst aus, die maßgeblich auch die schulische Laufbahn sowie den Schul- bzw. den späteren beruflichen Erfolg beeinflussen (v. Salisch 2007; Siegler, DeLoache & Eisenberg 2011).

Kontinuierliche versus diskontinuierliche Entwicklung: Verläuft die Entwicklung graduell, allmählich und ohne abrupte Sprünge oder verläuft sie in Stufen? Manche Wissenschaftler stellen sich die Kindesentwicklung als einen kontinuierlichen Prozess kleiner Veränderungen vor, während andere Entwicklungspsychologen den Entwicklungsprozess als eine Reihe plötzlicher diskontinuierlicher (sprunghafter) Veränderungen ansehen. Häufig werden diskontinuierliche Auffassungen auch als sogenannte »Stufentheorien« bezeichnet, da ihnen die Annahme zugrunde liegt, dass Entwicklung als eine Abfolge unterscheidbarer altersabhängiger Stadien oder Phasen eintritt. Als Paradigmen für die unterschiedlichen Konzeptionen können in der Biologie das Baumwachstum als stetig fortschreitender Prozess und die Metamorphose des Schmetterlings als ein Vorgang mit plötzlichen dramatischen Änderungen gelten (Wilkening, Freund & Martin 2009). Nach Lohaus, Vierhaus und Maass (2010) sind kontinuierliche Entwicklungsveränderungen durch quantitative Veränderungen über die Zeit hinweg charakterisiert, während bei diskontinuierlichen Entwicklungsveränderungen auch qualitative Zustandsänderungen auftreten. Die Unterscheidung zwischen einer kontinuierlichen bzw. diskontinuierlichen Entwicklung spiegelt sich in verschiedenen Theorien der Entwicklungspsychologie wider. Es gibt Ansätze, die von rein quantitativen Entwicklungsverläufen ausgehen (z. B. Lerntheorien) und Theorien, die qualitative Änderungen im Entwicklungsverlauf betonen (z. B. Freuds Theorie der psychosexuellen Entwicklung). Stufenkonzeptionen scheinen dem mitteleuropäischen Denken näher zu liegen, während kontinuierliche Konzeptionen mehr dem angelsächsischen Denken entsprechen (Wilkening, Freund & Martin 2009).

Wie kommt es zu Veränderungen? Diese zentrale Leitfrage beschäftigt sich mit dem »vielleicht größten Geheimnis der Kindesentwicklung« (Siegler, DeLoache & Eisenberg 2011, 17) – welche Mechanismen rufen die erstaunlichen Veränderungen hervor, denen alle Kinder unterliegen? Eine sehr allgemein gehaltene Antwort auf diese Frage ist bereits in der Diskussion um das Thema Anlage und Umwelt enthalten: Das Wechselspiel zwischen Genen und Umwelt bestimmt einerseits, *welche* Veränderungen eintreten, und andererseits, *wann* die Veränderungen eintreten. Ein hilfreicher gedanklicher Rahmen dabei ist die Evolutionstheorie von Charles Darwin (Darwin 1877). Danach sind es vor allem die *psychische Variation* und die *psychische Selektion*, die Veränderungen innerhalb der Lebensspanne hervorbringen. Mit psychischer Variation ist die Art und Weise gemeint, wie Menschen denken, handeln und in Beziehung zu anderen treten. Als Beispiel dazu können Untersuchungen an Vorschulkindern angeführt werden, bei denen die Kinder einstellige Additionsaufgaben (z. B. 5+3) im Kopf lösen sollten. Die Kinder bewerkstelligten diese Aufgaben auf unterschiedliche Art und Weise – sie zählten an ihren Fingern ab, sie zählten weiter, riefen das richtige Ergebnis aus dem Gedächtnis ab oder versuchten es mit Raten. Mit *psychischer Selektion* ist gemeint, dass mit dem Alter und zunehmender Erfahrung ein Vertrauen in die brauchbarsten bzw. zweckmäßigsten Formen des Denkens, Handelns und Interagierens entsteht. Bezogen auf die Untersuchung an Vorschulkindern bedeutet es, dass sich Additionsstrategien in Geschwindigkeit und Genauigkeit, mit der sie zu einer Lösung führen, unterscheiden (schneller Gedächtnisabruf versus langsames Abzählen von 1).

Zusammengefasst: Für das Verständnis der Mechanismen, die grundlegend für die Entwicklungsveränderungen sind, ist es notwendig zu spezifizieren, wie Gene, Gehirnstrukturen und -prozesse sowie Lernerfahrungen interagieren, um sowohl allgemeine Entwicklungsverläufe als auch Unterschiede zwischen gleichaltrigen Kindern hervorzubringen (Siegler, DeLoache & Eisenberg 2011).

Wie wirkt sich der soziokulturelle Kontext aus? Kinder wachsen in ganz unterschiedlichen materiellen und sozialen Umwelten auf, in einer bestimmten Kultur, unter bestimmten ökonomischen Bedingungen zu einem bestimmten historischen Zeitpunkt – zusammen bilden sie die materiellen, sozialen, kulturellen, ökonomischen und zeitgeschichtlichen Umstände, die die Umwelt eines jeden Kindes formen (Siegler, DeLoache & Eisenberg 2011), die sich auf jeden Aspekt der Kindesentwicklung auswirkt. Der offensichtlich wichtigste Teil des unmittelbaren soziokulturellen Kontextes von Kindern sind die Bezugspersonen (Eltern, Großeltern, Geschwister, Erzieher, Freunde, Gleichaltrige) sowie die *materielle Umwelt* (Wohnung, Kita, Schule, Nachbarschaft), in der sie aufwachsen. Einen weiteren wichtigen Teil bilden die Institutionen, die das Leben der Kinder beeinflussen wie z. B. das Schulsystem, Sportvereine, Jugendgruppen, kirchliche Einrichtungen.

Eine wesentliche Methode zur Untersuchung des Einflusses soziokultureller Kontexte besteht in sogenannten kulturvergleichenden Studien. Hier wird das Leben von Kindern verglichen, die in verschiedenen Kulturen aufwachsen. Als Beispiel kann eine Untersuchung zum Vergleich der Schlafgewohnheiten jüngerer Kinder in verschiedenen Gesellschaften angeführt werden (Morelli, Rogoff, Oppenheim & Goldsmith 1992).

Entwicklungskontexte unterscheiden sich jedoch nicht nur zwischen den Kulturen, sondern auch innerhalb einzelner Kulturen. In multikulturellen Gesellschaften hängen viele Unterschiede mit der ethnischen Zugehörigkeit und dem sozioökonomischen Status (SES) zusammen. Der SES ist ein Maß der sozialen Schichtzugehörigkeit, das auf der Basis von Bildung und Einkommen gebildet wird. Der sozioökonomische Kontext wirkt sich besonders stark auf das Leben und die Entwicklung der Kinder aus. In hoch entwickelten und industrialisierten Gesellschaften wie der unseren wachsen die meisten Kinder unter komfortablen Umständen auf, was leider auf Millionen anderer Kinder nicht zutrifft. Laut OECD-Studie zur sozialen Situation von Kindern ist jedes sechste Kind von Armut betroffen (OECD 2009). International sind der Einfluss und die Auswirkungen von Armut auf unterschiedliche Entwicklungsbereiche von Kindern in verschiedenen Längsschnittstudien dokumentiert worden (z. B. Morales & Guerra 2006; Sameroff et al. 1993).

Warum werden Kinder so verschieden? Jeder, der eigene Kinder hat oder in unterschiedlichen beruflichen Kontexten mit ihnen Erfahrungen sammelt, ist sicher von ihrer Einzigartigkeit beeindruckt. Die Unterschiede sind ja nicht nur in der äußeren Erscheinung sichtbar, sondern Kinder unterscheiden sich auch hinsichtlich ihrer Aktivität, des Temperaments, der Intelligenz, Ausdauer, Emotionalität und Aufgeschlossenheit gegenüber Neuem. Dabei kann man die Verschiedenheit von Kindern schon sehr früh (im Säuglingsalter) beobachten: Manche Kinder sind sehr scheu, andere kontaktfreudig und selbst Kinder aus derselben Familie unterscheiden sich oft beträchtlich. Scarr (1992) identifizierte vier Faktoren, die dafür verantwortlich sind, dass Kinder sich unterschiedlich entwickeln: 1) genetische Unterschiede, 2) Unterschiede in der Behandlung durch Eltern und andere Personen, 3) unterschiedliche Wirkungen gleichartiger Erfahrungen auf die Kinder und 4) Wahl bestimmter Umgebungen durch die Kinder.

Der naheliegendste Grund für die Unterschiede zwischen den Kindern besteht in der genetischen Einzigartigkeit des Individuums (abgesehen von eineiigen Zwillingen). Selbst die Gene von Geschwistern (und zweieiigen Zwillinge) stimmen zu 50 Prozent überein und sie unterscheiden sich in den anderen 50 Prozent. Eine zweite Variationsquelle liegt darin, dass Kinder von ihren Eltern und anderen Personen verschieden behandelt werden. Diese unterschiedliche Behandlung ist oft auf die Temperamentseigenschaften der Kinder zurückzuführen. So fällt es Eltern von einfachen und umgänglichen Kindern leichter, feinfühlig und sensibel auf sie einzugehen als das bei »schwierigen« Kindern oft der Fall ist. Hier reagieren Eltern oft gereizt, ärgerlich oder wütend. Aber auch Erzieher und Lehrer reagieren auf die individuellen Eigenschaften der Kinder. Sind sie angenehm im Umgang und aufgeschlossen, zeigen sie gute Schulleistungen, schenken ihnen die Lehrer im Allgemeinen mehr Aufmerksamkeit, Ermutigung und Zuwendung im Vergleich zu schlechten oder störenden Schülern. Kinder werden aber nicht nur durch die offensichtlichen Unterschiede in der Behandlung, die ihnen zuteil wird, geformt. Sie werden auch von den subjektiven Interpretationen der Behandlung oder wichtigen Ereignissen geformt. Wenn z. B. Eltern ihren Arbeitsplatz verlieren, kann das bei Geschwistern grundlegend unterschiedliche Reaktionen hervorrufen. Manche Kinder sind darüber extrem besorgt, während ihre Geschwister vielleicht darauf vertrauen, dass alles gut wird.

Wie kann Forschung das Kindeswohl fördern? Die Beschäftigung mit der letzten Leitfrage der Kindesentwicklung bringt oft einen praktischen Nutzen hervor. Ein besseres Verständnis der Entwicklung von Kindern hängt auch mit begründeten sozialpolitischen Entscheidungen zusammen. Die Erforschung der Kindesentwicklung liefert Informationen, die bei Fragen, die Kinder allgemein betreffen, eine wichtige Argumentationshilfe sein können: Sollten z. B. öffentliche Gelder investiert werden, um potenzielle Entwicklungsauffälligkeiten frühzeitig zu erkennen und ihnen vorzubeugen, oder sollten diese Gelder für Interventionen bei bereits bestehenden Problemen ausgegeben werden? Zu den Vorteilen der Forschungsarbeiten zur Kindesentwicklung gehören Verfahren zur Frühdiagnose von Entwicklungsproblemen; in einem relativ frühen Stadium lassen sie sich am leichtesten und einfachsten korrigieren. So kommen beispielsweise manche Kinder mit Katarakten auf die Welt (Trübungen der Augenlinse, die scharfes Sehen behindern). Meist ist eine Operation zum frühestmöglichen Zeitpunkt notwendig. Bei den Standardverfahren zur Beurteilung des Sehvermögens müssen die Patienten angeben, was sie sehen. Säuglinge können solche Angaben natürlich nicht machen. Eine entwicklungspsychologische Forschungsmethode lässt jedoch das Verhalten der Kinder für sie sprechen – die Blickpräferenz (Siegler, DeLoache & Eisenberg 2011). Diese Methode baut auf Forschungsergebnissen auf, denen zufolge Kinder, die den Unterschied zwischen einem einfachen Muster und einem unstrukturierten grauen Feld erkennen können, das Muster bevorzugt anschauen. Somit lässt sich das Ausmaß der visuellen Beeinträchtigung des Kindes aus seinem Blickverhalten ableiten. Das Verfahren der Blickpräferenz hat sich ab einem Alter von 2 Monaten als brauchbar erwiesen. Entwicklungspsychologische Forschungen finden ihre Anwendungen aber auch im Bildungsbereich. So sind zahlreiche Hilfs- und Förderprogramme entwickelt worden, die ein effektiveres Lernen der Kinder (z. B. bei spezifischer Sprachentwicklungsstörung) ermöglichen sollen (zusammenfassend Borchert 2008; v. Suchodoletz 2010).

3 Ausgewählte Theorien der Entwicklungspsychologie

Grundsätzlich lassen sich die Konzepte darüber, wie sich die Entwicklung vollzieht, danach unterscheiden, ob das Individuum als aktiv oder passiv betrachtet wird und ob der Umwelt ein gestaltender Beitrag zur Entwicklung zugebilligt wird oder nicht. So lassen sich vier prototypische Modellvorstellungen unterscheiden (Oerter & Montada 2008). Diese Typologie der Entwicklungstheorien ist in ▶ Abb. 1 dargestellt.

		Umwelt	
		aktiv	passiv
Subjekt	aktiv	Interaktionistische Modelle	Konstruktivistische Modelle
	passiv	Exogenistische Modelle (Lerntheorien)	Endogenistische Modelle (vor allem Vererbung)

Abb. 1: Typologie von Entwicklungstheorien nach Oerter und Montada (2008)

3.1 Exogenistische Modelle

Exogenistische Theorien gehen davon aus, dass sich die Entwicklung vor allen Dingen ausschließlich durch äußere Einflussfaktoren vollzieht. Das Individuum ist passiv, es kommt als eine Art »tabula rasa« (leeres Blatt) auf die Welt und wird in erster Linie durch Lernerfahrungen und externe Einflüsse geprägt. Besonders radikale und konsequente Verfechter der Lerntheorien (des Behaviorismus) favorisieren dieses Modell. Berühmt geworden ist Watsons Angebot, man möge ihm ein Dutzend Kinder geben und eine Welt, in der er sie aufziehen könne. Er garantiere dann, dass er jedes zu dem mache, was man wolle: Arzt, Rechtsanwalt, Künstler, Unternehmer oder auch Dieb oder Bettler (Watson 1968).

3.2 Endogenistische Modelle

Demgegenüber führen endogenistische Theorien Entwicklung auf die Entfaltung eines angelegten Plans des menschlichen Werdens zurück. Die Ursachen oder Erklärungen für Veränderungen sind demzufolge genetisch bedingt und vollziehen sich durch Reifung (siehe ▶ Kap. 1). Das genetische Entwicklungsprogramm wird nur in zeitlich begrenzten sensiblen Phasen als offen für jeweils spezifische äußere Einflüsse angesehen (Oerter & Montada 2008). In diesen Phasen kann Prägung stattfinden. Entwicklung wird nicht erklärt durch die Einflüsse von außen. Die Entwicklung selbst bestimmt, wann und inwiefern Einflüsse von außen veränderungswirksam werden, da spezifische äußere Faktoren nur bei einem bestimmten Entwicklungsstand einwirken können. Das endogenistische Modell wird von stark biologisch ausgerichteten Vertreterinnen und Vertretern der Vererbungstheorie bevorzugt (Montada, Lindenberger & Schneider 2012).

3.3 Aktionale und konstruktivistische Modelle

Der Mensch selbst wird als Mitgestalter seiner Entwicklung angesehen, »als erkennendes und reflektierendes Wesen, das sich ein Bild von sich selbst und seiner Umwelt und bei neuen Erfahrungen macht. Der reflexive Mensch reagiert nicht mechanisch auf äußere Gegebenheiten, sondern nimmt diese selektiv wahr, deutet und interpretiert sie und richtet sein Verhalten an diesen Deutungen aus« (Oerter & Montada 2008, 10). Der Mensch ist im Laufe der Entwicklung immer besser in der Lage, ziel- und zukunftsorientiert zu handeln und somit gestalterischen Einfluss auf seine eigene Entwicklung zu nehmen. Man kann in diesem Sinne unter besonderer Berücksichtigung von Kognition und Handlung wie Bundschuh (2008) Entwicklung als einen Prozess fortschreitender Selbstkonstruktion der Umwelt bezeichnen. Dieser Ansatz der Selbstgestaltung liegt auch schon dem großen und einflussreichen Werk Jean Piagets (1896–1980) über die Entwicklung der Intelligenz, des Denkens (siehe ▶ Kap. 6) und der Moral zugrunde.

3.4 Interaktionistische Modelle

Die interaktionistischen Modelle sind am komplexesten, da sie davon ausgehen, dass ein aktives Individuum in einer gleichfalls aktiven Umwelt agiert und beide in ständiger Wechselwirkung die Entwicklung des Menschen beeinflussen. Diesen Entwicklungstheorien gemeinsam ist die Annahme systemischer Zusammenhänge. Menschen leben, agieren und entwickeln sich in sozialen bzw. ökologischen Systemen und sind somit Teil verschiedener Systeme. Alle Teile des Systems stehen in Relation zueinander und ihre Aktivitäten können andere Teile beeinflussen. Als Beispiel einer solchen entwicklungstheoretischen Vorstellung kann die ökologische Systemtheorie von Bronfenbrenner (1979) angesehen werden (siehe ▶ Kap. 3.7). Aus der interaktionistischen Sichtweise ergeben sich nach Bundschuh (2008) Konsequenzen für die Entwicklung und Entfaltung von Kindern mit Beeinträchtigungen, wie auch immer sie verursacht sein mögen. Die Individualentwicklung ist durch die Einwirkungen der Umwelt beeinfluss- und veränderbar. Daraus lässt sich z. B. für Kinder mit Behinderungen (deren Ursachen im organischen Bereich liegen) ableiten, dass mithilfe der Umwelt Möglichkeiten bereitgestellt werden, diese behindernden Bedingungen auszugleichen oder zu kompensieren.

Im Folgenden werden aus der Vielzahl einflussreicher Theorien, die sich mit der menschlichen Entwicklung näher beschäftigt haben, einige zentrale Theorien beschrieben. So werden Entwicklungsprozesse aus unterschiedlichen Perspektiven betrachtet: der psychoanalytische Ansatz von Sigmund Freud, lerntheoretische Konzeptionen, die ökologische Systemtheorie von Bronfenbrenner, die soziokulturelle Entwicklungstheorie und kurz der Informationsverarbeitungsansatz.

3.5 Der psychoanalytische Ansatz

Die psychoanalytische Konzeption Sigmund Freuds ist eine der historisch frühesten Entwicklungstheorien, die formuliert wurden (zusammenfassend Freud 1930; 1933). Keine psychologische Theorie hatte einen größeren Einfluss auf die westliche Kultur und ihr Denken über die Persönlichkeit und die soziale Entwicklung (Siegler, DeLoache & Eisenberg 2011). In der Theorie von Freud wird die Entwicklung sehr stark durch biologische Reifung vorangetrieben. Für Freud ist Verhalten durch das Bedürfnis motiviert, grundlegende Triebe zu befriedigen. Diese Triebe und die unterschiedlichen Motive, die ihnen entspringen, sind weitgehend unbewusst. Bei der Theorie spielen folgende Leitfragen der Kindesentwicklung eine wichtige Rolle: *Anlage versus Umwelt, kontinuierliche versus diskontinuierliche Entwicklung* sowie die *individuellen Unterschiede*. Das Zusammenspiel von Anlage und Umwelt ergibt sich durch die Betonung der biologischen Grundlagen der Entwicklungsstadien. Bei den Entwicklungsstadien handelt es sich um eine sogenannte Stufentheorie, welche die Diskontinuität der Entwicklung hervorhebt. Im Rahmen dieser diskontinuierlichen Entwicklung zielt die psychoanalytische Theorie auf die Kontinuität individueller Unterschiede ab, indem sie behauptet, dass die frühen Erfahrungen von Kindern ihre spätere Entwicklung prägen (Siegler, DeLoache & Eisenberg 2011).

Die Theorie Freuds unterscheidet drei zentrale Instanzen der Persönlichkeit: das *Es*, das *Ich* und das *Über-Ich*. Das Es ist in der psychoanalytischen Theorie die früheste und primitivste Persönlichkeitsstruktur. Das Es ist unbewusst und wird vom Lustprinzip geleitet – dem Ziel der schnellstmöglichen maximalen Bedürfnisbefriedigung (Bedürfnis nach Essen, Trinken, Wohlbefinden etc.). Das Über-Ich repräsentiert dabei die internalisierten moralischen Normen der Umgebung, die der unmittelbaren Triebbefriedigung entgegenstehen. Gleichzeitig entwickelt sich das Ich, die rationale, logische und problemlösende Komponente der Persönlichkeit. Das Ich ist darum bemüht, Wege zu einer Triebbefriedigung zu finden, die mit den Normen in Einklang stehen. Zusammenfassend lässt sich also sagen, dass im Verlauf der Entwicklung zunächst das Es im Vordergrund steht, während sich das Ich und das Über-Ich später entwickeln. Das Ich erhält dabei im Laufe der Entwicklung eine zunehmend stärkere Bedeutung.

Die Quelle der Triebbefriedigung ändert sich im Entwicklungsverlauf und daraus ergibt sich nach Freud (1930; 1933) die Einteilung in verschiedene Entwicklungsphasen. Die einzelnen Phasen und die damit verbundenen Altersangaben sind in der ▶ Tab. 3 zusammengefasst.

Tab. 3: Entwicklungsphasen in der psychoanalytischen Theorie Freuds

Phase	Alter	Quelle der Triebbefriedigung
Orale Phase	0–1 Jahr	Nahrungsaufnahme und daran beteiligte Organe
Anale Phase	1–3 Jahre	Körperausscheidungen und daran beteiligte Organe
Phallische Phase	3–6 Jahre	Genitale Zonen
Latenzphase	6–11 Jahre	alle früheren Zonen, vorübergehende Abnahme des genitalen Lustgewinns
Genitale Phase	Adoleszenz	Wiederbelebung der frühkindlichen Arten des Lustgewinns, Zunahme der Bedeutung der genitalen Zonen

Im 1. Lebensjahr befindet sich der Säugling in der ersten Phase, der sogenannten *oralen Phase*, in der die primäre Quelle für Befriedigung und Lustgewinn in oralen Aktivitäten (Saugen, Lutschen, Essen) besteht. Die große Bedeutung des oralen Lustgewinns für Säuglinge wurde beispielsweise dadurch belegt, dass Säuglinge viele Objekte in den Mund nehmen, um sich damit zu befassen. In der *analen Phase* zwischen dem 1. und 3. Lebensjahr erfolgt der Lustgewinn verstärkt durch die Körperausscheidungen. Die dritte Entwicklungsstufe, die *phallische Phase*, umfasst das 3. bis 6. Lebensjahr. In dieser richtet sich der sexuelle Lustgewinn auf die genitalen Zonen. In die phallische Phase fällt der bekannte Ödipus- (bei Jungen) bzw. Elektrakomplex (bei Mädchen). In dieser Phase erkennen die Kinder die genitalen Unterschiede zwischen den Geschlechtern und fühlen sich in besonderem Maße zum gegengeschlechtlichen Elternteil hingezogen, um diesen möglichst allein für sich zu haben. Es kommt zur Furcht vor der Rache des gleichgeschlechtlichen Elternteils. Im Anschluss erfolgt eine Identifikation mit dem gleichgeschlechtlichen Elternteil, um dadurch indirekt die eigenen Wünsche zu erfüllen. Dadurch kommt es zur Übernahme von dessen Normen und Werten und damit verbunden zur vollen Ausprägung des Über-Ich und Ich. Das Ich entwickelt nun in stärkerem Maße Abwehrmechanismen, um Es-Impulse in sozial akzeptable Bahnen zu lenken.

Zwischen dem 6. und 12. Lebensjahr, der *Latenzphase*, kommt es zu einer vorübergehenden Abnahme der Rolle des genitalen Lustgewinns. Sexuelle Wünsche werden sicher im Unbewussten verborgen, und die psychische Energie kanalisiert sich in konstruktiven, sozial akzeptablen Handlungen intellektueller und sozialer Art. Die fünfte und letzte Phase, die *genitale Phase*, beginnt mit dem Eintreten der sexuellen Reifung. Hier erhalten dann die genitalen Zonen erneut eine verstärkte Bedeutung als Quelle des Lustgewinns.

Nach der Entwicklungskonzeption von Freud sind keine Entwicklungsprobleme zu erwarten, wenn in den einzelnen Entwicklungsphasen die Bedürfnisse des Kindes auf altersangemessene Weise befriedigt werden. Probleme ergeben sich vor allem dann, wenn eine unzureichende oder übermäßige Befriedigung stattfindet. Es kommt dadurch zu Fixationen, die damit verbunden sind, dass auch in späteren Entwicklungsphasen in besonderem Maße Bedürfnisbefriedigungen aus Quellen gezogen werden, die nicht der altersentsprechenden Entwicklungsphase zuzuordnen sind. Nach Freuds Ansicht formt also die Art, in der das Kind die in ▶ Tab. 3 genannten Entwicklungsphasen durchlaufen hat, die Persönlichkeit des Individuums ein Leben lang.

Von den vielen Nachfolgern Freuds hatte keiner einen größeren Einfluss auf die Entwicklungspsychologie als Erik Erikson (Erikson 1973; 1988). Er übernahm die Grundelemente der Theorie Freuds, nahm aber zusätzlich soziale Faktoren auf wie z. B. kulturelle Einflüsse, veränderte Geschlechtsrollen und Generationsunterschiede (Siegler, DeLoache & Eisenberg 2011). Seine Theorie wird deshalb auch als Theorie der psychosozialen Entwicklung bezeichnet. Ein besonderer Verdienst ist darin zu sehen, dass Erikson die Entwicklung als lebenslangen Prozess betrachtet und auch über das Jugendalter hinaus noch spezifische Entwicklungsphasen postuliert (siehe ▶ Tab. 4).

Tab. 4: Entwicklungsphasen nach der Theorie von Erikson

Altersabschnitt	Psychosoziale Krise
Säuglingsalter (1. Lebensjahr)	Urvertrauen versus Misstrauen
Frühes Kindesalter (1–3 Jahre)	Autonomie versus Scham und Zweifel
Mittleres Kindesalter (3–6 Jahre)	Initiative versus Schuldbewusstsein
Spätes Kindesalter (6–11 Jahre)	Fleiß versus Minderwertigkeit
Adoleszenz (ab Pubertät)	Identität versus Rollendiffusion
Frühes Erwachsenenalter (ab 20 Jahre)	Intimität versus Isolation (Rückzug)
Mittleres Erwachsenenalter (ab 40 Jahre)	Generativität versus Stagnation
Höheres Erwachsenenalter (ab 60 Jahre)	Ich-Integrität versus Verzweiflung

Erikson (1988) nahm acht altersabhängige Entwicklungsstufen an, die ein Individuum von der frühen Kindheit bis zum hohen Alter durchläuft. Jede dieser Entwicklungsstufen ist durch eine spezielle Krise oder eine Reihe von Entwicklungsaufgaben gekennzeichnet, die das Individuum bewältigen muss. Durch die

Art der Problemlösung entwickelt sich die Persönlichkeit des Individuums. Wenn die dominante Problemstellung einer Phase nicht erfolgreich gelöst wurde, bevor Reifungsprozesse und sozialer Druck die nächste Phase einleiten, wird die Person weiterhin mit diesen Problemen zu kämpfen haben. Die ersten fünf Phasen beziehen sich auf das Kleinkindalter, die Kindheit und die Pubertät und die drei weiteren Phasen sind für das Erwachsenenalter konzipiert. Als eine der wichtigsten Phasen gilt das Jugendalter, da hier die Ich-Entwicklung ihren Höhepunkt erreicht. Das zentrale Thema ist dabei die Findung einer eigenen Identität versus (als Gegenpool) die Rollendiffusion. Unter Rollendiffusion ist zu verstehen, dass keine eigenständige Identität entwickelt wird, sondern sich die Identität nach der Situation richtet, in der man sich gerade befindet (Lohaus, Vierhaus & Maass 2010).

Eriksons Fokussierung auf die Suche nach der Identität in der Adoleszenz hatte einen nachhaltigen Einfluss und bildet die Grundlage zu einer Vielzahl von Forschungsarbeiten zu diesem Aspekt des Jugendalters. Als Hauptkritik der hier skizzierten Theorien wird formuliert, dass die zentralen Aussagen oft zu ungenau und vage für eine wissenschaftliche Überprüfung formuliert sind. Historisch betrachtet war Freuds Theorie überaus einflussreich: Viele Annahmen der psychoanalytischen Theorien sind in die Forschung zu entwicklungspsychologischen Fragestellungen eingeflossen und haben sie heuristisch befruchtet. Das betrifft vor allem den Einfluss früher Erfahrungen und früher Beziehungen, die das Grundthema der heutigen Bindungsforschung sind (zusammenfassend Siegler, DeLoache & Eisenberg 2011).

3.6 Lerntheoretische Konzeptionen

Ähnlich wie der psychoanalytische Ansatz kann auch die Lerntheorie auf eine lange Tradition in der Anwendung auf entwicklungspsychologische Fragestellungen zurückblicken. Im Gegensatz zu Freud, der die inneren Kräfte betont und die Bedeutung der subjektiven Erfahrung herausgestellt hat, wird Entwicklung hier weniger als endogen, sondern vorrangig als exogen gesteuert angesehen. Das bedeutet im Zusammenhang mit der Leitfrage Anlage versus Umwelt, dass weniger die Anlagen als vielmehr die Umwelt als entscheidend für die Entwicklung angesehen wird. Im Vordergrund stehen dabei die Lernerfahrungen, die ein Kind aus den Interaktionen mit der Umgebung macht. Die primäre Leitfrage der Kindesentwicklung, zu der die Lerntheorien eine einheitliche Position beziehen, ist die nach der *Kontinuität versus Diskontinuität*: Alle Vertreter der Lerntheorien betonen die Kontinuität und nehmen an, dass dieselben Prinzipien das Lernen und Verhalten über die gesamte Lebensspanne hinweg steuern. Daher gibt es nach dieser Auffassung keine qualitativ unterschiedlichen Entwicklungsstufen oder -stadien. Darüber hinaus konzentrieren sich die Lerntheoretiker darauf, die Rolle der spezifischen *Veränderungsmechanismen* (dazu gehören Lernprinzipien wie Verstärkung oder Beobachtungslernen) zu beschreiben. Der Leitfrage *Forschung und Kindeswohl* kommt insbesondere bei den vielfältigen Anwendungsmöglichkeiten in der Pädagogischen Psychologie sowie der klinisch-psychologischen Verhaltensmodifikation eine besondere Bedeutung zu. In den frühen lerntheoretischen Konzeptionen werden die zentralen Lernformen des klassischen und operanten Konditionierens unterschieden. Diese beiden Lernformen sollen im Folgenden kurz erläutert werden.

3.6.1 Klassisches Konditionieren

Als Entdecker des klassischen Konditionierens gilt der russische Physiologe Iwan Pawlow mit seinen Forschungsarbeiten zu Lernprozessen bei Tieren. Pawlow beobachtete, dass bei Hunden der Speichelfluss einsetzte, noch bevor sie ihr Fressen erhielten, nämlich bereits beim Anblick ihres Trainers, der sie gewöhnlich fütterte. Die Hunde mussten also gelernt haben, den neutralen Stimulus (Anblick des Trainers) in Verbindung zu bringen mit einem natürlichen Stimulus (das Futter), der Auslöser einer reflexartigen Reaktion (Speichelfluss) war. Das klassische Konditionieren beruht also auf einer bereits im Verhaltensrepertoire bestehenden Reiz-Reaktions-Verbindung. Wird ein zuvor neutraler Reiz wiederholt mit einem ursprünglichen Auslösereiz gekoppelt, so löst er im Anschluss nun ebenfalls die Reaktion aus. Die Macht der klassischen Konditionierung demonstrierte John B. Watson in einem berühmten und nach heutigen ethischen Maßstäben unzulässigen Experiment am »Kleinen Albert« (Watson & Rayner 1920). Watson bot dem 9 Monate alten Albert im Labor eine zahme Ratte dar, auf die er anfangs positiv reagierte. In weiteren Versuchsdurchgängen jedoch verbanden die Forscher das Erscheinen der Ratte mit einem lauten Geräusch, das Albert offensichtlich ängstigte. Nach einigen Versuchsdurchgängen fürchtete Albert sich vor der Ratte. Es kann dabei zu *Generalisierungen* kommen, indem die konditionierte Reaktion auf eine Reihe ähnlicher Auslösereize hin ausgeführt wird (z. B. unterschiedliche Glockentöne). Auch Diskriminationslernen ist möglich, wenn im Laufe der Zeit gelernt wird, dass nur spezifische Auslösereize zuverlässig mit der unkonditionierten Reiz-Reaktions-Verbindung gekoppelt sind.

3.6.2 Operantes Konditionieren

Burrhus F. Skinner (1953) vertrat genauso strikt wie Watson die Meinung, dass die Umwelt das Verhalten steuert. Er nahm an, dass die Entwicklung von Kindern primär eine Frage ihrer Verstärkungsgeschichte sei – alles, was wir im Leben tun (jede einzelne Handlung) ist eine operante, von den Ereignissen des vergangenen Verhaltens beeinflusste Reaktion. Beim operanten Konditionieren zeigt das Individuum mehr oder weniger zufällig ein Verhalten, das dann durch entsprechende Reaktionen aus der Umgebung verstärkt wird (z. B. durch eine Belohnung). Durch die Verstärkung wird die Auftretenswahrscheinlichkeit des Verhaltens erhöht. Wenn die erwartete Verstärkung aber über einen mehr oder weniger langen Zeitraum ausbleibt, kommt es zur Löschung bzw. Extinktion des Verhaltens. Die Auftretenswahrscheinlichkeit des meist unangemessenen Verhaltens (Quengeln, Schreien) nimmt wieder ab.

Beim operanten Konditionieren lassen sich verschiedene Arten von Verstärkungen unterscheiden (Berk & Schönpflug 2011):

- *Kontinuierliche und intermittierende Verstärkungen:* Während eine kontinuierliche Verstärkung dadurch gekennzeichnet ist, dass nach jedem Zeigen des Ziel- oder erwünschten Verhaltens die Verstärkung erfolgt, geschieht das bei einer intermittierenden Verstärkung nicht nach jedem Zielverhalten, sondern in unregelmäßigen oder zufälligen Abständen.
- *Primäre und sekundäre Verstärkung:* Primäre Verstärker sind unmittelbare Verstärker, die z. B. in Form von Lob oder Süßigkeiten als Belohnung eingesetzt werden. Sekundäre Verstärker können dabei stellvertretend für primäre Verstärker eingesetzt werden (z. B. Geld, Token).
- *Externe und interne Verstärkung:* Bei externen Verstärkungen kommen diese von außerhalb, während es sich bei der internen Verstärkung um eine Selbstverstärkung (z. B. durch Eigenlob) handelt.
- *Direkte und indirekte (stellvertretende) Verstärkung:* Mit indirekter Verstärkung ist gemeint, dass man eine Verstärkung für ein bestimmtes Verhalten bei einer anderen Person beobachtet.
- *Positive und negative Verstärkung:* Bei positiver Verstärkung folgt nach dem Verhalten eine positiv bewertete Konsequenz; bei negativer Verstärkung fällt auf das Verhalten hin eine negativ bewertete Konsequenz weg.

Skinners Arbeiten über die Verstärkung führten zu der Therapieform der Verhaltensmodifikation, die sich bei der Veränderung unerwünschter Verhaltensweisen als erfolgreich erwiesen hat. Bei dieser Therapieform werden die Verstärkungskontingenzen verändert, um ein angemesseneres (angepassteres) Verhalten zu fördern, z. B. bei gravierenden Problemen wie verzögerter Sprachentwicklung, anhaltenden Aggressionen und extremen Ängsten (Conyers et al. 2004; Martin & Pear 2010; v. Suchodoletz 2010).

3.6.3 Beobachtungslernen

Innerhalb der lerntheoretischen Konzeptionen kommt neben dem klassischen und operanten Konditionieren dem Beobachtungslernen (auch bekannt als Modelllernen) eine große Bedeutung zu, denn mit den Verfahren des klassischen und des operanten Konditionierens können viele Lernphänomene erklärt werden. Albert Bandura (Bandura 1986) z. B. behauptete, dass der größte Teil des menschlichen Lernens dem Wesen nach sozialer Natur ist und auf der Beobachtung des Verhaltens anderer Menschen basiert. Kinder lernen am schnellsten und wirksamsten, indem sie einfach zuschauen, was andere Menschen machen, und sie dann imitieren. Nach Bandura (1986) müssen folgende Bedingungen vorliegen, damit ein Beobachtungslernen zustande kommt:

1. Aufmerksamkeit: Der Beobachter muss seine Aufmerksamkeit auf das Modell und sein Verhalten richten.
2. Behalten: Der Beobachter muss das Verhalten des Modells im Gedächtnis speichern.
3. Motorische Reproduktionskompetenz: Der Beobachter muss die motorischen Kompetenzen besitzen, um das beobachtete Verhalten zu reproduzieren.
4. Motivation: Der Beobachter muss motiviert sein, das beobachtete Verhalten zu realisieren.

Das Beobachtungslernen hängt eindeutig von zentralen kognitiven Prozessen ab: Aufmerksamkeit und Behalten dienen dabei der *Aneignung des Verhaltens*, während die motorischen Reproduktionskompetenzen und die Motivation die *Ausführung des Verhaltens* bestimmen (Lohaus, Vierhaus & Maass 2010). Bandura hat mit einer Reihe klassischer Experimente nachgewiesen, dass die Unterscheidung zwischen der Aneignung und der Ausführung eines Verhaltens sinnvoll ist (Bandura 1965; Bandura, Ross & Ross 1963): Ein erwachsenes Modell nahm an einem großen aufblasbaren Stehaufmännchen ungewöhnliche aggressive Handlungen (Schlagen, Treten) vor. Es gab in dem Experiment drei Gruppen von Kindern – bei einer Gruppe wurde das erwachsene Modell anschließend für sein Verhalten belohnt, bei der zweiten Gruppe wurde es dafür bestraft und in der dritten Gruppe erfolgte keine Konsequenz. Im Anschluss durften die Kinder jeweils mit dem Stehaufmännchen spielen. Wie erwartet zeigten die Kinder, die das belohnte Modell gesehen hatten, am häufigsten ebenfalls aggressives Verhalten. Ähnlich fiel das Verhalten aus, wenn keine Konsequenz gefolgt war. Bei einer Bestrafung des Modells zeigten auch die Kinder deutlich weniger aggressives Verhalten. In weiteren Experimenten wurde den Kindern eine Belohnung in Aussicht gestellt, wenn sie das Verhalten des Modells imitieren. Hier zeigte sich, dass fast alle Kinder – unabhängig von der Versuchsbedingung – das Verhalten nachahmten.

Banduras Arbeit beeinflusst nach wie vor viele Bereiche der Forschung zur sozialen Entwicklung. In der jüngsten Revision seiner Theorie (Bandura 1999; 2001) betont er die Wichtigkeit der Kognition bzw. des Denkens. Deshalb bezeichnet er seinen Ansatz nun nicht mehr als soziale Lerntheorie, sondern als sozial-kognitive Lerntheorie. Bandura betont die Bedeutsamkeit eines kognitiven Faktors, den er *wahrgenommene Selbstwirksamkeit* nennt. Hiermit ist die Selbsteinschätzung eines Menschen gemeint, wie wirksam er (oder sie) das eigene Verhalten, die Gedanken und Gefühle kontrollieren kann, um gewünschte Ziele zu erreichen.

3.7 Ökologische Systemtheorie

Bei den bislang skizzierten Entwicklungstheorien lag der Schwerpunkt auf der Entwicklung des einzelnen Individuums. Das umfassendste Modell des allgemeinen Entwicklungskontextes folgt einer systemorientierten Perspektive und wird auch als bioökologisches Modell bezeichnet (Bronfenbrenner 2005; Bronfenbrenner & Morris 2006). Der US-amerikanische Psychologe Urie Bronfenbrenner hat diesen Ansatz entwickelt, der in den letzten zwei Jahrzehnten in der Entwicklungspsychologie führend wurde, da er die differenzierteste und vollständigste Beschreibung umweltbedingter Einflüsse bietet (Berk & Schönpflug 2011).

Die ökologische Systemtheorie betrachtet die Person als ein sich in einem komplexen System von Beziehungen entwickelndes Wesen, wobei diese Beziehungen auf verschiedenen Schichten von der Entwicklungsumgebung beeinflusst werden. Bronfenbrenner (2005) stellt sich die Umwelt als eine Reihe verschachtelter Strukturen (ähnlich wie bei russischen Puppen) vor, z. B. das häusliche Umfeld, die Schule, die Nachbarschaft und der Arbeitsplatz, in denen der Mensch seinen Alltag verbringt. Diese Strukturen beeinflussen sich gegenseitig und müssen darüber hinaus als in das Gesamtsystem eingebettet betrachtet werden (siehe ▶ Abb. 2).

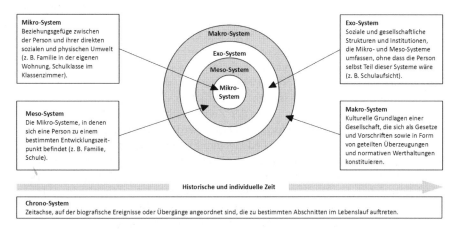

Abb. 2: Vier Ebenen ökologischer Systeme nach Bronfenbrenner (2005) (Quelle: Schneider & Lindenberger 2012, 144)

Im Zentrum der verschiedenen Einflussebenen steht das individuelle Kind mit seiner besonderen Konstellation von Merkmalen und Eigenschaften (Geschlecht, Alter, Temperament, Gesundheit, Intelligenz, genetische Ausstattung, körperliche Attraktivität usw.), die im Entwicklungsverlauf mit den Umweltkräften interagieren. Nach Bronfenbrenner und Morris (2006) kann das soziale System aufgegliedert werden in eine Reihe von Teilsystemen. Es wird unterschieden zwischen den folgenden Systemebenen:

- *Mikro-System:* die unmittelbare Umgebung, die ein Individuum persönlich erfährt (Familie, Kita oder Schule, Arbeitsplatz)
- *Meso-System:* die Verbindungen zwischen den unmittelbaren Rahmenbedingungen des Mikrosystems (z. B. Beziehung zwischen Elternhaus und Schule/Kita)

- *Exo-System:* Umweltbedingungen, die eine Person nicht direkt erfährt, die die Person aber indirekt beeinflussen können (z. B. Arbeitsstätte der Eltern, Freunde der Eltern)
- *Makro-System:* der größere kulturelle und soziale Kontext, in den die anderen Systeme eingebettet sind (z. B. allgemeine Überzeugungen, Werte, Bräuche, Gesetze der Gesellschaft; Hauptgruppen von Kultur, Subkultur und sozialer Schicht)
- *Chrono-System:* die historischen (zeitlichen) Veränderungen, die sich auf die anderen Systeme auswirken (z. B. das »digitale Zeitalter«)

Die verschiedenen Ebenen unterscheiden sich in der Unmittelbarkeit ihrer Wirkungen, wobei Bronfenbrenner und Morris (2006) betonen, dass sich *jede* Ebene, vom engen Kontext der Kernfamilie eines Kindes bis zur allgemeinen Kultur, in der die Familie lebt, auf die Entwicklung des Kindes auswirkt. Jede der in ▶ Abb. 2 dargestellten Ebenen wird als »System« bezeichnet; sie macht damit die Komplexität und Verwobenheit der Abläufe, die auf jeder Ebene vonstattengehen, deutlich.

Unter entwicklungspsychologischen Gesichtspunkten hat vor allem das Mikro-System der Familie besondere Beachtung erhalten. Auch hier stellt sich eine der Leitfragen der Kindesentwicklung: Erfolgt die Familienentwicklung kontinuierlich oder eher diskontinuierlich? Die Annahme, dass die Familienentwicklung diskontinuierlich verläuft, wird im Wesentlichen durch die Tatsache gestützt, dass es bei vielen Familien im Laufe der Zeit Einschnitte gibt, die eine Umorientierung und Neuanpassung erfordern. Dabei werden nach Lohaus, Vierhaus und Maass (2010) insbesondere drei bedeutsame Ereignisse genannt, die regelmäßig mit mehr oder weniger tiefen Einschnitten verbunden sind: Veränderungen in der Zahl der Mitglieder einer Familie, Beginn neuer Lebensabschnitte beim ersten Kind (Eintritt in den Kindergarten, die Schule etc.) und Ausscheiden der Haupterwerbsperson aus dem Arbeitsleben. Der Ansatz von Bronfenbrenner ist insbesondere in der frühen Bildung, aber auch in der Sonderpädagogik relevant, da er es ermöglicht, die unterschiedlichen Entwicklungsumwelten, in denen die Kinder aufwachsen, systematisch zu beschreiben und zu analysieren.

3.8 Soziokulturelle Entwicklungstheorie

In der entwicklungspsychologischen Forschung hat es in den letzten zehn Jahren eine Zunahme an Studien gegeben, die sich mit dem kulturellen Entwicklungskontext des menschlichen Lebens und damit der fünften Leitfrage der Kindesentwicklung beschäftigen (zusammenfassend Berk & Schönpflug 2011). Dazu werden interkulturelle vergleichende Untersuchungen sowie Vergleichsstudien ethnischer Gruppen innerhalb bestimmter Kulturen durchgeführt, um Erkenntnisse darüber zu ermitteln, ob Entwicklungsverläufe eine allgemeine Gültigkeit besitzen oder auf bestimmten Umweltgegebenheiten beruhen (Cole 2005). Interkulturelle und multikulturelle Forschung kann dabei helfen, die Einflüsse biologischer und umweltbedingter Faktoren auf Entwicklung zu konkretisieren und die Vielfalt von Verhaltensweisen bei Kindern und Erwachsenen zu ordnen.

In diesem Zusammenhang spielen die Beiträge des russischen Psychologen Lew Wygotski (1896–1934) eine wichtige Rolle. Wygotskis Ansatz gilt als soziokulturelle Theorie der Entwicklung, die sich darauf konzentriert, wie die *Kultur* (Wertvorstellungen, Überzeugungen, Gebräuche, Fertigkeiten) einer sozialen Gruppe an die nachfolgende Generation weitergegeben wird (Wygotski 1962; 1978). Laut Wygotski ist die soziale Interaktion, insbesondere der kooperative Austausch mit *kenntnisreicheren* Mitgliedern, für Kinder notwendig, um sich die Formen des Denkens und Verhaltens anzueignen, die die kognitive Orientierung einer kulturellen Gemeinschaft ausmachen (Berk & Schönpflug 2011).

Wygotski (1978) bezeichnete Kinder als soziale Wesen, deren Schicksal auf das Engste verbunden ist mit dem anderer Menschen, die sich darum bemühen, ihnen beim Erwerb von Fähigkeiten und Kenntnissen zu helfen. Kinder sind also soziale Wesen, geformt durch ihren kulturellen Kontext, den sie ihrerseits mitgestalten. Wygotski war davon überzeugt, wenn Erwachsene und erfahrene Gleichaltrige dem Kind als Mentoren für den Erwerb kultureller Aktivitäten dienen, verinnerlicht das Denken des Kindes über diese Sozialisation kulturelle Denk- und Verhaltensmuster. Die Theorie hat insbesondere die Forschung zur kognitiven Entwicklung beeinflusst; Wygotski betrachtet die kognitive Entwicklung als einen gesellschaftlich vermittelten Prozess, bei dem ein Kind von der Unterstützung Erwachsener und älterer Peers abhängt, wenn es sich neuen Herausforderungen stellt. Die zentralen Bestimmungsstücke der soziokulturellen Theorie zur kognitiven Entwicklung werden im ▶ Kap. 6.2 näher ausgeführt.

3.9 Informationsverarbeitungsansätze

Bei den Informationsverarbeitungsansätzen interessiert man sich für die Beschreibung der Informationsverarbeitung durch das kognitive System des Menschen. Diese Ansätze entstanden in der Folge der Mitte des letzten Jahrhunderts aufkommenden Computertechnologie. Vergleichbar mit dem Informationsfluss in einem Computer liegt das Interesse darauf, wie die Umweltinformationen vom Kind aufgenommen, intern repräsentiert werden, Bedeutung erhalten und schließlich dann zu einer bestimmten Entscheidung und z. B. zu einer konkreten Handlung führen (Sodian 2012). Ziel war es, das menschliche Denken im Computer zu simulieren. Der entwicklungspsychologische Anteil der Informationsverarbeitungsansätze besteht darin, sich auf die Veränderungen der Informationsverarbeitung im Laufe der Entwicklung zu konzentrieren. Da die Informationsverarbeitung ohne Gedächtnisfunktionen nicht denkbar ist, widmet sich ein Großteil der Forschung der Entwicklung des Gedächtnisses und den Faktoren der Gedächtnisentwicklung (Verarbeitungsspanne, Strategien, Wissen). Weitere Forschungsaktivitäten beschäftigen sich insbesondere mit der Entwicklung des Problemlösens (regelgeleitetes Denken, analoges Schlussfolgern, deduktives und wissenschaftliches Denken).

Es gibt verschiedene Modellvorstellungen zum Informationsverarbeitungsprozess, jedoch weisen die sogenannten Mehrspeichermodelle die größte Popularität auf. Die Idee eines Mehrspeichermodells geht auf Atkinson und Shiffrin (1968) zurück, die annahmen, dass die aufgenommene Information durch mehrere hintereinander geschaltete Gedächtnisspeicher (sensorisches Register, Kurzzeit- bzw. Arbeitsspeicher, zentrale Exekutive, Langzeitspeicher) transferiert wird. Die Gedächtnisspeicher sind nicht als Orte aufzufassen, wohin die Gedächtnisinhalte abgelegt werden, sondern vielmehr als Mechanismen und Prozesse, die auf spezifische Weise die eingehenden Informationen verarbeiten.

4 Forschungsmethoden in der Entwicklungspsychologie

In diesem Kapitel sollen einige grundlegende Forschungsdesigns vorgestellt werden, die im engen Zusammenhang mit den zentralen Aufgaben der Entwicklungspsychologie sowie den Leitfragen der Kindesentwicklung stehen (siehe ▶ Kap. 2). Zur Beschreibung entwicklungsbezogener Veränderungen werden quer- und längsschnittliche Erhebungspläne sowie daraus abgeleitete Erweiterungen (Sequenzstudien) verwendet. Voraussetzung für die Anwendung einer dieser Methoden ist jedoch, dass die Variablen, die über das Alter hinweg betrachtet werden sollen (z. B. Sprache, aggressives Verhalten, kognitive Leistungsfähigkeit) definiert und operationalisiert werden. Mit Operationalisierung ist gemeint, dass das zu erfassende Merkmal (die Variable) messbar gemacht wird. Das Merkmal muss objektiv, reliabel und valide erfasst werden und damit die Hauptgütekriterien psychologischer Messverfahren erfüllen. Zur Beschreibung der Haupt- und Nebengütekriterien sei auf das ▶ Kap. 6.7.3 von Breitenbach in diesem Buch verwiesen.

Aber nicht nur die Frage nach den Forschungsdesigns spielt in der Entwicklungspsychologie eine Rolle, sondern auch die Frage danach, mit welchen Erhebungsmethoden und Untersuchungssituationen aussagekräftige Daten gewonnen werden können. In der Entwicklungspsychologie kommen nach Pinquart, Schwarzer und Zimmermann (2011) folgende Vorgehensweisen der Datengewinnung zum Einsatz:

- Beobachtung: in einem experimentellen Kontext oder in einer natürlichen Situation (ausführlicher Deutsch & Lohaus 2006)
- Interviews: unstrukturiert, strukturiert, klinisch (nach Piaget)
- Fragebogen: bei jüngeren Kindern von den Eltern ausgefüllt, ältere Kinder geben selbst Auskunft
- Testverfahren: allgemeine oder spezielle Entwicklungstests (Esser & Petermann 2010)
- Psychophysiologische Methoden: Aufzeichnung des Herzschlages und kindlicher Blickbewegungen, ereigniskorrelierte Potenziale (EKP), funktionelle Magnetresonanztomografie (fMRT)

Eine ausführliche Darstellung und Beschreibung der aufgeführten Datenerhebungsmethoden kann an dieser Stelle nicht erfolgen. Es wird deshalb auf weiterführende Literatur (z. B. Lohaus 2007; Montada 2008; Schneider & Wilkening 2006) sowie Breitenbach (▶ Kap. 6) verwiesen. Die Bedeutung ethischer Regeln und Standards im Zusammenhang mit kinderpsychologischen Untersuchungen hat Irblich (2009) hervorgehoben. Folgende Punkte werden in seinem Beitrag näher beschrieben: die Übernahme von diagnostischen Aufträgen, Anwesenheit des Kindes während der Exploration und Befundbesprechung, Auswahl der Untersuchungsverfahren, informierte Einwilligung, Anwesenheit von Bezugspersonen während der Untersuchung, die fachgerechte Untersuchung, Auswertung und Interpretation, Befundmitteilung, Untersuchung von unkooperativen Kindern, Schweigepflicht und Datenschutz. Im Folgenden werden die drei zentralen Forschungsmethoden Querschnitt-, Längsschnitt- und Sequenzstudien mit ihren jeweiligen Vor- und Nachteilen vorgestellt.

4.1 Querschnittstudien

Die einfachste und am häufigsten eingesetzte Methode zur Untersuchung altersabhängiger Veränderungen und Verläufe ist das Querschnittdesign. Bei dieser Methode wird ein Vergleich von Stichproben aus unterschiedlichen Altersgruppen hinsichtlich bestimmter Fähigkeiten, Fertigkeiten oder Verhaltensweisen vorgenommen. Charakteristisch ist, dass diese Erhebung eine sogenannte »Stichtagserhebung« ist, weil alle Kinder zu ungefähr demselben Messzeitpunkt untersucht werden. Mit Querschnittstudien lassen sich Ähnlichkeiten und Unterschiede relativ schnell sichtbar machen, denn die Zeitspanne zwischen dem Beginn der Erhebungen und dem Vorliegen der Ergebnisse ist relativ kurz. Ebenso ist der Personalaufwand vergleichsweise gering und die Repräsentativität der Stichproben vergleichsweise leicht zu erreichen. Diesen Vorteilen steht gegenüber, dass mithilfe von Querschnittstudien keine Informationen über intraindividuelle Veränderungen, die Stabilität von Merkmalen und über Entwicklungsverläufe insgesamt erbracht werden. Hier erhalten die Längsschnittstudien ihre Bedeutung.

4.2 Längsschnittstudien

Das zentrale Merkmal von Längsschnittstudien ist, dass *eine* Stichprobe zu verschiedenen Zeitpunkten (zwei- oder mehrfach) mit demselben oder einem vergleichbaren Erhebungsinstrument untersucht wird. Hier wird also eine Gruppe von Kindern über einen längeren Zeitpunkt hinweg (meist über mehrere Jahre) wissenschaftlich begleitet, um Entwicklungsveränderungen und -verläufe im Untersuchungszeitraum zu beobachten. Als Beispiel dafür gilt die »Mannheimer Risikokinderstudie« (Laucht 2003; Laucht, Esser & Schmidt 2000), in der die Entwicklung einer Kohorte von 384 Kindern der Jahrgänge 1986–87 von der Geburt bis in das Erwachsenenalter begleitet wird. Mit einem umfangreichen Instrumentarium wurden alle wesentlichen Merkmale der Individualentwicklung und der familiären Umwelt in regelmäßigen Abständen erfasst. Es fanden Erhebungen im Alter von 3 Monaten, 2, 4, 6, 8, 11, 15, 19, 22 und 23 Jahren statt. Die Stichprobe der Studie ist so zusammengestellt, dass sie mit Risiken angereichert ist: zum einen durch *Kinder mit organischen Risiken* (leichte bzw. schwere prä- und perinatale Komplikationen), zum anderen durch *Kinder mit psychosozialen Belastungen* (ungünstige familiäre Lebensverhältnisse in leichter und schwerer Ausprägung). Mit solchen Längsschnittstudien lassen sich Erkenntnisse über die Zeitstabilität individueller Unterschiede und über individuelle Veränderungsmuster erzielen. Sie bringen aber auch Nachteile mit sich: Sie sind mit einem hohen Zeit- und Personalaufwand verbunden, es können Untersuchungsteilnehmer über die Zeit »verloren« gehen bzw. aus der Studie aus unterschiedlichen Gründen ausscheiden, möglicherweise ist die Generalisierbarkeit der Ergebnisse auf andere Kohorten oder Generationen eingeschränkt und schließlich kann die wiederholte Testung der Kinder die externe Validität beeinflussen.

Um einige der aufgezeigten Nachteile der Quer- oder Längsschnittstudien zu überwinden, werden als Alternative Sequenzstudien durchgeführt.

4.3 Sequenzstudien

Eine gute Möglichkeit, die Vorteile von Quer- und Längsschnittstudien zu kombinieren und die beschriebenen Nachteile zu minimieren, bieten sogenannte Sequenzstudien. Am Beginn einer Sequenzstudie steht eine Querschnittuntersuchung mit verschiedenen Altersgruppen (Kohorten). Für jede Altersgruppe ist dies der erste von mehreren Messzeitpunkten, also der Beginn einer Längsschnittuntersuchung (Wilkening, Freund & Martin 2009). Jede Gruppe wird in den gleichen zeitlichen Abständen wie die anderen Gruppen wiederholt getestet, zum jeweils gleichen Messzeitpunkt. In der ▶ Abb. 3 ist das Schema eines solchen Untersuchungsplanes für den einfachen Fall von zwei Kohorten und drei Messzeitpunkten am Beispiel einer Untersuchung mit Kindern zwischen 6 und 12 Jahren dargestellt. Zwei Gruppen (Kohorten) von Kindern, die im Jahr 2000 und 2002 geboren wurden, werden längsschnittlich im Abstand von zwei Jahren über einen Gesamtzeitraum von vier Jahren untersucht.

Neben den Quer- und Längsschnittvergleichen kommt bei den Sequenzstudien eine wichtige Kontrolle hinzu. Ein Sequenzplan ermöglicht einen Vergleich von Gruppen gleichen Alters aus verschiedenen Kohorten, untersucht zum gleichen Zeitpunkt (Kohortenvergleich). Sollte sich in der Sequenzstudie herausstellen, dass sich die Daten der beiden verschiedenen Gruppen der 8-Jährigen zwischen den beiden Testzeitpunkten unterscheiden, ist die Wahrscheinlichkeit, dass entweder Kohorteneffekte (ein Problem der Querschnittstudien) oder Testeffekte (ein Problem der Längsschnittstudie) oder auch beide Effektgruppen zusammen aufgetreten sind. Auch andere Einflussfaktoren (z. B. selektive Stichprobenaus-

III Entwicklungspsychologische Grundlagen

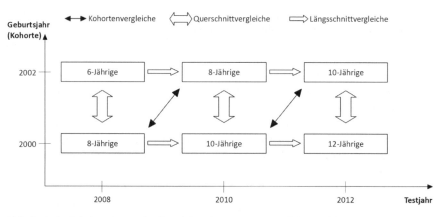

Abb. 3: Beispiel eines Versuchsplanes für eine Sequenzstudie in Anlehnung an Wilkening, Freund & Martin 2009, 12

fälle) könnten für die Unterschiede verantwortlich sein. In diesem Fall ist eine vorsichtige Dateninterpretation angezeigt. Wenn aber die Daten aus den Kohortenvergleichen (verschiedene Gruppen gleichen Alters) sehr ähnlich sind, kann man ein relativ großes Vertrauen bezüglich ihrer Validität haben. So ist es eher unwahrscheinlich, dass die Probleme der Quer- und Längsschnittverfahren die Daten in unerwünschter Weise beeinflusst haben. Sequenzmodelle bieten deshalb eine gute Möglichkeit, den Einfluss von Störfaktoren zu kontrollieren, eliminieren kann man die Nachteile von Quer- und Längsschnittstudien allerdings nicht (Wilkening, Freund & Martin 2009).

Eine optimale Dichte an Informationen lässt sich erzielen, wenn querschnittlich altersheterogene Stichproben längsschnittlich weiter untersucht und zu den jeweiligen Messzeitpunkten zusätzlich neue Teilnehmer mit der gleichen Altersverteilung wie zum ersten Zeitpunkt, also teilweise aus denselben und zum Teil aus jüngeren Geburtskohorten gezogen werden (Schmiedek & Lindenberger 2012). Ein aktuelles und umfassendes Beispiel für dieses Erhebungsdesign ist das Nationale Bildungspanel (National Education Panel Study NEPS; Blossfeld, Schneider & Doll 2009). Das Nationale Bildungspanel wurde mit dem Ziel ins Leben gerufen, den Erwerb sowie die Konsequenzen von Bildung im Lebenslauf zu untersuchen und zentrale Bildungsprozesse und -verläufe über die gesamte Lebensspanne zu beschreiben. Die Integration der acht über die gesamte Lebensspanne hinwegreichenden Etappen wird dabei durch die theoretische Orientierung auf fünf Hauptdimensionen sichergestellt: Kompetenzentwicklung, Lernumwelten, soziale Ungleichheit und Bildungsentscheidungen, Bildungsprozesse von Migranten und Bildungsrenditen. Das NEPS beginnt in der ersten Erhebungswelle mit mehr als 60000 Teilnehmern aus sechs unterschiedlichen Kohorten (frühe Kindheit, Kindergartenkinder, Fünftklässler, Neuntklässler, Studienanfänger sowie Erwachsene, die das Bildungssystem zumeist bereits verlassen haben). In allen sechs Kohorten kommen verschiedene Instrumente (z.B. Fragebogen, Kompetenztests) zum Einsatz (Blossfeld 2011).

5 Frühe Eltern-Kind-Interaktion und Bindung

Im folgenden Kapitel stehen die frühen sozialen Interaktionen zwischen dem Kind und seinen Bezugspersonen im Mittelpunkt. Hier geht es insbesondere um die Entwicklung der sozialen Beziehungen zwischen dem Säugling und seinen Bezugspersonen. Obwohl gerade in den ersten Lebensmonaten und -jahren die Mutter die Hauptbezugsperson eines Kindes ist, gelten die Ausführungen in der Literatur in der Regel ebenso auch für weitere Bezugspersonen, die häufig eine ebenso große Bedeutung für die Kinder haben. Während sich die Eltern meist schon frühzeitig an ihr Kind binden, findet umgekehrt die Bindung eines Kindes an seine Eltern erst sehr viel später statt. Deshalb werden in diesem Zusammenhang anschließend die Bindungstheorie von John Bowlby (1969; 1973; 1988), die Phasen der Bindungsentwicklung sowie die verschiedenen Bindungsqualitäten genauer beschrieben.

5.1 Frühe Eltern-Kind-Interaktion

Die frühe Eltern-Kind-Interaktion wird durch unterschiedliche Forschungskonzepte bzw. Theorien repräsentiert: Intuitives Elternverhalten (Papoušek & Papoušek 1987), Kindgerichtete Sprechweise als Teilkomponente des intuitiven Elternverhaltens, Bindungs- und Fürsorgesystem (Bowlby 1969; 1973), Elterliche Sensibilität/Sensitivität (Ainsworth, Bell & Stayton 1974). Es handelt sich um (elterliche) Interaktionsmuster, die insbesondere in den ersten Lebenswochen/-monaten dem Säugling bzw. Kleinkind erste Lernerfahrungen auf unterschiedlichen Ebenen vermitteln und im weiteren Entwicklungsverlauf zunehmend durch andere Qualitäten der Lernerfahrung, Kommunikation und Erziehung ersetzt oder weitergeführt werden. Man rechnet diesen frühen Interaktionsqualitäten eine grundlegende Bedeutung für die spätere Entwicklung unterschiedlicher Kompetenzen zu, insbesondere als »Grundstein« für die Entwicklung der Persönlichkeitsorganisation (Ahnert 2008).

Beim intuitiven Elternverhalten (Papoušek & Papoušek 1987) handelt es sich um Verhaltensweisen, von denen angenommen wird, dass sie evolutionsbiologisch entstanden und auf die Bedürfnisse von Säuglingen abgestimmt sind. Die meisten Verhaltensweisen werden von den Eltern spontan in der Interaktion mit dem Kind und intuitiv (meist ohne bewusste Reflektion) eingesetzt. Folgendes kulturübergreifendes Elternverhalten ist zu beobachten: sie sprechen mit dem Säugling langsamer, sie heben die Stimme, sie sprechen in einem ausgeprägten »Singsang«, sie vereinfachen die Sprache, sie wiederholen Worte, vereinfachen, ritualisieren Handlungen, sie übertreiben die Mimik, sie zeigen eine erstaunliche Geduld.

Bezugspersonen reagieren auf das Kind mit Augengruß, Blickkontakt und Stimme so rasch (200–600 Millisekunden), dass eine Planung unmöglich erscheint. Die Eltern halten ihre Babys »instinktiv« im optimalen Augenabstand (25 cm), selbst wenn sie überzeugt sind, das Kind könne sie nicht sehen. Zu den wichtigsten Verhaltensweisen, die als intuitives Elternverhalten (Elternprogramm) zusammengefasst werden, gehören (siehe auch Lohaus, Ball & Lißmann 2008): Einhalten eines optimalen Reaktionszeitfensters, verbales und präverbales Verhalten der Eltern, Herstellen und Aufrechterhalten von Blickkontakt und Regulation des Wachheits- und Erregungszustandes.

Einhalten eines optimalen Reaktionszeitfensters: Ereignisse können von einem Säugling nur dann als Konsequenz eigenen Verhaltens wahrgenommen werden, wenn sie innerhalb einer gewissen zeitlichen Kontingenz auftreten. Die Gedächtnisspanne eines Säuglings ist noch kurz, deshalb reagieren die Eltern typischerweise mit einer Reaktionslatenz (200–600 Millisekunden) auf Verhaltenssignale des Säuglings. Das Einhalten eines optimalen Reaktionszeitfensters erleichtert die Kontingenzwahrnehmung sowie das Erfahren von Kausalitäten.

Verbales und präverbales Verhalten der Eltern: Die Vorbereitung der späteren verbalen Kommunikation zeigt sich besonders deutlich beim »baby talk« der Eltern, die sich darin äußert, dass Eltern auf kindliche Vokalisationen mit hoher Stimme in übertriebener Intonation reagieren. Die Sprachstruktur ist einfach und durch häufige Wiederholungen gekennzeichnet. Dieses typische verbale und präverbale Verhalten dient einerseits als Hilfestellung bei der Lautbildung und anderseits als Hilfe bei der Informationsaufnahme. Gut zu beobachten ist diese Form des Elternverhaltens in den Still- bzw. Fütterstationen.

Herstellen und Aufrechterhalten von Blickkontakt: Mit dem Augengruß (Heben des Kopfes und der Augenbrauen) und dem Herstellen von Blickkontakt unterstützen Eltern positive Vokalisationen des Kindes und schaffen eine dialogische Interaktion. Negative Vokalisationen treten wesentlich häufiger auf, wenn kein Blickkontakt besteht. Der Blickkontakt unterstützt damit die frühe Verhaltensregulation des Säuglings.

Regulation des Wachheits- und Erregungszustandes: Die Eltern nutzen verschiedene Prüfroutinen (z. B. Prüfung des Muskeltonus durch kurze Berührung des Kinns oder der Hand des Kindes), um den Aktivierungsgrad festzustellen. Sie regulieren das Ausmaß der erforderlichen Stimulation und vermeiden nach Möglichkeit Über- und Unterstimulation. Wenn die Erregung des Kindes zu hoch geworden ist, setzen sie Maßnahmen wie Wiegen, Streicheln oder Singen ein, um ein optimales Erregungsniveau wiederherzustellen.

Kindgerichtete Sprechweise als Teilkomponenten des intuitiven Elternverhaltens: Unter kindgerichteter Sprache (KGS, früher: Ammensprache) versteht man eine von der typischen, unter Erwachsenen üblichen Ausdrucksweise in Prosodie,

Wortwahl, Wortwiederholung etc. abweichende Kommunikationsform zwischen Bezugspersonen und (Kleinst-)Kindern.

Zusammenfassend dient das elterliche Fürsorgeverhalten dazu, dem Säugling Wärme und Sicherheit zu geben, aber auch frühzeitig Informationen bereitzustellen, die Lernerfahrungen ermöglichen. Durch Lernprozesse und zunehmende Erfahrungen kommt es im Laufe der weiteren Entwicklung zu einer immer besseren Abstimmung des Verhaltens des Kindes und seiner Bezugsperson. Dabei treten die biologischen Prädisponiertheiten des Verhaltens zunehmend in den Hintergrund, während individuelle Erfahrungsbildungen in spezifischen Kontexten weiter in den Vordergrund rücken.

5.2 Bindung

Alle Kinder entwickeln im Verlauf der ersten beiden Lebensjahre eine intensive Gefühlsbindung (emotionale Bindung) an ihre Hauptbezugsperson(en), in der Regel die Mutter. Babys und Erwachsene sind dazu von der Evolution gut ausgerüstet: durch das intuitive Elternverhalten und die Signale des Kindes (Hilflosigkeit und tiefes Vertrauen) sowie die kindlichen Verhaltensweisen (Schreien, Lächeln, Hinterherkrabbeln), die Erwachsene in seine Nähe bringen und es dort halten. Bindung (auch attachment) wird beschrieben als das emotionale Band zwischen dem Kind und seiner Bezugsperson. Wichtig ist die Unterscheidung zwischen Bindung und dem Bindungsverhalten, womit die Verhaltensweisen eines Kindes zur Sicherung der Nähe gemeint sind.

John Bowlbys Bindungstheorie (Bowlby 1969; 1973; 1988) gehört zu den historisch gesehen frühesten Konzeptionen evolutionsbiologisch geprägter Verhaltenssysteme bei Säuglingen und ihren Bezugspersonen. Bowlby ließ sich stark inspirieren durch das von Konrad Lorenz aufgezeigte Phänomen der Prägung (siehe ▶ Kap. 1), auf das dieser im Zusammenhang mit seinen Untersuchungen an Graugänsen gestoßen war. Aus der ethologischen Sicht hat die Prägung ihre Wurzeln in der Evolution; sie wird als angeborene Grundbereitschaft von Spezies zu Spezies übertragen (Wilkening, Freund & Martin 2009). Bowlby wird häufig auch als »Vater der psychologischen Bindungsforschung« genannt, da er mit seinen Vorstellungen weitere und nachfolgende Arbeiten zur frühen Eltern-Kind-Interaktion und Bindung maßgeblich beeinflusst hat. In seiner Konzeption unterscheidet er zwischen einem *Bindungssystem* aufseiten des Kindes und einem Fürsorgesystem aufseiten der Bezugsperson. Insbesondere das Bindungssystem und seine Konsequenzen für die kindliche Entwicklung war Gegenstand der psychologischen Forschung, während das Fürsorgesystem erst in den letzten Jahren in den Mittelpunkt des Interesses gerückt ist (Lohaus, Vierhaus & Maass 2010). Diese beiden Systeme sollen nun kurz erläutert werden.

Das *Bindungssystem* des Säuglings ist darauf ausgerichtet, Nähe und Sicherheit seitens der Bezugspersonen zu gewährleisten. Dabei setzt das Kind verschiedene Verhaltensweisen wie z. B. Weinen, Quengeln, Lächeln etc. ein, um einen Zustand der räumlichen Nähe zur Bezugsperson und der emotionalen Sicherheit zu erlangen. Aktiviert wird das Bindungssystem, wenn der Säugling in bestimmten Situationen die eigenen Sicherheitsbedürfnisse bedroht sieht und es wird deaktiviert, wenn ein Zustand des Schutzes und der Sicherheit erreicht wurde.

Das *Fürsorgesystem* der Bezugspersonen dient dazu, durch geeignete Fürsorgeverhaltensweisen wie z. B. Hochnehmen, Streicheln, Wiegen und Singen die Bedürfnisse des Kindes nach Nähe und Sicherheit zu befriedigen. Dabei greifen die Bezugspersonen auf frühere Fürsorgeerfahrungen zurück, die in einem inneren Arbeitsmodell gespeichert sind. Dieses Arbeitsmodell enthält neben Erfahrungen mit erfolgreichen Verhaltensweisen das Wissen über damit erzielte Reaktionen beim Kind, bleibt jedoch grundsätzlich durch neue Erfahrungen veränderbar (Bretherton & Beeghly 1982). Wenn das Fürsorgesystem aktiviert wird, greift die Bezugsperson auf ihr inneres Arbeitsmodell zurück und wählt aus dem dort gespeicherten Verhaltensfundus ein geeignetes Fürsorgeverhalten aus (Lohaus, Vierhaus & Maass 2010). Um das Fürsorgesystem bei den Eltern zu aktivieren, setzen die Säuglinge unterschiedliche Bindungsverhaltensweisen ein. Dazu gehören vielfältige Signale, die den Eltern zeigen, dass ihr Kind Bedürfnisse hat, die es befriedigt haben möchte. Zu den wichtigsten Signalen gehören das Weinen, Lächeln, der Blickkontakt sowie frühkindliche Imitationen. Um ein angemessenes Fürsorgeverhalten zeigen zu können, müssen die Eltern sensitiv bzw. feinfühlig für die Signale des Kindes sein. Sensitivität bzw. Feinfühligkeit einer Bezugsperson bezieht sich auf die Fähigkeit, das Befinden und die Bedürfnisse des Kindes konsistent wahrzunehmen, richtig zu interpretieren sowie angemessen und prompt darauf zu reagieren (Ainsworth, Bell & Stayton 1974). Nach Bowlby (1969) entwickelt sich das Bindungsverhalten in vier Phasen:

- *Vorphase der Bindung* (Geburt bis 6 Wochen): In dieser Phase zeigt das Kind angeborene Signale (meistens Schreien) bei jeder Bezugsperson, um eine Befriedigung seiner Bedürfnisse zu erreichen. Durch die daraus folgenden Interaktionen fühlt sich das Kind getröstet.
- *Phase der entstehenden Bindung* (6 Wochen bis 6–8 Monate): Während dieser Phase reagieren die Kinder bevorzugt auf vertraute Personen; typischerweise lächeln oder lachen sie häufiger in Anwesenheit ihrer primären Bezugspersonen und lassen sich leichter von ihnen beruhigen. In dieser Phase entwickeln sich spezifische Erwartungen an das Verhalten der Bezugsperson.
- *Phase der ausgeprägten Bindung* (zwischen 6–8 Monaten und 1½ Jahren): In dieser Phase suchen die Kinder aktiv Kontakt zu ihren Bezugspersonen, sodass eine spezifische Bindung entstehen kann. Die Kinder begrüßen die Mutter freudig bei ihrem Erscheinen, sie zeigen Unbehagen und Protest bei Trennung und sie sind angespannt in Anwesenheit von Fremden.
- *Phase reziproker Bindungen* (ab 1½ oder 2 Jahren): Während der letzten Phase ermöglichen die zunehmenden kognitiven und sprachlichen Fähigkeiten den Kindern, Gefühle, Ziele und Motive der Eltern zu verstehen. So können Trennungssituationen akzeptiert werden. Es entsteht das innere Arbeitsmodell zur Bindungsrepräsentation.

5.2.1 Messung der Bindungssicherheit

Alle Säuglinge, die in ihrer Familie aufwachsen, sind bis zum Ende des 2. Lebensjahres an vertraute Bezugsperson gebunden. Jedoch variiert Qualität dieser Beziehung von Kind zu Kind sehr stark. Mary Ainsworth arbeitete viele Jahre mit John Bowlby zusammen und lieferte die empirische Evidenz für seine Theorie und erweiterte diese in entscheidender Hinsicht. Sie untersuchte die Mutter-Kind-Interaktionen in Uganda und den Vereinigten Staaten während des Explorierens der Kinder und wie sie auf die Trennung von ihrer Mutter reagierten. Zusätzlich zu diesen Beobachtungsstudien entwickelte sie einen Test (Ainsworth, Blehar, Waters & Wall 1978), der zum Standardverfahren der Bindungsforschung wurde und seitdem in zahlreichen Untersuchungen eingesetzt wurde: der sogenannte Fremde-Situations-Test.

Das Verfahren wird eingesetzt zur Beurteilung der Bindungsqualität bei Kindern im Alter zwischen 12 und 24 Monaten. Dieser Test provoziert durch verschiedene Episoden, wie sie einzeln im Alltag des Kindes oft vorkommen, das Erkundungs- und Bindungsverhalten der Kinder und beeinflusst die Balance beider Systeme. In der konzentrierten Abfolge der Episoden ist das Verfahren eine fremde Situation (daher der Name). Das Kleinkind befindet sich in einem unvertrauten, übersichtlichen Raum mit zwei Stühlen und einer Matte mit attraktivem Spielzeug und zusammen mit ein oder zwei anderen Personen, die kommen und gehen. Das Verhalten und die Reaktionen des Kindes werden unbemerkt durch eine Einwegscheibe beobachtet und registriert. Der Fremde-Situations-Test besteht aus insgesamt acht Episoden, in denen die Reaktion eines Kindes auf die Trennung von seiner Bezugsperson und die anschließende Wiedervereinigung beobachtet werden. Jede Episode dauert drei Minuten, sie kann jedoch vorher beendet werden, wenn der Stress für das Kind zu groß wird. Im ▶ Kas. 1 wer-

Kasten 1: Ablauf des Fremde-Situations-Tests

1. Mutter und Kind betreten den Raum. Das Kind wird auf den Boden gesetzt, umgeben von Spielzeug. Die Mutter nimmt in einer Ecke des Raumes Platz.
2. Die Mutter liest in einer Zeitschrift. Das Kind kann die Umgebung und Spielsachen erkunden.
3. Eine Fremde tritt ein und unterhält sich zunächst mit der Mutter und nimmt dann Kontakt zum Kind auf.
4. Die Mutter verlässt unauffällig den Raum. Die Fremde bleibt ruhig, solange das Kind zufrieden ist. Sie versucht es zu trösten, wenn es sich erregt.
5. Die Mutter kehrt zurück, grüßt das Kind und tröstet, wenn nötig. Die Fremde verlässt den Raum.
6. Die Mutter verlässt den Raum. Das Kind ist nun allein.
7. Die Fremde kehrt zurück und bietet Trost an.
8. Die Mutter kommt wieder, grüßt das Kind und bietet Trost an.

den die Episoden in Anlehnung an Wilkening, Freund und Martin (2009) kurz beschrieben:

In ihren Untersuchungen zur fremden Situation konnte Ainsworth drei deutlich voneinander unterscheidbare Verhaltensmuster identifizieren (Ainsworth, Blehar, Waters & Wall 1978). Von besonderer Aussagekraft erwies sich das Verhalten des Kindes in den beiden Episoden, in den die Wiedervereinigung mit der Mutter erfolgte. Jedes der drei Verhaltensmuster war für Ainsworth Ausdruck eines bestimmten Typs von Bindung: die sichere Bindung (Typ B) und die unsicheren Bindungstypen unsicher-vermeidende Bindung (Typ A) und unsicher-ambivalente Bindung (Typ C).

Sichere Bindung: Die Kinder nutzen ihre Mutter als sichere Basis, von der aus sie die unbekannte Umgebung explorieren und zu der sie bei Verunsicherungen zurückkehren. In den Trennungssituationen kann Weinen auftreten. Die Kinder vermissen die Bezugsperson, ziehen die Mutter der fremden Person vor und sind durch die fremde Person nicht vollständig zu trösten. Wenn die Mutter zurückkehrt, zeigen die Kinder deutliche Freude und suchen aktiv Kontakt mit der Mutter.

Unsicher-vermeidende Bindung: Die Kinder verhalten sich indifferent gegenüber der Bezugsperson, sie erscheinen relativ gleichgültig, ob die Mutter anwesend ist oder nicht. Wenn sie den Raum verlässt, zeigen sie normalerweise keine Anzeichen von Stress oder Unmut; falls doch, lassen sie sich von der fremden Person genauso gut trösten wie von der Mutter. In den Wiedervereinigungssituationen vermeiden sie die Kontaktaufnahme entweder völlig oder sie sind erst mit erheblicher Verzögerung dazu bereit.

Unsicher-ambivalente Bindung: Diese Kinder suchen vor der Trennung die Nähe der Mutter und zeigen kaum Explorationsverhalten. Wenn sie allein gelassen werden, reagieren sie oft wütend und schreiend. Bei der Rückkehr der Mutter verhalten sie sich ambivalent: Sie scheinen den Kontakt zu suchen und wenn sie hochgehoben werden, wenden sie sich ab und möchten losgelassen werden. In Anwesenheit der fremden Person reagieren sie wütend oder passiv.

Betrachtet man die Häufigkeit der einzelnen Bindungsmuster, so ist zu konstatieren, dass die sichere Bindung mit etwa 65 Prozent der weitaus häufigste Bindungstyp ist. Etwa 30 bis 35 Prozent der Kinder weisen eine unsichere Bindung auf, davon etwa 20 Prozent den unsicher-vermeidenden Typ und ca. 10 Prozent den unsicher-ambivalenten Typ. Später stieß man auf einen kleinen Prozentsatz von Kindern, deren zum Teil bizarres Verhalten in keiner der von Ainsworth vorgeschlagenen Bindungskategorien passte. Für diese Kinder wurde die zusätzliche Kategorie der desorganisiert-desorientierten Bindung (Typ D) geschaffen.

Desorganisiert-desorientierte Bindung: Die Kinder zeigen ungewöhnliche und konfuse Verhaltensmuster (z.B. Einfrieren von Bewegungen, unvollständige Bewegungsmuster oder Verhaltensstereotypien). Sie scheinen ein unlösbares Problem zu haben: Sie wollen sich dem Elternteil nähern, aber sie scheinen ihn auch als Quelle von Angst zu sehen, von der sie sich zurückziehen wollen (Siegler, DeLoache & Eisenberg 2011). In dieser Kategorie sind Kinder, die Misshandlungen erfahren haben oder deren Eltern eine psychiatrische Erkrankung aufweisen, deutlich überrepräsentiert.

Für das Entstehen der verschiedenen Bindungsmuster werden Eigenschaften der Mutter, Temperamentseigenschaften des Kindes und zusätzliche familiäre Umstände diskutiert. Bindungstheoretiker sahen das Einfühlungsvermögen (bzw. die Sensitivität) der Mutter als wichtigsten Faktor für die Bindungsqualität. Mütter von sicher gebundenen Kindern reagieren meist verlässlich, offen und freundlich auf die Signale des Kindes und helfen ihm bei der Regulierung seiner Gefühle. Dagegen sind Mütter von unsicher gebundenen Kindern wenig sensitiv und reagieren auf die Signale und Bedürfnisse des Kindes entweder zu stark oder zu schwach: Mütter von unsicher-vermeidenden Kindern (Typ A) reagieren heftig auf starke Emotionsausbrüche und erwarten vom Kind eine eigenständige Emotionsregulation. Unsicher-ambivalente Kinder (Typ C) erfahren das Verhalten der Mutter als nicht vorhersagbar, mal ist sie zugeneigt, mal unerreichbar. Das übertriebene Bindungsverhalten des Kindes soll eine Reaktion der Mutter provozieren. Der desorganisiert-desorientierte Bindungstyp (D) geht häufig mit schwerwiegenden Problemen der Mutter, Kindesmisshandlung oder Vernachlässigung einher. Eine aktuelle Metaanalyse (Cyr et al. 2010) beschäftigt sich mit der Frage, welche Risikofaktoren zum Entstehen einer unsicheren sowie einer desorganisierten Bindung beitragen. Kindesmisshandlung war hierbei jeweils der stärkste Risikofaktor. Andere soziale Faktoren wie z. B. jugendliche Mutter und elterlicher Alkohol- und Drogenmissbrauch waren ebenfalls nachweisbar, spielten aber eine vergleichsweise schwächere Rolle.

Heutzutage nimmt man an, dass auch die Eigenschaften des Kindes zur Bindungsqualität beitragen. So können Säuglinge und Kleinkinder mit einem einfachen Temperament (siehe ▶ Kap. 7.4) besser als schwierige Kinder auf die Kontaktversuche der Eltern reagieren und deren Angebote zur Erregungsregulation nutzen. Desorganisiertes Bindungsverhalten entsteht bei einigen Kindern durch Übergänge in neue Verhaltensstrategien oder durch andauernde Probleme bei der Verhaltensregulation. Die Typ-D-Kinder sind langfristig besonders gefährdet, Verhaltensprobleme zu entwickeln. Aber auch die Passung zwischen den Eigenschaften von Eltern und Kindern (»goodness-of-fit«) beeinflusst die Beziehung, denn die Eltern bringen ihr eigenes Arbeitsmodell der Bindung mit ein. Zusätzlich spielen familiäre Umstände eine Rolle, z. B. die Qualität der Partnerschaft der Eltern, sozioökonomische Probleme oder psychische Belastungen (Depression, Alkoholmissbrauch), denn diese können die Einfühlsamkeit der Eltern vermindern.

5.2.2 Bedeutung früher Bindungserfahrungen

Der Grund dafür, dass sich die Entwicklungspsychologie so sehr für die Bindungssicherheit von Kindern interessiert, liegt darin, dass sicher gebundene Kinder ausgeglichener (psychisch stabiler) und sozial kompetenter aufwachsen als unsicher gebundene Kinder. Als Erklärung dafür wird angenommen, dass Kinder mit einer sicheren Bindung ein positives und konstruktives inneres Arbeitsmodell von Bindung entwickeln, das wiederum ihre Anpassung und ihr Sozialverhalten, ihre Selbstwahrnehmung und ihr Selbstgefühl sowie ihre Erwartungen an andere

Menschen formt (Siegler, DeLoache & Eisenberg 2011). So wurde vor allem die spätere soziale Entwicklung zum Gegenstand der Vorhersagen im Hinblick auf die Bindungssicherheit von Kindern. So scheinen Kinder mit sicheren Bindungen später im Laufe der Kindheit kontaktfreudiger und beliebter zu sein (Lucas-Thompson & Clarke-Stewart 2007).

6 Entwicklung des Denkens

6.1 Piaget

Kaum ein Wirken und eine Theorie haben die Entwicklungspsychologie so maßgeblich beeinflusst wie die Untersuchungen des Schweizer Forschers Jean Piaget. Bevor seine Arbeiten in den frühen 1920er-Jahren zu erscheinen begannen, gab es keine nennenswerte Forschung im Bereich der kognitiven Entwicklung. Fast ein Jahrhundert später gehört die Theorie von Jean Piaget in einem mit Theorien reichlich ausgestatteten Gebiet nach wie vor zu den bekanntesten und umfassendsten (Siegler, DeLoache & Eisenberg 2011). Im Folgenden wird seine Sicht auf das Wesen des Kindes beschrieben und die damit verbundenen zentralen Leitfragen der Kindesentwicklung werden erläutert. Das Kernstück seiner Theorie, die vier Hauptstadien der kognitiven Entwicklung, wird daran anschließend vorgestellt. Abschließend werden Stärken und Schwächen der Piaget'schen Theorie zusammengefasst.

Piagets grundlegende Annahme über Kinder besteht darin, dass er sie von Geburt an als geistig und körperlich aktiv betrachtet und dass diese Aktivität stark zu ihrer eigenen Entwicklung beiträgt. Sein Ansatz wird oft als konstruktivistisch bezeichnet, weil er Kinder so darstellt, dass sie als Reaktion auf ihre Erfahrung selbst Wissen konstruieren. Drei der wichtigsten konstruktiven Prozesse von Kindern sind nach Piaget (1975) das Hypothesenbilden, das Experimentieren und das Schlussfolgern aus eigenen Beobachtungen. Er betrachtet also das Kind als Wissenschaftler, der sein Wissen durch die ständige Auseinandersetzung mit der Umwelt konstruiert (Piaget 1975). Mit dieser Auffassung wird bereits eine der zentralen Leitfragen der Kindesentwicklung beantwortet, die nach *dem aktiven Kind*. Zusätzlich zu der Ansicht, dass Kinder ihre eigene Umwelt aktiv formen, formuliert er Einsichten in die Rolle von Anlage und Umwelt sowie der Kontinuität bzw. Diskontinuität bei der Entwicklung des kindlichen Denkens.

Schon Piaget nahm an, dass Anlage und Umwelt bei der kognitiven Entwicklung zusammenspielen (Piaget & Inhelder 1956). In seiner Sicht umfasst die Umwelt nicht nur die Erziehung durch die Eltern und andere Betreuungspersonen (Erzieher, Lehrer), sondern jede Erfahrung, die das Kind macht. Zur Anlage gehören das reifende Gehirn und der reifende Körper des Kindes, die Fähigkeit wahrzunehmen, zu handeln und aus der Erfahrung zu lernen, und die Motivation, zwei grundlegenden Funktionen gerecht zu werden, die für die geistige Entwicklung von zentraler Bedeutung sind: Adaptation und Strukturierung (Siegler, DeLoache & Eisenberg 2011). Der funktionale Aspekt von Piagets Theorie liegt im biologischen Prinzip der Adaptation. *Adaptation* bezeichnet die Tendenz des Organismus, auf die Anforderungen der Umwelt so zu reagieren, wie es den eigenen Zielen entspricht. Mit Strukturierung ist die Tendenz gemeint, einzelne Beobachtungen in kohärente, zusammenhängende Wissenssysteme zu integrieren.

Nach Piagets Beschreibung sind an der kognitiven Entwicklung sowohl kontinuierliche als auch diskontinuierliche Prozesse beteiligt. Als die drei wichtigsten Quellen der Kontinuität sieht Piaget die *Assimilation*, *Akkomodation* und *Äquilibration*, die von Geburt an zusammenwirken, um die Entwicklung voranzutreiben.

Assimilation stellt den Prozess dar, mit dem Kinder probieren, die Umwelt im Sinne ihrer vorhandenen Schemata zu interpretieren (Pinquart, Schwarzer & Zimmermann 2011). Wenn Kinder z. B. das erste Mal eine Orange sehen, könnte es sein, dass sie aufgrund der runden Form von einem Ball ausgehen, weil sie über dieses Schema bereits verfügen. Sie passen somit die Außenwelt an ein vorhandenes Schema an.

Akkomodation dagegen bedeutet, Schemata an neue Umweltgegebenheiten anzupassen. So könnte es sein, dass die Kinder schnell bemerken, dass der vermeintliche Ball nicht springt, wenn man ihn zu Boden wirft und dass man ihn stattdessen essen kann.

Äquilibration ist der Prozess, bei dem Menschen Assimilation und Akkomodation ausbalancieren, um ein stabiles Verstehen zu schaffen. Es wird also ein Gleichgewicht hergestellt zwischen innerer Struktur und Informationen aus der Umwelt. Zur Äquilibration gehören drei Phasen: anfangs sind Kinder mit ihrem Verständnis eines Phänomens zufrieden, was Piaget als *Äquilibrium* bezeichnet, weil Kinder keine Diskrepanzen zwischen ihren Beobachtungen und dem Verständnis des Phänomens sehen. Aufgrund neuer Informationen bemerken sie dann, dass ihr Verständnis unzureichend ist. Zu diesem Zeitpunkt befinden sich die Kinder dann im Zustand des *Disäquilibriums*, weil sie Unzulänglichkeiten ihres bisherigen Verstehens von Phänomenen erkennen, sie aber noch keine bessere Alternative entwickeln können. Schließlich entwickeln Kinder ein differenziertes Verständnis, das die Einschränkungen ihres bisherigen Verstehens überwindet. Dieses neue Verstehen ermöglicht ein stabileres Äquilibrium in dem Sinne, dass damit ein breiterer Bereich von Beobachtungen verstanden werden kann (Siegler, DeLoache & Eisenberg 2011).

Auch wenn Piaget die kontinuierlichen Aspekte der geistigen Entwicklung betont, bezieht sich der bekannteste Teil seiner Theorie auf die diskontinuierlichen Aspekte, die er als unterschiedliche Stufen (Stadien) der kognitiven Entwicklung beschrieb. Kinder durchlaufen vier Stadien der geistigen Entwicklung (siehe ▶ Tab. 5). Die Altersangaben sind dabei lediglich als Orientierungshilfen anzusehen, da die Stadien unterschiedlich schnell durchlaufen werden können.

Die zentralen Eigenschaften der Stufentheorie lauten:

1. *Qualitative Veränderungen*: Piaget nahm an, dass Kinder verschiedenen Alters auf qualitativ unterschiedliche Weise denken. Kinder denken anders als Jugendliche und das Denken von Jugendlichen nähert sich den Erwachsenen an. Die Denkstrukturen sind beim gebildeten Erwachsenen am weitesten ausgeprägt.

6 Entwicklung des Denkens

Tab. 5: Piagets Stadien der kognitiven Entwicklung (aus Siegler, DeLoache & Eisenberg 2011, 140)

Stadium	Zeitraum	Beschreibung
Sensumotorisch	Geburt bis 2 Jahre	Kinder erkennen die Welt mit ihren Sinnen und durch Handlungen. Sie lernen z. B. wie Hunde aussehen und wie es sich anfühlt, sie zu streicheln.
Präoperational	2 bis 6 Jahre	Bis zum Schulalter erwerben Kinder die Fähigkeit, die Welt durch Sprache und geistige Vorstellungen intern zu repräsentieren. Sie sind allmählich in der Lage, die Welt aus der Perspektive anderer zu sehen und nicht aus ihrer eigenen.
Konkret-operational	7 bis 11 Jahre	Kinder werden dazu fähig, logisch zu denken. Sie können Objekte jetzt in zusammenhängende Klassen gruppieren und verstehen, dass Ereignisse häufig von mehreren Faktoren und nicht nur einem beeinflusst werden.
Formal-operational	11 Jahre und älter	Jugendliche können systematisch denken und darüber spekulieren, was alternativ zum Bestehenden sein könnte. Das ermöglicht ihnen, Politik, Ethik und Science-Fiction zu verstehen sowie wissenschaftlich-logisch zu denken.

2. *Breite Anwendbarkeit*: Die jeweilige Art des Denkens, das für die entsprechende Stufe charakteristisch ist, erstreckt sich über ganz verschiedene Themen und Kontexte.
3. *Kurze Übergangszeiten*: Bevor Kinder eine neue Stufe erreichen, durchlaufen sie eine kurze Übergangsphase, in der sie zwischen der Art des Denkens auf der fortgeschrittenen Stufe und der Art des Denkens, wie sie die alte Stufe kennzeichnet, hin und her schwanken.
4. *Invariante Abfolge*: Jeder Mensch durchläuft die Stufen in derselben Reihenfolge, ohne jemals eine Stufe zu überspringen.

6.1.1 Sensumotorisches Stadium

Im sensumotorischen Stadium (von der Geburt bis zum Alter von 2 Jahren) sind die Grundbausteine die angeborenen Reflexe des Säuglings. Aus ihnen entwickeln sich alle höheren Formen der Kognition. Charakteristisch für dieses Stadium ist, dass es sich aus insgesamt sechs Entwicklungsphasen zusammensetzt. Diese sind in einer Kurzbeschreibung in ▶ **Tab. 6** dargestellt. Zentrale Konzepte und Phänomene des sensumotorischen Stadiums werden im Folgenden kurz skizziert.

Ein interessantes Phänomen in der sensumotorischen Entwicklung fand Piaget auf der vierten Entwicklungsstufe, etwa zwischen dem 8. und 12. Lebensmonat: den sogenannten *A-nicht-B-Fehler*. In den entsprechenden Versuchsaufgaben wird ein für das Kind interessantes Objekt (z. B. Puppe oder Auto) an Ort A unter einem Tuch versteckt. Nachdem das Kind das Objekt dort mehrfach gefunden und aufgedeckt hat, wird es vor seinen Augen an einen anderen Ort B gelegt

Tab. 6: Die Entwicklungsphasen im sensumotorischen Stadium (in Anlehnung an Berk & Schönpflug 2011)

Entwicklungsstufe	Zeitraum	Beschreibung
Reflex-Schemata	Geburt bis 1 Monat	Reflexe des Neugeborenen (z. B. Such-, Saug-, Greif-Reflex)
Primäre Kreisreaktionen	1 bis 4 Monate	Einfache motorische Gewohnheiten, die sich um den eigenen Körper des Säuglings drehen; begrenztes Antizipieren von Ereignissen
Sekundäre Kreisreaktionen	4 bis 8 Monate	Handlungen, die darauf abzielen, interessante Effekte in der Umgebung zu wiederholen; Imitation vertrauter Verhaltensweisen
Koordination sekundärer Kreisreaktionen	8 bis 12 Monate	Absichtliches oder zielgerichtetes Verhalten; Fähigkeit, einen versteckten Gegenstand an der ersten Stelle, wo er versteckt wird, zu finden (Objektkonstanz); verbessertes Antizipieren von Ereignissen
Tertiäre Kreisreaktionen	12 bis 18 Monate	Exploration der Eigenschaften von Gegenständen, indem sie auf eine neue Art behandelt werden; Nachahmung neuer Verhaltensweisen; Fähigkeit, nach einem Gegenstand an verschiedenen Stellen zu suchen (erfolgreiche A-B-Suche)
Mentale Repräsentation	18 bis 24 Monate	Innere Vorstellungen von Gegenständen u. Ereignissen, die sich durch plötzliche Problemlösungen zeigen; Fähigkeit, einen Gegenstand zu finden, der außerhalb des Sehfeldes bewegt wurde, aufgeschobene Nachahmung und »Als-ob-Spiele«

und wieder mit einem Tuch abgedeckt. Das andere Tuch liegt noch an Ort A. Das Kind sucht das Objekt nicht an dem Ort (B), wo es ihn zuletzt gesehen hat, sondern bei Ort A, wo die frühere Suche erfolgreich war. Dieses Phänomen zeigt nach Piaget, dass Kinder auf dieser Entwicklungsstufe noch keine sichere Trennung zwischen der eigenen Person und Objekten der externen Welt vornehmen können. Es scheint also manchmal noch die Existenz eines Objektes von dem sensumotorischen Kontakt (eigene Wahrnehmung oder Handlung) abhängig zu sein (Wilkening, Freund & Martin 2009).

Am Ende des sensumotorischen Stadiums auf der sechsten Entwicklungsstufe erreicht das Kind einen ersten großen Meilenstein der kognitiven Entwicklung: die Fähigkeit der *mentalen Repräsentation*. Das Kind ist in der Lage, Dinge und Personen der Umwelt intern abzubilden und für einige Zeit abzuspeichern. Anzeichen für solch mentale Repräsentationen sah Piaget in der neuen *Fähigkeit der verzögerten Nachahmung* – die Wiederholung des Verhaltens anderer Menschen Minuten, Stunden oder Tage später. Zum Abschluss des ersten Entwicklungsstadiums erwirbt das Kind das Konzept der Objektpermanenz. Nun gilt nicht mehr das Prinzip »Aus den Augen, aus dem Sinn«, sondern es wird abgelöst durch die maßgebende Erkenntnis, dass Objekte und Personen weiterexistieren, auch wenn sie nicht mehr wahrgenommen werden können. Diese Erkenntnis, verbunden mit der mentalen Repräsentation ermöglicht einen qualitativen Sprung in der kognitiven Entwicklung und bildet damit den Grundstein für den Übergang in das nächste Stadium.

6.1.2 Präoperationales Stadium

Das präoperationale Stadium beginnt mit etwa 2 Jahren und endet mit ungefähr 6 Jahren. In diesem Stadium ist das Kind zwar zu sprachlich-symbolischen Operationen in der Lage, das Denken ist jedoch stark an die konkret wahrnehmbare Umgebung und die eigenen Handlungen gebunden. Der große Fortschritt besteht in dem, was Piaget *die Symbolfunktion* nennt: Sie baut auf der Fähigkeit zur mentalen Repräsentation auf. Das Kind erkennt, dass ein Ding für ein anderes stehen, es repräsentieren oder symbolisieren kann. So können Puppen für andere (reale oder gedanklich vorgestellte) Personen stehen, ein Besen, auf dem man reitet, für ein Pferd, ein roter Bauklotz ersetzt ein Feuerwehrauto usw. Typischerweise ähneln die selbst entwickelten Symbole äußerlich den Dingen, die sie darstellen. Die Auswirkungen der Symbolfunktion sind Eltern und Erzieherinnen aus dem Alltag bekannt, dem Symbolspiel. Dabei scheinen dem kindlichen Ideenreichtum hinsichtlich dessen, was ein Symbol für ein anderes sein kann, kaum Grenzen gesetzt. Neben der beschriebenen Stärke weist das Denken von Kindern im präoperationalen Stadium charakteristische Schwächen auf. Dazu zählt Piaget den Egozentrismus, statisches, wenig prozesshaftes Denken und die unzureichende Beachtung mehrerer Dimensionen.

Egozentrismus

Kindern im präoperationalen Stadium fällt es schwer, die Perspektive einer anderen Person einzunehmen und einen Sachverhalt aus einer fremden Perspektive zu betrachten. Der kindliche Egozentrismus ist die Tendenz, die Welt ausschließlich aus der eigenen Perspektive wahrzunehmen. Piaget und Inhelder (1956) demonstrierten diese Schwierigkeit anhand des klassischen *Drei-Berge-Versuches*. Die Versuchsanordnung sieht folgendermaßen aus: Das Kind sitzt an einem Tisch und hat vor sich das Modell einer Landschaft, die aus drei Bergen unterschiedlicher Größe und Höhe besteht. Die Gipfel der Berge weisen typische Merkmale auf: ein Kreuz, ein Baum und ein Haus. Die Kinder werden nun von allen vier Seiten vor dieses Modell gesetzt und sie sollen anhand von vorbereiteten Fotos zeigen, wie sie aus der jeweiligen Perspektive die Berge sehen. Anschließend sollen sie angeben, wie eine andere Person (oder eine Puppe), die aus einer anderen Perspektive auf die Berge schaut als sie selber, die Berge wohl sieht. Die meisten 3- bis 6-Jährigen sind dazu nicht in der Lage und wählen immer das Bild aus, das ihrer eigenen Perspektive entspricht. Durch den Egozentrismus fällt es dem Kind schwer, zu berücksichtigen, dass die Puppe eine andere Perspektive auf die Berglandschaft hat als man selbst.

Viele nachfolgende Untersuchungen zur Perspektivenübernahme zeigen, dass 3- bis 4-Jährige dazu durchaus in der Lage sind. Der Drei-Berge-Versuch impliziert eine recht anspruchsvolle Aufgabenstellung. Sodian, Thoermer und Metz (2007) haben anhand eines anderen methodischen Zugangs und einer weniger komplexen Aufgabenstellung zeigen können, dass schon 14-monatige Kinder zur nicht egozentrischen Repräsentation der Perspektive anderer fähig sind. Bei der Frage, ab wann ein Kind zur Perspektivenübernahme in der Lage ist, spielt offensichtlich die Aufgabenschwierigkeit eine entscheidende Rolle. Diese Begrenztheit erweist sich auch in ganz anderen Kontexten als schwierig, z. B. bei der Kommunikation. Wer eine Unterhaltung von Kindergartenkindern aufmerksam verfolgt, der wird feststellen, dass die Kinder oft aneinander vorbei bzw. nebeneinander her reden; sie scheinen ungeniert darüber hinwegzusehen, dass ihr Zuhörer dem, was sie sagen, keinerlei Beachtung schenkt.

Animismus, Artifizialismus, Finalismus

Andere Schwächen im kindlichen Denken dieser Stufe, die Piaget oft beschrieben hat, zeigen sich im Animismus. Dabei werden nicht belebten Objekten Qualitäten des Lebens zugeschrieben, z. B. Wünsche oder Gefühle: Das Auto muss sich ausruhen; dem Papier tut es weh, wenn man es zerschneidet; die Sonne scheint, weil sie sich freut usw. Ein anderes Phänomen ist der Artifizialismus, die Tendenz zu glauben, dass alle Dinge der Welt von Menschen für menschliche Zwecke gemacht wurden, z. B. ein Stein, damit man ihn werfen kann, oder die Nacht, damit man schlafen kann. Insgesamt scheinen Kinder dieser Entwicklungsstufe des Denkens Vorstellungen des Finalismus nahezustehen, nach denen alle Ereignisse und Dinge der Welt vom Zweck her bestimmt sind (Wilkening, Freund & Martin 2009).

Zentrierung

Eine eng mit dem Egozentrismus verwandte Einschränkung im Denken des Kindes im präoperationalen Stadium ist die Zentrierung. Unter Zentrierung versteht man die Konzentration auf ein einzelnes, in der Wahrnehmung auffälliges Merkmal eines Objektes oder Ereignisses. Dabei bleiben andere wichtige, aber unauffällige Merkmale unberücksichtigt. Ein gutes Beispiel für die Zentrierung im Denken liefert die Art, wie Kinder an die Balkenwaage-Aufgabe (Piaget & Inhelder 1977) herangehen. Fragt man Fünf- und Sechsjährige danach, auf welche Seite sich die Waage neigen wird, wenn man sie entriegelt, so zentrieren sie ihre Aufmerksamkeit fast immer auf die Gewichtsmenge auf beiden Seiten und ignorieren den Abstand der Gewichte von der Aufhängung. Piaget hat anhand von Forschungen zum kindlichen Verständnis der Invarianz ebenfalls die Zentrierung eindrucksvoll belegt. Die Idee des *Invarianzkonzeptes* (Konzept der Erhaltung) besteht darin, dass ein bloßes Verändern der Erscheinung oder Anordnung eines Objektes nichts an dessen grundlegenden Eigenschaften (z. B. die Quantität des Materials) ändert.

Gut demonstrieren lässt sich das Konzept der Invarianz an verschiedenen Aufgaben: zur Erhaltung der Flüssigkeitsmenge, zur Erhaltung der festen Masse und zur Erhaltung der Zahl. In allen Fällen bestehen die Aufgaben, mit denen das Verständnis des Kindes untersucht wird, aus einem dreistufigen Verfahren. Zuerst sehen die Kinder zwei Objekte oder zwei Mengen von Objekten (zwei Gläser Orangensaft, zwei Knetgummikugeln oder zwei Reihen Münzen). Wenn die Kinder zustimmen, dass die jeweils interessierende Dimension (z. B. die Menge an Orangensaft) gleich ist, folgt die zweite Phase. Hier beobachten die Kinder, wie ein Objekt (oder eine Objektmenge) so transformiert wird, dass es nachher anders aussieht, ohne dass sich die fragliche Dimension verändert. Ein Glas Orangensaft wird z. B. in ein höheres, aber schmaleres Glas umgeschüttet. In der dritten Phase sollen die Kinder angeben, ob die infrage stehende Dimension, in der die Kinder die beiden Objekte (bzw. Objektmengen) zuvor als gleich beurteilt hatten, immer noch gleich ausgeprägt ist. Die große Mehrheit der Vorschulkinder antwortet auf diese Frage: »Nein« (Siegler, DeLoache & Eisenberg 2011). Die Kinder orientieren sich also an dem aktuellen Zustand und können sich nicht vorstellen, dass man den Veränderungsprozess (Umschütten des Orangensaftes) wieder rückgängig machen könnte.

Die unzureichende Beachtung mehrerer Dimensionen zeigt sich auch bei multiplen Klassifikationen. Bei diesem Aufgabentyp geht es darum, Gegenstände gleichzeitig nach mehreren Kriterien zu sortieren (z. B. nach Farbe und Form). In der präoperationalen Phase gelingt es den Kindern häufig nur, eines der beiden Kriterien zu beachten. Ähnliche Schwierigkeiten bereitet die multiple Seriation, bei der Rangfolgen nach verschiedenen Gesichtspunkten erstellt werden sollen (z. B. Ordnung von Holzstäben nach Höhe und Breite). Weiterhin bestehen dadurch Probleme bei den Klasseninklusionsaufgaben, bei denen es um die Erkenntnis geht, dass es Teilmengen innerhalb von Klassen gibt (z. B. eine Teilmenge von Tulpen innerhalb der Klasse der Blumen oder eine Teilmenge von Dackeln innerhalb der Klasse der Hunde). Typischerweise wird den Kindern dazu ein Strauß mit Blumen (alternativ ein Bild von einem Rudel Hunde) gezeigt, der (das) überwiegend – aber nicht vollständig – aus Tulpen (Dackeln) besteht. Die Frage an die Kinder lautet, ob der Strauß mehr Tulpen oder mehr Blumen enthält (analog das Beispiel Hunde). Viele Kinder des präoperationalen Stadiums zentrieren auf die größere Teilmenge der Tulpen und übersehen dabei die Gesamtmenge der Blumen (Lohaus, Vierhaus & Maass 2010).

Der Übergang zum mehrdimensionalen Denken ist ein wichtiger Entwicklungsschritt, da er eine Flexibilisierung des Denkens ermöglicht. Dies ist der entscheidende Entwicklungsschritt der den Übergang zum konkret-operationalen Denken markiert.

6.1.3 Konkret-operationales Stadium

Im Alter von etwa 7 Jahren beginnen die Kinder damit, logisch über konkrete Merkmale der Welt nachzudenken. Dieser Fortschritt lässt sich am Beispiel des *Invarianzkonzeptes* gut verdeutlichen. Wenige Fünfjährige lösen irgendeine der drei beschriebenen Invarianzaufgaben, die meisten Siebenjährigen lösen alle drei Aufgaben richtig. Es findet ein Fortschritt im Denken in Form der Ablösung der Denkoperationen von den beobachteten Abläufen statt. Jedoch sind die Denkoperationen noch immer auf konkrete Handlungen und Wahrnehmungen bezogen und die Abstraktionsfähigkeit ist noch immer gering. Offenkundig werden diese Begrenzungen in der Art der Versuche, die Kinder im konkret-operationalen Stadium zur Lösung des Pendelproblems (Piaget & Inhelder 1977) unternehmen.

Beim *Pendelversuch* besteht die Aufgabe darin, die Bewegungen längerer und kürzer Kordeln mit leichteren oder schwereren Gewichten zu vergleichen, um den Einfluss von Gewicht, Länge der Kordel und Punkt des Loslassens auf die Zeit zu bestimmen, in der das Pendel einmal hin- und herschwingt. Ist es gar eine Kombination dieser Faktoren? Die Kinder im konkret-operationalen Stadium beginnen die Experimente in dem Glauben, dass die Schwere des Gewichtes der wichtigste und höchstwahrscheinlich auch der einzige Faktor ist. Kinder entwerfen in der Regel unsystematische Experimente, aus denen sie keine eindeutigen Schlüsse ziehen können. Zum Beispiel vergleichen sie die Schwingungszeit eines schweren Gewichts an einer kurzen Kordel, das aus großer Höhe losgelassen wurde, mit der Schwingungszeit eines leichten Gewichts an einer langen Kordel aus niedriger Höhe. Wenn das erste Pendel schneller ausschlägt, schließen sie daraus, dass schwere Gewichte schneller pendeln. Diese unreife Schlussfolgerung spiegelt die beschränkte Fähigkeit wider, systematisch zu denken und sich alle nur möglichen Kombinationen der Variablen vorzustellen (Siegler, DeLoache & Eisenberg 2011).

Im konkret-operationalen Stadium entwickelt sich darüber hinaus die Fähigkeit zur Perspektivübernahme, sodass zunehmend die Wünsche und Intentionen anderer Personen berücksichtigt werden können. Die Perspektivübernahmefähigkeit bleibt jedoch auf konkrete Personen bezogen und bezieht sich beispielsweise noch nicht auf abstrakte Perspektiven (z. B. die gesamtgesellschaftliche Perspektive). Auch das prozesshafte Denken entwickelt sich in zunehmendem Maße, sodass in diesem Stadium die Lösung der Mengenerhaltungs-, Klassifikations- und Seriationsaufgaben kein Problem mehr darstellt. Zusätzlich entstehen zunehmend Kompetenzen zur Planung von Handlungsabläufen und zur Koordination von Handlungen. Allgemein lässt sich sagen, dass eine größere Beweglichkeit des Denkens entsteht und dass ein Operieren mit mehreren Schemata simultan ermöglicht wird. Es kommt zu einem komplexeren Denken, das aber noch an konkrete Abläufe geknüpft ist. Die zunehmende Lösung von konkreten Abläufen erhöht ein weiteres Mal die realisierbare Flexibilität des Denkens und markiert damit den Übergang in das formal-operatorische Stadium (Lohaus, Vierhaus & Maass 2010).

6.1.4 Formal-operationales Stadium

Das formal-operationale Stadium bildet nach Piaget das Endstadium der kognitiven Entwicklung. Es wird von den meisten Kindern im Alter zwischen 12 und

14 Jahren erreicht, von manchen jedoch nie. Somit ist dieses Stadium die einzige nicht universelle Stufe im System. Diese Phase ist durch die Fähigkeit zu abstraktem und systematischem Denken gekennzeichnet. Während im konkret-operationalen Stadium das Denken noch an das konkret Wahrnehmbare gebunden war, ist diese Beschränkung mit dem Erreichen der letzten Stufe überwunden. Die Kinder können nun über die gegebenen Informationen hinausdenken, sie können Hypothesen bilden und Möglichkeiten abwägen. Die wichtigste Errungenschaft auf dieser Stufe nennt Piaget die Fähigkeit zum hypothetic-deduktivem Denken, d. h., zur Fähigkeit zum Hypothesenbilden muss ein wohlgeordnetes logisches System hinzukommen, aus dem heraus die Person mögliche Ereignisse und Schlussfolgerungen ableiten (deduzieren) kann. Gut veranschaulicht wird dieses Denken im klassischen Pendelversuch. Formal-operationales Denken ermöglicht zudem, über die eigene Wirklichkeit nachzudenken, sich verschiedene Realitäten vorzustellen und Begriffe wie Wahrheit und Moral nicht absolut (wie in den früheren Stadien), sondern relativ zu beleuchten (Pinquart, Schwarzer & Zimmermann 2011).

6.1.5 Pädagogische Anwendungen von Piagets Theorie

Piagets Sichtweise der kognitiven Entwicklung enthält nach Siegler, DeLoache und Eisenberg (2011) eine Reihe allgemeiner Implikationen, wie man Kinder erziehen sollte. Grundsätzlich ist aus seinen Ausführungen abzuleiten, dass die Art des kindlichen Denkens in den jeweiligen Altersstufen bei der Entscheidung berücksichtigt werden sollte, wie man sie unterrichtet. Beispielsweise, so Siegler, DeLoache und Eisenberg (2011), sollte man von Kindern im konkret-operationalen Stadium nicht erwarten, dass sie rein abstrakte Begriffe wie »Trägheit« oder »Gleichgewichtszustand« erlernen, während man das von Jugendlichen im formal-operationalen Stadium durchaus erwarten kann. Ein pädagogischer Ansatz, der allgemeine altersbezogene Unterschiede im kognitiven Niveau bei der Entscheidung berücksichtigt, wann welche Konzepte gelehrt werden, wird oft als »kindzentrierter Ansatz« bezeichnet. Eine weitere Implikation des Piaget'schen Ansatzes besteht darin, dass Kinder stets durch die Interaktion mit der Umwelt lernen, geistig wie körperlich. Wie eine Studie zum Veranschaulichen dieses Prinzips zum Verständnis des Geschwindigkeitsbegriff von Levin, Siegler und Druyan (1990) zeigt, können relevante körperliche Aktivitäten, begleitet von Fragen, die die Aufmerksamkeit auf das richten, was die Aktivität uns lehrt, das Lernen der Kinder fördern.

6.1.6 Kritik an Piagets Theorie

Große Teile seiner Theorie formulierte Piaget schon vor vielen Jahren und nach wie vor stellt sie einen sehr einflussreichen Ansatz zur kognitiven Entwicklung dar. Als herausragende Stärken formulieren Siegler, DeLoache und Eisenberg (2011) dass sie einen guten Überblick mit zahlreichen faszinierenden Beobachtungen darüber gibt, wie das Denken von Kindern zu verschiedenen Zeitpunkten ihrer Entwicklung beschaffen ist. Sie bietet darüber hinaus eine plausible und attraktive Sicht auf das Kind und umfasst ein bemerkenswert breites Spektrum von Entwicklungsbereichen und behandelt die Altersspanne vom Säugling bis zum Jugendlichen.

Gleichzeitig hat Piaget eine große Angriffsfläche für Kritik geboten. Nachfolgende Analysen haben einige entscheidende Schwächen identifiziert, die Miller (2002) wie folgt zusammenfasst:

- Das Stufenmodell stellt das Denken konsistenter dar, als es ist.
- Säuglinge und Kleinkinder sind kognitiv kompetenter als Piaget dachte: Piaget hat das kindliche Denken anhand sehr anspruchsvoller Aufgaben untersucht, weshalb er dann ihre Fähigkeiten erst relativ spät feststellen konnte. So konnte mit Methoden der modernen experimentellen Säuglingsforschung z. B. herausgearbeitet werden, dass Säuglinge schon mit 3½ Monaten über Objektpermanenz verfügen, die Piaget mit frühestens 8 Monaten beobachtete (Pinquart, Schwarzer & Zimmermann 2011).
- Die Theorie bleibt unscharf hinsichtlich der kognitiven Prozesse, die das Denken verursachen und der Mechanismen, die kognitives Wachstum hervorrufen.
- Piagets Theorie schätzt den Beitrag der sozialen Welt zur kognitiven Entwicklung als zu gering ein.

6.2 Wygotski

Das kindliche Denken entwickelt und verändert sich nach Wygotski (1978) aufgrund der sozialen Interaktionen zwischen Kind und Eltern, Lehrern oder kompetenten Gleichaltrigen. Er stellt heraus, dass kindliches Denken immer nur im Zusammenspiel mit dem umgebenden Kontext analysiert werden kann. Mit Kontext ist in diesem Zusammenhang sowohl die allgemeine Kultur, in der ein Kind aufwächst, gemeint als auch das unmittelbare spezifische Setting, das ein Kind umschließt. Wygotski geht davon aus, dass das soziokulturelle Umfeld große Unterschiede des kindlichen Denkens hervorbringt. Wie bereits in ▶ Kap. 3.8 beschrieben, legt er dar, dass kindliches Denken durch die Interaktion mit einer anderen Person entsteht und sich verändert. Dieser Vorgang kommt durch das Internalisieren des Inhaltes der Interaktion zustande. Nach Wygotski wird *das Intermentale*, der Austausch zwischen Kind und einer anderen Person, zum *Intramentalen*, der Gedankenwelt innerhalb des Kindes. Demzufolge wird im Rahmen der Theorie Denken als verinnerlichte Interaktion aufgefasst. Da solche Interaktionen meist über Sprache erfolgen, bezeichnet Wygotski das Denken auch als *verinnerlichtes Sprechen* (Wygotski 2002). Im Rahmen seiner Theorie formulierte er verschiedene Konzepte und Begriffe, die in den soziokulturellen Analysen von Veränderungsprozessen eine wichtige Rolle spielen: Zone der proximalen Entwicklung, gelenkte Partizipation, Kulturwerkzeuge usw. Diese werden im Folgenden näher erläutert.

6.2.1 Zone der proximalen Entwicklung

Im Gegensatz zu Piaget, der den Zustand des kindlichen Denkens anhand von verschiedenen Aufgabenstellungen erfasste, betrachtet Wygotski (1978) das Kind in der sogenannten Zone der proximalen Entwicklung. Die Zone der proximalen Entwicklung bezeichnet die Spanne zwischen dem spontanen Können eines Kindes und dem Können, das es maximal unter Anleitung zeigen kann. Anders ausgedrückt, handelt es sich beim Bereich der proximalen Entwicklung um ein Spektrum von Aufgaben, die das Kind zwar noch nicht allein bewältigen kann, aber mithilfe geübter (kompetenter) Partner. Das kann an folgendem Beispiel veranschaulicht werden: Eine einfühlsame Erzieherin leitet ein Vorschulkind zu einer neuen Aktivität an. Sie wählt dabei eine Aufgabe, die das Kind bewältigen kann, die aber so schwierig ist, dass es sie nicht allein durchführen kann. Oder die Erzieherin nutzt eine Aktivität, die das Kind ausgewählt hat. Indem die Erzieherin es führt und unterstützt, bringt das Kind sich in die Interaktion ein und übernimmt mentale Strategien. Wenn es kompetenter wird, nimmt sich die Erzieherin zurück und erlaubt dem Kind, mehr Verantwortung für das Lösen von Aufgaben zu übernehmen (Berk & Schönpflug 2011). Dieses Beispiel lässt sich ebenso gut auf Unterrichtssituationen übertragen. Diese Art des Unterrichts, die als kompetenzangemessene Unterstützung (scaffolding) bekannt ist, fördert das Lernen in jedem Alter.

Wygotskis Konzept der Zone proximaler Entwicklung hat auch Eingang in den Bereich der Diagnostik gefunden: beim dynamischen Testen. Dynamisches Testen zielt darauf ab, neben der aktuellen Leistung zusätzlich ein (so die Annahme) ebenfalls interindividuell variierendes Veränderungspotenzial zu erfassen (Klieme, Leutner & Kenk 2010). Hierzu werden beim dynamischen Testen Hilfen gegeben, die z. B. aus leistungsbezogenem Feedback sowie fehlerspezifischen Denk- und Lernhilfen bestehen. Eingang hat diese alternative Form des Testens im Bildungssektor, speziell im Bereich der Intelligenz- und Schulleistungsdiagnostik gefunden (Guthke, Beckmann & Wiedl 2003). Dörfler, Golke und Artelt (2010) geben für den Bereich der Lesekompetenz einen theoretischen Überblick für die Entwicklung eines solchen dynamischen Lesekompetenztests und informieren über die grundlegenden Schritte der Testentwicklung.

Wygotski selbst hat die Zone der proximalen Entwicklung mithilfe der sogenannten mikrogenetischen Methode untersucht. Bei diesem Untersuchungsansatz geht es darum, die Prozesse, die Veränderungen hervorrufen, detailliert zu beschreiben. Dazu werden die Kinder innerhalb eines kurzen Zeitabschnittes wiederholt untersucht. Wygotski hat dazu Aufgabenbatterien verwendet, um so in unterschiedlichen Aufgabenkontexten und an eng aufeinanderfolgenden Messzeitpunkten den »genauen Moment der Entwicklung« (Pinquart, Schwarzer & Zimmermann 2011, 104) einzufangen. Er wollte somit den Prozess der Veränderung des kindlichen Denkens sichtbar machen.

6.2.2 Kulturwerkzeuge

Wissen wird in sozialen Interaktionen auch direkt vermittelt, z. B. durch Erklärungen, Unterweisungen und dadurch, dass bestimmte Handlungen und Tätigkeiten modellhaft gezeigt werden; also Interaktionen, wie sie typischerweise im schulischen Kontext auftreten. Das schließt ein, dass Kinder mit bestimmten Kulturwerkzeugen vertraut gemacht werden. Kulturwerkzeuge beziehen sich auf Kompetenzen, die von grundlegender Bedeutung für das Zusammenleben innerhalb eines Kulturkreises sind. Dazu gehören beispielsweise Symbolsysteme, Gebrauchsgegenstände sowie Fähigkeiten wie das Beherrschen der Schriftsprache oder mathematische Kompetenzen. Kinder bekommen demnach in Abhängigkeit von der Kultur, in der sie aufwachsen, relevante Kompetenzen und Wissenskomponenten vermittelt. Solche Werkzeuge werden benötigt, um das Denken und Verhalten zu organisieren, und können als Mediatoren zwischen Kind und Umwelt angesehen werden. Jede Kultur bringt ihre eigenen Werkzeuge hervor, damit der Mensch die Anforderungen der Umwelt besser und leichter bewältigen kann.

Wygotski (2002) sieht die Sprache als das wichtigste Kulturwerkzeug an. So beobachtete er, dass Vorschulkinder z. B. häufig beim Lösen eines Problems mit sich selbst sprechen (Selbstgespräche führen). Die Sprache wird also in solchen Situationen nicht zur Kommunikation mit einer anderen Person eingesetzt, sondern diese »private Sprache« hilft den Kindern, Strategien zu planen und ihr Verhalten auf ein Ziel hin abgestimmt zu regulieren. Mit der Zeit wird diese Sprache immer weniger ausformuliert und immer knapper; sie verschwindet nach Wygotski aber nicht ganz. Bei älteren Kindern kommt es dann im Regelfall zur »inneren Sprache«, die für Wygotski letztlich das Denken darstellt.

6.2.3 Gelenkte Partizipation

Der Prozess, bei dem eine kenntnisreichere (kompetente) Person ein Kind im Prozess des Erlernens neuer Fähigkeiten anleitet, bezeichnet Wygotski als *gelenkte Partizipation*. Sie ist überall dort zu finden, wo es formale Lernsituationen wie in Kindergarten und Schule gibt, man kann sie aber auch in eher informellen Situationen beobachten, z. B. zwischen Kind und Eltern, älteren Geschwistern oder kompetenten Gleichaltrigen. In den informellen Situationen besteht die explizite Absicht darin, ein praktisches Ziel (z. B. das Zusammensetzen eines Puzzles, Spielzeuges o. Ä.) zu erreichen. Das Lernen findet dann als Nebenprodukt der Tätigkeit statt.

Die soziokulturelle Theorie von Wygotski hat einen aktuellen Bezugs- und Anwendungspunkt in der Pädagogik, insbesondere in einer veränderten Schulkultur. Sie ist ein Weg, um die schulische Ausbildung zu verbessern. Es sollte eine Kultur geschaffen werden, in der Unterricht auf ein tieferes Verständnis gerichtet ist und in der Lernen als kooperative Angelegenheit verstanden wird. Bereits kleine Lernfortschritte veranlassen dann die Kinder dazu, noch mehr lernen zu wollen (Siegler, DeLoache & Eisenberg 2011). Umgesetzt wird das z. B. durch sogenannte Lerngemeinschaften. Hier stellen sich Lernpartner gegenseitig Anleitungen zum Lernen und Ideen zum Verständnis von Lerninhalten zur Verfügung.

6.3 Domänenspezifisches Wissen

Neben den »klassischen« Theorien zur kognitiven Entwicklung von Piaget und Wygotski hat sich auf der Grundlage der neueren Säuglingsforschung ein weiterer theoretischer Ansatz entwickelt – die domänenspezifischen Theorien, die davon ausgehen, dass sich der Mensch im Laufe der Evolution hinsichtlich seiner Denkprozesse so an die Umwelt angepasst hat, dass der Säugling nach der Geburt mit einer sogenannten kognitiven Grundausrüstung ausgestattet ist. Nach Wellman und Gelman (1998) deckt dieses Gerüst grundlegendes Wissen über das Verhalten von Objekten (Physik), von Menschen (Psychologie) und nicht menschlichen Lebewesen (Biologie) ab. Mit dieser Auffassung, die vor allem von Elizabeth Spelke und Susan Carey (Carey 2009) vertreten wird, liegt also ein fundamentaler Unterschied zur Theorie von Piaget vor: Piaget nahm an, dass sich bereichsübergreifend stadientypische kognitive Strukturen der Kinder entwickeln und sie Wissen in der Auseinandersetzung mit der Umwelt erwerben. Die domänenspezifischen Theorien hingegen nehmen an, dass der Säugling von Anbeginn an Wissen besitzt oder mit einer angeborenen Lernbereitschaft ausgestattet ist, mit deren Hilfe früh Wissen erworben wird. Dieses Wissen wird dann in der Interaktion mit der Umwelt angereichert oder gänzlich umstrukturiert.

6.3.1 Intuitive Physik

Bereits Säuglinge scheinen schon sehr früh eine Art Gespür für physikalische Phänomene zu besitzen. Auf der Grundlage von Experimenten über systematische nonverbale Reaktionen der Säuglinge wird geschlussfolgert, dass sie z. B. mit 3½ Monaten wissen, dass Objekte eine dauerhafte Existenz haben, auch wenn sie von ihnen nicht unmittelbar wahrgenommen werden. Die Befunde von Baillargeon (1987) zu Piagets Objektpermanenz liefern dazu die empirische Evidenz und belegen, dass bereits 3 bis 4 Monate alte Babys ein grundlegendes Wissen über Objekteigenschaften haben – sie erwarten, dass ein sich bewegendes Objekt zum Stillstand kommt, wenn es auf ein anderes trifft. Wenn man Säuglingen Ereignisse verdeckter Objektbewegungen zeigt, die die Grundprinzipien des Objektverständnisses verletzen, so reagieren sie mit einer längeren Fixationsdauer als auf Ereignisse, die physikalisch möglich sind. Ein anderes rudimentäres physikalisches Wissen von Säuglingen besteht darin, dass sie bereits eine Anzahl von Objekten erkennen können, so lange es sich um eine geringe Anzahl von bis zu drei Objekten handelt. So reagieren 5 Monate alte Säuglinge mathematisch korrekt, wenn einem Objekt ein anderes hinzugefügt wird oder wenn von zwei Objekten eines entfernt wird (Wynn 1992). Wie sich die Wissensentwicklung in den physikalischen Domänen wie Zeit, Geschwindigkeit, Masse usw. in der Kindheit vollzieht, stellen Wilkening, Huber und Cacchione (2006) in einem Überblick dar. Es zeichnet sich in den meisten Fällen kein kontinuierlicher Wissenszuwachs ab, sondern eine sogenannte Umstrukturierung auf der Basis des rudimentären Wissens. Das kindliche Wissen entspricht in aller Regel nicht dem wissenschaftlichen Wissen, denn es gibt eine Vielzahl von Belegen für fehlerhafte physikalische Vorstellungen (sogenannte »misconceptions«), von denen manche bis in das Erwachsenenalter hinein bestehen bleiben. Ferner zeigte sich in vielen Studien zur intuitiven Physik eine hohe Kontextspezifität (Sodian 2012).

6.3.2 Intuitive Psychologie (Theory of Mind)

Im Bereich des psychologischen Grundwissens geht es darum, herauszufinden, in welchem Alter Kinder ein Verständnis darüber besitzen, warum Personen sich auf eine bestimmte Art und Weise verhalten. Im Ansatz der »Theory of Mind« geht man davon aus, dass Kinder lernen, die internen Zustände anderer Personen, deren Gefühle, Gedanken, Wünsche, Absichten und Überzeugungen zu erschließen. Ein erstes Anzeichen für ein solches Wissen kann ab ca. 6 Monaten beobachtet werden, wenn Säuglinge erkennen, dass menschliche Handlungen ausgeführt werden, um ein bestimmtes Ziel zu erreichen (siehe ▶ Kap. 6.1). Woodward (1998) zeigt in ihren Habituationsstudien, dass Säuglinge, die an das Greifen nach dem Teddy gewöhnt worden waren, nur dann dishabituierten, wenn die Hand nach einem anderen Ziel (Ball) griff, als wenn sie auf einem anderen Weg nach dem Teddy griff. Erstaunlicherweise verhielten sich die Säuglinge nur dann so, wenn sie sahen, dass eine menschliche Hand die Handlungen ausführte; jedoch nicht, wenn eine mechanische Klaue die gleichen Handlungen vollführte. Mit Vollendung des 1. Lebensjahres sind die Kinder immer stärker in der Lage, das Verhalten anderer Menschen mentalistisch zu interpretieren. Hier verstehen die Kinder, dass andere Menschen mit ihren Handlungen Absichten verfolgen und möglicherweise Wünsche umsetzen. Erst später begreifen sie, dass sich Menschen auf eine bestimmte Art und Weise verhalten, weil sie eine bestimmte Überzeugung über einen Sachverhalt verfolgen. Ein klassisches Experiment von Wimmer und Perner (1983) zum kindlichen Verständnis falschen Glaubens legt eindrücklich dar, dass es Kindern zunächst noch Schwierigkeiten bereitet zu verstehen, dass Personen aufgrund ihrer Überzeugung handeln: Kindern zwischen 3 und 5 Jahren wird die Geschichte »Maxi und die Schokolade« erzählt, bei der Maxi mit seiner Mutter vom Einkaufen kommt und zu Hause eine eingekaufte Tafel Schokolade in den grünen Schrank legt. Während Maxi beim Spielen ist, räumt die Mutter die Schokolade in den blauen Schrank. Die Kinder sollen nun die Frage beantworten, in welchem Schrank Maxi die Schokolade suchen wird, wenn er vom Spielen kommt. Nahezu alle 3-Jährigen antworteten auf die Testfrage »Im blauen Schrank« (wo sich die Schokolade tatsächlich befindet), während je nach experimenteller Bedingung mehr als die Hälfte der 4- bis 5-Jährigen angab, dass Maxi im grünen Schrank suchen würde. Ähnliche Experimente und eine Metaanalyse von mehr als fünfhundert False-Belief-Studien (Wellman, Cross & Watson 2001) zeigen, dass 2½- bis 3-jährige Kinder den typischen False-Belief-Fehler machen (sie antworten so, als wisse der Protagonist über den Zustand der Realität Bescheid) und 3½- bis 4-jährige Kinder antworten überzufällig korrekt.

6.3.3 Intuitive Biologie

Intuitives Wissen im Bereich der Biologie umfasst vor allem die Unterscheidung von lebendigen und nicht lebendigen Dingen, die Beziehung zwischen Menschen und anderen Arten. Darüber hinaus ist damit auch das Verständnis von natürlichen Prozessen wie Krankheit, Fortpflanzung und Geburt gemeint. Es erfordert die Erkenntnis, dass Gründe für Verhalten existieren, die nicht der physikalischen und psychologischen Welt angehören (Wellman & Gelman 1998). In welchem Alter bauen Kinder das Wissen über Biologie auf? Ähnlich wie in den Wissensdomänen Physik und Psychologie sind Vorläufer für dieses Wissen bereits im Säuglingsalter zu erkennen.

Die Unterscheidung zwischen Lebewesen und unbelebten Objekten gelingt bereits im Alter von 3 Monaten, wie Arterberry und Bornstein (2001) in ihrer Untersuchung zeigen. Biologische Intuitionen sind also bereits früh vorhanden, jedoch entwickeln sich separate biologische Wissensdomänen erst ab dem Grundschulalter. Das Wissen über einzelne biologische Eigenschaften wie z. B. Wachstum oder Krankheit ist schon im Alter von 3 bis 4 Jahren vorhanden. Verschiedene Studien, in denen die Kinder lebendige Dinge (auch Pflanzen) und Artefakte anhand spezifischer Eigenschaften beurteilen sollten, zeigen, dass Kinder in diesem Alter wissen, dass Pflanzen und Tiere wachsen, dass sie heilen können ohne Behandlung, dass sie verblühen und letztlich auch verfallen können (zusammenfassend Pinquart, Schwarzer & Zimmermann 2011). Kinder im Vorschulalter wissen zwar noch nichts über DNA und Vererbungsmechanismen, aber sie wissen sehr wohl, dass körperliche Eigenschaften in der Regel von den Eltern an den Nachwuchs weitergegeben werden. Sie bringen Vererbung mit biologischen Abläufen in Verbindung und wissen, dass Vererbung und Verwandtschaft miteinander zusammenhängen (Springer 1992). Ebenfalls im Vorschulalter entwickelt sich ein Grundverständnis von Krankheit. Mit 3 Jahren etwa haben Kinder von Keimen und Erregern gehört und sie haben eine allgemeine Vorstellung, wie diese wirken. Sie wissen z. B., dass man krank werden kann, wenn man mit Krankheitserregern verseuchte Nahrung zu sich nimmt (Siegler, DeLoache & Eisenberg 2011).

Zusammenfassend kann festgehalten werden, dass Kinder zwischen 3 und 4 Jahren über Bestandteile biologischen Wissens verfügen. Es erscheint nach Pinquart, Schwarzer und Zimmermann (2011) angebracht anzunehmen, dass sich ein von den anderen Wissensdomänen abgegrenzter Wissensbereich Biologie erst ab 4 bis 5 Jahren entwickelt. Letztlich ist durch die aufgeführten Befunde nicht abschließend geklärt, ob das beobachtete Wissen über Biologie nicht doch aus allgemeinen perzeptuellen Urteilsstrategien oder aus ihrem Wissen über den Bereich Psychologie hervorgeht.

7 Emotionale Entwicklung

In diesem Kapitel wird die Entwicklung von Emotionen beschrieben. Dazu ist es notwendig, einführend zu thematisieren, was Emotionen sind und die zentralen Theorien über das Wesen und die Entstehung aufzugreifen, bevor dargestellt wird, welche und wie Emotionen sich im Entwicklungsverlauf darstellen. Die Fähigkeit von Kindern, ihre Emotionen und das damit verbundene Verhalten zu regulieren, wird anschließend aufgegriffen, wobei in diesem Zusammenhang auch die individuellen Unterschiede bei der Emotionsregulierung thematisiert werden.

Die Vorstellung von Emotionen finden die meisten Menschen selbstverständlich und setzen diesen Begriff mit »Gefühlen« gleich. Theoretiker und Forscher haben dagegen eine sehr viel komplexere Auffassung von Emotionen und beschreiben sie anhand von folgenden vier Komponenten: 1) physiologische Faktoren wie z. B. Herzschlag, Atemfrequenz, Hormonspiegel, 2) subjektive Gefühle wie z. B. Angst, 3) Kognitionen, die die Emotionen hervorrufen oder begleiten und 4) der Wunsch, etwas zu tun, z. B. Flucht, Annäherung, Veränderung (Siegler, DeLoache & Eisenberg 2011). Im Folgenden sollen einige zentrale Ansichten über die Entstehung von Emotionen näher betrachtet werden.

7.1 Theorien über Wesen und Entstehung von Emotionen

Nach Holodynski (2006) existieren drei sehr unterschiedliche theoretische Auffassungen in der Emotionsforschung: der strukturalistische Ansatz, der funktionalistische Ansatz sowie der soziokulturelle Ansatz, die jeweils mit konkreten Forschungsparadigmen in Verbindung stehen und grundlegend verschiedene Schwerpunkte im Bereich der emotionalen Entwicklung setzen.

Beim *strukturalistischen Ansatz* geht man davon aus, dass Menschen von Geburt an mit sogenannten Basisemotionen ausgestattet sind. Diese sind universell, angeboren und stehen mit einem spezifischen, subjektiven Erleben, typischen physiologischen und mimischen Reaktionen in Verbindung. Hauptvertreter dieser Theorie der diskreten Emotionen sind Tomkins (1962) und Izard (2007), die von folgenden acht Basisemotionen ausgehen, die das emotionale Erleben abbilden: Furcht, Wut, Freude, Trauer, Vertrauen, Ekel, Überraschung und Neugierde. Empirisch ist es bisher nicht gelungen, notwendige und hinreichende Kriterien für das Vorliegen einer konkreten Emotion zu bestimmen. Aus dieser Schwäche heraus entwickelte sich der *funktionalistische Ansatz*, der davon ausgeht, dass einzelne Emotionen mit einer bestimmten Funktion verbunden sind, Handlungsbereitschaften zu ändern, um Motive zu verfolgen und Bedürfnisse zu befriedigen (Lohaus, Vierhaus & Maass 2010). Die Grundfunktion von Emotionen bestehe darin, in einem gegebenen Kontext zielgerichtete Handlungen zu fördern. So veranlasst z. B. die Emotion Angst Menschen dazu, zu flüchten oder einen bedrohlichen Reiz auf andere Weise zu meiden. Diese Handlung hilft, das Ziel der Selbsterhaltung zu erreichen. Funktionalisten wie z. B. Joseph Campos behaupten außerdem, dass soziale Ziele und der Einfluss wichtiger Mitmenschen die emotionalen Reaktionen mitgestalten (Campos, Bertenthal & Kermoian 1992). Der *soziokulturelle Ansatz* greift diese Auffassung auf und geht davon aus, dass Emotionen und ihre Regulation durch das soziale Miteinander, die Summe der zwischenmenschlichen Interaktionen, erst konstruiert werden. Das soziale System mit seinen Normen, Einstellungen und Verhaltensweisen nimmt einen zentralen Einfluss auf die erlebten Emotionen und auf die Strategien zur Emotionsregulierung. Als Grundlage des emotionalen Erlebens sind nach Lutz (1988) der soziokulturelle Ansatz in den Bewertungen von Umweltreizen und die Kultur als der Ursprung dieser Bewertungen zu sehen. Nachdem die unterschiedlichen theoretischen Positionen kurz skizziert wurden, soll nachfolgend beschrieben werden, welche Emotionen sich im Verlauf der Entwicklung herausbilden.

7.2 Emotionen im Entwicklungsverlauf

Alle Formen der Emotionen unterliegen einer Entwicklung über die Kindheit. Während positive Emotionen (z. B. Freude) und negative Emotionen (z. B. Angst) sich in den ersten Lebensjahren stärker ausdifferenzieren, treten selbstbewusste Emotionen (z. B. Stolz) erst ab einem gewissen Alter auf. Im folgenden Abschnitt wird zunächst die frühe Entwicklung positiver Emotionen beschrieben. Es folgt die Darstellung für die negativen und selbstbewussten kindlichen Emotionen (zusammenfassend nach Siegler, DeLoache & Eisenberg 2011).

7.2.1 Positive Emotionen

Bei Säuglingen ist das erste eindeutige Signal von Freude das Lächeln. Im Laufe des 1. Lebensmonats zeigen Säuglinge ein flüchtiges Lächeln, das hauptsächlich während der REM-Schlafphase auftritt. Nach dem 1. Lebensmonat ist ein Lächeln zu beobachten, wenn sie sanft gestreichelt werden. Es scheint jedoch eher reflexhaft und durch biologische Zustände als durch soziale Interaktionen verursacht zu sein. Ab dem Alter von 6 oder 7 Wochen zeigen Babys ein soziales Lächeln, das an Menschen gerichtet ist. Es tritt häufig während der Interaktion mit den Eltern oder anderen vertrauten Menschen auf und ruft damit Freude, Interesse und Zuneigung hervor. Die positiven Reaktionen der Eltern und Bezugspersonen regen das Kind zu weiterem sozialem Lächeln an. Somit verstärkt das frühe soziale Lächeln des Säuglings wahrscheinlich die Fürsorge der Eltern und erhöht die Qualität seiner Beziehung zu anderen Menschen (Siegler, DeLoache & Eisenberg 2011).

Sind die Säuglinge mindestens 2 Monate alt, dann zeigen sie Freude auch, wenn sie ein bestimmtes Ereignis kontrollieren können (z. B. dauerhaft ein Geräusch erzeugen durch Schütteln einer Rassel oder Werfen eines Spielzeugs auf den Boden) wie Lewis, Alessandri und Sullivan (1990) in ihrem Experiment zeigen konnten. Mit ungefähr 7 Monaten fangen die Kinder an, hauptsächlich bekannte und vertraute Menschen und nicht mehr Menschen allgemein anzulächeln (selektives soziales Lächeln). Mit der Fähigkeit zum sozialen Lächeln bietet sich Eltern eine wichtige Möglichkeit, das emotionale Erleben ihrer Kinder zu regulieren. Interaktionen mit fremden Personen führen oft dazu, dass die Kinder beunruhigt sind und mit negativen Emotionen reagieren.

Gegen Ende des 1. Lebensjahres und vor allem mit 2 Jahren erleben Kinder zunehmend Freude, wenn sie durch ihr eigenes Handeln andere Personen zum Lachen bringen. Dies ist im Zusammenhang mit der kognitiven Entwicklung zu betrachten. Das kindliche Bedürfnis, mit den Eltern (und anderen vertrauten Personen) positive Affekte auszutauschen, bleibt auch weiterhin erhalten (Lohaus, Vierhaus & Maass 2010). Es gibt den Eltern das Gefühl, etwas Besonderes für ihr Kind zu sein und verstärkt so die Bindung zwischen ihnen.

7.2.2 Negative Emotionen

Die erste negative Emotion, die bei Säuglingen zu erkennen ist, ist das allgemeine Missbehagen, das durch eine Reihe von Erfahrungen wie Hunger, Schmerz oder Überstimulierung ausgelöst werden kann. Ausgedrückt wird es in Form von durchdringendem Schreien und ein zur Grimasse zusammengezogenes Gesicht – diese Art von Missempfindung ist (nicht nur) für Eltern unverwechselbar. Es gibt nur wenige Belege für klar unterscheidbare negative Emotionen bei Säuglingen während der ersten Lebensmonate, aber mit 4 Monaten scheinen sich Babys vor unbekannten Objekten und Ereignissen in Acht zu nehmen. Angst vor neuem Spielzeug, lauten Geräuschen oder plötzlichen Bewegungen von Menschen oder Objekten ist ungefähr im Alter von 7 Monaten zu beobachten. Diese Ängste nehmen in der Regel mit 12 Monaten wieder ab, die Entstehung hat offensichtlich eine adaptive Funktion. Ebenfalls im Alter von etwa 7 Monaten beginnen dann deutliche Anzeichen von Angst insbesondere in Situationen mit Fremden. Allgemein verstärkt sich die Angst vor Fremden und besteht etwa bis zum 2. Lebensjahr fort. Sie ist Ausdruck der wachsenden Bindung der Säuglinge an ihre Eltern.

Zwischen dem 2. und 4. Lebensjahr sind die Kinder aufgrund der kognitiven Entwicklung zur Imagination fähig. Das führt dazu, dass das Imaginierte möglicherweise als real erlebt wird und zu einem Angstauslöser werden kann. Typischerweise berichten Eltern, dass die Kinder nachts aufwachen, weinen, rufen oder in das Bett der Eltern kommen, weil sie Angst vor Tieren oder Gespenstern in ihrem Zimmer haben. Diese Unfähigkeit, Fantasie und Realität zu trennen, wird mit dem Erreichen des konkret-operatorischen Stadiums mit etwa 5 bis 7 Jahren überwunden. Dann zeigt sich eine zunehmende Angst vor realen Gefahrensituationen, z. B. vor Unfällen, Verletzungen, Krankheit, Naturkatastrophen oder Feuer. Mit Eintritt in die Schule stehen die schulischen Leistungen und die Anerkennung durch Gleichaltrige als angstauslösende Situationen im Vordergrund.

Neben der Angst sind Wut und Ärger weitere negative Emotionen. Mit der Zunahme der Fähigkeit, die Umwelt kontrollieren zu können, steigen das Erleben von Ärger und die Häufigkeit von Wutreaktionen besonders im 2. Lebensjahr an. Wut- und Trotzreaktionen werden häufig beobachtet bei Routine- und Alltagshandlungen wie z. B. Waschen, Anziehen, gemeinsame Mahlzeiten oder wenn ein Spielzeug geteilt werden soll. In diesem Zusammenhang treten auch aggressive Verhaltensweisen wie Schlagen, etwas Wegnehmen, Anrempeln häufiger auf. Hinzu kommt, dass Kinder aufgrund der Sprachentwicklung ihrem Ärgererleben entsprechend Ausdruck verleihen können. Nach dem 2. Lebensjahr jedoch nimmt das Ausmaß an Wutausbrüchen über das gesamte Vorschulalter hinweg kontinuierlich ab. Ursächlich dafür ist neben der Entwicklung von Emotionsregulationsstrategien das Auftreten selbstbewusster Emotionen, auf die nachfolgend kurz eingegangen wird.

7.2.3 Selbstbewusste Emotionen

Ebenfalls während des 2. Lebensjahres beginnen Kinder, eine Bandbreite neuer Emotionen zu zeigen – die selbstbewussten Emotionen, zu denen Scham, Schuld, Stolz und Verlegenheit zählen. Voraussetzung dafür ist das Vorhandensein eines objektiven Selbstbewusstseins. Forscher wie Lewis (1995) glauben, dass diese Emotionen im 2. Lebensjahr entstehen, weil Kinder zu diesem Zeitpunkt ein Verständnis davon bekommen, dass sie von anderen Menschen verschiedene Wesen sind und ein Selbstgefühl zu entwickeln beginnen. Selbstbewusste Emotionen sind also schon deutlich mit kognitiven Elementen verbunden. Gefördert wird das Auftreten selbstbewusster Emotionen auch vom wachsenden Gefühl der Kinder dafür, was Erwachsene und die Gesellschaft von ihnen erwarten (Siegler, DeLoache & Eisenberg 2011).

Im Alter von ungefähr 15 bis 24 Monaten beginnen einige Kinder, Verlegenheit zu zeigen, wenn sie im Mittelpunkt der Aufmerksamkeit und des Interesses stehen. Wenn sie z. B. etwas neu Erlerntes oder ein neues Kleidungsstück vorführen sollen, senken sie ihren Blick, lassen meist den Kopf hängen, erröten oder verstecken ihr Gesicht in den Händen. Die ersten Anzeichen von Stolz zeigen sich insbesondere dann, wenn Kinder eine Herausforderung erfolgreich bewältigt haben oder ihnen etwas Neues gelungen ist (z. B. die ersten Schritte allein). Im Alter von 3 Jahren ist der Stolz der Kinder immer stärker an ihre Leistungen geknüpft. So zeigen Kinder beispielsweise bei erfolgreich bewältigten schwierigen Aufgaben mehr Stolz als bei leichteren Aufgaben (Lewis, Alessandri & Sullivan 1992).

Die Emotion Schuld ist mit Empathie für andere verbunden und umfasst Gefühle wie Reue und Bedauern über das eigene Verhalten und den Wunsch, die Folgen dieses Verhaltens ungeschehen zu machen. Im 2. und 3. Lebensjahr sind Schuldgefühle immer stärker mit schlechtem oder verletzendem Verhalten verbunden. Im Unterschied dazu scheint man sich bei Scham keine Gedanken über andere zu machen. Wenn Kinder sich schämen, liegt der Fokus nach wie vor auf ihnen selbst: Sie fühlen sich den Blicken der anderen ausgesetzt, möchten am liebsten im Boden versinken oder sich verstecken. Diese beiden selbstbewussten Emotionen können schon sehr früh voneinander unterschieden werden, wie eine Studie von Barrett, Zahn-Waxler und Cole (1993) dokumentiert. Die Forscher ließen Zweijährige mit einer Lieblingspuppe eines Erwachsenen spielen. Die Puppe war jedoch so präpariert, dass beim Spielen ein Bein abfiel, während der Erwachsene gerade nicht im Raum war. Wenn das passierte, zeigten einige Kleinkinder ein Verhaltensmuster, das Scham zu reflektieren schien – sie mieden den Erwachsenen, wenn er in den Raum zurückkehrte, und erzählten nichts von dem Missgeschick. Andere Kinder zeigten ein Verhaltensmuster, das Schuld zu reflektieren schien – sie setzten die Puppe schnell wieder zusammen und erzählten dem Erwachsenen von ihrem Missgeschick und mieden ihn relativ selten.

Ob Kinder Scham oder Schuld erleben, ist zum Teil abhängig vom Erziehungsverhalten der Eltern. Kinder empfinden eher Schuld als Scham, wenn ihre Eltern ihnen die Konsequenzen ihrer Handlungen für andere erklären, ihnen beibringen, dass es notwendig ist, den Schaden wiedergutzumachen, den sie angerichtet haben. Hinzu kommt, dass Eltern es vermeiden, ihre Kinder öffentlich zu demütigen, und ihren Kinder Respekt und Liebe auch dann entgegenbringen, wenn sie sie zurechtweisen (Hoffman 2000).

7.3 Entwicklung der Emotionsregulierung

Nicht nur während der Kindheit, sondern des ganzen Lebens ist die Fähigkeit, die eigenen Emotionen zu regulieren, entscheidend, um eigene Ziele zu erreichen. Die emotionale Selbstregulierung ist ein Prozess der Initiierung, Hemmung oder Modulierung innerer Gefühlszustände und der mit diesen Zuständen verbundenen physiologischen Prozesse, Kognitionen und Verhaltensweisen (Siegler, DeLoache & Eisenberg 2011, 390). Die Entstehung emotionaler Regulierung im Laufe der Kindheit ist ein langer und langsamer Prozess, der sich auf den beiden Dimensionen der intrapsychischen (die Person führt die Bewältigungshandlung selbst aus) und interpsychischen Regulation (andere Personen unterstützen die Bewältigungshandlung) vollzieht. Auch wenn beide Funktionen über die gesamte Lebensspanne von Bedeutung sind, stellt sich der wesentliche Prozess als allmählicher Übergang von der inter- zur intrapsychischen Emotionsregulation dar, d. h., von der Regulierung durch andere zur Selbstregulation.

Als erste Formen der Emotionsregulierung sind bei Säuglingen das Saugen an den Fingern oder am Schnuller, das wiederholte Reiben an der eigenen Kleidung oder das Abwenden des Blickes ab dem 2. Monat zu beobachten. Diese frühen Regulationsstrategien sind jedoch nur in Situationen erfolgreich, in denen die emotionale Belastung nicht allzu groß ist. Bereits zwischen dem 3. und 6. Monat wird bei größeren Belastungen die Unterstützung durch die Bezugspersonen eingefordert. Eltern kommt die Aufgabe zu, das Erregungsniveau des Säuglings zu regulieren, in dem sie auf die Ausdruckszeichen ihres Kindes prompt reagieren. Die ab dem Alter von 2 Jahren rasant fortschreitende Entwicklung sprachlicher und kognitiver Fähigkeiten hilft dem Kind, emotional belastende Situationen umzuinterpretieren. Das Äußern von Befindlichkeiten und Zuständen (»ich bin müde«) sowie das Benennen von Ursachen und Folgen von Gefühlen ist in vielen Fällen eine effiziente Strategie der Emotionsregulierung (Siegler, DeLoache & Eisenberg 2011).

Ein Wechsel von der inter- zur intrapsychischen Regulierung findet zwischen dem 3. und 6. Lebensjahr statt. Bis zum Schuleintritt sind Kinder zunehmend in der Lage, die emotionale Regulation selbstständig auszuführen und ihr emotionales Erleben für die Initiierung motivdienlicher Handlungen einzusetzen (Lohaus, Vierhaus & Maass 2010). Im Schulalter dann weitet sich das Spektrum an Regulationsstrategien weiter aus, denn in zunehmendem Maße werden kognitive Strategien eingesetzt, um sich in emotional schwierigen Situationen anzupassen. Eine zentrale Strategie, die Schulkinder einzusetzen beginnen, ist die der Neubewertung einer Situation. Insgesamt gesehen nimmt also der Einsatz von kognitiven Regulationsstrategien mit dem Alter zu, während verhaltensbezogene Vermeidungsstrategien und aggressionsbezogenes Verhalten seltener beobachtet werden. Im Jugendalter setzt sich dieser Trend fort zugunsten einer größeren Vielfalt und Nutzungsflexibilität von Regulationsstrategien. Hier werden auch Geschlechtsunterschiede deutlich: Während Jungen die Suche nach sozialer Unterstützung immer seltener nutzen, scheinen sie stärker als Mädchen vermeidende Strategien zur Stressbewältigung oder Risikoverhaltensweisen wie z. B. Tabak-, Alkohol- oder Drogenkonsum einzusetzen. Jugendliche Mädchen tendieren im Gegensatz zu Jungen zu einer internalisierenden Problemverarbeitung, was sich in depressiven Symptomen, Ängstlichkeit und sozialem Rückzug äußern kann (Lohaus, Vierhaus & Maass 2010).

7.4 Individuelle Unterschiede bei Emotionen und Emotionsregulierung

Zwar ist die Gesamtentwicklung der Emotionen und der selbstregulierenden Fähigkeiten bei allen Kindern annähernd ähnlich, aber es gibt auch sehr große individuelle Unterschiede in den emotionalen Funktionen. Manche Kinder sind relativ freundlich und gutmütig: Sie regen sich nicht so schnell auf und sie sind besser als andere Kinder in der Lage, sich zu beruhigen, wenn sie aufgebracht sind. Dagegen reagieren andere Kinder sehr emotional: Sie sind schnell erregt und ihre negative Emotion hält lange an. Darüber hinaus unterscheiden sich Kinder in ihrer Schüchternheit, in ihrem Ausdruck positiver Emotionen und insgesamt in der Art und Weise, wie sie ihre Emotionen regulieren.

Da sich die beschriebenen Unterschiede bereits bei Säuglingen zeigen, nimmt man häufig an, dass Kinder mit unterschiedlichen emotionalen Eigenschaften geboren werden. Die Unterschiedsdimensionen verschiedener Aspekte der kindlichen emotionalen Reagibilität, die sich früh im Leben herausbilden, werden als *Temperament* bezeichnet. Mary Rothbart und John Bates, zwei führende Forscher bei der Untersuchung des Temperaments, definieren es als »veranlagungsbedingte individuelle Unterschiede der emotionalen, aufmerksamkeitsbezogenen Reagibilität und Selbstregulierung. Temperamentseigenschaften erweisen sich über Situationen hinweg als konsistent und im Zeitverlauf als relativ stabil (Rothbart & Bates 1998, 109). Der Begriff »veranlagungsbedingt« in dieser Definition verweist auf eine biologische Grundlage – hiermit sind nicht nur die genetisch vererbten Eigenschaften gemeint, sondern auch Aspekte der biologischen Funktionen wie die neuronale Entwicklung und hormonelle Reaktionen, die während der pränatalen Phase und nach der Geburt durch die Umwelt beeinflusst werden können. Die Pionierarbeit auf dem Gebiet der Temperamentsforschung leisteten Stella Chess und Alexander Thomas mit der Durchführung einer großen New Yorker Langzeitstudie. Sie begannen damit, eine Reihe von Eltern wiederholt zu interviewen und intensiv das spezifische Verhalten ihrer Kleinkinder zu erfragen (Thomas & Chess 1977). Man erkannte nicht nur, dass Säuglinge sich schon unmittelbar nach der Geburt in ihrem Verhalten unterscheiden. Es zeigt sich auch bis heute in zahlreichen Untersuchungen, dass die in der Längsschnittstudie ermittelten kindlichen Verhaltensdimensionen (als Ausdruck des Temperaments) eine entscheidende Bedeutung für das elterliche Verhalten besitzen. Auf der Grundlage der erhobenen Daten wurden neun Merkmale des kindlichen Temperaments identifiziert (siehe ▶ Tab. 7):

Tab. 7: Temperamentsdimensionen von Thomas und Chess (in Anlehnung an Lohaus, Vierhaus & Maass 2010)

Dimension	Kurzbeschreibung
Annäherung/Vermeidung	Typische Reaktion auf neue Personen und Situationen
Aktivität	Niveau der motorischen Aktivität während Essen, Schlaf, Spiel
Intensität	Heftigkeit von Reaktionen
Stimmungslage	Vorherrschende Stimmungslage
Ablenkbarkeit	Leichtigkeit, mit der ein Kind von Reizen abgelenkt wird
Ausdauer	Durchhaltevermögen trotz Hindernissen und Schwierigkeiten
Anpassungsfähigkeit	Toleranz gegenüber bzw. Gewöhnung an Veränderungen

Tab. 7: Temperamentsdimensionen von Thomas und Chess (in Anlehnung an Lohaus, Vierhaus & Maass 2010) – Fortsetzung

Dimension	Kurzbeschreibung
Sensorische Empfindlichkeit	Empfindlichkeit gegenüber sensorischen Reizen (z. B. Licht, Lärm)
Regelmäßigkeit	Vorhersagbarkeit biologischer Funktionen (z. B. Schlaf, Hunger)

Thomas und Chess (1977) kamen zu dem Schluss, dass die meisten der von ihnen untersuchten Babys einer von drei Kategorien zugeordnet werden konnten:

- *Einfaches Temperament*: typischerweise in vergnügter Stimmung, offen für neue Situationen, relativ leicht zu beruhigen, entwickeln schnell Alltagsroutinen (ca. 40 Prozent)
- *Schwieriges Temperament*: Tendenz, negativ und intensiv auf Neues zu reagieren, irritierbar, in Alltagsroutinen und Körperfunktionen unregelmäßig (ca. 10 Prozent)
- *Langsam auftauendes Temperament*: relativ inaktiv zu Beginn, langsam im Anpassen an Neues, eher mild intensiv reagierend, werden mit der Zeit einfacher (ca. 15 Prozent).

Damit schien eine große Gruppe von Kindern (35 Prozent) nicht in dieses Klassifikationssystem zu passen. Die Typisierungen von Thomas und Chess haben im Verlauf der Zeit insbesondere in methodischer Hinsicht mehrfach Kritik erfahren. Dessen ungeachtet ist das Dreier-Klassifikationssystem des kindlichen Temperaments in der klinischen Praxis weit verbreitet.

Viele der heutigen Wissenschaftler unterscheiden zwischen Typen negativer Emotionalität und beurteilen unterschiedliche Typen von Regulierungsvermögen. Neuere Studien belegen, dass das Temperament des Kleinkindes durch sechs Dimensionen erfasst werden kann: 1) Angstvolles Unbehagen/Hemmung, 2) Reizbares Unbehagen, 3) Aufmerksamkeitsspanne und Ausdauer, 4) Aktivitätsniveau, 5) Positiver Affekt/Annäherung und 6) Rhythmus. Das Modell von Rothbart und Bates (1998; 2006) zeichnet sich insbesondere dadurch aus, dass es neben negativen Emotionen auch positive Emotionen als Komponenten des Temperaments eines Kindes erfasst.

Einige der Temperamentsdimensionen sind zeitlich stabiler als andere. Als besonders stabil hat sich eine bereits in der frühen Kindheit feststellbare *Verhaltenshemmung* des Kindes herausgestellt. Mit Verhaltenshemmung ist die Neigung zu angstvollem Unbehagen und Gehemmtheit gemeint, wenn man es mit neuartigen oder stressigen Situationen zu tun hat. Verhaltensgehemmte Kinder zeigen im späteren Alter eher als andere Kinder Probleme wie Ängstlichkeit, Depression, Phobien und sozialer Rückzug. Das Temperament scheint für die spätere soziale Anpassung eine entscheidende Rolle zu spielen. Unterschiede zwischen den Kindern hinsichtlich der Temperamentsaspekte wurden in verschiedenen Studien mit Unterschieden in der sozialen Kompetenz und Anpassungsfähigkeit der Kinder in

Verbindung gebracht (zusammenfassend Siegler, DeLoache & Eisenberg 2011). Solche Unterschiede wurden in einer aufwendigen und viel zitierten Langzeitstudie in Neuseeland näher untersucht – hier ging es um die Frage (realisiert an einer Stichprobe von 800 Kindern sowie deren Eltern, Erzieher und Lehrer), inwieweit Beziehungen zwischen dem kindlichen Temperament mit 3 bzw. 5 Jahren und Anpassungs- bzw. Problemverhalten mit 9, 11, 13 und 15 Jahren bestehen (Caspi et al. 1995). Es zeigen sich für Kinder mit einem schwierigen Temperament bedeutsame Zusammenhänge zu späterem illegalem Verhalten und Kriminalität sowie zu sozialer Kompetenz, Intimität und Vertrauen in Freundschaften und sozialer Unterstützung. Auch als Erwachsene hatten sie wenig soziale Unterstützung und sie neigten zu negativen Emotionen wie Ängstlichkeit (Caspi et al. 2003).

Wie sich Kinder letztendlich anpassen, hängt nicht nur von ihrem Temperament ab, sondern auch davon, wie (gut) ihr Temperament zu der spezifischen Umwelt passt, in der sie aufwachsen. Dies greift das *Passungsmodell* auf, dass davon ausgeht, dass das Temperament seine soziale Bedeutsamkeit erst durch den kulturellen Kontext, vor allem aber durch die Passung zum elterlichen Verhalten erhält (Chess & Thomas 1990). Gestützt wird dieses Modell durch Forschungsbefunde, denen zufolge impulsive und wenig selbstregulierte Kinder bei ablehnender, strafender und/oder vernachlässigender Erziehung durch die Eltern mehr Schwierigkeiten haben als bei einer unterstützenden und wohlwollenden Erziehung. Ähnlich entwickeln Kinder, die zu negativen Emotionen neigen, mit höherer Wahrscheinlichkeit Verhaltensprobleme, wenn sie von ihren Eltern eine abweisende oder vernachlässigende Erziehung erfahren (Rothbart & Bates 2006).

8 Soziale Entwicklung

Evolutionär betrachtet ist der Mensch ein sozial ausgerichtetes Lebewesen. Deshalb verwundert es nicht, dass er bereits nach der Geburt auf soziale Interaktionen biologisch vorbereitet ist. Durch die moderne Säuglingsforschung ist belegt, dass sich im Neugeborenenalter soziale Orientierungsfähigkeit oder Gedächtnisprozesse nachweisen lassen, wie die Präferenz für die mütterliche Stimme bei Geschichten, die noch während der Schwangerschaft von ihr vorgelesen wurden. Auch das sogenannte »Still face«-Paradigma legt bereits bei Kindern im Alter von 2 bis 3 Monaten das Vorhandensein der Erwartungshaltung nahe, dass andere Personen auf sie reagieren würden. In diesem Paradigma unterbrechen Bezugspersonen ihre Interaktion, die von Angesicht zu Angesicht stattfindet, für einen kurzen Moment und verharren passiv und reagieren nicht auf das Kind. Darauf reagieren die Kinder mit verstärkter Kontaktinitiierung, verringertem positivem und verstärkt negativem Emotionsausdruck. Wird der Kontakt dann wieder aufgenommen, reagieren die Kinder wieder positiv und interagieren weiterhin mit der Bezugsperson. Erstaunlicherweise zeigt sich das Phänomen auch bei fremden Erwachsenen oder wenn der Erwachsene nicht die gerichtete Kommunikation unterbricht, sondern sich einer zweiten Person zuwendet (Pinquart, Schwarzer & Zimmermann 2011). Diese kurzen einführenden Beispiele sollen verdeutlichen, dass eine neue Perspektive auf die frühe Kindheit entstanden ist. Mittlerweile gilt das Bild des unbedarften, inaktiven oder sogar teilnahmslosen Säuglings als überholt und der Säugling wird in der neueren Forschung als weitaus kompetenteres, soziales Wesen angesehen, als in älteren entwicklungspsychologischen Konzeptionen angenommen wurde.

Die Neukonzeptualisierung des Säuglings (Damon 1989) zog eine Neuorientierung der Forschung zur sozialen Entwicklung nach sich. Bis zu diesem Zeitpunkt war man davon ausgegangen, dass »der Säugling – in sozialer Hinsicht – zunächst zwischen egozentrischer Gleichgültigkeit, wenn er zufrieden ist, und verzweifelter, aber ungerichteter Wut, wenn er es nicht ist« (Damon 1989, 39f.) schwankt. Sowohl aus psychoanalytischer als auch aus lernpsychologischer Sicht vertrat man den Standpunkt, dass der Mensch als unsoziales Wesen auf die Welt kommt und in der Folge dem sozialen Umfeld (in der Regel den Eltern) die Verantwortung zukommt, den Säugling »sozial zu machen«, womit eine einseitige Wirkrichtung einhergeht (Lohaus, Vierhaus & Maass 2010). Die heutige Vorstellung vom aktiven Säugling (siehe auch Leitfrage 2, ▶ Kap. 2), betont vielmehr die soziale Entwicklung als die Aufnahme, Aufrechterhaltung und Veränderung von sozialen Beziehungen von der Kindheit bis zur Jugend und ins (hohe) Erwachsenenalter.

Die soziale Entwicklung beschäftigt sich mit den Bestrebungen, mit anderen Beziehungen aufzunehmen, diese aufrecht zu erhalten, das eigene Verhalten mit den Erwartungen und Bedingungen des gesellschaftlichen Zusammenlebens in Übereinkunft zu bringen und sich somit in die Gesellschaft zu integrieren. Im folgenden Abschnitt werden zunächst kurz einige grundlegende Konzeptionen zur sozialen Entwicklung vorgestellt, wobei auf psychoanalytische, lerntheoretische, kognitionspsychologische und systemorientierte Ansätze eingegangen wird. Die anschließenden Abschnitte befassen sich mit den familiären Beziehungen in der Kindheit, der Entwicklung von Gleichaltrigenbeziehungen und Freundschaften sowie den sozialen Beziehungen im Jugendalter.

8.1 Grundlegende Konzeptionen

8.1.1 Psychoanalytische Sicht

Aus der Sicht der Psychoanalyse wird die soziale Entwicklung im Wesentlichen durch das Verhalten der Eltern beeinflusst. Wie bereits in ▶ Kap. 3.5 erläutert, ist nach Freud das Ich stets bemüht, zwischen dem lustbetonten Es und dem Über-Ich zu vermitteln, das die internalisierten Werte, Überzeugungen und Normen der Sozialisationsinstanzen (hier vornehmlich der Eltern) darstellt. Für die soziale Entwicklung spielt die Mächtigkeit des Über-Ichs eine entscheidende Rolle – ein sehr strenges Elternhaus soll zu einem überentwickelten Über-Ich führen, dem das Ich nur genügen kann, wenn es übermäßigen Gebrauch von Abwehrmechanismen macht. In jeder Phase der psychosexuellen Entwicklung des Menschen steht nach Freud eine Form der Bedürfnisbefriedigung des Individuums im Zentrum. Freud sieht die Eltern in der Pflicht, gerade in den frühen Phasen für eine angemessene Befriedigung der Bedürfnisse zu sorgen. Kommen Eltern dieser Pflicht unzureichend oder übermäßig nach, kann es zu Schwierigkeiten in den darauffolgenden Phasen kommen oder dazu, dass das Individuum diese Stufen nicht erreicht. Aufbauend auf der Konzeption von Freud formulierte Erikson sein Modell der psychosozialen Entwicklung, in dem er die soziale Entwicklung als Lösung von verschiedenen Entwicklungsaufgaben über acht Entwicklungsstufen bis in das hohe Erwachsenenalter hinein betrachtet. In Anlehnung an Freud führt eine unzureichende Lösung der Entwicklungsaufgabe dazu, dass eine erfolgreiche Lösung in den folgenden Phasen zumindest beeinträchtigt oder erschwert wird. Auch hier kommt den Eltern die Aufgabe zu, das Kind bei dieser Entwicklung zu unterstützen, indem die zentralen Bedürfnisse des Kindes in jeder Phase erfüllt werden. Auf der Grundlage der Entwicklung eines Urvertrauens kann auch die im Modell von Erikson zentrale Entwicklung des Grundgefühls einer Identität im Jugendalter gelingen, insbesondere dann, wenn die Eltern den Prozess der Individuation unterstützen.

8.1.2 Lerntheoretische Sicht

Die behavioristischen Lerntheorien gehen davon aus, dass sich Menschen jedes Verhalten auf der Basis grundlegender Lernmechanismen aneignen. Anhand des Verstärkungslernens oder des Modelllernens erklärt diese theoretische Position den Sozialisationsprozess vorwiegend durch die Angemessenheit des elterlichen Verhaltens. Eltern steht ein Repertoire an Verhaltensstrategien zur Verfügung, mit deren Hilfe sie ihre sozialisierende Funktion erfüllen: Sie können ihre Kinder darüber belehren, was sie als sozial angemessenes Verhalten erachten. Sie können ihre Kinder belohnen, wenn sie dieses gewünschte Verhalten auch tatsächlich zeigen oder sie bestrafen sie für unerwünschtes Verhalten. Darüber hinaus können Eltern ein gutes Vorbild für das gewünschte Verhalten sein. Aufgrund der Tatsache, dass Eltern und Kinder eine intensive emotionale Bindung zueinander aufgebaut haben und diese in der Regel aufrecht erhalten, kann man davon ausgehen, dass den Eltern über die gesamte Lebensspanne eine bedeutsame Vorbildfunktion im Hinblick auf die sozialen Beziehungen und Erfahrungen zukommt.

8.1.3 Kognitionspsychologische Sicht

Die kognitionspsychologische Sicht stellt insbesondere die Rolle des aktiven Kindes in Bezug auf die eigene soziale Entwicklung heraus. Die Theorien der sozialen Kognition betonen die kognitiven Prozesse wie Aufmerksamkeit, Wissen, Interpretation, Schlussfolgern, Attribuieren und Erklären als grundlegend für die die soziale Entwicklung von Kindern. In diesem Zusammenhang sind zwei theoretische Ansätze von besonderer Bedeutung: Selmans Stufentheorie der Perspektivenübernahme (Selman 1980) und Dodges Informationsverarbeitungstheorie zum sozialen Problemlösen (Dodge 1986). Selmans Theorie der Perspektivenübernahme geht davon aus, dass von der Kindheit bis zur Adoleszenz fünf Phasen durchlaufen werden, was die Fähigkeit betrifft, sich darüber klar zu werden, dass andere Menschen andere Standpunkte haben können. Der Informationsverarbeitungsansatz von Dodge beschreibt ein Prozessmodell sozialen Problemlösens auf der Grundlage von Untersuchungen zu aggressivem und antisozialem Verhalten und betont die Rolle der Interpretation des Verhaltens anderer Menschen. Aggressive Kinder unterliegen häufig dem feindlichen Attributionsfehler, der generellen Erwartung, dass sich andere Personen ihnen gegenüber feindlich verhalten werden. Kognitionspsychologische Ansätze erklären also die soziale Entwicklung auf der Grundlage des Denkens und Handelns der Kinder. Den Eltern wird wiederum ein untergeordneter Stellenwert eingeräumt.

8.1.4 Systemorientierte Sicht

Der systemorientierte Ansatz von Bronfenbrenner (2005) (siehe ▶ Kap. 3.7) beschreibt die soziale Entwicklung anhand sozialer Beziehungen in einem komplex verschachtelten sozialen Netzwerk. Die unmittelbaren Beziehungen des Kindes im Mikro-System werden dabei durch die Beziehungen zwischen den Elementen des Meso-Systems, den sozialen Rahmenbedingungen (Exo-System), dem kulturellen und sozialen Kontext (Makro-System) und historischen Veränderungen (Chrono-System) beeinflusst. Charakteristisch für das Modell ist, dass es die soziale Entwicklung im Kontext sozialer Beziehungen und deren Veränderungen über die Lebensspanne betrachtet. Im Laufe der Entwicklung wird das Mikro-System dabei umso vielfältiger und komplexer, je älter das Kind wird und je mehr außerfamiliäre Beziehungen es eingeht.

8.2 Familiäre Beziehungen in der Kindheit

8.2.1 Eltern-Kind-Beziehung

Mit der Geburt des Kindes setzt ein evolutionsbiologisch geprägtes Verhaltensprogramm ein, dass darauf ausgerichtet ist, eine Bindung zwischen dem Kind und seiner zentralen Bezugsperson herzustellen (siehe ▶ Kap. 5). Aus der Qualität der Bindung und den frühen Bindungserfahrungen können sich langfristige Folgen für die soziale Entwicklung ergeben. Etwa zwei Drittel aller Kinder entwickeln eine sichere Bindung und setzen sich später selbstsicher mit neuen sozialen Anforderungen auseinander, sie zeigen viel prosoziales Verhalten, sind sozial kompetenter und engagierter, haben qualitativ hohe Freundschaften und nehmen unter Gleichaltrigen oftmals eine Führungsposition ein (Lohaus, Vierhaus & Maass 2010). Das ursprüngliche Bindungskonzept von Bowlby geht davon aus, dass ein Säugling die angeborene Tendenz besitzt, seine Bindung auf eine einzige Bezugsperson auszurichten. Mit dieser sogenannten Monotropieannahme wird der Mutter-Kind-Bindung eine ausdrückliche Exklusivität zugeschrieben, die sich empirisch jedoch nicht absichern ließ. Heute wird eher von einer multiplen Bindung in einem sozialen Netzwerk ausgegangen, in dem der Vater neben der Mutter (und weiteren Bindungspersonen wie Geschwistern oder Großeltern) einen bedeutsamen Stellenwert besitzt.

Veränderungen in den Eltern-Kind-Beziehungen von der Kindheit bis zum Jugendalter ergeben sich nach Pinquart, Schwarzer und Zimmermann (2011) im Wesentlichen in den Bereichen a) Kontakthäufigkeit und emotionale Relevanz der Beziehung, b) Autonomie und c) Konflikte mit den Eltern. Grundsätzlich stellen die Autoren fest, dass die Zeit, die man ohne die Eltern verbringt, im Laufe der Kindheit und des Jugendalters zunimmt. Es zeigt sich aber auch, dass sich die Zeit, die man mit jedem Elternteil jeweils einzeln verbringt, über das Jugendalter hinweg nur sehr langsam verringert. So sind auch für Jugendliche die Eltern weiterhin relevante Interaktionspartner, die gleichbedeutend mit Freunden als primäre Ansprechpartner für verlässlichen Rat gelten und die emotionale Qualität der Bindung zeigt mehr Kontinuität als Veränderung (Pinquart, Schwarzer & Zimmermann 2011). Das Thema der Autonomie ist im Kindes- und Jugendalter zu zwei Zeitpunkten besonders relevant – im sogenannten Trotzalter (mit ca.

2 Jahren) und erneut im Jugendalter. Zu beiden Zeitpunkten geht es um die Unabhängigkeit des eigenen Handelns und Erlebens von dem anderer Menschen. Autonomie ist jedoch nicht gleichzusetzen mit Unabhängigkeit oder Ablösung. Mit Unabhängigkeit ist gemeint, nicht mehr auf die Unterstützung anderer Personen angewiesen zu sein – etwas, was sowohl finanziell als auch im sozialen Bereich für Kinder und Jugendliche kaum zutrifft. Autonomie als Entwicklungsaufgabe meint hingegen, sich von den Eltern zu distanzieren und keine Unterstützung bei emotionalen Problemen zu suchen. Die Forschung in diesem Bereich zeigt, dass die Entwicklung von Autonomie nicht im Gegensatz zum Erhalt einer engen und sicheren Beziehung an die Eltern verläuft, sondern im Gegenteil dadurch eher gefördert wird. Die zunehmende Autonomie im Verlauf des Jugendalters verläuft parallel zu einer Veränderung der Machtstruktur in der Eltern-Kind-Beziehung von einer asymmetrischen Beziehung hin zu einer eher gleichberechtigten Beziehung. Es kommt bei der Entwicklung von Autonomie insbesondere im Jugendalter wiederholt zu Konflikten, die jedoch, wenn sie im Kontext einer sicheren Eltern-Kind-Beziehung stattfinden, für das Kind entwicklungsförderlich sind. Am häufigsten treten Konflikte zwischen Eltern und Jugendlichen zu Beginn des Jugendalters auf und sind am intensivsten im mittleren Jugendalter. Für die Jugendlichen selbst ist eine höhere Streithäufigkeit nicht mit einem reduzierten Wohlverbinden verbunden, allerdings schon für die Eltern. Dies verdeutlicht, dass sich bei Jugendlichen negative und positive Konfliktfolgen (Stress und Autonomiegewinn) die Waage halten (Pinquart, Schwarzer & Zimmermann 2011).

8.2.2 Geschwisterbeziehungen

Für Kinder stellt die Geburt eines Geschwisterkindes unbestritten ein besonderes Lebensereignis dar, dass mit einer Vielzahl von neuen alltäglichen Anforderungen und positiven und negativen Emotionen verbunden ist. Während dem Kind zuvor die ungeteilte Aufmerksamkeit der Eltern zuteil wurde, muss es nun feststellen, dass ein Großteil der verfügbaren Zeit dem jüngeren Geschwisterkind gewidmet wird. Meist kommt es zu kurzfristigen Anpassungsproblemen; einen wichtigen Einfluss darauf hat das Verhalten der Eltern. In diesem Zusammenhang spielen das Ausmaß, in dem die Eltern das Erstgeborene auf die Geburt vorbereiten oder es in die neuen Aufgaben und Aktivitäten einbinden, ebenso eine Rolle wie das Stresserleben der Mutter oder elterliche Konflikte.

Die Qualität der Geschwisterbeziehung und deren Einflussfaktoren ist Gegenstand empirischer Arbeiten vor allem aus dem angloamerikanischen Sprachraum. Ein wesentlicher Faktor stellt das elterliche Verhalten dar, denn ein autoritativer Erziehungsstil und eine sichere Eltern-Kind-Bindung bieten eine gute Voraussetzung für positive Interaktionen zwischen den Geschwistern. Ein autoritärer oder vernachlässigender Erziehungsstil wird eher mit negativen Effekten in Verbindung gebracht. Eine negative Geschwisterbeziehung kann nach der sogenannten »Spill-over-Hypothese« auf elterliche Konflikte zurückzuführen sein (Lohaus, Vierhaus & Maass 2010). Aber auch aufseiten der Kinder konnten Variablen identifiziert werden. Ein erhöhtes Konfliktpotenzial ist insbesondere dann

zu erwarten, wenn eines der beiden Kinder ein schwieriges Temperament (siehe
▶ Kap. 7.4) aufweist und damit zu hoher Aktivität und übermäßigen emotionalen Reaktionen neigt.

Eine gute und positive Geschwisterbeziehung ist als eigenständiges und bedeutendes Subsystem mit exklusiven Sozialisationsfunktionen anzusehen. Ältere Geschwister besitzen häufig eine Pionierfunktion, d. h., sie initiieren einen Prozess, der jüngeren Geschwistern Verhaltensweisen erlaubt, um die sie selbst mit den Eltern ringen mussten. Darüber hinaus bietet die Geschwisterbeziehung ein Übungsfeld, um Konflikte und Spannungen auszutragen und gleichzeitig eine Fortführung der Beziehung zu meistern. Geschwister betreuen einander und lernen voneinander. Die Situationen dafür sind sehr vielfältig, angefangen von Hausaufgabenhilfe, Probleme mit Gleichaltrigen, Unterstützung im Falle elterlicher Konflikte, Trennung etc. (Lohaus, Vierhaus & Maass 2010). Zum Zusammenleben von Geschwistern gehören auch Streit und Rivalität. Geschwisterrivalität im Kindesalter ist normal und erfüllt auch hier wichtige Funktionen. Konflikte, Streit und Feindseligkeit zwischen den Geschwistern kommen durchschnittlich gesehen in Scheidungs- oder Patchworkfamilien häufiger vor als in Erstfamilien. Entscheidend ist auch hier, wie die Eltern mit jedem ihrer Kinder und miteinander interagieren und wie die Kinder sich von den anderen Familienmitgliedern behandelt fühlen.

8.3 Gleichaltrige und Freundschaften

Die Beziehungen von Kindern zu ihren Eltern und Geschwistern sind für die soziale Entwicklung von besonderer Bedeutung. Darüber hinaus ist es wichtig, dass der Kontakt zu Gleichaltrigen Sozialisationserfahrungen ermöglicht, die über den familiären Rahmen hinausgehen. Was unterscheidet die Beziehung zu Gleichaltrigen von der Eltern-Kind- oder Geschwister-Beziehung? Lohaus, Vierhaus und Maass (2010) sehen als wesentliche Faktoren die Gleichberechtigung der Interaktionspartner, die Kooperation und Symmetrie zwischen ihnen an. Darüber hinaus erfordert die Aufrechterhaltung einer hergestellten Gleichaltrigen-Beziehung ein höheres Maß an Zuwendung und Bemühen, als es in familiären Beziehungen nötig ist.

Im Alter von 2 bis 5 Jahren erhöht sich die Anzahl an Interaktionen mit Gleichaltrigen; diese finden fast ausschließlich unter Aufsicht von Erwachsenen statt (zu Hause, in der Kita, in Spielkreisen etc.). Während bei 2-Jährigen noch das Allein- bzw. Parallelspiel verstärkt zu beobachten ist, werden ab dem 3. Lebensjahr das kooperative Spiel nach Regeln und das Rollenspiel in Dyaden oder kleinen Gruppen häufiger. In der mittleren Kindheit bis zum frühen Jugendalter wird der zeitliche Anteil an sozialen Interaktionen mit Gleichaltrigen größer und die Anzahl der Gleichaltrigen und Bekannten nimmt zu (zusammenfassend Zimmermann & Pinquart 2011). Gleichzeitig werden nun die Interaktionen mit Gleichaltrigen

weniger durch die Eltern beaufsichtigt und finden an unterschiedlichen Orten statt (z. B. in der Schule, auf dem Sportplatz, in Freizeiteinrichtungen).
Positives Sozialverhalten wie z. B. Hilfsbereitschaft und Großzügigkeit gegenüber Gleichaltrigen nimmt in den ersten und mittleren Schuljahren ebenso zu wie das Interesse an der Akzeptanz bei den Gleichaltrigen. Dies geht einher mit einem Bedeutungsanstieg von sozialer Bewertung und Klatsch innerhalb der Gruppe, worüber sich Gruppenzugehörigkeit und zentrale Einstellungen der Gruppe herausbilden. Ab dem Jugendalter werden Gleichaltrige zu wichtigen Personen beim Abgleichen und Bewerten von Meinungen, Erfahrungen, Handlungen. Verglichen mit den Eltern sind gleichgeschlechtliche Freunde jetzt mindestens in gleichem Maße Quelle von Unterstützung und Ratschlägen in wichtigen Lebensbereichen. Die Entwicklung von Gleichaltrigenbeziehungen erfolgt bis zum Jugendalter in geschlechtshomogenen, getrennten Gruppen. Maccoby (1998) spricht in diesem Zusammenhang von »zwei getrennten Welten«, da die Interaktionsstile geschlechtsspezifisch unterschiedlich sind. Die Trennung in geschlechtshomogene Gruppen erfolgt dabei überwiegend durch die Kinder selbst und weniger durch äußere Einflüsse von den Eltern oder anderen Erwachsenen. Maccoby (1998) stellte fest, dass Mädchen häufiger (aber nicht ausschließlich) in kleinen Zweier- oder Dreiergruppen spielen und Themen wie soziale Beziehungen und die Wiederherstellung von Sicherheit behandeln. Dagegen spielen Jungen häufiger in etwas größeren Gruppen mit stärkerer Hierarchiebildung und bevorzugen eher Themen wie Helden, Kämpfen und Bewältigen von Gefahren. In gemischten Gruppen empfinden Mädchen das Spiel der Jungen oft als zu wild, sodass sie sich eher zurückziehen.
Eine spezifische Form der Gleichaltrigenbeziehungen stellen *Freundschaften* dar. Die Forscher stimmen im Allgemeinen darin überein, dass Freunde Menschen sind, die gern Zeit miteinander verbringen und Zuneigung füreinander empfinden. Außerdem sind ihre Interaktionen wesentlich durch Reziprozität gekennzeichnet, d. h. die Beziehung ist auf Wechselseitigkeit angelegt: Freunde nehmen Rücksicht aufeinander, machen Kompromisse bei ihrem Verhalten und ziehen aus ihrem sozialen Austausch vergleichbare Vorteile. Da dem Verständnis von Freundschaft bedeutsame kognitive Entwicklungen zugrunde liegen, verändert sich das Freundschaftskonzept vor allem in den Grundschuljahren stark (Selman 1980). Im Vorschulalter sind Freundschaften meist mit »Spielpartnerschaften« gleichzusetzen und werden auf der Basis räumlicher Nähe, den tatsächlichen Aktivitäten und dem eigenen Nutzen beurteilt. In den ersten Schuljahren und mit der Entwicklung der sozialen Perspektivübernahme werden Freundschaften immer stabiler und wechselseitiger, vor allem bei hoher Geselligkeit und Verträglichkeit. Auch hier zeigen sich Geschlechtsunterschiede: Im Vergleich mit Jungenfreundschaften sind Mädchenfreundschaften durch eine höhere Intimität, die größere Bereitschaft, etwas über sich preiszugeben, und mehr Fürsorge gekennzeichnet (Zimmermann & Pinquart 2011).
In Längsschnittuntersuchungen konnten Langzeitvorteile von Freundschaften nachgewiesen werden. So untersuchten Bagwell, Newcomb und Bukowski (1998) in einer Langzeitstudie Kinder in der fünften Klasse und dann wieder als junge Erwachsene. Die Forscher fanden heraus, dass Fünftklässler mit einem bes-

ten Freund von ihren Klassenkameraden als reifer, kompetenter, sozial profilierter und weniger aggressiv eingeschätzt wurden als Kinder ohne besten Freund. Mit 23 Jahren erbrachten diejenigen, die in der fünften Klasse beste Freundschaften hatten, bessere akademische Leistungen; sie kamen mit ihrer Familie und ihrem sozialen Leben besser zurecht als Individuen ohne solche Freundschaften. Sie berichteten auch von einem höheren Selbstwertgefühl, hatten seltener Probleme mit dem Gesetz und zeigten insgesamt weniger psychische Auffälligkeiten (z. B. Depression). Freundschaften konnten auch mit vielen Entwicklungsrisiken in Verbindung gebracht werden. Freunde mit Verhaltensproblemen können einen schädlichen Einfluss ausüben und dazu beitragen, dass ein Kind oder Jugendlicher mit größerer Wahrscheinlichkeit gewalttätig wird, Alkohol oder Drogen missbraucht oder andere negative Verhaltensweisen zum Ausdruck bringt. Ob die Tatsache, einen aggressiven Freund zu haben, das Verhalten eines Kindes mit der Zeit beeinflusst, kann davon abhängen, welche Grundtendenz zur Aggression das Kind besitzt. Diese Möglichkeit legen die Ergebnisse der Langzeitstudie von Vitaro et al. (1997) nahe. Darüber hinaus können depressive Freunde eine Depression bei ihren engen Freunden begünstigen (Rose 2002).

8.4 Soziale Beziehungen im Jugendalter

Wie bereits erwähnt, bekommt in der Adoleszenz das Thema Autonomie einen besonderen Stellenwert. Das drückt sich z. B. darin aus, dass Jugendliche neue Handlungsweisen in der Gruppe der Gleichaltrigen explorieren, zu denen auch Risikoverhaltensweisen zählen.

Im Jugendalter werden die Gruppen und Cliquen zunehmend geschlechtsinhomogen, was den Aufbau erster Liebesbeziehungen fördert. Die Häufigkeit von ersten Liebesbeziehungen liegt bei 12-Jährigen in etwa bei 25 Prozent und steigt mit dem Jugendalter rapide an. Im Alter von 18 Jahren berichten 70 Prozent der Jungen und 75 Prozent der Mädchen bereits Liebesbeziehungen eingegangen zu sein. Dabei steigt die Dauer der Liebesbeziehungen im Schnitt von 3,9 Monaten mit 13 Jahren bis 11,8 Monaten mit 17 Jahren an (Seiffge-Krenke 2003). Eine Reihe von Untersuchungen zeigt, dass das Eingehen von Liebesbeziehungen in der frühen Adoleszenz gehäuft bei jenen Jugendlichen auftritt, die in der Gleichaltrigengruppe unbeliebt sind oder Verhaltensprobleme aufweisen. Dagegen werden Liebesbeziehungen bei älteren Jugendlichen von der Gleichaltrigengruppe akzeptiert. Die Qualität dieser Liebesbeziehungen ist nicht unabhängig von früheren Sozialerfahrungen wie z. B. Freundschaftsbeziehungen oder Bindungserfahrungen (Zimmermann & Pinquart 2011).

9 Sprachentwicklung

In diesem Kapitel werden wesentliche Aspekte der kindlichen Sprachentwicklung dargestellt. Einführend erfolgt eine kurze Skizze zu den Merkmalen und Komponenten der menschlichen Sprache. Dabei werden aus der linguistischen Perspektive die zentralen Wesenszüge der Sprache und die für den Spracherwerb notwendigen Wissenssysteme beschrieben. Im zweiten Abschnitt werden Erklärungstheorien für den Spracherwerb angeführt und dabei die Rolle der Biologie, des soziokulturellen Umfeldes sowie die des Denkens und Lernens betont. Abschließend sind die Meilensteine der Sprachentwicklung beschrieben.

9.1 Merkmale und Komponenten der Sprache

Was zeichnet die menschliche Sprache aus? Die Sprache des Menschen ist durch Charakteristika gekennzeichnet, die sie unterscheidet von Kommunikationssystemen anderer Tiere, vom Schreien der menschlichen Babys und vom Emotionsausdruck. Nach linguistischer Sichtweise lassen sich die wesentlichen Merkmale der Sprache wie folgt zusammenfassen (Szagun 2011):

- Sprache ist ein Symbolsystem, das willkürliche Symbole benutzt.
- Sprache ist kontextfrei.
- Sprache wird kulturell vermittelt.
- Sprache ist ein kombinatorisches System in dem Sinne, dass sich Symbole regelhaft und immer neu miteinander kombinieren lassen (Szagun 2011, 7).

Nachfolgend einige kurze Erläuterungen zu den aufgeführten Merkmalen.

Willkürliches Symbolsystem: Wörter sind willkürliche Symbole für Dinge und Ereignisse und weisen keine Ähnlichkeiten mit dem bezeichneten Gegenstand auf; z.B. weist das Wort »Buch« keine Ähnlichkeit zum bezeichneten Gegenstand auf. Unser Vokabular besteht aus Wörtern, die willkürliche Symbole sind.

Kontextfreiheit: Wenn man über etwas spricht, muss der Gegenstand nicht anwesend sein oder das Ereignis gerade geschehen. Die Symbole der Sprache ermöglichen es, sich Realitäten geistig präsent zu machen, die nicht tatsächlich anwesend sind. Sprache ermöglicht Erkennen frei vom Kontext des tatsächlichen Geschehens.

Kulturelle Vermittelbarkeit: Strukturen und Inhalte der menschlichen Sprache sind nicht angeboren, sondern sie müssen gelernt werden. Das vollzieht sich im Kontext einer menschlichen Gruppe und Kultur. Kleine Kinder lernen ihre Muttersprache in der Gruppe und vom Sprechen der Menschen in dieser Gruppe.

Kombinatorisches System: Sprache ist systematisch und regelhaft. Die Regelhaftigkeit besteht darin, wie sich Laute zu Wörtern kombinieren lassen oder auch nicht. Ein weiterer Aspekt sind die Regelhaftigkeiten der Grammatik. Diese beziehen sich darauf, wie sich Teile von Wörtern kombinieren lassen und darauf, wie Wörter zu Sätzen kombiniert werden können. Wenn man die Regelhaftigkeiten beherrscht, kann man mit ihnen immer wieder neue Kombinationen von Symbolen hervorbringen.

Um Sprache zu erwerben, müssen Kinder vier große, teilweise eigenständige Wissenssysteme aufbauen. Als die zentralen Teilkomponenten der Sprache werden die Phonologie, Semantik, Syntax und Pragmatik unterschieden. Dabei unterliegen alle Komponenten unterschiedlichen Entwicklungsprozessen (Szagun 2011). Bei der *Phonologie* geht es um die entwicklungspsychologischen Grundlagen des Verständnisses und der Produktion des Lautsystems einer Sprache. Innerhalb der Phonologie bilden die sogenannten *Phoneme* die kleinsten lautlichen und bedeutungsunterscheidenden Einheiten. Das System der Phonologie besteht nicht nur aus Phonemen, sondern auch aus Regeln, wie die Phoneme in einer Sprache kombiniert werden. Die Kombination der Phoneme Wür und fel sieht das Deutsche vor, die Kombination fel und wür dagegen nicht (Pinquart, Schwarzer & Zimmermann 2011). Im Bereich der *Semantik* steht die Entwicklung von Wort- und Satzbedeutungen im Vordergrund. Es geht also darum, die Bedeutung von Sprache zu verstehen und somit ein eigenes Lexikon aufzubauen. Hierfür müssen spezifische akustische Muster mit spezifischen Bedeutungen verbunden werden. Ein weiteres sprachliches System stellt die *Grammatik* oder *Syntax* dar. Die Grammatik einer Sprache besteht aus einem Set von Regeln, wie Wörter so miteinander kombiniert werden, dass sie einen Satz oder eine Phrase bilden. Mit der *Pragmatik* ist ein ebenfalls umfangreiches Wissenssystem gemeint, bei dem es darum geht, sprachliche Äußerungen in der Kommunikation so umzusetzen, dass sie der umgebenden Situation angemessen sind (Grimm 2000).

9.2 Erklärungstheorien für den Spracherwerb

Bei der Erklärung für die Entwicklung solch einer komplexen Fähigkeit wie der Sprache besteht in der Literatur weitgehend Einigkeit darüber, dass nicht ein einzelner Bedingungsfaktor dafür verantwortlich ist. Zwar gibt es Ansätze, die die Rolle eines bestimmten Faktors (z. B. die biologische Verankerung von Sprache) besonders hervorheben, aber dennoch bestreiten solche Ansätze nicht, dass sich die Sprache in einem multifaktoriellen Gefüge entwickelt. Diese vielfältigen Faktoren lassen sich insgesamt drei Bereichen zuordnen, die die Bedeutsamkeit der Biologie, des soziokulturellen Umfeldes sowie des Lernens und Denkens für den Spracherwerb hervorheben. Die einzelnen Bereiche werden im Folgenden kurz vorgestellt.

9.2.1 Rolle der Biologie

Auf der Grundlage verschiedener Beobachtungen wird klar, dass biologische Komponenten, die als angeboren angenommen werden, eine wesentliche Bedeutung für den Spracherwerb besitzen. Häufig beeindrucken (nicht nur Eltern) der schnelle und geordnete Spracherwerb, der nicht allein aufgrund von Lernerfahrungen oder kommunikativen Einflüssen zu erklären ist (Pinquart, Schwarzer & Zimmermann 2011). Außerdem findet sich von Geburt an ein extremes Bedürfnis selbst bei gehörlosen Kindern, sprachliche Laute zu äußern. Letztlich ist das Entwickeln von Sprache nur Menschen und keinen anderen Lebewesen vorbehalten. Vor allem diese beiden letzten Beobachtungen deuten darauf hin, dass sich die Bereitschaft, ein sprachliches System früh und schnell zu erlernen, im Laufe der Evolution genetisch verankert hat.

Die biologischen Grundlagen des frühen und effektiven Aufbaus von Sprache sind auch darin zu sehen, dass sich das menschliche Gehirn auf die besondere Weise der Verarbeitung von Sprache spezialisiert hat. So existieren zwei spezifische Hirnareale, die für die Produktion von Sprache (Broca-Areal) und für das Verstehen von Sprache (Wernicke-Areal) zuständig sind. Das Broca-Areal ist in der linken frontalen Region in der Nähe des motorischen Cortex und das Wernicke-Areal im linken temporalen Bereich angesiedelt, nahe der Gehirnstrukturen, die für die auditive Verarbeitung verantwortlich sind.

Die Betonung der Biologie im Zusammenhang mit dem Spracherwerb findet sich insbesondere in linguistischen Ansätzen. Als prominenter Vertreter gilt Noam Chomsky, nach dem Sprache unterteilt werden kann in eine *Oberflächenstruktur* und eine *Tiefenstruktur* (Chomsky 1995; 2000). Die Oberflächenstruktur ist sprachspezifisch und beinhaltet alle Regeln, wie Wörter, Phrasen und Sätze gebildet werden. Dagegen bezieht sich die Tiefenstruktur auf Charakteristiken, die alle Sprachen miteinander teilen, die sogenannte Universalgrammatik. Chomsky nimmt an, dass Menschen diese Universalgrammatik angeborenermaßen verstehen. Der Spracherwerb findet Chomsky (1995) zufolge über einen angeborenen Spracherwerbsmechanismus statt, der hilft, die vom Kind gehörte Oberflächenstruktur einer Sprache in diese Universalgrammatik zu übersetzen. Diese Entwicklung vollzieht sich innerhalb der ersten Lebensjahre. Durch Erfahrungen und soziokulturelle Einflüsse verstehen Kinder, wie sich die universelle Tiefenstruktur in ihrer Muttersprache ausdrückt.

9.2.2 Rolle des soziokulturellen Umfeldes

Die soziokulturellen Ansätze des Spracherwerbs sehen die primäre Motivation des Spracherwerbs darin, eine soziale Interaktion aufzubauen, eigene Ideen und Vorstellungen mit anderen zu kommunizieren und von anderen verstanden zu werden. Kinder werden hierbei als soziale Wesen angesehen, die durch den Erwerb der Sprache einen Kommunikationskanal aufbauen, mit dem sie in die soziale Welt eintreten (Pinquart, Schwarzer & Zimmermann 2011). Bruner (1983) nimmt dabei an, dass die soziale Umwelt des Kindes, in der Regel die Eltern, ein sogenanntes »Spracherwerbs-Unterstützungssystem« intuitiv bereitstellt. Die zentrale Komponente dieses Systems ist das *Format*: Es besteht aus strukturierten sozialen Interaktionen und Routinen, die typischerweise zwischen dem Kind und seinen Bezugspersonen ablaufen. Beispiele für solche Routinen sind typischerweise das Spielen, das gemeinsame Anschauen eines Buches, das Singen eines Liedes etc. Solche Formate ermöglichen den Kindern, ganz spezifische Spracheelemente in einem ganz spezifischen Kontext zu erlernen (Tücke 2007). Wenn die Kinder älter werden, erweitern sich die Formate, sie werden vielfältiger, sodass auch die Sprache zunehmend komplexer und allmählich abstrakter wird. Darüber hinaus betonen soziokulturelle Ansätze die Verknüpfung der Sprachentwicklung mit anderen sozial-kognitiven Fähigkeiten wie z. B. die zur Entwicklung einer »Theory of Mind«.

9.2.3 Rolle des Lernens und Denkens

Eine ältere und mittlerweile als überholt geltende Auffassung über die Rolle des Lernens für den Spracherwerb wurde von Skinner (1957) im Rahmen der Lerntheorien (siehe ▶ Kap. 3.6) geliefert. Skinner ging davon aus, dass auch beim Spracherwerb die gleichen operanten Prinzipien wirken wie bei jedem anderen Prozess, bei dem Verhalten erlernt wird. So würden durch selektive Verstärkung kindlicher Äußerungen zunächst sprachspezifische Laute und Wörter und später entsprechende Phrasen und Sätze zu sprechen gelernt. Diese Auffassung gilt heutzutage insofern als überholt. Heutzutage wird die Wirkung von Lernen eher unter dem Blickwinkel des sozialen Lernens betrachtet. Das Beobachten und Imitieren des elterlichen Sprechens wird hier als zentral angesehen. Hierfür ist es zum einen hilfreich, dass Eltern sich mit ihrer Sprache spezifisch auf das Sprachniveau des Kindes einstellen. Durch solch eine angestrebte Passung kann ein optimaler Lernprozess ermöglicht werden. Zum anderen wählen Eltern auch manchmal eine Vermittlungsform, in der sie ihr Kind explizit z. B. in spezifischen Wortbedeutungen unterrichten. Hierdurch wird bei den Kindern ein ausdrücklicher Lernprozess angeschoben (Pinquart, Schwarzer & Zimmermann 2011).

Für den Spracherwerb wird zunehmend auch analysiert, inwiefern die kognitive Entwicklung des Kindes diesen Lernprozess beeinflusst. Als Grundlage wird Piagets Theorie zur kognitiven Entwicklung herangezogen und z. B. untersucht, inwiefern der Gebrauch von Zwei- oder Dreiwortsätzen mit kognitiven Fähigkeiten korrespondiert, die beim Übergang von der sensumotorischen zur präoperationalen Phase (siehe ▶ Kap. 6.1) auftreten. Gopnik und Meltzoff (1987) fanden heraus, dass Kinder erst dann, wenn sie über das Konzept der Objektpermanenz verfügen, Äußerungen einsetzten, die mit dieser kognitiven Fähigkeit zusammenhängen. Ebenso wurde herausgearbeitet, dass der Erwerb von Äußerungen darüber, dass ein Agent etwas mit einem Objekt tut, mit den entsprechenden kognitiven Errungenschaften der sensumotorischen Phase zusammenhängt. Ein weiterer Ansatz beschäftigt sich mit der Frage, inwieweit das Verstehen der Sprache und die Sprachproduktion mit den sich entwickelnden Gedächtnisleistungen der Kinder zusammenhängen. Besondere Aufmerksamkeit wurde und wird in diesem Zusammenhang dem kapazitätsbegrenzten (phonologischen) Arbeitsgedächtnis gewidmet. Eine Reihe von Untersuchungen aus der Arbeitsgruppe um Gathercole und Baddeley hat deutlich gemacht, dass den interindividuell unterschiedlichen (phonologischen) Arbeitsgedächtnisleistungen eine bedeutende Rolle beim Wortschatzerwerb und möglicherweise sogar beim Grammatikerwerb zukommt. Die Leistungen, die 4 Jahre alte Kinder beim Wiedergeben sinnfreier Pseudowörter erzielten, erwiesen sich als Prädiktor für den Wortschatzerwerb ein Jahr später (Gathercole et al. 1992). Sie kovariieren zudem mit dem Sprachverständnis und den produktiven Sprachleistungen der Kinder. Berücksichtigt man zusätzlich nach Grimm (2003), dass Kinder mit Sprachentwicklungsstörungen zuverlässig gravierende Defizite im Bereich des phonologischen Arbeitsgedächtnisses aufweisen, so kann gefolgert werden, dass dem Arbeitsgedächtnis eine wichtige Rolle im Spracherwerb zukommt.

Innerhalb der genannten Ansätze wird also davon ausgegangen, dass die Entwicklung der Sprache in allgemeine kognitive Verarbeitungsprozesse eingebettet ist.

9.3 »Meilensteine« der Sprachentwicklung

Der kindliche Spracherwerb stellt das komplexeste Phänomen dar, das das Kind im frühen Kindesalter zu bewältigen hat. Der Prozess des Spracherwerbs wird überwiegend als ein Phänomenbereich der biologischen Entwicklung verstanden. Er geschieht nach einem vorgegebenen Plan, der für alle Kinder und in jeder Sprachgemeinschaft derselbe ist (Siegmüller 2007). Jedoch ist der Spracherwerbsprozess ohne die Verfügbarkeit einer sprachlichen Umwelt unmöglich: Für den Spracherwerb ist es notwendig, dass Sprache demonstriert wird. Die Art und Weise und das Ausmaß, in der die Umwelt »Sprache« zur Verfügung stellt, bedingt die Variation des ungestörten Spracherwerbs. Wenn Kinder z. B. in einer sprachlich armen und wenig anregenden Umwelt aufwachsen, so erwerben sie in der Regel nur einen eingeschränkten Wortschatz und beherrschen die Grammatik nur rudimentär. Können die Kinder die Sprache nur unzureichend wahrnehmen (z. B. bei Hörstörung oder Gehörlosigkeit), ist auch der Spracherwerb massiv behindert oder findet gar nicht statt (Siegmüller 2007).

Der Erwerb der Sprache geschieht schrittweise und der Erwerb jeder der einzelnen genannten Komponenten stellt eine neue Herausforderung für das Kind dar. Für den Spracherwerb besteht eine besondere Disposition im Alter von 0 bis etwa 10 Jahren, denn Kinder, die in diesem Zeitraum das Sprechen nicht lernen (weil sie in einer nicht sprachlichen Umgebung aufwachsen), werden das Sprechen nicht mehr erlernen. Die Schicksale der sogenannten »Wolfskinder« sind ein eindrucksvoller (wenngleich auch trauriger) Beleg dafür. Nachfolgend sollen die »Meilensteine« der Sprachentwicklung beschrieben werden. Zuerst werden die Anfänge der Sprachproduktion im ersten Lebensjahr skizziert, es folgen Ausführungen zur Semantik, Grammatik und Pragmatik (Grimm 2000).

9.3.1 Sprachproduktion im 1. Lebensjahr

Bevor Babys ihre ersten Wörter sprechen, üben sie offenbar die dafür notwendigen Voraussetzungen ein – die Produktion einzelner Laute. Das präverbale Entwicklungsmuster ist in groben Zügen voraussagbar. Mit etwa 2 Monaten beginnen Babys, vokalähnliche Laute, wie »ah« und »oh« zu produzieren, manchmal schon in Verbindung mit einem Konsonanten (z.B. »gu« oder »ba«). Diese einsilbigen Lautäußerungen scheinen mit angenehmen Emotionen verbunden zu sein und werden auch Gurren genannt. Zunehmend erkennen die Babys, dass ihr Gurren positive Reaktionen bei den Bezugspersonen hervorruft, was sie anzuspornen scheint, ihre Vokalisationen zu erweitern und verfeinern (Wilkening, Freund & Martin 2009). Mit etwa 6 Monaten beginnt das einfache Lallen, das sich in Form von »wowo«, »gege« oder auch »mama« äußern kann. Dies ist ein Phänomen, das in allen Sprachumwelten beobachtet wurde, und bis zu diesem Punkt scheint die Sprachproduktion universell zu sein. Deutlich vor dem Ende des 1. Lebensjahres verliert sich die Reduplizierung der Silben und das Lallen bekommt zunehmend einen Sprachcharakter. Man hört dann zweisilbige Äußerungen wie »maga« oder »dagu«, die meistens in der eigenen Sprache keine Wörter sind.

9.3.2 Semantik

Am Ende des 1. Lebensjahres gibt es in der Sprachentwicklung von Kindern einen markanten Schritt: Sie beginnen, Lautkombinationen zu produzieren, die von Erwachsenen als Wörter eingestuft werden. Dem voraus gehen zwei andere große Sprachleistungen der Kinder – das Erkennen von Wörtern im kontinuierlichen Fluss der Erwachsenensprache (Wilkening, Freund & Martin 2009) und das Verstehen der Bedeutung der Wörter (zumindest ansatzweise). Der Wortschatz eines einjährigen Kindes umfasst in der Regel einige Wörter, ein halbes Jahr später sind 50 Wörter nicht ungewöhnlich. Etwa zu dieser Zeit setzt ein, was oft als Benennungsexplosion (auch Vokabelspurt) bezeichnet wird. Mit 20 Monaten liegt der durchschnittliche aktive Wortschatz bei etwa 170 Worten, wobei es große interindividuelle Unterschiede gibt. Wenn der aktive Wortschatz mit 24 Monaten noch unterhalb von 50 Wörtern liegt, gehört ein Kind zu den sogenannten

»late talkers«, mit einem überdurchschnittlichen Risiko für eine spätere Störung der Sprachentwicklung (Grimm 2003).

Nach Wilkening, Freund und Martin (2009) kann der Vokabelspurt dazu führen, dass Kinder im Alter von 6 Jahren über ein Vokabular von 10 000 Wörtern verfügen; das bedeutet, dass sie in dieser Zeitspanne jeden Tag im Durchschnitt etwa sieben Wörter ihrem aktiven Wortschatz (Lexikon) hinzufügen. Eine wichtige Bedeutung kommt dabei der Leistungsfähigkeit des phonologischen Arbeitsspeichers zu, da hier sprachliches Material im Kurzzeitspeicher abgelegt wird. Der passive Wortschatz (Anzahl der Wörter, die Kinder verstehen) übersteigt zu jedem Zeitpunkt dieser Entwicklung das Lexikon um etwa das Doppelte. Am häufigsten kommen im aktiven Wortschatz Objektwörter vor, also Bezeichnungen für Dinge oder Personen. Es folgen Aktionswörter wie z. B. »ab« (herunter), »mehr« (haben wollen) und Zustandswörter wie »rot« oder »weg« (etwas ist nicht mehr vorhanden). Für Erwachsene besteht die Schwierigkeit darin, herauszufinden, was ein Kind mit seiner Wortäußerung wirklich meint. Verstärkt wird diese Schwierigkeit noch dadurch, dass Kinder im frühen Stadium Laute, deren Produktion ihnen schwerfällt, weglassen oder verändern.

In der Phase der Einwortsätze übernimmt ein einzelnes Wort Funktionen, die sonst mit komplexen grammatikalischen Strukturen ausgedrückt werden. Wenn man Anhaltspunkte dafür hat, dass mit einer Einwortäußerung ein ganzer Satz gemeint ist, spricht man auch von einer holophrastischen Phase. So kann die Äußerung »Schuh« je nach Kontext bedeuten »Ich habe neue Schuhe« oder »Ich möchte meine Schuhe an- oder ausziehen«.

Der eingeschränkte Wortschatz zu Beginn der Sprachentwicklung führt zu einem weiteren Phänomen: der Überextension (auch sprachliche Überdehnung), d.h., dass ein Wort für zu weite Bereiche verwendet wird. Ein typisches Beispiel dafür ist der Gebrauch von »Hund« (oder »wauwau«), der nicht nur für Hunde, sondern alle vierbeinigen Lebewesen gilt – also auch für Katzen, Kühe, Schafe usw. Das Kind identifiziert einige gemeinsame Merkmale (Vorhandensein von Behaarung und Beinen) und nutzt die wahrgenommene Gemeinsamkeit zur Wahl desselben Wortes. Die Neigung zur Überextension nimmt in dem Maße ab, in dem der Wortschatz wächst und die korrekten Worte bekannt sind (Grimm 2000).

9.3.3 Grammatik

Gegen Ende des 2. Lebensjahres hört man nicht mehr nur Einwortäußerungen, sondern Wörter werden miteinander kombiniert. Universell lässt sich nicht nur in der Zweiwort-, sondern auch in der Mehrwortphase beobachten, dass Kinder bei ihren ersten Wortkombinationen systematisch bestimmte Satzteile (Artikel, Hilfsverben, Präpositionen) auslassen, die zum Verständnis nicht unbedingt erforderlich sind. Dieses Phänomen wird als telegrafische Sprache bezeichnet. Interessant an diesem Phänomen ist, dass auch die telegrafische Sprache bestimmten Regeln folgt. So lassen Kinder zwar einige Satzelemente aus, folgen in der Aneinanderreihung jedoch der typischen Satzstellung der jeweiligen Sprache.

Bei der Grammatik lassen sich drei Arten von Regeln unterscheiden: die Anordnung von Wörtern (Syntax), die Flexion und die Intonation. In den Anfängen der Entwicklungspsycholinguistik sind die Aspekte der Syntax besonders intensiv untersucht worden, initiiert von Chomskys (1995, 2000) nativistischen Vorstellungen zu einer Universalgrammatik. Zunächst interessiert der einfachste Fall einer Wortanordnung, der Zweiwortsatz. Bei Analysen in verschiedenen Sprachen fand man eine Struktur, die als Pivot-Grammatik bezeichnet wird. Es gibt Wörter (pivots), die nur an einer bestimmten Stelle stehen können (nur an der ersten oder der zweiten), und es gibt andere, sogenannte offene Wörter, die beide Stellen einnehmen können. Kinder folgen offensichtlich einer selbst gesetzten grammatikalischen Regel, die ihnen niemand beigebracht hat (Wilkening, Freund & Martin 2009).

Eine weitere kindliche Eigenart ist in der Flexion von Verben zu sehen. Für einen gewissen Zeitraum tendieren Kinder zu Überregulationen, insbesondere in der Beugung unregelmäßiger Verben. Es bedeutet, dass Syntaxregeln auch auf Ausnahmen angewendet werden. So sagen sie z.B. »springte« statt »sprang« oder »gehte« statt »ging«. Die Anwendung auf die Ausnahmen impliziert, dass die allgemeine Regel erkannt und auch schon mehrfach geäußert wurde. Wichtig ist, dass der Fehler der Überregulation positiv interpretiert werden kann, nämlich als Folge des Erkennens einer Sprachregel und des Versuchs ihrer Anwendung. Natürlich enthält die Grammatik unserer Sprache weit komplexere Regeln als die hier kurz skizzierten. Aus entwicklungspsychologischer Sicht ist faszinierend, dass Kinder innerhalb von nur wenigen Jahren auch die komplexeren Regeln praktisch perfekt zu beherrschen lernen, und dies ohne formale Instruktion (Wilkening, Freund & Martin 2009).

9.3.4 Pragmatik

Die meisten Kinder erwerben noch vor dem Schuleintritt ein implizites Wissen über das komplexe Regelwerk der Grammatik. Danach bleibt für die weitere Verfeinerung der Sprache, insbesondere im Hinblick auf die Pragmatik, noch einiges an Kompetenzen zu erwerben. Kinder beginnen, mit der Sprache spielen zu lernen, sie auch als Mittel der Beeinflussung im sozialen Kontext einzusetzen. Die Möglichkeiten der Sprache in den Bereichen Humor, Ironie und Ästhetik werden für Kinder interessant und zu nutzen versucht; ihre Verbindungen mit Kognitionen werden immer komplexer.

10 Schlussbetrachtung und Ausblick

In den vorangegangenen Abschnitten wurde eine Reihe von Informationen zur Entwicklung von Kindern und Jugendlichen vorgestellt: die frühe Eltern-Kind-Interaktion und Bindung, die Entwicklung des Denkens, die emotionale Entwicklung, die soziale Entwicklung und die Sprachentwicklung. Bei allen handelt es sich um für die Sonderpädagogik wichtige Bereiche, die hier in sehr kompakter und ausgewählter Weise behandelt worden sind. Einführend sind zentrale Begriffe und Konzepte sowie die wesentlichen Aufgaben der Entwicklungspsychologie thematisiert worden. Die aktuellen entwicklungspsychologischen Lehrbücher sind im wahrsten Sinne des Wortes »Schwergewichte« – die unglaubliche Informationsmenge, die dort zusammengetragen worden ist, kann entmutigen, besteht doch die Gefahr, vor lauter Bäumen den Wald nicht mehr zu sehen. Deshalb wurden in diesem Kapitel, sozusagen als Rahmenkonzept, die sieben Leitfragen der Kindesentwicklung vorgestellt. Der Großteil der Forschungsarbeiten zur Kindesentwicklung ist darauf ausgerichtet, grundlegende Fragen zu verstehen, die im Zusammenhang mit diesen Leitthemen stehen. Im Abschnitt 4 stand deshalb die Betrachtung der Forschungsdesigns in der Entwicklungspsychologie im Vordergrund.

Die in diesem Kapitel dargestellten Theorien und Befunde machen deutlich, dass entwicklungspsychologisches Wissen nicht nur nützlich, sondern unverzichtbar ist. Aber kann die Entwicklungspsychologie auch einen Beitrag zur Lösung grundlegender Fragen der sonderpädagogischen Praxis liefern? Zu solchen Fragen gehören z. B. die nach Beratungs- und Förderzielen und nach ethischen Entscheidungsmaximen (Steinebach 2000). In der Arbeit mit Kindern und Jugendlichen, die an einer chronischen Erkrankung, Behinderung oder Verhaltensauffälligkeit leiden, gilt es im Einzelfall eine Vielzahl von Bedingungen, Wirkungen und Wechselwirkungen zu berücksichtigen. Idealerweise kann nach Steinebach (2000) ein fallbezogenes Arbeitsmodell dabei helfen, diese Faktoren zu ordnen bzw. zu systematisieren. Dabei gilt es, medizinische, pädagogische, psychologische und soziologische Fachkompetenzen zu integrieren.

Wie Deutsch und Lohaus (2008) ausführen, hat sich infolge der nomothetischen Orientierung der Psychologie auch die Entwicklungspsychologie lange Zeit von ihren Wurzeln abgewandt und die Idee verfolgt, die gleichbleibenden und veränderlichen Teile von Entwicklungsprozessen auf eine Gesamtpopulation zu beziehen, statt Teilpopulationen und einzelne Individuen in ihrer jeweiligen Besonderheit zu berücksichtigen. Ein personenorientierter Ansatz, bei dem intraindividuelle Veränderungen und ihre interindividuellen Unterschiede den Fokus bilden, scheint ein geeigneter Weg zu sein, um historische und aktuelle entwicklungspsychologische Perspektiven in Einklang zu bringen (Bergman, Magnusson & El-Khouri 2003).

Darüber hinaus ist die Heterogenität von Entwicklungswegen aus zwei Perspektiven besonders lohnend und bedeutungsvoll – theoretisch lohnend, weil aus unterschiedlichen Entwicklungsverläufen Erkenntnisse über Einflussfaktoren und moderierende Bedingungen gewonnen werden können; von praktischer Bedeutung, weil dieses Wissen für die Förderung erwünschter und die Prävention unerwünschter Entwicklungsverläufe erforderlich ist (Montada, Lindenberger & Schneider 2012).

In jüngster Zeit strebt die Entwicklungspsychologie immer häufiger eine integrierte Betrachtung an. Die Entwicklungswissenschaft verbindet dazu Konzepte und Erkenntnisse aus Bereichen, die sich bisher getrennt mit der Erforschung menschlicher Entwicklung befasst haben, wie etwa die Anthropologie, Biologie, Linguistik, Medizin, Psychologie und Soziologie. Dieser interdisziplinäre Ansatz untersucht Individuen und Gemeinschaften über die Lebensspanne mit dem Ziel, die Entwicklung von Individuen mit unterschiedlichem kulturellem und ethnischem Hintergrund, verschiedenen ökonomischen und kognitiven Voraussetzungen sowie Lebensbedingungen zu verstehen (Petermann, Scheithauer & Niebank 2004). Es ist damit zu rechnen, dass wir in den kommenden Jahren und Jahrzehnten voraussichtlich weitere wichtige gesellschaftliche, technologische und wirtschaftliche Veränderungen erleben werden. Aber auch Einstellungen und Werte unterliegen dem Wandel. All diese Veränderungen werden nicht ohne Einfluss auf die Entwicklungspsychologie bleiben und trotzdem bleiben die Inhalte weiterhin breit gefächert, anschaulich und spannend wie in kaum einem anderen Fachgebiet der Psychologie.

Literatur

Ahnert, L. (Hrsg.) (2008): Frühe Bindung: Entstehung und Entwicklung; mit 16 Tabellen. München: Reinhardt.
Ainsworth, M. D. S., Bell, S. & Stayton, D. J. (1974): Infant-mother attachment and social development: Socialization as a product of reciprocal responsiveness to signals. In: M. P. M. Richards (Hrsg.): The integration of a child into a social world. London: Cambridge University Press, 97–119.
Ainsworth, M. D. S., Blehar, M., Waters, E. & Wall, S. (1978): Patterns of attachment: A psychological study of the Strange Situation. Hillsdale, NJ: Erlbaum.
Arterberry, M. E. & Bornstein, M. H. (2001): Three-month-old infants' categorization of animals and vehicles based on static and dynamic attributes. In: Journal of Experimental Child Psychology 80, 4, 333–346.
Atkinson, R. & Shiffrin, R. (1968): Human memory: A proposed system and its control processes. In: K. Spence & T. Spence (Hrsg.): The psychology of learning and motivation: Advances in research and theory. Orlando, FL: Academic Press, 90–105.
Bagwell, C. L., Newcomb, A. F. & Bukowski, W. M. (1998): Preadolescent friendship and peer rejection as predictors of adult adjustment. In: Child Development 69, 1, 140–153.
Baillargeon, R. (1987): Object permanence in 3½- and 4½-month-old infants. In: Developmental Psychology 23, 5, 655–664.
Baltes, P. B., Lindenberger, U. & Staudinger, U. M. (2006): Life span theory in developmental psychology. In: R. M. Lerner (Hrsg.): Handbook of child psychology: Vol. 1 Theoretical models of human development. 6. Aufl., Hoboken, NJ: Wiley, 569–664.
Bandura, A. (1965): Influence of models: Reinforcement contingencies on the aquisition of imitative behaviors. In: Journal of Personality and Social Psychology 1, 589–595.
Bandura, A. (1986): Social foundations of thought and action. Upper Saddle River, NJ: Prentice Hall.
Bandura, A. (1999): Social cognitive theory of personality. In: L. A. Pervin (Hrsg.): Handbook of personality. Theory and research. New York: The Guilford Press, 154–196.
Bandura, A. (2001): Social cognitive theory: An agentic perspective. In: Annual Review of Psychology 52, 1, 1–26.
Bandura, A., Ross, D. & Ross, S. A. (1963): Imitation of film-mediated aggressive models. In: Journal of Abnormal Social Psychology 66, 3–11.
Barrett, K. C., Zahn-Waxler, C. & Cole, P. M. (1993): Avoiders vs. Amenders: Implications for the investigation of guilt and shame during Toddlerhood? In: Cognition & Emotion 7, 6, 481–505.
Bergman, L. R., Magnusson, D. & El-Khouri, B. (2003): Studying individual development in an interindividual context: A person-oriented approach. Paths through life: Bd. 4. Mahwah, N.J: Erlbaum.
Berk, L. E. & Schönpflug, U. (2011): Entwicklungspsychologie. PS Psychologie. München: Pearson-Studium.
Blossfeld, H.-P. (Hrsg.) (2011): Education as a lifelong process: The German National Educational Panel Study (NEPS). In: Zeitschrift für Erziehungswissenschaft: Sonderheft: Bd. 14. Wiesbaden: VS-Verlag für Sozialwissenschaften.
Blossfeld, H.-P., Schneider, T. & Doll, J. (2009): Die Längsschnittstudie Nationales Bildungspanel: Notwendigkeit, Grundzüge und Analysepotential. In: Pädagogische Rundschau 63, 2, 249–259.

Borchert, J. (2008): Frühe Förderung entwicklungsauffälliger Kinder und Jugendlicher. Heil- und Sonderpädagogik. Stuttgart: Kohlhammer.
Bowlby, J. (1969): Attachment and loss: Bd. 1. Attachment. New York: Basic Books.
Bowlby, J. (1973): Attachment and loss: Bd. 2. Separation. New York: Basic Books.
Bowlby, J. (1988): A secure base: Parent child-attachment and healthy human development. New York: Basic Books.
Bretherton, I. & Beeghly, M. (1982): Talking about internal states: The acquisition of an explicit theory of mind. In: Developmental Psychology 18, 906–921.
Bronfenbrenner, U. (1979): The ecology of human development. Cambridge: Harvard University Press.
Bronfenbrenner, U. (Hrsg.) (2005): Making human beings human: Bioecological perspectives on human development. Thousand Oaks, CA: Sage.
Bronfenbrenner, U. & Morris, P. A. (2006): The bio-ecological model of human development. In: R. M. Lerner (Hrsg.): Handbook of child psychology: Vol. 1 Theoretical models of human development. 6. Aufl., Hoboken, NJ: Wiley, 297–342.
Bruner, J. S. (1983): Child's talk: Learning to use language. New York: W.W. Norton.
Bundschuh, K. (2008): Heilpädagogische Psychologie. München: Ernst Reinhardt.
Campos, J. J., Bertenthal, B. I. & Kermoian, R. (1992): Early experience and emotional development: The emergence of wariness of heights. Psychological Science 3, 61–64.
Carey, S. (2009): The origin of concepts. New York: Oxford University Press.
Caspi, A., Harrington, H., Milne, B., Amell, J. W., Theodore, R. F. & Moffitt, T. E. (2003): Children's behavioral styles at age 3 are linked to their adult personality traits at age 26. Journal of Personality, 71 (4), 495–514.
Caspi, A., Henry, B., McGee, R. O., Moffitt, T. E. & Silva, P. A. (1995): Temperamental origins of child and adolescent behavior problems: From age three to age fifteen. In: Child Development 66, 1, 55–68.
Chess, S. & Thomas, A. (1990): Continuities and discontinuities in temperament. In: L. Robins & M. Rutter (Hg.), Straight and devious pathways from childhood to adulthood. Cambridge, UK: Cambridge University Press, 182–220.
Chomsky, N. (1995): The minimalist program. Cambridge, MA: MIT Press.
Chomsky, N. (2000): New horizons in the study of language and mind. New York: Cambridge University Press.
Cole, M. (2005): Culture in development. In: M. H. Bornstein & M. E. Lamb (Hrsg.): Developmental science: An advanced textbook. Mahwah, NJ: Erlbaum, 45–102.
Conyers, C., Miltenberger, R., Maki, A., Barenz, R., Jurgens, M., Sailer, A. et al. (2004): A comparison of response cost and differential reinforcement of other behavior to reduce disruptive behavior in a preschool classroom. In: Journal of Applied Behavior Analysis 37, 3, 411–415.
Cyr, C., Euser, E. M., Bakermans-Kranenburg, M. J. & van Ijzendoorn, M. H. (2010): Attachment security and disorganization in maltreating and high-risk families: A series of meta-analyses. In: Development and Psychopathology 22, 01, 87–108.
Damon, W. (1989): Die soziale Entwicklung des Kindes: Ein entwicklungspsychologisches Lehrbuch. Stuttgart: Klett-Cotta.
Darwin, C. (1877): A biographical sketch of an infant. In: Mind 2, 285–294.
Deutsch, W. & Lohaus, A. (2006): Methoden in der Entwicklungspsychologie: Historische und aktuelle Perspektiven. In: W. Schneider & F. Wilkening (Hrsg.): Theorien, Modelle und Methoden der Entwicklungspsychologie (Enzyklopädie der Psychologie: Themenbereich C, Theorie und Forschung. Serie V, Entwicklungspsychologie, I). Göttingen: Hogrefe, 793–839.
Dodge, K. A. (1986): A social information processing model of social competence in children. In: M. Perlmutter (Hrsg.): Minnesota Symposium on child psychology (Cognitive perspectives on children's social and behavioral development). Mahwah, NJ: Erlbaum, 77–125.
Dörfler, T., Golke, S. & Artelt, C. (2010): Dynamisches Testen der Lesekompetenz. Theoretische Grundlagen, Konzeption und Testentwicklung. Projekt Dynamisches Testen. In: E. Klieme, D. Leutner & M. Kenk (Hrsg.): Kompetenzmodellierung. Zwischenbi-

lanz des DFG-Schwerpunktprogramms und Perspektiven des Forschungsansatzes. Weinheim: Beltz, 154–164.
Erikson, E. (1973): Identität und Lebenszyklus. Frankfurt am Main: Suhrkamp.
Erikson, E. (1988): Der vollständige Lebenszyklus. Frankfurt am Main: Suhrkamp.
Esser, G. & Petermann, F. (2010): Entwicklungsdiagnostik. Kompendien psychologische Diagnostik: Bd. 13. Göttingen: Hogrefe.
Freud, S. (1930): Vorlesungen zur Einführung in die Psychoanalyse. Wien: Internationaler Psychoanalytischer Verlag.
Freud, S. (1933): Neue Folge der Vorlesungen zur Einführung in die Psychoanalyse. Wien: Internationaler Psychoanalytischer Verlag.
Gathercole, S. E., Willis, C. S., Emslie, H. & Baddeley, A. D. (1992): Phonological memory and vocabulary development during the early school years: A longitudinal study. In: Developmental Psychology 28, 5, 887–898.
Gopnik, A. & Meltzoff, A. N. (1987): Early semantic developments and their relationship to object permanence, means-ends understanding, and categorization. In: K. Nelson & A. van Kleek (Hrsg.): Children's language. Hillsdale, NJ: Erlbaum, 120–143.
Grimm, H. (2000): Sprachentwicklung. Göttingen: Hogrefe.
Grimm, H. (2003): Störungen der Sprachentwicklung: Grundlagen – Ursachen – Diagnose – Intervention – Prävention. Göttingen: Hogrefe.
Guthke, J., Beckmann, J. F. & Wiedl, K. H. (2003): Dynamik im dynamischen Testen. In: Psychologische Rundschau 54, 4, 225–232.
Havighurst, R. J. (1972): Developmental tasks and education. New York: David McKay.
Hoffman, M. L. (2000): Empathy and moral development: Implications for caring and justice. Cambridge, UK: Cambridge University Press.
Holodynski, M. (2006): Emotionale Entwicklung und Regulation. Berlin: Springer.
Irblich, D. (2009): Ethische Aspekte in der kinderpsychologischen Diagnostik. In: D. Irblich & G. Renner (Hrsg.): Diagnostik in der klinischen Kinderpsychologie. Die ersten sieben Lebensjahre. Göttingen: Hogrefe, 50–56.
Izard, C. E. (2007): Basic emotions, natural kinds, emotion schemas, and a new paradigm. In: Perspectives on Psychological Science 2, 260–280.
Klieme, E., Leutner, D. & Kenk, M. (Hrsg.) (2010): Kompetenzmodellierung: Zwischenbilanz des DFG-Schwerpunktprogramms und Perspektiven des Forschungsansatzes. Weinheim: Beltz.
Lang, F. R., Martin, M. & Pinquart, M. (2012): Entwicklungspsychologie – Erwachsenenalter. Bachelorstudium Psychologie. Göttingen: Hogrefe.
Laucht, M. (2003): Vulnerabilität und Resilienz in der Entwicklung von Kindern. Ergebnisse der Mannheimer Längsschnittstudie. In: K. H. Brisch & T. Hellbrügge (Hrsg.): Bindung und Trauma. Risiken und Schutzfaktoren für die Entwicklung von Kindern. Stuttgart: Klett-Cotta, 53–71.
Laucht, M., Esser, G. & Schmidt, M. H. (2000): Längsschnittforschung zur Entwicklungsepidemiologie psychischer Störungen: Zielsetzung, Konzeption und zentrale Befunde der Mannheimer Risikokinderstudie. In: Zeitschrift für Klinische Psychologie und Psychotherapie 29, 4, 246–262.
Levin, I., Siegler, R. S. & Druyan, S. (1990): Misconceptions about motion: Development and training effects. In: Child Development 61, 5, 1544–1557.
Lewis, M. (1995): Embarrassment: The emotion of self-exposure and evaluation. In: J. P. Tangney & K. W. Fischer (Hrsg.): Self-conscious Emotions. New York: Guilford, 198–218.
Lewis, M., Alessandri, S. M. & Sullivan, M. W. (1990): Violation of expectancy, loss of control, and anger expressions in young infants. In: Developmental Psychology 26, 5, 745–751.
Lewis, M., Alessandri, S. M. & Sullivan, M. W. (1992): Differences in shame and pride as a function of children's gender and task difficulty. In: Child Development 63, 3, 630–638.
Lohaus, A. (2007): Datenerhebung. In: M. Hasselhorn & W. Schneider (Hrsg.): Handbuch der Entwicklungspsychologie (Handbuch der Psychologie). Göttingen: Hogrefe, 625–634.

Lohaus, A., Ball, J. & Lißmann, I. (2008): Frühe Eltern-Kind-Interaktion. In: L. Ahnert (Hrsg.): Frühe Bindung. Entstehung und Entwicklung; mit 16 Tabellen. München: Reinhardt, 147–161.

Lohaus, A., Vierhaus, M. & Maass, A. (2010): Entwicklungspsychologie des Kindes- und Jugendalters für Bachelor. Berlin: Springer.

Lucas-Thompson, R. & Clarke-Stewart, K. A. (2007): Forecasting friendship: How martial quality, maternal mood, and attachment security are linked to children's peer relationships. In: Journal of-Applied Developmental Psychology 28, 499–514.

Lutz, C. (1988): Unnatural emotions. Chicago: University Press.

Maccoby, E. E. (1998): The two sexes: Growing up apart, coming together. Cambridge, MA: Harvard University Press.

Martin, G. & Pear, J. (2010): Behavior modification: What it is and how to do it. Upper Saddle River, NJ: Prentice Hall.

Miller, P. (2002): Theories of Developmental Psychology. New York: Worth.

Montada, L. (2008): Fragen, Konzepte, Perspektiven. In: R. Oerter & L. Montada (Hrsg.): Entwicklungspsychologie (Lehrbuch). Weinheim, Basel: Beltz, PVU, 3–48.

Montada, L., Lindenberger, U. & Schneider, W. (2012): Grundlagen der Entwicklungspsychologie. Fragen, Konzepte, Perspektiven. In: W. Schneider & U. Lindenberger (Hrsg.): Entwicklungspsychologie. [mit Online-Materialien]. Weinheim: Beltz, 27–60.

Morales, J. R. & Guerra, N. G. (2006): Effects of multiple context and cumulative stress on urban children's adjustment in elementary school. Child Development, 77, 907–923.

Morelli, G. A., Rogoff, B., Oppenheim, D. & Goldsmith, D. (1992): Cultural variation in infants' sleeping arrangements: Questions of independence. Developmental Psychology, 28, 604–613.

OECD (Hrsg.) (2009): Doing Better for Children. Paris: OECD.

Oerter, R. & Montada, L. (Hrsg.) (2008): Entwicklungspsychologie. Lehrbuch. Weinheim, Basel: Beltz, PVU.

Papoušek, H. & Papoušek, M. (1987): Intutive Parenting: A dialectic counterpart to the infant's integrative competence. In: J. D. Osofsky (Ed.), Handbook of infant development, Vol. 2. New York: Wiley, 669–720.

Petermann, F., Scheithauer, H. & Niebank, K. (2004): Entwicklungswissenschaft: Entwicklungspsychologie, Genetik, Neuropsychologie. Berlin [u.a.]: Springer.

Piaget, J. (1975): Der Aufbau der Wirklichkeit beim Kinde. Stuttgart: Klett.

Piaget, J. & Inhelder, B. (1956): The child's conception of space. London: Routledge.

Piaget, J. & Inhelder, B. (1977): Von der Logik des Kindes zur Logik des Heranwachsenden. Essay über die Ausformung der formalen operativen Strukturen. Olten/Freiburg im Breisgau: Walter.

Pinquart, M., Schwarzer, G. & Zimmermann, P. (2011): Entwicklungspsychologie – Kindes- und Jugendalter. Göttingen: Hogrefe.

Rose, A. J. (2002): Co-rumination in the friendships of girls and boys. In: Child Development 73, 6, 1830–1843.

Rothbart, M. K. & Bates, J. E. (1998): Temperament. In: W. Damon & N. Eisenberg (Hrsg.): Handbook of child psychology (Social emotional and personality development). New York: Wiley, 105–176.

Rothbart, M. K. & Bates, J. E. (2006): Temperament. In: W. Damon, R. M. Lerner & N. Eisenberg (Hrsg.): Handbook of child psychology (Social, emotional, and personality development, Bd. 3). Hoboken, NJ: Wiley, 99–166.

Rutter, M., Beckett, C., Castle, J., Colvert, E., Kreppner, J., Mehta, M. et al. (2007): Effects of profound early institutional deprivation: An overview of findings from a UK longitudinal study of Romanian adoptees. In: European Journal of Developmental Psychology 4, 3, 332–350.

Salisch, M. von (2007): Freundschaften und ihre Folgen für die Entwicklung. In: M. Hasselhorn & W. Schneider (Hrsg.): Handbuch der Entwicklungspsychologie (Handbuch der Psychologie). Göttingen: Hogrefe, 336–346.

Sameroff, A. J., Seifer, R., Baldwin, A. & Baldwin, C. (1993): Stability of intelligence from preschool to adolescence: The influence of social and family risk factors. Child Development, 64, 80–97.
Scarr, S. (1992): Developmental theories for the 1990s: Development and individual differences. In: Child Development 63, 1, 1–19.
Schmiedek, F. & Lindenberger, U. (2012): Methodologische Grundlagen. In: W. Schneider & U. Lindenberger (Hrsg.): Entwicklungspsychologie [mit Online-Materialien]. Weinheim: Beltz, 97–116.
Schneider, W. & Lindenberger, U. (Hrsg.) (2012): Entwicklungspsychologie [mit Online-Materialien]. Weinheim: Beltz.
Schneider, W. & Wilkening, F. (Hrsg.) (2006): Theorien, Modelle und Methoden der Entwicklungspsychologie. Enzyklopädie der Psychologie: Themenbereich C, Theorie und Forschung. Serie V, Entwicklungspsychologie: Bd. 1. Göttingen: Hogrefe.
Seiffge-Krenke, I. (2003): Testing theories of romantic development from adolescence to young adulthood: Evidence of a developmental sequence. In: International Journal of Behavioral Development 27, 6, 519–531.
Selman, R. (1980): The growth of interpersonal understanding: Developmental and clinical analysis. New York: Academic Press.
Siegler, R. S., DeLoache, J. S. & Eisenberg, N. (2011): Entwicklungspsychologie im Kindes- und Jugendalter. Heidelberg: Spektrum Akademischer Verlag.
Siegmüller, J. (2007): Sprachentwicklung. In: L. Kaufmann, H.-C. Nuerk, K. Konrad & K. Willmes (Hrsg.): Kognitive Entwicklungsneuropsychologie. Göttingen: Hogrefe, 119–136.
Skinner, B. F. (1953): Science and human behavior. New York: Macmillan.
Skinner, B. F. (1957): Verbal behavior. New York: Appleton-Century-Crofts.
Sodian, B. (2012): Denken. In: W. Schneider & U. Lindenberger (Hrsg.): Entwicklungspsychologie [mit Online-Materialien]. Weinheim: Beltz, 385–411.
Sodian, B., Thoermer, C. & Metz, U. (2007): Now I see it but you don't: 14-month-olds can represent another person's visual perspective. In: Developmental Science 10, 2, 199–204.
Springer, K. (1992): Children's awareness of the biological implications of kinship. In: Child Development 63, 4, 950–959.
Steinebach, C. (2000): Entwicklungspsychologie. Stuttgart: Klett-Cotta.
Suchodoletz, W. von (2010): Therapie von Entwicklungsstörungen: Was wirkt wirklich? Göttingen: Hogrefe.
Szagun, G. (2011): Sprachentwicklung beim Kind: Ein Lehrbuch. Weinheim: Beltz.
Thomas, A. & Chess, S. (1977): Temperament and development. New York: Brunner/Mazel.
Tomkins, S. (1962): Affect, imagery, consciousness: Bd. 1. The positive emotions. New York: Springer.
Tücke, M. (2007): Entwicklungspsychologie des Kindes- und Jugendalters für (zukünftige) Lehrer. Berlin, Münster: Lit.
Vitaro, F., Tremblay, R. E., Kerr, M., Pagani, L. & Bukowski, W. M. (1997): Disruptiveness, friends' characteristics, and delinquency in early adolescence: A test of two competing models of development. In: Child Development 68, 4, 676–689.
Watson, J. B. (1968): Behaviorismus. Köln: Kiepenheuer & Witsch.
Watson, J. B. & Rayner, B. (1920): Conditioned emotional reactions. In: Journal of Experimental Psychology 3, 1–14.
Wellman, H. M., Cross, D. & Watson, J. (2001): Meta-analysis of theory-of-mind development: The truth about false belief. In: Child Development 72, 3, 655–684.
Wellman, H. M. & Gelman, S. A. (1998): Knowledge aquisition in foundational domains. In: D. Kuhn & R. S. Siegler (Hrsg.), Handbook of child psychology. New York: Wiley, 523–573.
Wilkening, F., Freund, A. M. & Martin, M. (2009): Entwicklungspsychologie kompakt: Mit Online-Materialien. Weinheim: Beltz, PVU.

Wilkening, F., Huber, S. & Cacchione, T. (2006): Intuitive Physik. In: W. Schneider & B. Sodian (Hrsg.): Kognitive Entwicklung (Enzyklopädie der Psychologie Serie V: Entwicklungspsychologie). Göttingen: Hogrefe, 825–860.

Wimmer, H. & Perner, J. (1983): Beliefs about beliefs: Representation and constraining function of wrong beliefs in young children's understanding of deception. In: Cognition 13, 103–128.

Woodward, A. (1998): Infants selectively encode the goal object of an actor's reach. In: Cognition 69, 1–34.

Wygotski, L. (1962): Thought and language. Cambridge, MA: MIT Press.

Wygotski, L. (1978): Mind in society: The development of higher mental processes. Cambridge, MA: Harvard University Press.

Wygotski, L. (2002): Denken und Sprechen. Weinheim: Beltz.

Wynn, K. (1992): Addition and subtraction by human infants. In: Nature 358, 6389, 749–750.

Zimmermann, P. & Pinquart, M. (2011): Soziale Entwicklung. In: M. Pinquart, G. Schwarzer & P. Zimmermann (Hrsg.), Entwicklungspsychologie – Kindes- und Jugendalter. Göttingen: Hogrefe, 197–242.

Markus Dederich

Philosophie in der Heil- und Sonderpädagogik

2013. 284 Seiten. Kart.
€ 34,90
ISBN 978-3-17-023046-0
E-Book-Version: € 33,99
PDF: ISBN 978-3-17-024428-3
ePUB: ISBN 978-3-17-024429-0

Nachbarwissenschaften der Heil- und Sonderpädagogik

Philosophisches Denken ist für die Heil- und Sonderpädagogik unverzichtbar, um zentrale Begriffe, Fragen ihrer Praxis und theoretische Grundorientierungen zu klären. Das Buch arbeitet die Bedeutung der philosophischen Perspektive und Reflexion für praktisch tätige Pädagoginnen und Pädagogen, die sich jeden Tag mit konkreten und drängenden Problemen konfrontiert sehen, systematisch heraus. Darüber hinaus legt es dar, dass die Fundierung der Heil- und Sonderpädagogik als Wissenschaft ohne die Philosophie nicht denkbar wäre. Im Zentrum des Bandes stehen dabei das Verhältnis von Gleichheit und Verschiedenheit und die damit verbundenen Herausforderungen, etwa Grenzen der Kommunikation und des Verstehens oder Grenzen des pädagogisch Mach- und Herstellbaren. Bestimmte philosophische Fragestellungen – z. B. anthropologische Annahmen, erkenntnistheoretische Denkfiguren, sozialphilosophische Modelle oder ethische Positionen – erweisen sich als adäquate Instrumente zur Untersuchung dieser für die Heil- und Sonderpädagogik fundamentalen Probleme.

Leseproben und weitere Informationen unter www.kohlhammer.de

W. Kohlhammer GmbH · 70549 Stuttgart
vertrieb@kohlhammer.de

Bernd Ahrbeck

Der Umgang mit Behinderung

2. Auflage 2013
124 Seiten. Kart. € 15,90
ISBN 978-3-17-022495-7

Praxiswissen Bildung

Das Buch nimmt pointiert zu einigen neuralgischen Punkten der fachlichen und gesellschaftlichen Diskussion im „Umgang mit Behinderung" Stellung. Vor überzogenen Erwartungen, die sich an institutionelle Veränderungen des Schulsystems knüpfen („Von der Integration zur Inklusion"), wird aufgrund des vorliegenden empirischen Erkenntnisstandes gewarnt und für den Erhalt spezieller institutioneller Angebote dort plädiert, wo sie aus pädagogischen Gründen benötigt werden. Entschieden wendet sich der Autor gegen die Auflösung der klassischen Behinderungskategorien, einen unreflektierten Umgang mit dem Normalitätskonzept („Es ist normal, anders zu sein") und ein naives Vertrauen in den zurzeit so beliebten Ressourcen-Ansatz („Stärken, nichts als Stärken"), der sich mit bestehenden Defiziten nicht auseinandersetzen möchte. Es wird eindringlich gezeigt, wie einige der gegenwärtig populären Leitideen zum „Umgang mit Behinderung" dazu führen, dass Menschen mit Behinderung an Aufmerksamkeit und Fürsorge verlieren und ihre besonderen Bedürfnisse übersehen werden.

Leseproben und weitere Informationen unter www.kohlhammer.de